La versión final de este libro fue coordinada conjuntamente por José Antonio Ocampo, secretario ejecutivo de la Cepal; Reynaldo Bajraj, secretario ejecutivo adjunto, y Juan Martin, director de la Oficina de la Cepal en Buenos Aires. En la preparación de los capítulos colaboraron Gabriel Aghón, Hugo Altomonte, Alicia Bárcena, Alfredo Calcagno, Beatriz David, Hubert Escaith, Ricardo Ffrench-Davis, Len Ishmael, Ricardo Jordan, Jorge Katz, Michael Mortimore, Édgar Ortegón, Ernesto Ottone, Juan Carlos Ramírez, Osvaldo Rosales, Pedro Sáinz, Fernando Sánchez-Albavera, Miguel Solanes, Ian Thomson, Andras Uthoff, Vivianne Ventura-Dias y Miguel Villa. En su elaboración y discusión también participó un numeroso grupo de funcionarios, entre los que figuran Eduardo Chaparro, Jaime Contador, José Durán, Myriam Echeverría, Ernesto Espíndola, Rolando Franco, José Javier Gómez-García, Johannes Heirman, Gunther Held, Jan Hoffman, André Hofman, Martín Hopenhayn, Keiji Inoue, Felipe Jiménez, Mikio Kuwayama, Arturo León, Juan Carlos Lerda, Luis Lira, Ricardo Martner, Sandra Manuelito, César Morales, Guillermo Mundt, Georgina Ortiz, Marcelo Ortúzar, María Ángela Parra, Wilson Peres, Nieves Rico, Iván Silva-Lira, Giovanni Stumpo, Raquel Szalachman, Pedro Tejo, Daniel Titelman, Alejandro Vargas y Jürgen Weller.

Una década de luces y sombras

América Latina y el Caribe en los años noventa

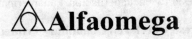

COMISIÓN ECONÓMICA PARA AMÉRICA LATINA Y EL CARIBE
ECONOMIC COMMISSION FOR LATIN AMERICA AND THE CARIBBEAN
WWW.ECLAC.CL

México, Argentina, Colombia, Chile, Venezuela

Transv. 24 No. 40-44
Bogotá D.C. - Colombia
E-mail: alfaomeg@cable.net.co
http://www.alfaomega.com.mx

ISBN: 958-682-209-5

Diseño de cubierta: Juan Carlos Durán
Edición y diagramación: Alfomega S.A.
Impresión y encuadernación: Panamericana Formas e Impresos S.A.

Impreso y hecho en Colombia - Printed and made in Colombia

ÍNDICE

PRESENTACIÓN   ix

INTRODUCCIÓN   xi

Capítulo 1.
EL CONTEXTO GLOBAL Y REGIONAL   1

1. Pérdida de dinamismo económico mundial y aumento
   de las desigualdades   2
   a) Dinamismo económico   2
   b) Aumento de la desigualdad   6
2. Las tendencias hacia una mayor internacionalización en el nuevo
   contexto mundial   9
   a) Los aspectos cuantitativos de la globalización   9
   b) Innovaciones tecnológicas, desregulación y concentración del poder
   económico   14
3. Políticas y agentes de la internacionalización   15
   a) Políticas monetarias, tasas de interés y predominio del capital
   financiero   15
   b) El protagonismo de las empresas transnacionales   18
   c) Los procesos de integración regional   19
4. La globalización de los valores   20
5. La democracia en América Latina y el Caribe   24
6. América Latina y el Caribe en el contexto mundial   27

Capítulo 2.
LAS CONEXIONES ENTRE EL ENTORNO EXTERNO Y EL INTERNO   31

1. Políticas de inserción internacional   31
   a) La liberalización de los regímenes comerciales y cambiarios   32
   b) Regionalismo abierto   35
   c) El acceso a los mercados: la Ronda Uruguay, la protección
   contingente y otras barreras al comercio   39

2. Transformaciones del comercio exterior y heterogeneidad regional   42
   a) Resultados globales   42
   b) Desempeño exportador   47
3. Magnitud y composición de los flujos de capital   52
   a) Tendencias generales   52
   b) Inversión extranjera directa   58
4. Migración internacional de la fuerza de trabajo   66

Capítulo 3.
EL DESEMPEÑO MACROECONÓMICO   71
   1. Las políticas macroeconómicas   71
      a) Política fiscal y finanzas públicas   73
      b) Política monetaria   76
      c) La política cambiaria   79
   2. Recuperación insuficiente del crecimiento, la inversión
      y la productividad   82
      a) Crecimiento económico   82
      b) Inversión y productividad   86
      c) Ahorro-inversión y brecha externa   89
   3. La inflación   91
   4. Las crisis financieras   94
      a) Causas de los recurrentes problemas financieros   95
      b) Crisis financieras en América Latina y el Caribe en los años noventa 96
      c) El costo fiscal de los programas de rescate   97
      d) Prevención y gestión de crisis financieras   98

Capítulo 4.
ESTRUCTURA Y COMPORTAMIENTO DE LOS SECTORES PRODUCTORES DE BIENES   99
   1. La evolución por grandes sectores de actividad económica   100
      a) Estructura y dinámica sectorial   100
      b) Cambios en el grado de protagonismo de los agentes   106
   2. El sector agropecuario y forestal   108
      a) Las transformaciones en curso y el impacto de las reformas 108
      b) La restructuración productiva   110
      c) Evolución de la productividad laboral   115
      d) La tierra como factor condicionante productivo y social   116
   3. El sector minero   121
      a) Orientación y contenido de las reformas   121
      b) Resultados de las reformas   123
   4. El sector industrial   128

a) Dinamismo y restructuración industrial   128
b) Evolución de la productividad laboral y brechas relativas 130
c) Las exportaciones manufactureras y el dinamismo del
   comercio mundial   134
d) La heterogeneidad del comportamiento de los agentes
   productivos   136

Capítulo 5.
LOS SECTORES DE SERVICIOS DE INFRAESTRUCTURA   145
1. Telecomunicaciones   146
2. Reformas energéticas   149
   a) Reformas en la industria eléctrica   152
   b) Reformas en la industria de hidrocarburos   157
   c) La dinámica empresarial en el sector energético   162
3. Servicios de agua potable y saneamiento   164
   a) Las insuficiencias de cobertura   165
   b) Los modelos de gestión   166
4. Transportes   171
   a) Concesiones de carreteras   171
   b) Concesión de servicios ferroviarios   175
   c) Las reformas en el sistema de transporte urbano   177
   d) Los puertos y el transporte marítimo   178
   e) Aspectos institucionales   180

Capítulo 6.
DESEMPEÑO EN LOS SECTORES SOCIALES   183
1. Transición demográfica generalizada y desaprovechamiento del bono
   demográfico   185
2. Empleo: escaso crecimiento, terciarización y aumento de la
   informalidad   191
3. Persistencia de la pobreza y la desigualdad   199
4. Equidad de género   211
5. El gasto público y las reformas en los sectores sociales 216
   a) Gasto público social: recuperación y reasignación   216
   b) Las orientaciones de las reformas   220
   c) Aspectos importantes de las reformas sectoriales   221
   d) Lecciones para la continuación de las reformas   224

Capítulo 7.
LA APERTURA DE ESPACIOS PARA EL DESARROLLO SOSTENIBLE 227
1. El contexto internacional del decenio en materia de medio ambiente 227
2. Avances institucionales vinculados a la gestión ambiental 231
   a) Iniciativas regionales y subregionales 231
   b) Políticas ambientales nacionales 234
   c) Procesos de carácter local 238
3. Otros actores 240
   a) Iniciativas de los sectores productivos 240
   b) Participación de la sociedad civil 242
4. Instrumentos de política ambiental 243
5. Algunas consideraciones sobre la evolución ambiental de la región 249
   a) Patrimonio natural 249
   b) El medio ambiente urbano 256

Capítulo 8.
DESEMPEÑO ECONÓMICO Y SOCIAL DEL CARIBE 259
1. Comercio e inversión extranjera directa 260
   a) Preferencias y políticas comerciales 260
   b) Desempeño comercial 262
2. Reformas y desempeño macroeconómicos 266
   a) Reformas económicas 266
   b) Desempeño macroeconómico 268
   c) Ahorro, inversión y cuenta corriente 272
3. Estructura productiva 274
4. Cambios en la estructura social 277
5. Medio ambiente y desarrollo sostenible 282

Capítulo 9.
LA RESTRUCTURACIÓN DE LOS ESPACIOS NACIONALES 287
1. Distribución y movilidad territorial de la población 288
   a) La heterogeneidad de los asentamientos humanos 289
   b) La modificación de los patrones migratorios 294
2. La descentralización y su financiamiento 296
3. La heterogeneidad territorial 302
   a) Las disparidades regionales 303
   b) La reorientación de la planificación y la gestión territorial 305

PRESENTACIÓN

Los años noventa fueron, sin duda, un período de transición y de inflexión en varios aspectos del desarrollo económico, social y político de América Latina y el Caribe. Como todo período con estas características, en él se entremezclan e interactúan los resultados de largos procesos anteriores y las semillas de cambio. Al finalizar el decenio, la Cepal ha querido hacer un aporte a la evaluación de los principales acontecimientos que caracterizaron la consolidación del proceso de reformas en la región, tomando por cierto en cuenta el desigual ritmo de avance en los diversos países y en las distintas áreas.

Esta publicación presenta un análisis del entorno internacional y las conexiones entre este y el ámbito interno; los nuevos patrones de manejo macroeconómico y sus efectos; el desarrollo productivo, tanto en los sectores industrial, minero, agropecuario y forestal como en los servicios; el desempeño de los sectores sociales, incluyendo el comportamiento del empleo, la pobreza y la distribución del ingreso, la equidad de género, la transición demográfica, el gasto público social y las reformas de los sectores sociales; la apertura de espacios para el desarrollo sostenible y la reestructuración de los espacios nacionales, así como el desenvolvimiento económico y social de los países del Caribe de habla inglesa.

Como dice su título, este balance muestra luces y sombras, avances, estancamientos y retrocesos: un claroscuro que permite no sólo tener una idea más realista de lo sucedido en el período, sino también reflexionar en forma más matizada acerca de los principales temas que están apareciendo en el horizonte regional.

JOSÉ ANTONIO OCAMPO
Secretario Ejecutivo, Cepal
Enero 2001

E̱l elemento distintivo del contexto internacional en los años noventa fue, sin duda, la consolidación del proceso de globalización. La acentuación de la primacía estadounidense, los progresos europeos en la creación de un bloque con visible protagonismo en la escena mundial, el rápido crecimiento económico de China y la vertiginosa transformación de los antiguos países socialistas fueron características destacadas de este proceso. Estos cambios estuvieron acompañados de una progresiva conformación de mercados globales. Si bien el mayor grado de integración se observa en los mercados financieros, también se aceleraron los flujos de comercio e inversión, así como la irradiación de innovaciones tecnológicas provenientes, en su mayor parte, de los países desarrollados. Sin embargo, el proceso está aún lejos de completarse en los mercados de bienes y servicios y la movilidad del trabajo sigue siendo restringida en términos generales. A su vez, la mayor interacción entre Estados soberanos no se limitó exclusivamente a los temas económicos. En los años noventa se produjo, asimismo, una generalización gradual de ideas y valores en torno a los derechos humanos, la democracia política, el desarrollo social, la equidad de género, el respeto de la diversidad étnica y cultural, y la sostenibilidad del medio ambiente. Aunque ha habido indudables adelantos en todos estos campos, la instrumentación de medidas concretas y efectivas es todavía incipiente.

Las características de la evolución internacional en estas distintas áreas resultan esenciales para situar en perspectiva los cambios registrados en los países de América Latina y el Caribe a lo largo del decenio. En materia política, si bien persisten múltiples e incluso crecientes fragilidades en ciertos países, debe destacarse la difusión de los regímenes democráticos y la apertura de nuevos espacios para el ejercicio de la ciudadanía. En el terreno económico, se introdujeron profundas reformas centradas en la mayor apertura comercial, la liberalización de los mercados financieros nacionales y de los flujos de capitales con el exterior y el papel protagónico de la iniciativa privada en el ámbito de la producción de bienes y, cada vez más, en la provisión de servicios públicos y prestaciones sociales.

Cabe recordar, en todo caso, que estos cambios tuvieron lugar en una región heterogénea en términos de tamaño, estructura y grado de desarrollo, así como de rasgos institucionales, por lo que el comportamiento económico de los países de la región durante los años noventa permite apreciar patrones comunes, pero también una considerable diversidad. Así, el contenido de las políticas varió de un país a otro en cuestiones tan importantes como el alcance de las privatizaciones y las reglas aplicables a los movimientos de capitales. Del mismo modo, se registra un espectro de variación amplio en la restructuración de las economías. En un contexto general de apertura, las modalidades de inserción internacional y orientación de las estructuras de producción de los distintos países fueron disímiles. A grandes rasgos, se puede establecer una diferenciación entre dos áreas geográficas de la región. México y algunos países de Centroamérica y el Caribe se distinguieron por la mayor influencia del comercio con los Estados Unidos, que se reflejó en el elevado dinamismo de sus exportaciones de manufacturas con un alto componente de insumos importados. Dentro de esta área y según el caso, este proceso se combinó con mayores encadenamientos productivos con el resto del espectro industrial, con la expansión de exportaciones tradicionales o en proceso de diversificación y con la ampliación de algunos sectores de exportación de servicios, principalmente turísticos, financieros y de transporte. En contraste, el efecto de la economía estadounidense sobre el patrón de intercambio de bienes y servicios fue menos marcado en Suramérica. En esta área, el mayor volumen de actividad de los sectores vinculados con el comercio exterior correspondió a bienes producidos con recursos naturales y a una canasta más diversificada de exportaciones dentro de los esquemas de integración subregional vigentes. En algunos países se agregan algunas exportaciones fuera del área de manufacturas fabricadas con uso intensivo de mano de obra y de otras con un componente tecnológico relativamente alto.

Así como en el balance de los años noventa se debe tomar en cuenta la diversidad de situaciones en los países de la región, también es necesario señalar que la evaluación tampoco ha sido homogénea a lo largo del período. En efecto, es preciso destacar los cambios en la percepción dominante respecto de la marcha de los acontecimientos a medida que fue transcurriendo el decenio. Durante los primeros años se registró, en la mayoría de los países, una sensación de euforia bastante generalizada. Las modificaciones en las condiciones de acceso a los mercados internacionales de crédito (caída de la tasa de interés y reanudación de los flujos de capitales hacia la región), la restructuración de la deuda externa de varios países en el marco del Plan Brady, el abatimiento de la inflación y la recuperación económica (con algunas excepciones en los primeros años, en particular en Brasil hasta 1992) contribuyeron a la percepción de que los años noventa diferirían notablemente de la "década perdida", dominada por la crisis de la deuda y las consecuencias de los severos programas de ajuste y estabilización adoptados. Este éxito inicial produjo, sin embargo, al menos dos resultados indeseables. En primer lugar, permitió sustentar visiones simplistas sobre problemas de transformación institucional extraordinariamente complejos que exigen esfuerzos coordinados y sostenidos. En segundo término, con el afán de avanzar en el proceso de ampliación del papel del mercado, se adoptó un discurso desmovilizador de toda forma de acción colectiva, que afectó incluso a aquellas áreas en las que se reconocía la necesidad de una presencia renovada y más efectiva del sector público, entre otras, el desempeño de las funciones clásicas de gobierno y la política social.

Los sucesos ocurridos a fines de 1994 en México y sus consecuencias para el resto de las economías de la región dejaron en evidencia la vulnerabilidad de las economías y, simultáneamente, cuestionaron la simplicidad de la visión que asocia mecánicamente las mejoras en el desempeño económico con el proceso de reforma. En realidad, aun antes de esos hechos ya se había comenzado a señalar la necesidad de atender áreas descuidadas por las reformas o corregir algunos de sus efectos indeseables. Los sucesos mencionados potenciaron y ampliaron la percepción de esa necesidad. Con todo, la crisis de 1994 afectó naturalmente a México y también a Argentina, pero el resto de la región la vivió con dificultades menores. Este carácter acotado de la crisis alzó una voz de alerta respecto del sustento efectivo de las ideas económicas prevalecientes, pero no afectó seriamente la gestión económica de la gran mayoría de los países, lo que se vio avalado, además, por la fuerte recuperación que experimentó el crecimiento económico en el bienio 1996-1997.

La crisis iniciada en algunos países asiáticos en 1997, y los problemas financieros que sufrieron posteriormente otros países, tuvieron efectos mucho más generalizados y persistentes en la región y, en consecuencia, produjeron cambios significativos en la percepción de los agentes económicos, sobre todo en Suramérica. Las amenazas a la paz social y los avatares de las instituciones democráticas en algunos países, el ambiente de recesión económica vivido en 1998-1999 y las restricciones experimentadas por varias economías para encontrar un sendero de crecimiento sostenido contribuyen a explicar dicho cambio. Hacia el fin del decenio, se advirtió un clima bastante generalizado de pesimismo y desconcierto, que difería notablemente del correspondiente a los primeros años noventa. De tal manera, comenzó a plantearse la necesidad de desarrollar una visión de mediano y largo plazos, que permitiese orientar los esfuerzos para la construcción del futuro en los distintos países y subregiones de América Latina y el Caribe y contribuyese a definir respuestas ante diferentes escenarios.

En *Equidad, desarrollo y ciudadanía*[1] la Cepal ha analizado con detenimiento cómo reorientar los patrones actuales, en el marco de una visión integral del desarrollo. En el análisis incluido en este libro, de carácter más interpretativo de la historia reciente, se aportan igualmente antecedentes valiosos para acometer esta tarea.

---

1. Cepal, *Equidad, desarrollo y ciudadanía*, Bogotá, D.C., Cepal/Alfaomega, 2000.

En el capítulo 1 se examinan los principales cambios ocurridos en la economía internacional y regional. El contexto global se caracterizó por la disminución del dinamismo económico mundial en relación con los decenios previos, por la concentración del poder económico y por el aumento de las desigualdades en la distribución del ingreso, tanto entre países como en el plano nacional. Los principales logros para la región fueron la importante expansión del comercio, y el aprovechamiento de la mayor difusión tecnológica y de la disponibilidad de recursos, como consecuencia del aumento de la inversión extranjera directa y del vertiginoso crecimiento de distintos instrumentos financieros. Sin embargo, estos cambios positivos también introdujeron fragilidades en la situación regional debido, en parte, a la dinámica global y, complementariamente, a algunas de las políticas nacionales adoptadas. Las fragilidades se reflejaron en el comercio y la inversión pero, sobre todo, en el mercado financiero. "Volatilidad" y "contagio" han sido los términos favoritos para referirse a los elementos centrales del comportamiento de dicho mercado. Estas características, que han inducido frecuentes crisis cambiarias y financieras, sirvieron de fundamento para varias iniciativas de reforma del sistema financiero internacional, que sigue siendo una tarea pendiente de alta prioridad. Por su parte, el entorno regional estuvo dominado por los procesos de reforma económica y por el avance de la democratización. En el plano económico, se produjo una significativa convergencia en la orientación de las reformas económicas. Sin embargo, frente a la necesidad de construir a partir de los logros ya alcanzados, fue surgiendo la convicción de que no existen soluciones únicas y simples en estos campos. Quizás el elemento común sea una noción de lo público que trasciende el ámbito propiamente estatal, lo que abre espacios a la participación ciudadana, permite avanzar en la resolución de la crisis de los Estados nacionales y corrige tanto fallas de mercado como de gobierno. Por otra parte, el amplio proceso regional de democratización se caracterizó por la aceptación del pluralismo, avances en el respeto de los derechos civiles y políticos y la elección de autoridades como base del funcionamiento del sistema político. Sin embargo, estos logros no están exentos de las debilidades comunes a los sistemas democráticos de todo el mundo, pero que se agravan en la región por diversos motivos. Por lo tanto, el fortalecimiento de la democracia continúa siendo un gran esfuerzo pendiente, que requiere aumentar la capacidad incluyente del sistema y generar una ciudadanía efectiva.

Las conexiones entre el entorno externo y la región configuran el foco del capítulo 2. Como resultado de los cambios reseñados, el crecimiento de los países de América Latina y el Caribe pasó a depender estrechamente de la intensidad y calidad de su inserción en la economía mundial. La estrategia de regionalismo abierto permitió combinar la liberalización unilateral con negociaciones en diversos ámbitos para promover la liberalización de los mercados de interés regional, todavía sujetos a antiguas y nuevas medidas proteccionistas. Además, si bien la transferencia neta de recursos hacia la región fue positiva en casi todos los años del decenio, la volatilidad de los flujos de capitales presentó variaciones de un caso a otro. La inversión extranjera directa, por ejemplo, registró un movimiento continuo y ascendente. Estas importantes corrientes de inversiones, con predominio europeo (principalmente español) hacia el fin del decenio, obedecen a diferentes estrategias de las empresas transnacionales dentro del nuevo contexto global y regional. Aunque sujeta a mayores restricciones, también aumentó la movilidad de la fuerza de trabajo. Los principales logros en esta esfera han sido la expansión de las exportaciones y de la inversión extranjera directa en varios países, el nuevo ímpetu del comercio y de las inversiones dentro de los esquemas subregionales de integración y los múltiples acuerdos de libre comercio suscritos con otros países y regiones. Las debilidades obedecen a la insuficiente diversificación de las exportaciones regionales, su baja participación en el comercio mundial, las múltiples barreras que todavía subsisten al libre comercio y los efectos adversos de la volatilidad financiera sobre la dinámica de las transacciones comerciales. Los procesos de restructuración productiva concomitantes se caracterizaron por la preponderancia de estrategias defensivas de las empresas nacionales, los decrecientes encadenamientos internos de las actividades de las empresas transnacionales y el creciente peso de las remesas de utilidades de estas últimas. Entre las tareas pendientes destaca, sobre todo, la necesidad de aunar criterios para mejorar la capacidad de negociación nacional y regional, aunque esta renovada acción pública enfrenta nuevos condicionantes y desafíos. En el nivel nacional, están asociados a la necesidad de contar con regulaciones y políticas de desarrollo efectivas. En el ámbito subregional, apuntan a una mayor coordinación macroeconómica y a la armonización de las reglas en diversos campos económicos, sociales y ambientales, mientras en el plano internacional se relacionan con el logro de una mayor participación de los países en desarrollo en el diseño de marcos regulatorios e instituciones de alcance global.

El capítulo 3 está centrado en el análisis de las modalidades de gestión macroeconómica prevalecientes en los países de América Latina y el Caribe, y en sus repercusiones sobre el desempeño de las economías. Asimismo, se examina el comportamiento de los sistemas financieros nacionales ante los dos episodios de crisis que afectaron a la región en el decenio. Entre los logros registrados, cabe destacar el abatimiento de la inflación y la corrección de los desequilibrios fiscales, que constituían males endémicos desde los años setenta, así como la mayor confianza despertada en los actores económicos internos y externos por la gestión gubernamental. El progreso ha sido frustrante, sin embargo, en materia de crecimiento económico, productividad y vulnerabilidad externa. A pesar de la recuperación económica y del nivel de las tasas de inversión en relación con los ínfimos registros de la "década perdida", los ritmos de expansión económica son sólo modestos cuando se los compara con los correspondientes a los tres decenios anteriores a la crisis de la deuda. Asimismo, la insuficiente recuperación ha sido inestable, como consecuencia de los estilos de manejo macroeconómico adoptados en el contexto de alta volatilidad que ha caracterizado a los mercados financieros. En dicho marco, la productividad total de los factores creció más lentamente de lo necesario para reducir la brecha con el mundo desarrollado de manera significativa. El comportamiento de la actividad económica reflejó, además, un patrón de dependencia acentuada frente a los altibajos del financiamiento externo. Otras manifestaciones de esta dependencia fueron la mayor sensibilidad de la balanza comercial ante el nivel de actividad económica y la tendencia a sustituir ahorro interno por externo. Una consecuencia importante de esto fue la frecuencia de los problemas bancarios nacionales, que exigieron ingentes recursos fiscales y cuasifiscales en varios países. Por ello, el tema del fortalecimiento de la regulación y supervisión prudencial continúa en la agenda de las tareas pendientes. Junto con este tema, destacan otros dos. El primero es la adopción de modalidades de gestión macroeconómica más activas, caracterizadas por una mayor consistencia y flexibilidad en el uso de los instrumentos y orientadas a un manejo preventivo en las fases ascendentes del ciclo económico. El segundo es la instrumentación de una "política de pasivos", destinada a inducir un perfil temporal más adecuado de la deuda pública y privada, tanto interna como externa.

En el capítulo 4 se examinan los cambios en la estructura y el comportamiento de los sectores productores de bienes. Como consecuencia del impacto de las reformas económicas y la maduración de procesos más prolongados, las actividades del sector agropecuario experimentaron cambios de importancia en su composición, productividad, competitividad y rentabilidad relativas. Al mismo tiempo, la heterogeneidad se profundizó, fortaleciéndose agentes nuevos en el contexto de una profunda transformación del régimen competitivo sectorial. En el caso de la minería se produjo un fuerte desarrollo de potencialidades latentes, aunque con una disminución relativa del grado de procesamiento interno de los productos respectivos. En ambos sectores, los progresos estuvieron enmarcados en una evolución desfavorable de los precios internacionales de muchos productos y, en el caso de la agricultura, en las restricciones al acceso a los mercados de los países industrializados. La evolución de la industria manufacturera fue heterogénea: en los países suramericanos preponderó la retracción de los sectores productores de bienes comercializables y el crecimiento del producto industrial se ubicó por debajo del incremento del PIB, en marcado contraste con el patrón prevaleciente en los tres decenios anteriores a 1980. Por el contrario, en México en la segunda parte de los años noventa y en varios países de Centroamérica y el Caribe, las ramas manufactureras mantuvieron o aumentaron su participación en el producto global. La reducción de la brecha de productividad con el mundo desarrollado no fue sistemática y, de hecho, en muchos países y sectores se acentuó. En conjunto, la restructuración de estos sectores productivos fue frágil. Las tareas pendientes apuntan, por ello, a la necesidad de incorporar mayor conocimiento y tecnología en todas las cadenas productivas y, paralelamente, a mejorar la competitividad sistémica.

El profundo proceso de mutación estructural que afectó a los sectores de infraestructura de servicios en los años noventa se analiza en el capítulo 5. Tanto en el sector de telecomunicaciones como en el de energía, servicios sanitarios y transporte ingresaron nuevos proveedores, constituidos fundamentalmente por empresas transnacionales y algunos grandes conglomerados de capital local. Los cambios fueron más importantes en el sector energético y en las telecomunicaciones, estas últimas afectadas por un intenso proceso de innovación tecnológica a nivel mundial. En los sectores de agua y saneamiento, se avanzó en las concesiones de obras de infraestructura y servicios, pese a lo cual el sector público siguió desempeñando un papel importante en la prestación y, aún más, en el financiamiento de los servicios. A pesar de la amplitud de estas tendencias, las restructuraciones de los servicios dieron origen a una gran variedad de modelos que no sólo difieren de un sector a otro, sino también de un país a otro en un mismo sector. Esta diversidad obedece a diferencias derivadas del tamaño y la estructura de los mercados, el grado efectivo de competencia que se pudo introducir, la aparición de nuevos productos y servicios, el grado de cobertura y calidad y el impacto ambiental. De manera general, cabe mencionar entre los logros la ampliación y modernización de varios servicios, los aumentos de productividad propios e inducidos en el resto de la economía y la capacidad de algunos gobiernos para atraer inversiones privadas de significación, aunque ofreciendo en no pocos casos garantías considerables a la rentabilidad de los nuevos agentes. Asimismo, son dignas de especial mención las mejoras introducidas en la gestión de los servicios, aun en los no privatizados, a partir de una distinción más nítida entre las funciones de formulación de políticas de desarrollo sectoriales, de regulación y de operación de los servicios. Las fragilidades más comunes son la ausencia o insuficiencia de normas generales en que se encuadren los contratos individuales, los vacíos de carácter normativo y las deficiencias de las entidades encargadas de la regulación que dieron origen, a veces, a cierta inestabilidad de las reformas y a la generación de rentas para ciertos sectores, que supusieron transferencias de patrimonio y de ingresos. Las tareas pendientes se pueden englobar en la necesidad de superar el déficit regulatorio actual, lo que, en gran medida, pasa por el fortalecimiento institucional y la transparencia de la información. Asimismo, se requiere equilibrar mejor los derechos y las obligaciones de las empresas proveedoras de servicios, públicas y privadas, del gobierno y de los usuarios.

Los sectores sociales, tema que se aborda en el capítulo 6, son el área en que se aprecian las mayores fragilidades y tareas pendientes. La evolución a lo largo del decenio muestra los débiles encadenamientos sociales de la recuperación económica y la restructuración productiva, y refleja una heterogeneidad creciente. Los signos más visibles de este fenómeno son el aumento del desempleo abierto en varios países y el deterioro, aún más generalizado, de la calidad del empleo, que impidieron a la región capturar productivamente el "bono demográfico" derivado del crecimiento relativo más rápido de la población en edad de trabajar y de la reducción de las tasas de dependencia familiar. En el frente social, el logro más importante ha sido la mayor canalización de recursos públicos hacia el gasto social, hecho que permitió recuperar los niveles anteriores a la crisis de la deuda. También hubo mejoras en los criterios y procedimientos de asignación del gasto social. Entre los primeros, cabe destacar la mayor selectividad aplicada, ya que casi la mitad del gasto social se destinó a educación primaria y secundaria, salud y nutrición, componentes que presentan una concentración relativa en los hogares de más bajos ingresos y son, por ende, más progresivos. Asimismo, se constatan cambios en los procedimientos de asignación, consistentes en la adopción de sistemas más descentralizados, y en un uso incipiente de contratos de gestión por resultados y de técnicas de evaluación basadas en indicadores de desempeño de las entidades públicas. En varios países se desarrollaron, además, esquemas de participación privada para la provisión de algunos servicios sociales. Si bien ha habido cierto progreso en términos de eficiencia, en general estos cambios fueron acompañados de una concentración de la oferta privada en los sectores de mayores ingresos o con menores riesgos, lo que contribuye a debilitar los principios de universalidad y solidaridad de los sistemas. En materia de pobreza, se registró una reducción gradual de los elevados niveles heredados de los años ochenta, aunque ésta se atenuó después de la última crisis. De esta manera, el decenio de 1990 cerró con niveles relativos de pobreza que seguían siendo superiores a los de 1980. A su vez, debido al crecimiento demográfico y al mayor tamaño de los hogares pobres, el número de personas en esa situación aumentó y se concentró en las áreas urbanas, aunque los mayores niveles relativos de pobreza y, sobre todo, de indigencia siguieron dándose en las zonas rurales. Por otra parte, con algunas excepciones, continuó el deterioro de la distribución del ingreso. En efecto, la recuperación económica, la reducción de la inflación y el aumento del gasto público social fueron insuficientes para realizar la equidad social, en tanto que la equidad de género mostró avances, aunque todavía insuficientes.

En el capítulo 7 se examinan los avances en la apertura de espacios para el desarrollo sostenible. Los años noventa se iniciaron con grandes cambios en la agenda ambiental internacional. El punto de inflexión fue la "Cumbre de la Tierra" (Rio de Janeiro, 1992) que sentó las bases para una nueva visión mundial del desarrollo sostenible y de las convenciones globales sobre temas emergentes, entre otros, la diversidad biológica y el cambio climático. Como parte de este proceso, la conciencia sobre los aspectos ambientales del desarrollo, escasa e incluso ausente en la historia de la región, fue penetrando gradualmente en los ambientes público y privado. Esto se reflejó en la creación de instituciones y formulación de estrategias y políticas gubernamentales para la promoción del desarrollo sostenible, así como en la inclusión del tema en la educación, la cultura y los medios de comunicación. Más recientemente, el tema también ha sido incorporado en los acuerdos de cooperación subregional y en las prácticas de los agentes económicos, sobre todo, en el caso de las grandes empresas. A pesar de estos avances, muchos sectores siguen visualizando los principios de protección ambiental y desarrollo sostenible como una restricción del desarrollo económico. Por ello, pese a los logros mencionados, la capacidad pública para detener el creciente deterioro ambiental de ecosistemas críticos y para controlar la contaminación ha sido limitada. El grueso de las políticas ambientales explícitas vigentes, así como los instrumentos de regulación directa e indirecta utilizados en la región, son de carácter reactivo. Las políticas preventivas y de fomento tendientes a incrementar la calidad ambiental vinculada con la competitividad productiva han recibido una atención mucho menor. Asimismo, la capacidad de las instituciones ambientales para alcanzar las metas trazadas en términos de políticas transectoriales y subregionales efectivas, así como para fundamentar la posición negociadora de los países en el plano internacional, continúa siendo incipiente. Las consecuencias de esta fragilidad institucional son particularmente graves cuando se vincula el impacto ambiental con la estructura exportadora y las estrategias económicas nacionales y subregionales. Los ejemplos más notorios son algunos nuevos temas de creciente ponderación en el debate internacional, como la bioseguridad y el comercio de organismos modificados genéticamente, ya que los países de la región se enfrentan a agentes transnacionales muy bien organizados para defender sus intereses.

En el capítulo 8 se presenta un análisis de la evolución económica y social de los países del Caribe de habla inglesa, que configuran una subregión con características especiales en varios ámbitos. En los años noventa maduraron las reformas iniciadas durante la década de 1980 que apuntaron, en general, a una mayor apertura de las economías y a corregir los desequilibrios externos e internos heredados de decenios anteriores. Entre los logros, cabe mencionar la reactivación económica de varios de los países de mayor tamaño relativo y el crecimiento sostenido de los Estados más pequeños. Al mismo tiempo, se intensificaron las medidas tendientes a la creación de un área económica y un mercado únicos. La Comunidad del Caribe (Caricom) incorporó a nuevos miembros, y sus relaciones comerciales y económicas se extendieron a algunos países latinoamericanos. En el campo social, se siguió otorgando prioridad a la equidad social, a través del gasto en educación, salud y mitigación de la pobreza, que se refleja en niveles de gasto social habitualmente superiores a la media latinoamericana. Además, merecen señalarse los progresos registrados en materia de equidad de género. En otra esfera, la adopción del Programa de Acción para el desarrollo sostenible de los pequeños Estados insulares en desarrollo centró la atención en la formulación de políticas con ese propósito. Sin embargo, estos avances son frágiles por variadas razones. En primer lugar, por la escasa diversificación de las economías, la elevada incidencia sobre las exportaciones de algunos productos con precios muy fluctuantes en el mercado internacional y la erosión de las preferencias comerciales. En segundo lugar, debido a la prevalencia de ecosistemas terrestres y marinos muy vulnerables a la intervención humana y a las calamidades naturales que, con frecuencia, azotan a la subregión, y a los sobrecostos asociados al tamaño reducido y al carácter insular de las economías. El principal desafío de los próximos años será el ajuste a las nuevas condiciones de liberalización que establece el Acuerdo de Asociación con la Unión Europea, sustitutivo de la cuarta Convención de Lomé, y las crecientes amenazas al acceso preferencial exclusivo a los mercados estadounidense y canadiense.

Por último, en el capítulo 9 se examinan los procesos de restructuración de los territorios nacionales. La población ha ido ocupando nuevos espacios y desplazándose entre áreas ya pobladas, modificando los patrones de distribución en los territorios nacionales. La actividad económica hizo crisis en algunas zonas, mientras mostraba dinamismo en otras, lo que dio origen a una amplia relocalización de los procesos productivos. En el marco de las elevadas tasas de urbanización de los países de la región, el sistema urbano mostró la capacidad de las grandes ciudades para adaptarse al impacto socioeconómico desfavorable sufrido en los años ochenta, pero manteniendo una fragilidad severa. Así, varias de las áreas metropolitanas se han ido convirtiendo en ciudades globales, orientadas cada vez más a la provisión de servicios a las empresas y a su desempeño como centros de negocios en los circuitos de la economía global. También se ratificó la importancia del segmento de ciudades intermedias como soporte del crecimiento urbano. En el ámbito rural, la persistencia de una población altamente dispersa dificulta el acceso a los servicios, obstaculiza la vinculación con el sector público y sigue presionando a la emigración. Otro hecho destacado es la aceleración de los procesos de descentralización a lo largo del decenio. En el ámbito político, cabe mencionar el aumento del número de países unitarios con elección directa de autoridades locales. Una fuerza endógena muy importante que acompañó a este proceso fue la creciente capacidad de intervención de los actores sociales que operan a escala subnacional. En la esfera económica, la evidencia indica que la descentralización ha sido más acentuada en lo que respecta a los gastos. Por el contrario, la expansión del esfuerzo fiscal propio y la modernización tributaria subnacionales han avanzado más lentamente. Los procesos de descentralización también presentan fragilidades y tareas pendientes. Las evidencias disponibles corroboran tanto la necesidad de fortalecer las instituciones y los recursos humanos exigidos por la descentralización, como la conveniencia de establecer sistemas de seguimiento y evaluación de dicho proceso.

Durante los años noventa las relaciones internacionales sufrieron cambios políticos de gran envergadura. El fin de la Guerra Fría marcó un fuerte vuelco en el clima imperante entre países soberanos y, por otra parte, la exacerbación de varios conflictos localizados y su mayor visibilidad provocaron tensiones internacionales de naturaleza muy distinta de las prevalecientes hasta el comienzo del decenio.

Si bien estas tendencias ya se hacían notar desde los años setenta, en la década de 1990 se consolidaron sensiblemente, en especial con las profundas transformaciones ocurridas en el mundo socialista, que se intensificaron tras la caída del Muro de Berlín. La acentuación de la primacía militar estadounidense, los intentos europeos por crear un bloque capaz de mantener un papel protagónico en la política mundial y la abrupta evolución de los países socialistas fueron los rasgos salientes de los años noventa.

Por su parte, en el terreno económico, la actual etapa de globalización presenta nuevas características económicas y financieras que también se insertan en un proceso histórico más prolongado. En dicho proceso se fueron creando las condiciones para que la economía mundial dejara de ser un agregado de economías nacionales vinculadas por flujos de comercio, inversión y financiamiento, para convertirse progresivamente en una red única de mercados y producción. En consecuencia, la actividad económica de diversos Estados experimentó grandes variaciones, que dieron, alternativamente, impulso y freno a las actividades económicas de los países en desarrollo.

Además, el proceso de globalización está estrechamente relacionado con el acelerado ritmo de la difusión de innovaciones tecnológicas generadas primordialmente en los países desarrollados. Vale enfatizar que su alcance se irradió a casi la totalidad de los sectores económicos, gracias no sólo a la abundancia y diversidad de las innovaciones, sino también a la manera horizontal en que éstas se diseminaron, en actividades que afectaban a prácticamente todos los sectores de la producción y los servicios. El principal ejemplo en ese sentido fueron los cambios en la informática y las comunicaciones que, por su propia naturaleza, se constituyeron a la vez en vehículo y en catalizador para la propagación del conjunto de las innovaciones. De igual modo, el impacto de los cambios en las esferas de la metalurgia o de la biotecnología se hizo sentir en subconjuntos muy amplios y, en apariencia, heterogéneos del espectro productivo.

Por último, en la década de 1990 se produjo una generalización gradual de ideas y valores globales en torno a los derechos humanos, en su doble dimensión de derechos civiles y políticos, y de derechos económicos, sociales y culturales, así como al desarrollo social, la equidad de género, el respeto de la diversidad étnica y cultural y el desarrollo sostenible. Buena parte de esta convergencia se materializó en el ámbito de las cumbres mundiales organizadas por las Naciones Unidas.

Los acontecimientos mencionados configuraron un marco esencial para comprender la evolución de América Latina y el Caribe en los años noventa. En el plano político, cabe destacar la propagación de los sistemas democráticos y el surgimiento de nuevos espacios para el ejercicio de la ciudadanía, aunque estos importantes logros no han estado exentos de fragilidades y problemas. En materia económica se introdujeron, de manera bastante difundida, profundas reformas centradas en una mayor apertura comercial y la liberalización de los mercados financieros nacionales y de los flujos de capitales con el exterior.

1. PÉRDIDA DE DINAMISMO ECONÓMICO MUNDIAL Y AUMENTO DE LAS DESIGUALDADES

a) Dinamismo económico

En los años noventa el crecimiento de la economía mundial alcanzó una tasa media anual de sólo 2,4%, situándose en el nivel más bajo de la posguerra para un período similar. En este agregado incidieron muchísimo el magro desempeño de los países desarrollados (2,2%), la notoria caída de Europa oriental (-3,6%) y el escaso crecimiento de África (2,2%). En cambio, Asia se expandió a tasas elevadas (6,5%) y mejoraron los ritmos de crecimiento de América Latina y del Medio Oriente, con tasas anuales de 3,2% y 3,3% respectivamente, según se aprecia en el Cuadro 1.1.

Al interior del grupo de los países desarrollados se verifica, a su vez, un marcado contraste en los patrones relativos de crecimiento de los distintos países, en especial entre el desempeño de Estados Unidos, por una parte, y de Europa y Japón, por la otra, sobre todo a partir de 1992 (véase el Gráfico 1.1). Estados Unidos creció a una tasa anual de 3% en el decenio, acelerando su expansión en la segunda mitad con tasas en torno del 4% por año. Por el contrario Japón, que se caracterizó por elevadas tasas de crecimiento en la posguerra, sólo logró un 1,1% de promedio anual en el decenio, incluyendo tasas negativas en 1991 y 1998. Europa, con su tasa de 2,3%, se ubicó cerca del promedio mundial, al sufrir una importante caída en los primeros años del decenio, seguida de una recuperación a partir de 1994.

Cuadro 1.1
TASAS DE CRECIMIENTO ANUALES EN PERÍODOS ESCOGIDOS
(Tasas estimadas mediante regresión)

	Mundo	Países desarro-llados	Países en desa-rrollo	América Latina	África	Asia	Medio Oriente	Europa oriental
1950-1960	4.4	4.1	5.1	4.9	4.5	5.7	5.7	9.2
1960-1973	5.1	5.0	5.5	5.5	5.0	5.2	7.7	6.7
1973-1980	3.4	3.0	5.3	5.1	3.5	6.2	4.8	4.3
1980-1990	3.1	3.1	3.7	1.4	2.5	6.8	1.5	2.6
1990-1999	2.4	2.2	4.7	3.2	2.2	6.5	3.3	-3.6
Por habitante								
1950-1960	2.8	2.8	2.8	2.2	2.0	3.6	2.9	8.2
1960-1973	3.1	4.1	3.0	3.3	2.5	2.9	4.8	5.5
1973-1980	1.6	2.3	3.0	2.3	0.3	4.2	1.9	3.3
1980-1990	1.4	2.0	1.6	-0.1	-0.1	4.9	-1.6	1.9
1990-1999	0.8	1.8	2.6	1.3	-0.4	5.4	1.0	-3.8

Fuente: Elaboración propia, sobre la base de cifras provenientes de los siguientes anuarios: Naciones Unidas, Estudio económico y social mundial, Nueva York, y Demographic Yearbook, Nueva York; Conferencia de las Naciones Unidas sobre Comercio y Desarrollo (Unctad), Handbook of International Trade and Development Statistics, Ginebra, e Informe sobre el comercio y el desarrollo, Ginebra; Fondo Monetario Internacional (FMI), International Financial Statistics Yearbook, Washington, D.C.; Economic Commission for Europe (ECE), Trends in Europe and North America: Statistical Yearbook of the ECE; y Comisión Económica para América Latina y el Caribe (Cepal), Anuario estadístico de América Latina y el Caribe, Santiago de Chile. Los países en desarrollo no incluyen Europa oriental. Las agregaciones por regiones se efectuaron sobre la base de dólares constantes del año 1995.

Esta evolución de los países desarrollados estuvo signada por importantes desequilibrios macroeconómicos. Aun Estados Unidos, que alcanzó el mayor crecimiento relativo y una baja tasa de desempleo (4,2% en 1999) y logró transformar su persistente déficit fiscal en superávit, mantuvo un elevado y creciente desequilibrio comercial y registró una baja tasa de ahorro de los hogares desde 1998. Japón heredó de su crisis financiera un sector bancario muy debilitado, un sector privado poco propenso al consumo, una reducción de la tasa de inversión, un aumento del desempleo de 2,5% en 1985-1995 a 4,6% en 1999 y un sector público que asumió la responsabilidad de sostener la demanda aumentando su deuda, como consecuencia de sucesivos déficit fiscales (3,4% del PIB en 1997, 6,0% en 1998 y 7,6 % en 1999).

Las necesidades de convergencia macroeconómica para profundizar la Unión Europea dominaron el escenario de Europa occidental. En efecto, conforme al Tratado de Maastricht (1992), se establecieron criterios en materia de déficit y deuda pública, así como de la variabilidad de la inflación de cada país con relación a la media comunitaria. Posteriormente, en virtud del Tratado de Amsterdam (1997), se consagró el Pacto de estabilidad y crecimiento como mecanismo de convergencia de las políticas macroeconómicas de mediano plazo para ingresar a la zona euro (Sistema Monetario Europeo). En este mismo marco, comenzó a lograrse progresos en el tema del desempleo, que en la década de 1990 osciló en torno a un promedio del 10% para los países de la Unión. En Luxemburgo (1997) se definió la coordinación de los lineamientos de las políticas de empleo comunitarias con los planes de acción nacional. En Cardiff (1998) se enfatizó la necesidad de homogeneizar las reformas estructurales en los mercados de trabajo, productos y capital, en el contexto de políticas fiscales sanas, para favorecer la competitividad europea y eliminar las restricciones y reglamentaciones remanentes en su interior. De conformidad con el Pacto Europeo para el Empleo (Colonia, 1999) se instauró una conferencia bianual de ministros de Economía y Trabajo para examinar conjuntamente los temas del crecimiento y del empleo.

Gráfico 1.1
VARIACIÓN DEL PIB DE LOS PRINCIPALES PAÍSES DE LA OCDE, 1990-1999
(En porcentajes)

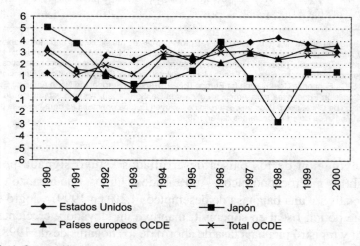

Fuente: Organización de Cooperación y Desarrollo Económicos (OCDE).

Por otra parte, los países en desarrollo, incluidas las economías en transición de Europa oriental, iniciaron los años noventa con grandes diferencias en sus tasas de crecimiento, como se indica en el Gráfico 1.2. Destacaron por su dinamismo en el decenio los países del sudeste asiático, China e India; especialmente notable fue el caso de China, que aumentó su producto 150% entre 1990 y 1999. Es bien sabido que en 1997 y 1998, cuatro importantes países del sudeste asiático sufrieron una severa crisis, que provocó graves trastornos en los mercados financieros internacionales[1].

---

1   Cabe señalar que, con excepción de Indonesia, ya en 1999 estos países habían alcanzado una recuperación significativa. Véase un análisis de la crisis de los países asiáticos en Cepal (1998a).

Por su parte, América Latina, el Medio Oriente y África experimentaron ritmos de crecimiento moderados a lo largo del decenio y Europa oriental registró una marcada contracción (aunque con notorias diferencias entre los países que la componen). De esta manera, con excepción de Asia, se amplió la brecha que separa al mundo en desarrollo de los países desarrollados en términos de ingreso por habitante.

Los años noventa también se caracterizaron por la sensible reducción del ritmo inflacionario en distintos grupos de países, muy especialmente los latinoamericanos. En esta región la inflación cayó de un promedio de 670% anual en el período 1990-1993 a una tasa de un dígito en 1999[2]. Menos espectacular, pero también significativa, fue la reducción en los países industrializados, cuyas tasas eran del orden de 12%, 9% y 5% en Europa, Estados Unidos y Japón respectivamente en 1981, pasaron a aproximadamente la mitad a principios de los años noventa, para llegar en 1998-1999 a valores de entre 1% y 2% en Estados Unidos y en la Unión Europea y a una deflación en Japón. Esta evolución alcanzó niveles críticos durante la reciente crisis financiera internacional, cuando la caída de los precios nominales de las manufacturas y de numerosas materias primas llevaron a algunos a alertar sobre los riesgos de una deflación mundial.

Gráfico 1.2
VARIACIÓN DEL PIB DE LAS PRINCIPALES REGIONES EN DESARROLLO
Y EN TRANSICIÓN, 1990-1999
(En porcentajes)

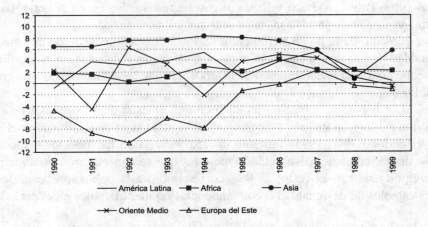

Fuente: Estimaciones sobre la base de cifras de Comisión Económica para América Latina y el Caribe (Cepal), Fondo Monetario Internacional (FMI) y Naciones Unidas, Estudio económico y social mundial, Nueva York, para el período 1990-1998, y de Cepal, Proyecto Link y Estudio económico y social mundial, Nueva York, para 1999.

---

2. Se trata del promedio de las variaciones nacionales del índice de precios al consumidor ponderadas por la población.

b) Aumento de la desigualdad

Diversos analistas coinciden en señalar que al principio de los años noventa existían profundas disparidades en la distribución mundial del ingreso, la que, medida con el índice de Gini[3], superaba 0.60 (Chotikapanich, Valenzuela y Rao, 1997; Milanovic, 1998; y PNUD, 1999). En un estudio reciente (Milanovic, 1999) se agrega que, para una muestra de 91 países, dichas disparidades se acentuaron, en la primera parte de los años noventa, a razón de 0.006 puntos por año. Una manera quizás más clara de ilustrar el punto es que la relación entre el ingreso promedio del 5% de mayores ingresos y del 5% de menores ingresos en la distribución mundial cambió de 78 a 1 (1988) a 114 a 1 (1993)[4]. Las cifras también indican que en 1993 un ciudadano que recibía el ingreso promedio del decil más bajo en los Estados Unidos estaba en mejor situación que dos tercios de la población del mundo.

El 88% de las disparidades correspondió a las diferencias entre países, según puede apreciarse en el Cuadro 1.2. Los países que más contribuyeron al incremento de las disparidades fueron los más grandes, que se ubican en uno y otro polo de la distribución mundial del ingreso, hecho que ha sido caracterizado como "las cumbres mellizas" (Quah, 1997). Uno de estos polos está representado por la población rural y urbana de India e Indonesia y por la población rural de China, que con el 42% de la población mundial dieron cuenta del 9% del ingreso del mundo. El otro polo incluye Alemania, Estados Unidos, Francia, Japón y el Reino Unido, con un 13% de la población mundial y un 45% del ingreso. Otros países de gran población pero con ingresos medios como Brasil, México y Rusia, o con ingresos bajos como Nigeria, también contribuyeron a la disparidad mundial, aunque en menor medida.

Este aumento de la polarización entre regiones fue acompañado de una creciente desigualdad dentro de los países (Cornia, 1999), según se aprecia en el Cuadro 1.3. Este hecho confirma la continuidad de la tendencia que ha caracterizado a un conjunto amplio de países durante el último cuarto de siglo.

Así, el 56,6% de la población incluida en una muestra de 77 naciones residía en países que exhibieron un grado creciente de desigualdad en la distribución del ingreso en el período 1975-1995. Tan sólo un 15,6% vivía en naciones que mostraron grados decrecientes de desigualdad, mejorías que se concentraron principalmente en la región asiática. El resto, 27,8%, correspondió a la población de países con niveles estables de desigualdad o con tendencias no identificables en el período.

---

3. Un valor igual a cero del índice representa la igualdad perfecta, mientras que un valor unitario equivale a la concentración absoluta.
4. Cabe recalcar que estas cifras corresponden a análisis en que se corrigen los ingresos por la paridad del poder de compra; los valores en moneda corriente amplían considerablemente las desigualdades.

Cuadro 1.2
DESIGUALDAD MUNDIAL DEL INGRESO, 1988 Y 1993
(Distribución de personas por ingreso *per cápita*) [a]

	Gini 1988	Gini 1993
Desigualdad entre países	55.1 (88%)[b]	57.9 (88%)
Desigualdad dentro de los países	1.3 (2%)	1.3 (2%)
Componente residual[c]	6.4 (10%)	6.8 (10%)
Desigualdad total	62.8	66.0
Número países	91	91
Ingreso *per cápita* promedio	2 450	3 160
Desviación estándar	2 552	3 591
Coeficiente de variación	1.04	1.14

Fuente: Branko Milanovic, "True World Income Distribution, 1988 and 1993", Policy Research Working Paper, N° 2244, Washington, D.C., Banco Mundial, 1999.
a Corregidos por su poder de compra equivalente (Parity Purchasing Power).
b El valor del índice ha sido multiplicado por 100 y, entre paréntesis, se indica la contribución a la desigualdad total.
c El componente residual muestra la parte de la desigualdad originada en la mezcla de personas de países de mayor y menor ingreso *per cápita*. Es decir, algunas personas de países de menor ingreso *per cápita* que tienen rentas superiores a las de algunas personas de países de mayor ingreso *per cápita*.

En el caso de los países industrializados, esta evolución de la distribución del ingreso fue más marcada, puesto que el 71,8% de la población estaba situada en países con desigualdades crecientes y el 27,0% en países con desigualdades decrecientes. Según diversos análisis (Atkinson, 1996 y 1999 y Cornia, 1999), la mayor desigualdad se debió a un incremento de las diferencias salariales, cuyas causas principales fueron la erosión de las instituciones laborales, el impacto de la liberalización comercial y el progreso técnico sesgado hacia una mayor calificación de la mano de obra. Aquellos países del grupo que mantuvieron instituciones centralizadas para la determinación de los salarios (Alemania e Italia) y que otorgaron un mayor protagonismo a las organizaciones de trabajadores, junto con la defensa de los salarios mínimos (Francia), lograron contener el impacto de los factores mencionados hacia una mayor desigualdad. Por el contrario, Australia, Estados Unidos, Nueva Zelanda y el Reino Unido, con negociaciones salariales descentralizadas y mercados laborales más flexibles, experimentaron los mayores incrementos en la desigualdad del ingreso.

La distribución del ingreso de las economías en transición de la ex Unión Soviética y de Europa oriental fue la que más empeoró, ya que prácticamente la totalidad de los países de ambos grupos mostró grados crecientes de desigualdad. Los índices de Gini entre 1987-1988 y 1993-1995 pasaron de 0,23 a 0,47 en Ucrania, de 0,24 a 0,48 en Rusia, de 0,23 a 0,37 en Lituania, de 0,21 a 0,23 en Hungría y de 0,26 a 0,28 en Polonia (Milanovic, 1998). También en estos casos el patrón se asentó en la mayor dispersión salarial asociada a la aparición de rentas de escasez para determinadas profesiones y en la caída de los salarios mínimos.

Cuadro 1.3
TENDENCIA MUNDIAL EN LA DESIGUALDAD DEL INGRESO, 1975-1995
(En porcentajes de países en términos de población)

Grupos de países	Desigualdad creciente	Desigualdad estable	Desigualdad decreciente	Tendencia no identificable
Países industrializados	71.8	1.2	27.0	0.0
Europa oriental	98.1	0.0	0.0	1.9
Ex Unión Soviética	100.0	0.0	0.0	0.0
América Latina	83.8	0.0	11.4	14.0
Sur de Asia y Medio Oriente	1.4	70.2	14.4	14.8
Asia del Este	79.4	4.4	16.1	0.1
África	31.6	11.9	7.7	48.8
Mundo[a]	56.6	22.1	15.6	5.7

Fuente: Giovanni Andrea Cornia, "Liberalization, Globalization and Income Distribution", Working Papers, Nº 157, Helsinki, Universidad de las Naciones Unidas (UNU)/Instituto Mundial de Investigaciones de Economía del Desarrollo (Wider), marzo de 1999.
a Muestra de 77 países que representan el 81,7% de la población mundial y el 95,0% del PIB mundial, con paridad de poder de compra.

Las regiones en desarrollo exhiben evoluciones más variadas. Así, en la región de Asia oriental predominaron mayores grados de desigualdad (países que concentran el 79,4% de la población), tendencia influenciada por la creciente diferenciación entre las zonas urbanas y costeras de China respecto de las áreas rurales. Sin embargo, ésta es también la región en desarrollo con la proporción más elevada de población residente en países que registraron grados decrecientes del indicador (16,1%). En cambio, en el sur de Asia y Medio Oriente la mayoría de la población (70,2%) residía en países que mantuvieron estables los índices de desigualdad o que los redujeron (14,4% de la población). En ambos casos, las disparidades obedecieron a factores de localización rural-urbana, de regiones costeras e interiores y, cada vez en mayor medida, a diferencias salariales. El rasgo distintivo de la región de África fue el predominio de tendencias no identificables en los patrones distributivos (48,8% de la población del grupo). En este caso, las desigualdades de ingreso crecientes (31,6% de la población) también expresaron profundas diferencias entre las áreas rurales y urbanas.

La gran mayoría de la población (83,8%) de América Latina reside en países donde se acentuó la desigualdad en la distribución del ingreso en 1975-1995, por encima de niveles que eran ya los peores del mundo. Esto significa, en el caso particular de América Latina, que en los años noventa no se logró detener el agudo deterioro experimentado a lo largo de la década de 1980. El empeoramiento distributivo se vinculó a cambios estructurales que indujeron comportamientos asimétricos en las fases del ciclo económico, cuya sucesión se caracterizó por una elevada frecuencia y amplitud en el último cuarto del siglo XX. En las fases recesivas, la participación de los sectores de menores ingresos se redujo más que proporcionalmente, mientras que la ponderación de los sectores de mayores ingresos aumentó por sobre el promedio durante los períodos de auge. Otro tanto ocurre con la población en situación de pobreza; se ha estimado (Cornia, 1994) que la pobreza se elevó 1,8% por cada punto porcentual de caída del producto en las fases recesivas, mientras que declinó sólo 0,6% por cada punto porcentual de crecimiento en los períodos de auge.

Este panorama global sugiere la presencia de factores nuevos de gran incidencia en el incremento de la desigualdad del ingreso, que se agregaron a los tradicionales tales como la distribución de activos y el acceso a la educación. Estos nuevos factores, vinculados a la globalización y a algunas orientaciones de las políticas nacionales, fueron la reducción de la masa salarial en el ingreso total en favor de un crecimiento relativo de las rentas financieras y de los beneficios empresariales, las crecientes disparidades en la remuneración del trabajo según el grado de calificación y la erosión de la capacidad redistributiva del Estado, a través de los tributos, contribuciones y transferencias. Sin embargo, la incidencia relativa de uno y otro grupo de factores, así como la de sus componentes, varía de una región a otra y aun entre países dentro de cada región.

2. Las tendencias hacia una mayor internacionalización en el nuevo contexto mundial

a) Los aspectos cuantitativos de la globalización

En los años noventa triunfaron las políticas que propiciaban la internacionalización de las sociedades y, en particular, de las economías. El comercio internacional se amplió a tasas cercanas al 7% anual, la inversión extranjera directa superó los 640.000 millones de dólares en 1999, o sea casi 20 veces más que en los años setenta, y las transacciones diarias en los mercados cambiarios alcanzaron 1.4 billones (millón de millones) de dólares hacia el fin del decenio, el grueso de las cuales correspondió a transacciones puramente financieras.

Una de las manifestaciones principales de este proceso es el aumento de la relación entre el ritmo de crecimiento del comercio internacional y el del producto. En el Gráfico 1.3 se muestra que, en valores constantes, el comercio mundial volvió a alcanzar tasas de crecimiento anuales parecidas a las de los primeros decenios de posguerra, después de una desaceleración entre 1973 y 1990. Al disminuir simultáneamente la tasa de crecimiento del producto mundial, la relación entre ambas variaciones en la década de 1990 fue la mayor de la posguerra, con una tasa de crecimiento de las exportaciones mundiales que triplicó la del producto.

Gráfico 1.3
TASAS DE CRECIMIENTO DE LAS EXPORTACIONES Y DEL PRODUCTO MUNDIAL,
1950-1998
(En porcentajes y cocientes)

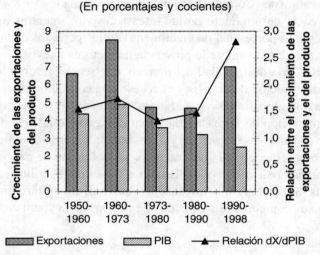

Fuentes: Cuadro 1.1 y estimaciones sobre la base de cifras del FMI.

En el Gráfico 1.4 se aprecia el renovado auge de la inversión extranjera directa (IED). Los flujos más importantes de IED continuaron siendo los establecidos de manera recíproca entre los países industrializados y fueron particularmente intensos dentro de Europa occidental. Sin embargo, también aumentó la participación de otras regiones, entre ellas, América Latina, el este y sudeste de Asia y, en particular, China. Este último país concentró, entre 1992 y 1998, cerca de un tercio de toda la IED destinada a los países en desarrollo. El crecimiento de las fusiones y adquisiciones transfronterizas se ha transformado en una tendencia sorprendente y en importante impulsor de la IED, pasando a representar del 44% de la IED total en el período 1990-1992 al 64% en 1998 (Unctad, 1995, 1997 y 1999).

A las expansiones del comercio internacional y de la inversión extranjera directa se sumó la de los flujos financieros internacionales. Un indicador de este último fenómeno es el crecimiento de los activos que los bancos de los principales países desarrollados mantienen en el resto del mundo[5]. Entre junio de 1991 y diciembre de

---

5. Se trata de las posiciones que los bancos que reportan al Banco de Pagos Internacionales (BPI) tienen en países situados fuera del área del BPI, es decir, principalmente en países en desarrollo y en centros financieros extraterritoriales (*off-shore*). Las cifras se extrajeron de BIS, *The maturity and sectoral distribution of international bank lending*, Basilea, varios números.

1997 (es decir, entre el virtual fin de la crisis de la deuda y el inicio de la crisis asiática), esos saldos crecieron a un ritmo de 10% anual, pasando de 1,1 a 1,9 billones de dólares. En 1998 los saldos totales se contrajeron un 7%, debido principalmente a la caída experimentada por los países asiáticos (30%). Esta tendencia a la baja se mantuvo durante 1999, aunque fue más suave, ya que dichos activos se redujeron 1,4%.

Gráfico 1.4
INVERSIÓN EXTRANJERA DIRECTA SEGÚN REGIONES DE DESTINO, 1986-1998
(En miles de millones de dólares)

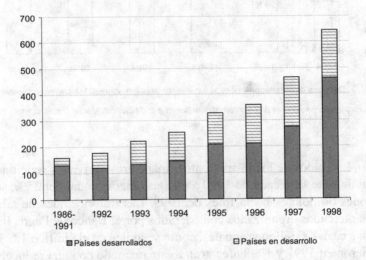

Fuente: Conferencia de las Naciones Unidas sobre Comercio y Desarrollo (Unctad), *World Investment Report, 1998: Transnational Corporations, Market Structure and Competition Policy* (Unctad/WIR/1998), Nueva York, 1998. Publicación de las Naciones Unidas, N° de venta: E.98.II.D.5, y World Investment Report, 1999: *FDI and the Challenge of Development* (Unctad/WIR/1999), Nueva York, 1999. Publicación de las Naciones Unidas, N° de venta: E.99.II.D.3.

Aún más importantes fueron los valores correspondientes a las emisiones internacionales de bonos, dado que sus saldos treparon desde 1.8 billones de dólares a fines de 1991 hasta 5.1 billones de dólares en diciembre de 1999. Las emisiones anuales crecieron significativamente en la segunda mitad del decenio, con una incidencia algo mayor de los mercados emergentes, en especial en 1996 y 1997, según se aprecia en el Gráfico 1.5. Esta participación se redujo sensiblemente en el último trimestre de 1997 y de nuevo a partir de mediados de 1998, hasta llegar a sólo un 3,0% en el segundo semestre de 1999.

Gráfico 1.5
EMISIÓN INTERNACIONAL DE BONOS POR REGIONES DEFINIDAS SEGÚN LA NACIONALIDAD DEL DEUDOR
(En miles de millones de dólares)

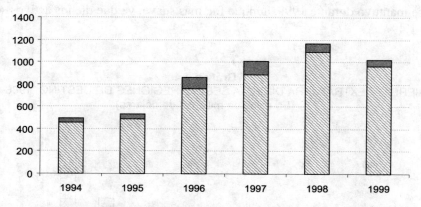

☐ Países desarrollados y centros extraterritoriales (off-shore)■ Mercados emergentes

Fuente: Banco de Pagos Internacionales (BIS), *International Banking and Financial Market Developments*, Basilea, varios números.

Por último, los saldos de los instrumentos financieros derivados (opciones y futuros) crecieron durante la década de 1990 a una tasa media anual del 25%, superando los 13.0 billones de dólares hacia fines de 1999. Las transacciones de tales instrumentos en los mercados organizados considerados por el Banco de Pagos Internacionales llegaron a casi 400 billones anuales, como se indica en el Gráfico 1.6. Las crisis que se sucedieron en 1997 y 1998 afectaron a este mercado con una reducción de 2.7 billones de dólares de sus saldos (o sea, una caída del 17%) en el último trimestre de 1998, debido al colapso de importantes intermediarios. Ante esta situación, surgieron cuestionamientos respecto de la forma de operar de ciertos agentes financieros que, con poco capital, asumen cuantiosos pasivos. Estas percepciones dieron sustento a una serie de iniciativas orientadas a ampliar la regulación y supervisión de los mismos[6].

---

6. El Comité de Basilea de Supervisión Bancaria y, más recientemente, el Foro sobre Estabilidad Financiera han analizado los riesgos que la acción de las instituciones financieras fuertemente apalancadas representa para los bancos. El primero ha constatado que los bancos no tenían políticas efectivas para administrar su exposición hacia tales clientes. En particular, el análisis de la solvencia de tales instituciones estaba restringido por la limitada disponibilidad de información financiera; las decisiones crediticias estaban en alguna medida basadas en estimaciones no sistemáticas de los riesgos y en la reputación y la percepción de las capacidades de manejo del riesgo que se atribuían a las instituciones en cuestión. En el informe también se señalaba que los bancos carecían de un marco para hacer una estimación apropiada de la exposición hacia los mercados secundarios (BIS, 1999).

Gráfico 1.6
INSTRUMENTOS FINANCIEROS DERIVADOS: TRANSACCIONES ANUALES Y SALDOS A FIN DE AÑO
(En billones de dólares)

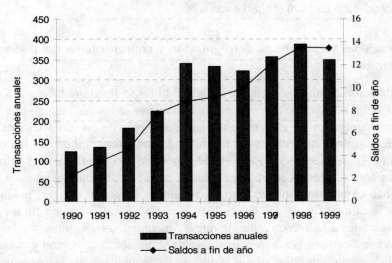

Fuente: Banco de Pagos Internacionales (BIS), *International Banking and Financial Market Developments*, Basilea, varios números.

Los capitales financieros globalizados parecen estar cada vez más desvinculados de la economía real, a pesar de que su función teórica es financiarla. En efecto, según los cálculos más generosos, se estima que apenas 8% de los 1.3 a 1.5 billones de dólares que cada día se transan en los mercados cambiarios corresponden a pagos comerciales entre países o a inversiones directas en el extranjero (Chesnais, 1997). Sobre la base del financiamiento a un agente no financiero, se construye una pirámide invertida de derivados que abultan los activos y pasivos de los intermediarios y brindan a los inversionistas financieros una multitud de posibilidades de colocaciones, sin relación directa con inversión real o transacción comercial alguna.

Las transacciones económicas internacionales se expandieron durante los años noventa tanto más rápido cuanto más débil es su relación con el crecimiento del producto de los países. Así, el comercio creció más rápido que el producto, pero menos que los créditos bancarios y muy por debajo de la colocación internacional de bonos. Por último, el crecimiento de los saldos de los instrumentos financieros derivados es todavía muchísimo mayor, aunque vale recordar que éstos no sólo corresponden a transacciones internacionales.

Tales antecedentes ponen en evidencia que la creciente globalización no redundó en un mayor crecimiento económico en la década de 1990. La influencia del comercio sobre el crecimiento se debilitó y la IED sólo influyó positivamente y de manera directa sobre el ritmo de expansión cuando se plasmó en nueva inversión. Por último, el notable auge financiero propició situaciones de crisis, sin impactar sobre el dinamismo económico en la magnitud esperada.

b) Innovaciones tecnológicas, desregulación y concentración del poder económico

La globalización es un fenómeno cuya amplitud no se puede reducir a las áreas del comercio, de la IED y de los movimientos financieros. Más aún, esa amplitud es creciente y se acentuó en los años noventa. La aceleración de las innovaciones tecnológicas y de su difusión viene gestando profundas transformaciones en los estilos de vida, en la organización social y en la producción. Es aún temprano para valorar en su real dimensión los efectos sobre la economía, pero no cabe duda de que en la actualidad ya han cambiado notablemente las funciones de producción, el potencial productivo y la cantidad y calidad de los bienes y servicios. Las innovaciones administrativas, sumadas a la introducción de nuevas maquinarias y equipos y al tamaño de los mercados, dieron origen a muy distintas combinaciones de capital y trabajo. En el área financiera, en particular, el desarrollo de las tecnologías de la comunicación ha permitido operar rutinariamente, y en tiempo real, trascendiendo las fronteras.

Las maneras en que los países en desarrollo se han visto insertos en este nuevo contexto internacional tienen múltiples facetas, relacionadas con el acceso a nuevas tecnologías, a productos y a numerosos tipos de información. Entre ellas, destacan las relaciones entre las nuevas formas de articulación financiera y las modalidades de desarrollo nacional. Así, los vínculos económicos entre bancos privados, fondos de pensiones y de inversión de los países desarrollados y el sector privado de los países en desarrollo han remplazado en gran medida las relaciones previas de gobierno a gobierno. La ayuda oficial para el desarrollo se ha venido reduciendo hasta alcanzar, en años recientes, apenas una tercera parte de la meta internacional establecida en 0,7% del PIB de los países industrializados. El grueso de los préstamos de los bancos multilaterales, que antaño apoyó la expansión de la infraestructura física y productiva de los países en desarrollo, se canaliza ahora hacia el área social, que ha pasado a ser el área prioritaria de la acción del sector público en la región.

Al mismo tiempo los países desarrollados, la banca internacional y los organismos multilaterales propugnan el establecimiento de nuevos mecanismos macroeconómicos e institucionales que permitan ampliar la liberalización de los mercados internos y de las relaciones económicas internacionales. Estas medidas de desregulación han sido adoptadas por un creciente número de países, especialmente a partir de principios de los años ochenta. La eliminación de las trabas a los movimientos de bienes y de capitales, la ampliación de los negocios ofrecidos a los grandes grupos empresariales (por ejemplo, a través de las privatizaciones y la eliminación de restricciones a la inversión extranjera) y la liberalización de los sistemas financieros nacionales hicieron posible la adopción de estrategias de inversión a escala mundial por parte de los grandes agentes económicos.

De esta manera, la organización de los mercados se fue alejando cada vez más de las condiciones teóricas de competencia perfecta que todavía sustenta implícitamente la presentación conceptual de la nueva modalidad de desarrollo. En la práctica se fue gestando un impresionante movimiento de concentración en el ámbito empresarial, con numerosas fusiones y adquisiciones transfronterizas, asociaciones entre empresas transnacionales y de capitales locales y formación de conglomerados multisectoriales.

La globalización no es entonces sinónimo de mayor homogeneidad en el nivel internacional ni dentro de los países, aunque se aprecia una difusión de normas similares de política económica y una implantación de estándares tecnológicos y patrones de consumo para la demanda solvente de cada país. Comienzan a surgir temores respecto del impacto de estos cambios sobre la concentración del poder económico y también acerca de sus consecuencias en términos del disímil acceso a los nuevos bienes y servicios de diferentes países y distintos estratos de la población.

3. POLÍTICAS Y AGENTES DE LA INTERNACIONALIZACIÓN

Un aspecto destacado de la globalización ha sido la creciente homogeneidad de las políticas nacionales. Las políticas de cada nación pasan a estar cada vez más condicionadas por normas internacionales orientadas a reducir las diferencias de reglas entre los mercados nacionales (Marinho, 1997; Tussie, 1994). En tal dirección se inscriben las normas de la Organización Mundial del Comercio, las propuestas de los países industrializados para un tratado multilateral de inversiones y las iniciativas del FMI sobre convertibilidad de la cuenta de capitales. Un hecho que adquiere relevancia es que mientras se está induciendo esta creciente globalización en los planos económico y financiero, no se han creado las instituciones políticas internacionales capaces de ejercer alguna regulación del sistema[7].

a) Políticas monetarias, tasas de interés y predominio del capital financiero

El papel protagónico que en el área macroeconómica se asigna a la política monetaria y la creciente presión por instaurar una apertura financiera amplia en todos los países

---

7. En el criterio del presidente de Brasil F.H. Cardoso, se trata de un problema que los gobiernos deben enfrentar conjuntamente y que consiste, en lo primordial, en crear un orden internacional basado en reglas aceptadas por todos y apoyado en instituciones que garanticen su vigencia (Cardoso, 1995). Sobre los aspectos financieros, véase Ocampo (1999).

son características centrales del actual proceso de globalización. Los cambios en los niveles de las tasas de interés han cumplido un papel preponderante en la redistribución del poder económico, en la consolidación de ciertos agentes y en la transformación del comportamiento económico de la mayoría de los actores.

La gran movilidad del capital financiero y las políticas monetarias adoptadas a principios de los años ochenta trastocaron el poder de negociación de los acreedores respecto de los deudores y llevaron a un importante aumento de las tasas reales de interés de largo plazo en ese decenio, como se aprecia en el Cuadro 1.4 para los países desarrollados. Si bien en los años noventa dichas tasas se redujeron en Estados Unidos y Japón respecto de sus niveles de la década de 1980, todavía se ubican muy por encima de los valores vigentes hasta la década de 1970.

Cuadro 1.4
TASAS REALES DE INTERÉS DE LARGO PLAZO EN PAÍSES
SELECCIONADOS DE LA OCDE
(En porcentajes)

	1961-1969	1970-1979	1980-1989	1990-1999
Estados Unidos	-0.81	-0.33	8.18	5.88
Japón	...	1.95	3.62	1.49
Reino Unido	2.37	2.17	4.58	5.12
Comunidad Europea de los 11[a]	...	0.22	4.31	4.95

Fuente: Estimaciones sobre la base de cifras de la OCDE.
a Países de la Unión Europea, menos Reino Unido, Dinamarca, Grecia y Suecia.

En esta evolución también incidió muchísimo la mayor desregulación financiera, que incluyó la liberación de las tasas de interés pagadas a los ahorristas y la posibilidad de acceder a nuevas colocaciones fuera de los bancos. De este modo, los últimos perdieron su posición privilegiada en la captación de depósitos de ahorro y se vieron forzados a subir sus propias tasas de interés para limitar los procesos de desintermediación[8]. Tales procesos, sumados a la supresión de algunas de las antiguas segmentaciones financieras, tendieron a favorecer la modalidad de financiamiento directo (mediante colocaciones de bonos y acciones, que a su vez dan pie a la emisión de múltiples derivados financieros) respecto de los préstamos bancarios. El encarecimiento de los recursos de los bancos y la pérdida de clientes que procuraron

---

8. La "desintermediación" afecta a determinadas instituciones financieras cuando la competencia de otras alternativas de colocación desvía los recursos que captaban hacia otros intermediarios que pueden ofrecer mejores rendimientos, o bien directamente hacia el prestatario final. Tal proceso repercutió a principios de los ochenta, por ejemplo, en las asociaciones de ahorro y préstamo de Estados Unidos, que tenían tasas de interés reguladas, y que vieron disminuir sus captaciones cuando aumentó la tasa de interés del mercado.

financiamiento directo en los mercados pesaron sobre sus márgenes, impulsando a algunos de ellos a encarar operaciones de mayores rendimiento y riesgo.

Junto a la menor incidencia de los bancos comerciales aumentó la participación de los fondos de pensiones, de las compañías de seguros y de los fondos de inversión. Estos inversionistas institucionales de 21 países de la Organización de Cooperación y Desarrollo Económico (OCDE) manejaron activos financieros por 13.4 billones de dólares en 1990, cifra equivalente al 83% del PIB total de esos países. Ya a mediados del decenio, el monto de dichos activos trepó a 23.1 billones de dólares, es decir un monto superior al producto consolidado del grupo[9].

Dos características inherentes al rápido desarrollo financiero han sido la volatilidad y el contagio, que singularizan tanto los períodos de euforia como de depresión de las expectativas de los agentes del mercado. Estas características, unidas al rezago en el desarrollo de marcos de regulación y supervisión prudencial, particularmente durante los períodos de liberalización acelerada de los mercados financieros, han generado una elevada frecuencia de crisis bancarias nacionales (FMI, 1998), que a menudo han estado acompañadas de crisis cambiarias muchas veces coincidentes (tanto en países desarrollados como, especialmente, en desarrollo), así como de volatilidad de los tipos de cambio de las principales monedas. Estas dificultades crecientes en las finanzas internacionales han sido el fundamento de varias iniciativas tendientes a reformar el sistema financiero internacional (Ocampo, 1999).

A pesar de su globalización, el mercado financiero mantuvo una fuerte segmentación en distintas dimensiones. En efecto, brindó acceso al crédito a tasas relativamente bajas a determinados prestatarios –básicamente los gobiernos de los países desarrollados y las empresas transnacionales–, fijó tasas más elevadas a los grandes prestatarios públicos o privados de mercados emergentes y excluyó del crédito a segmentos enteros de países en desarrollo y a las empresas pequeñas y medianas. Estos diferenciales tienden, además, a agudizarse durante los períodos de crisis, cuando la "fuga a la seguridad" por parte de los inversionistas se refleja en aumentos mayores de las tasas de interés para los países en desarrollo y para las empresas de menor tamaño de los países desarrollados. Por el lado de los usuarios de crédito, las familias ocuparon un lugar destacado en el período, generalmente a tasas de interés muy elevadas.

---

9.   Estimaciones realizadas sobre la base de cifras de la OCDE, Institutional investors – Statistical Yearbook, 1997. Los principales tipos de inversionistas varían según el país, así como sus colocaciones preferidas. En países con sistemas jubilatorios de capitalización, como Estados Unidos y el Reino Unido, los fondos de pensión son los inversionistas más importantes. En otros, como Alemania, Francia y Japón, sobresale la parte de las compañías de seguros, seguidas por los fondos de inversión. Por último, en los países anglosajones, la parte de las acciones en la cartera de estos inversionistas en general es considerable. Es claramente mayoritaria en el Reino Unido y Australia, en tanto es importante y creciente en Canadá y en Estados Unidos; en este último país, en 1995 llega a 36% del total, frente a 40% de los bonos. En cambio, los bonos y los préstamos predominan en Europa continental (Alemania, Francia, Italia, etc.) y en Japón.

En varios países del mundo en desarrollo la configuración de los precios relativos en favor de las rentas financieras provocó la restricción de la inversión y del crecimiento del producto. Frente a situaciones de crisis, los gobiernos se vieron obligados a intervenir, incurriendo en altos costos fiscales y cuasifiscales, así como a solicitar el apoyo del FMI (véase el capítulo 3).

En definitiva, el decenio ha evidenciado una mayor concentración de poder económico en manos de los acreedores financieros, en detrimento de los propios gobiernos[10]. Es posible, sin embargo, que las recientes crisis de varios países emergentes de Asia oriental, de Rusia y de América Latina marquen un punto de inflexión en este predominio de las rentas financieras. Además, por primera vez se cuestiona en foros internacionales y en los países desarrollados el que los gobiernos y el FMI utilicen cuantiosos recursos en operaciones de salvamento financiero y se hace un llamado persistente a que los acreedores contribuyan más activamente a la solución de las crisis.

b) El protagonismo de las empresas transnacionales

La empresa transnacional es otro actor cuya influencia aumentó en los años noventa. Actuando por encima de los espacios nacionales, con capacidad de acumulación y flujos de capitales de alcance mundial, la empresa transnacional es el gran artífice y principal beneficiario de la globalización. De hecho, se estima que un tercio del comercio de bienes y servicios no factoriales se realiza como operaciones intrafirma de conglomerados transnacionales entre matrices, filiales y empresas asociadas. Estas transacciones y sus precios, como es obvio, no siempre obedecen a las fuerzas del mercado, sino que son evaluadas con precios de transferencia. Como otro tercio corresponde a exportaciones de filiales de transnacionales a empresas no asociadas, se concluye que dos tercios del comercio mundial de bienes y servicios no factoriales obedecen, de alguna manera, al esquema internacional de producción de las empresas transnacionales (Unctad, 1995)

Tradicionalmente la empresa transnacional tendía a formar redes entre la matriz, las filiales y las empresas asociadas. A ello se agregó, en los años ochenta, una serie de conexiones a partir de movimientos financieros de intangibles (patentes, regalías, asistencia técnica, modelos, licencias y franquicias) que amplifican la presencia del capital transnacional en las distintas regiones del mundo, a la vez que disminuyen el riesgo de la inversión directa. En los últimos años afloró una nueva tendencia de actuación de las transnacionales en el campo productivo. En algunos casos, las empresas matrices adquirieron la parte de sus socios nacionales, pasando a controlar

---

10. La dominación de los acreedores en los mercados financieros y la dominación de los empresarios en el mercado del trabajo son las características de nuestro tiempo. Véase Fitoussi (1996).

directamente las empresas locales. Más aún, muchas grandes empresas concretaron alianzas estratégicas entre ellas, así como fusiones y compras, hostiles o consensuadas, de otras empresas de su rubro de actividad. Nacen así grandes conglomerados oligopólicos, con empresas y bancos de distintos países que se reagrupan para competir a nivel supranacional. Este es uno de los factores que explican por qué algunas de las principales empresas en los países en desarrollo operan hoy con mayor eficiencia administrativa y productiva y con rentabilidades más altas que antes, a la vez que se integran mejor a la economía mundial.

c) Los procesos de integración regional

Paralelamente, en los años noventa se registraron avances en los procesos de integración, particularmente en Asia, Europa y América. Éstos apuntan en un sentido similar al de otras dimensiones de la globalización, al reducir las barreras a los intercambios entre determinados países. Sin embargo, su lógica y principios motores son diferentes, destacándose en el caso de la integración la voluntad política de los países de constituir un marco común que exceda lo meramente comercial y aun lo económico. Dentro de ese marco, se puede fijar pautas o límites a los agentes económicos y también sería posible aumentar el poder de negociación de los países socios en la escena mundial.

Como parte integral de la Asociación de Naciones del Asia Sudoriental (Asean), opera desde 1992 el acuerdo de integración denominado Área de Libre Comercio de la Asean, por el que se planteó alcanzar el libre comercio entre sus miembros de manera plena en el 2003, mediante un proceso de profundización y ampliación de preferencias arancelarias mutuas. Igualmente importante ha sido la ampliación de la cooperación económica en Asia y el Pacífico, organización que incluye países industrializados y en desarrollo. En el caso de Europa, la integración se ha extendido a más países y se ha profundizado con la adopción del euro a partir de 1999[11].

En el decenio se produjo la incorporación de México al Tratado de Libre Comercio de América del Norte, que integra a dicho país con Canadá y Estados Unidos. De similar relevancia fueron las iniciativas orientadas a estrechar los vínculos comerciales y de inversión de la región con otras áreas de integración y países del mundo. La Unión Europea ha sido privilegiada por los gobiernos latinoamericanos para establecer acuerdos de libre comercio. Recientemente México concretó uno de tales acuerdos y tanto el Mercosur como Chile han logrado progresos en esa misma dirección. Otra de las áreas de creciente interés para los gobiernos latinoamericanos es Asia. El

---

11. Una de las consecuencias previstas de la adopción de una moneda única es la anulación de la especulación financiera que, al atacar reiteradamente a tal o cual moneda del Sistema Monetario Europeo, condicionaba las políticas monetarias de los Estados miembros y comprometía sus reservas.

mecanismo preferido ha sido la incorporación de países latinoamericanos en la APEC. México fue aceptado en 1993, mientras que Chile y Perú participan como miembros plenos desde 1997 y 1998 respectivamente. Finalmente, cabe destacar el interés reciente demostrado por algunos países asiáticos de estrechar sus vínculos bilaterales con países latinoamericanos, como lo demuestra el inicio de las negociaciones para establecer un acuerdo de libre comercio entre la República de Corea y Chile.

Otro hecho destacable es el progreso de la integración subregional en América Latina y el Caribe. El afianzamiento del Mercosur permitió intensificar el comercio intrabloque y ofrecer a los inversionistas locales y extranjeros un mercado ampliado. A fines de los años ochenta se reactivaron el Grupo Andino, transformado posteriormente en la Comunidad Andina, el Mercado Común Centroamericano y la Comunidad del Caribe. El Mercosur concluyó también acuerdos comerciales con Chile y Bolivia y está negociándolos con la Comunidad Andina. Frente a la vitalidad que mostraron los procesos de integración subregionales, Estados Unidos respondió con su propuesta de un Área de Libre Comercio de las Américas (ALCA) con horizonte en el año 2005, que es objeto de discusión en los países del continente (véase el Capítulo 2).

4. LA GLOBALIZACIÓN DE LOS VALORES

Si bien los temas económicos (en particular el comercio y las finanzas) concitaron el mayor interés de la comunidad internacional durante los años noventa, hubo además otros que ganaron espacio en la agenda multilateral como expresión de una tendencia hacia la globalización de ciertos valores básicos. Muestra de ello es la creciente adhesión en el decenio a las convenciones sobre derechos humanos por parte de los gobiernos, según puede apreciarse en el Gráfico 1.7. Otra manifestación es la progresiva importancia que han ido adquiriendo las cumbres mundiales celebradas en el marco de las Naciones Unidas.

En el tema del medio ambiente, se configuró el concepto de desarrollo sostenible, que gradualmente se fue articulando con varios otros temas económicos y sociales. En la Cumbre para la Tierra, celebrada en 1992 en Rio de Janeiro, Brasil, se logró consolidar un régimen internacional ambiental. En dicha reunión se aprobaron dos tratados jurídicamente vinculantes, la Convención Marco de las Naciones Unidas sobre el Cambio Climático y el Convenio sobre la Diversidad Biológica, y, además, la Declaración de principios para un consenso mundial respecto de la ordenación, la conservación y el desarrollo sostenible de los bosques de todo tipo. Asimismo, se acordó un programa de acción (Programa 21) para orientar la transición hacia un estilo sostenible de desarrollo que introduce pautas relativas a las esferas económica y social. En este programa se incorporó la noción de responsabilidades comunes pero diferenciadas; el concepto de quien contamina paga; y el principio precautorio, según el cual la falta de certeza científica absoluta en caso de peligro de daño grave o irreversible para el medio ambiente no debe utilizarse para postergar la adopción de medidas correctivas. Otro elemento clave es que las exigencias ambientales se vinculan, por lo general, con consideraciones e intereses económicos. Aunque por el momento la negociación del tema ambiental en el ámbito del comercio tropieza con enormes escollos, no cabe duda de que una convergencia negociada de las políticas ambientales nacionales será crucial en el futuro del comercio internacional (véase el capítulo 7).

Gráfico 1.7
RATIFICACIÓN DE LAS CONVENCIONES SOBRE
DERECHOS HUMANOS
(Total de países)

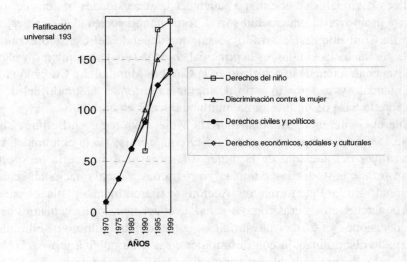

Fuente: Naciones Unidas, *Treaty Series. Cumulative Index*, N° 25, Nueva York, 1999.

La Conferencia Internacional sobre la Población y el Desarrollo se llevó a cabo en 1994 en El Cairo, Egipto, como orientación fundamental para las políticas nacionales e internacionales de población y desarrollo de largo plazo. En el Programa de Acción se planteó una nueva estrategia centrada en la satisfacción de las necesidades individuales, de hombres y mujeres, en lugar de tratar de alcanzar metas demográficas. El aspecto medular del Programa fue el reconocimiento de que las medidas para frenar el crecimiento de la población, eliminar las desigualdades de género, reducir la pobreza, lograr el progreso económico y proteger el medio ambiente se refuerzan mutuamente. En dicho contexto, se plantearon metas en tres esferas conexas. Primero, ofrecer universalmente servicios de planificación de la familia como parte de un enfoque ampliado de la salud reproductiva y de los derechos de procreación, reduciendo al mismo tiempo las tasas de mortalidad de lactantes, niños y madres. Segundo, integrar las cuestiones de población en todas las políticas y programas encaminados al logro del desarrollo sostenible. Por último, potenciar a las mujeres y a las niñas y proporcionarles mayor cantidad de opciones, mediante un acceso más amplio a la educación y a los servicios de salud, así como a las oportunidades de empleo.

La Cumbre Mundial sobre Desarrollo Social, celebrada en 1995 en Copenhague, Dinamarca, representó un hito en el que los gobiernos pasaron a apoyar políticas que promueven un marco de desarrollo y justicia social. En particular, éstos asumieron un fuerte compromiso en favor de las metas de erradicar la pobreza, estimular el empleo productivo y reducir el desempleo, velar porque las políticas y los presupuestos públicos nacionales se orienten a satisfacer las necesidades básicas de todas las personas y promover la integración social, fomentando sociedades estables, seguras y justas. La Comisión de Desarrollo Social, que depende del Consejo Económico y Social de las Naciones Unidas, es la principal encargada del seguimiento y el examen de la puesta en práctica de lo acordado en la Cumbre Mundial. La Comisión ha adaptado su mandato y su temario a fin de lograr un enfoque integrado del desarrollo social, sobre la base de un programa multianual hasta el año 2000.

La Cuarta Conferencia Mundial sobre la Mujer tuvo lugar en Beijing, China, en 1995 y la Declaración aprobada consagró el compromiso de la comunidad internacional en favor del adelanto de la mujer y la necesidad de que la perspectiva de género se refleje en todas las políticas y programas a escala nacional, regional e internacional. En la Plataforma de Acción se fijaron metas y plazos para tomar medidas concretas en esferas como la salud, la educación, los mecanismos de adopción de decisiones y las reformas jurídicas, con el objetivo último de eliminar todas las formas de discriminación contra la mujer en la vida pública y privada. Muchos gobiernos están formulando planes para aplicar la Plataforma de Acción y se espera que la planificación nacional tenga una base amplia, sea participativa e integral e incluya propuestas para asignar o reasignar recursos con fines de aplicación.

La Cumbre Urbana, celebrada en Estambul, Turquía, también conocida como Hábitat II, fue la última de una serie de reuniones globales que han conformado el programa mundial de desarrollo para los próximos años. En la Conferencia, convocada en 1996, se aprobó un plan de acción, el Programa de Hábitat, que constituye un instrumento eficaz para la creación de asentamientos humanos sostenibles en lo concerniente al medio ambiente, los derechos humanos, el desarrollo social, las mujeres y la población, en el contexto concreto de la urbanización. Asimismo, en la Conferencia se contempló la participación de autoridades locales, organizaciones no gubernamentales y otros grupos sociales en el logro de estos propósitos y se hizo hincapié en el intercambio de informaciones y experiencias acerca de las mejores prácticas para resolver los problemas de los asentamientos humanos, a partir de iniciativas y modelos de pensamiento innovadores encarados por gobiernos locales y comunidades de base.

En los años noventa otros temas importantes han sido objeto de discusiones intergubernamentales para acordar planes de acción. Corresponde mencionar entre ellas la Cumbre Mundial en favor de la Infancia, celebrada en 1990 en la sede de las Naciones Unidas en Nueva York, cuyo momento culminante fue la firma conjunta de la Declaración Mundial sobre la Supervivencia, la Protección y el Desarrollo del Niño y del Plan de Acción, que abarcó un detallado conjunto de metas de desarrollo humano relativas a los niños para el año 2000. Entre estas metas vale destacar reducciones de la mortalidad de lactantes y madres, de la malnutrición y el analfabetismo infantil, así como aumentos definidos de los niveles de acceso a servicios básicos de salud y planificación de la familia, educación, abastecimiento de agua y saneamiento.

En la Conferencia Mundial de Derechos Humanos, celebrada en Viena, Austria, en 1993, los representantes de 171 países aprobaron por consenso la Declaración y el Programa de Acción de Viena, en el que se esboza un plan común para fortalecer la aplicación de los derechos humanos y se destacan los vínculos de importancia crucial entre desarrollo, democracia y promoción de los derechos humanos. Pese a que varias delegaciones se mostraron sensibles en cuanto al respeto a la soberanía nacional, se convino en que, en el marco de los propósitos y principios de la Carta de las Naciones Unidas, la promoción y protección de todos los derechos humanos es una legítima preocupación de la comunidad internacional.

En la Conferencia Mundial sobre el Desarrollo Sostenible de los Pequeños Estados Insulares en Desarrollo, celebrada en Bridgetown, Barbados, en 1994, se aprobó la Declaración y el Programa de Acción de Barbados, en que se recogen principios y se plantean estrategias de desarrollo para dichos Estados. Las principales propuestas apuntaron a crear fondos nacionales y regionales para la ayuda de emergencia y el establecimiento de seguros frente a los desastres naturales, establecer centros regionales de investigación y capacitación en materia de tecnologías ecológicamente racionales, organizar un programa de asistencia técnica y crear una red de información sobre los pequeños Estados insulares, con relación a varios aspectos del desarrollo sostenible. Otras iniciativas de significación han sido la Conferencia Mundial sobre la Reducción de los Desastres Naturales, celebrada en Yokohama, Japón, en 1994, el Congreso de las Naciones Unidas sobre Prevención del Delito y Tratamiento del Delincuente, celebrado en El Cairo, Egipto, en 1995, y la Cumbre Mundial sobre la Alimentación, celebrada en Roma, Italia, en 1996 (Naciones Unidas, 1997).

Considerados en su conjunto, los resultados de estas conferencias ofrecen un fundamento conceptual firme para el progreso hacia una globalización de los valores, sobre la base de una dimensión humana, de carácter sostenible, que respeta los derechos humanos, el género y la diversidad étnica y cultural y apunta a las cuestiones sociales más relevantes.

5. La democracia en América Latina y el Caribe

Los profundos cambios políticos acaecidos en el mundo a finales de los años ochenta otorgaron a la democracia una legitimación casi universal como sistema político. La aceptación del pluralismo y la alternancia en el poder, la vigencia de la división de poderes del Estado y del respeto pleno de los derechos humanos, la elección de las autoridades como base de legitimidad y el principio de la mayoría y del respeto de la minoría adquirieron preponderancia en el discurso político y pasaron a aplicarse en forma bastante generalizada.

Dicha legitimación coincidió en América Latina y el Caribe con un proceso democratizador, iniciado en los años ochenta y consolidado en los noventa, cuyo resultado fue el surgimiento de un número de gobiernos democráticos sin precedentes en la historia de la región. Basta recordar que en 1930 sólo había cinco gobiernos democráticos, en 1948 siete y en 1976 apenas tres (PNUD, 1994).

Sin duda dicho proceso se vio favorecido y reforzado por los cambios ocurridos a escala global pero, en esencia, es producto de su propio desarrollo. En su base subyacen las lecciones extraídas por las sociedades de la región acerca de las graves consecuencias que acarreó la ausencia de mecanismos capaces de resolver, de manera regulada, los conflictos sociales y políticos. En varios casos estos conflictos se intensificaron al punto de derivar en enfrentamientos que quebraron el sistema político y llevaron, en algunas situaciones, a la entronización de dictaduras militares y, en otras, a experiencias de guerra civil y violencia sistemática.

Estas dolorosas experiencias contribuyeron a que los actores políticos, sociales y económicos sufrieran una profunda maduración, que se cristalizó en un cambio político-cultural favorable a la generación de consensos básicos en torno de la necesidad de regular los conflictos a través de la negociación y la avenencia, así como respecto de la prevención de los conflictos y de la lógica de guerra. Todo esto redundó en una revalorización de las reglas, las instituciones y los procedimientos democráticos.

Si bien la consolidación democrática no ha estado exenta de avatares, la región también mostró la capacidad de sobreponerse a profundas crisis institucionales, como en los casos de Brasil en 1992, Guatemala en 1993, Ecuador en 1998, Paraguay en 1999 y nuevamente Ecuador en 2000. En todas estas situaciones terminó prevaleciendo la aplicación de mecanismos institucionales y la resolución pacífica de los conflictos con un amplio apoyo de la ciudadanía.

De igual manera, se ha avanzado notablemente para poner fin a las guerras civiles en la región. A los acuerdos de paz de 1989 en Nicaragua se sucedieron, en los años noventa, los de El Salvador y Guatemala, seguidos de sendos esfuerzos de reconstrucción democrática con el apoyo de la comunidad internacional. En Colombia, donde la violencia se ha arrastrado por muchos años, se ha iniciado un complejo proceso de negociación para alcanzar la paz que, sin embargo, transita por un camino plagado de grandes obstáculos y dificultades.

Varios casos de conflictos fronterizos de larga duración como, por ejemplo, entre Argentina y Chile y entre Chile y Perú, fueron zanjados en este período y otros, que dieron lugar incluso a enfrentamientos armados en el pasado, como en el caso de Ecuador y Perú en 1997, han culminado con la firma de acuerdos.

De manera más general, se puede señalar que en los años noventa se han encarado importantes reformas tendientes a perfeccionar las instituciones democráticas. Destacan en tal sentido varias reformas constitucionales, cambios en la administración de justicia y modernizaciones del sector público, con el propósito de mejorar la transparencia de la gestión y el servicio al ciudadano. También se ha apuntado al perfeccionamiento de los sistemas electorales, a la modernización de los parlamentos y a la generación de autonomías locales.

No obstante, la construcción democrática en la región padece aún de graves fragilidades, que reflejan problemas comunes a los sistemas democráticos de todo el mundo, como también los límites históricos de su propio desarrollo y su pesada herencia de discontinuidad institucional. En efecto, los sistemas políticos de varios países de la región han sufrido un significativo deterioro en el último tiempo, hecho que aumenta la mencionada fragilidad democrática.

Las transformaciones en curso plantean diversos cuestionamientos a nivel universal al conjunto de las instituciones democráticas respecto de su funcionamiento en sociedades donde la información y la imagen cumplen un papel fundamental. Este cuestionamiento alcanza a los partidos políticos, a los parlamentos, a la relación entre electores y representantes y al propio sentido de la política. En efecto, pareciera existir una tendencia a la declinación del voto en las democracias modernas y a un menor significado de las elecciones como determinante de las políticas que seguirán las autoridades electas.

Las tendencias mencionadas tienen fuertes implicaciones para el funcionamiento de la democracia representativa, pues el contenido de la acción de los gobiernos se encuentra cada vez más influido por los sondeos de opinión. Éstos legitiman, influyen y cambian el accionar del gobernante, relegando a un segundo lugar a las instituciones tradicionales de la democracia representativa como son el sufragio, el parlamento y los partidos políticos.

En América Latina y el Caribe estos problemas se ven agravados por la desigualdad y la exclusión social. Pese a los esfuerzos realizados y a los avances parciales obtenidos por la región en los años noventa para disminuir los niveles de pobreza e indigencia, todavía persisten niveles de exclusión inaceptables, así como una elevada desigualdad en la distribución del ingreso de los hogares (Cepal, 2000a). Estos hechos cuestionan la sostenibilidad del proceso de desarrollo y obstaculizan la densidad democrática y ciudadana de la región. A lo anterior se suman fenómenos de creciente difusión, como la economía criminal generada por el narcotráfico y las prácticas extendidas de corrupción, cuyos efectos sobre el funcionamiento del sistema político resultan muy nocivos.

Los factores señalados contribuyen a explicar los resultados obtenidos por los estudios que sirven para medir la percepción de la gente sobre la democracia en la región. Si bien ésta concita una adhesión mayoritaria, las opiniones respecto de su funcionamiento y eficacia para responder a las demandas de la población son preponderantemente negativas (*Latino barómetro*, 2000), como se aprecia en el Cuadro 1.5. Esta insatisfacción puede ser discutible, pero también se basa en la asincronía que existe entre la percepción de la ciudadanía de los costos y beneficios del proceso de desarrollo: los primeros son ciertos y dimensionados, mientras que los beneficios son sólo probables y difusos.

Cuadro 1.5
AMÉRICA LATINA: ENCUESTAS DE OPINIÓN
(En porcentajes de respuestas afirmativas)

	Prefiero la democracia a cualquier otra forma de gobierno		Estoy más bien satisfecho o muy satisfecho con el funcionamiento de la democracia		Creo que en los próximos doce meses la situación económica del país será mejor		Creo que en los próximos doce meses mi situación económica y la de mi familia será mejor	
	1996	1999	1996	1999	1996	1999	1996	1999
Argentina	71	71	34	46	18	39	20	40
Bolivia	64	62	25	22	18	14	30	29
Brasil	50	39	20	18	36	34	50	53
Chile	54	57	27	35	26	45	34	46
Colombia	60	50	16	27	20	20	45	39
Costa Rica	80	83	51	61	10	18	12	31
Ecuador	52	54	34	23	27	17	27	24
El Salvador	56	63	26	27	10	13	15	19
Guatema	51	45	16	35	5	29	18	38
Honduras	42	64	20	44	3	28	7	43
México	53	45	11	37	14	26	20	37
Nicaragua	59	64	23	16	29	20	32	29
Panamá	75	62	28	47	15	35	24	43
Paraguay	59	48	22	12	21	25	34	34
Perú	63	54	28	24	30	29	34	36
Uruguay	80	84	52	59	15	25	19	28
Venezuela	62	61	30	55	12	57	24	62

Fuente: *Latino barómetro*, "Informes de prensa de las encuestas realizadas en 1999 y 2000", Santiago de Chile, 2000.

Las características de la crisis de los años ochenta, la profunda inestabilidad que provocó, la comprensión del carácter regresivo de los procesos hiperinflacionarios y la dura experiencia de los gobiernos dictatoriales, son todos factores que contribuyeron a un largo período de gracia para que los nuevos gobiernos introdujeran cambios en los modelos de desarrollo y para que se reconstruyera la vida democrática. Sin embargo, ese período de gracia pareciera estar llegando a su fin. De hecho, tiende a producirse un reclamo generalizado de iniciativas que se enfrenta a un debilitado poder público aparentemente incapaz de proteger a los ciudadanos y asumir el rescate de aquellos que lo necesitan. Sin duda, el grado y la forma en que se manifiestan estas tendencias varían según las realidades nacionales, pero ciertas dimensiones son comunes a todas ellas.

6. AMÉRICA LATINA Y EL CARIBE EN EL CONTEXTO MUNDIAL

La región experimentó profundas transformaciones económicas y sociales en los años noventa, condicionadas por los cambios en el contexto externo. Las reformas económicas comenzaron en los años setenta en el Cono Sur de América Latina (Argentina, Chile y Uruguay) y, en menor medida, en otros países. En los primeros años que siguieron a la crisis de la deuda, entre 1982 y 1985, muchas de las reformas se detuvieron y, en algunos casos, se revirtieron mediante controles temporarios en la apertura de la cuenta de capitales, el aumento de los aranceles y el uso de instrumentos paraarancelarios y la intervención o nacionalización de los bancos privados insolventes. Desde 1985 en adelante las reformas económicas se fueron generalizando a casi toda la región. La apertura comercial y la liberalización de los mercados financieros nacionales fueron los primeros componentes en alcanzar una mayor difusión regional. A partir de 1990 se verifica también una creciente liberalización de los flujos de capitales con el exterior. En consecuencia, hacia mediados de los años noventa se registra una significativa convergencia de los países en estas tres áreas de reforma, que elevó el promedio de los correspondientes índices regionales[12], según se aprecia en el Gráfico 1.8.

---

12. El gráfico representa los promedios regionales de los índices de reforma en cinco áreas de política: reforma comercial, liberalización financiera interna, liberalización de la cuenta de capitales, privatizaciones y sistema tributario. Cada índice ha sido normalizado (entre 0 y 1), con un valor cercano a 1, indicando un elevado nivel de reformas sobre la base de valores relativos. Cabe destacar algunas características del procedimiento adoptado. En primer lugar, los índices miden la intensidad de las reformas en cada país en términos de la economía más reformada en cada área de política. En consecuencia, si en determinada área ningún país introdujo reformas importantes, un elevado valor del índice puede dar una impresión equivocada acerca del nivel absoluto de reforma. En segundo lugar, los índices miden el grado de liberalización en cada área de política. Sin embargo, un alto valor del índice no indica necesariamente un mejor régimen de política, ya que el valor óptimo del índice no es conocido. Con todo, los índices ofrecen una visión sintética de qué ha sido más reformado y de cuándo fueron introducidas las reformas. Para la definición de los índices de reforma y de su normalización, véase Morley, Machado y Pettinato (1999).

Por el contrario, la convergencia ha sido menor en otras dos áreas de reforma: el sistema tributario y las privatizaciones. En el primer caso puede haber incidido el conflicto entre los objetivos de neutralidad y equidad del sistema tributario, pero también las diferencias relativas en el tamaño del sector público de los países de la región. Respecto de las privatizaciones, se registran situaciones nacionales distintas, ya que mientras algunos países han privatizado la casi totalidad de sus empresas públicas (Argentina y Perú), otros conservan la presencia estatal en sectores clave como los hidrocarburos y la minería (Chile, Colombia, México y Venezuela) o los servicios públicos (Costa Rica y Uruguay). Existe también un tercer grupo, integrado por numerosos países de la región, en los que la actividad empresarial del Estado siempre fue reducida.

Cuando se examina la amplitud y profundidad del proceso de reforma en los distintos países, emerge un patrón interesante en relación con la convergencia en el tiempo de los comportamientos nacionales. Este patrón se visualiza en el Cuadro 1.6, en que se clasifica a los países según su nivel de reformas en 1985 y la tasa de variación del correspondiente índice entre 1985 y 1995.

Gráfico 1.8
ÍNDICES DE REFORMAS, 1970-1995

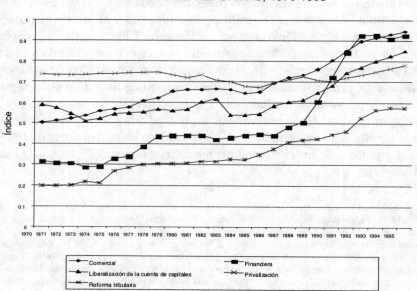

Fuente: Samuel Morley, Roberto Machado y Stefano Pettinato, "Indexes of structural reform in Latin America", serie Reformas económicas, Nº 12 (LC/L.1166), Santiago de Chile, Comisión Económica para América Latina y el Caribe (Cepal), 1999.

En efecto, aquellos países cuyas economías presentaban un bajo índice de reformas en 1985 son los que introducen mayores cambios en el decenio siguiente, apuntando hacia la mencionada convergencia regional. Las excepciones son Argentina,
que acentuó aún más sus reformas en los años noventa y, en el sentido contrario,
Venezuela, que todavía muestra los menores índices de la región.

Cuadro 1.6
NIVELES Y CAMBIOS EN LOS PROCESOS DE REFORMAS ECONÓMICAS

Intensidad de las reformas en 1985-1995	Nivel de reformas en 1985		
	Bajo el promedio	Igual	Sobre el promedio
Bajo el promedio	Venezuela		Chile Colombia Honduras México Uruguay
		Ecuador	
Sobre el promedio	Bolivia Brasil El Salvador Jamaica Paraguay Perú República Dominicana		Argentina

Fuente: Samuel Morley, Roberto Machado y Stefano Pettinato, "Indexes of structural reform in Latin America", serie Reformas económicas, N° 12 (LC/L.1166), Santiago de Chile, Comisión Económica para América Latina y el Caribe (Cepal),
1999.

Las reformas contribuyeron a corregir los desequilibrios fiscales y a abatir la inflación, que constituían males endémicos desde los años setenta. A ello se agregan
logros evidentes en la aceleración del aumento de las exportaciones, en la atracción
de flujos de inversión extranjera directa y en los procesos de integración económica
dentro de la región y de acuerdos comerciales con otros países y regiones del mundo
(véase el capítulo 2).

Los progresos han sido frustrantes, sin embargo, en materia de crecimiento económico, de transformación productiva y de aumento de la productividad. A pesar de
la recuperación del crecimiento que se produjo en los años noventa respecto de los
ínfimos valores de la década de 1980, los ritmos son modestos cuando se los compara
con los correspondientes a decenios precedentes. Asimismo, esa insuficiente recuperación del crecimiento económico ha sido inestable como consecuencia de los estilos

de manejo macroeconómico prevalecientes en el contexto de alta volatilidad que ha caracterizado a los mercados financieros internacionales (véase el capítulo 3).

En el ámbito productivo tendieron a predominar los efectos "destructivos" que operan sobre los sectores y empresas que carecen de las capacidades necesarias para adaptarse al nuevo marco de incentivos económicos, por sobre los efectos "creativos" asociados al desarrollo de la competitividad y a nuevas modalidades de inserción productiva. Por consiguiente, aumentó la heterogeneidad estructural y la productividad total de los factores creció a un ritmo más lento que el necesario para reducir, de manera significativa, la brecha con el mundo desarrollado (véase el capítulo 4).

En el frente social se han registrado aumentos del gasto público que lo sitúan, de hecho, en los valores más altos de la historia. Se ha reducido, además, la proporción de población en estado de pobreza, aunque sin compensar el incremento del decenio anterior, ni atenuar la falta de equidad en la distribución del ingreso. Se han realizado también importantes esfuerzos para restructurar los servicios sociales y mejorar la eficiencia, transparencia y efectividad del gasto, aunque muchas veces sin otorgar el peso adecuado a los principios de universalidad y solidaridad que deben regir las políticas sociales (véase el capítulo 6).

Frente a la necesidad de construir sobre los logros ya alcanzados, va surgiendo la convicción de que no existen soluciones universales en estos temas. En el desarrollo reciente de la región comienza a apreciarse una diversidad de respuestas. Quizás el elemento común en la mayoría de ellas sea una noción de lo público que trascienda el ámbito propiamente estatal y que permita englobar el conjunto de acciones organizadas en torno de los objetivos de interés colectivo, abriendo espacios a la participación ciudadana, avanzando en la resolución de una crisis de los Estados nacionales no plenamente superada y corrigiendo tanto fallas de mercado como fallas de gobierno.

No obstante, esta renovada acción pública enfrenta nuevos condicionantes y desafíos. El actual marco internacional, los agentes protagónicos, sus formas de relacionarse y la nueva distribución del poder económico han afectado de manera notable a América Latina y el Caribe. Los cambios de las funciones y el peso relativo de los distintos agentes a fines de la década de 1990 respecto de los años ochenta son evidentes. Los países de la región comenzaron a tomar posición en torno de este desafío hacia fines del decenio. Sus respuestas corresponden al nivel nacional (regulaciones y políticas de desarrollo), regional (integración y armonización de reglas tributarias y ambientales) e internacional (acción conjunta con otros gobiernos e instituciones para lograr un mayor control de los flujos financieros internacionales) (Naciones Unidas, 1999a).

Diversos analistas concuerdan en que el amplio proceso de transformación tecnológica, institucional y de orientación que la economía internacional experimentó durante los años noventa, que se ha venido a denominar globalización, se inscribe en un movimiento de largo plazo tendiente a la conformación progresiva de mercados mundiales. Sin embargo, este proceso está todavía muy lejos de completarse, dado que ni los mercados de productos ni mucho menos los de trabajo pueden caracterizarse como globales. Solamente los mercados financieros se acercarían a esa calificación (FMI, 1997).

A su vez, la globalización financiera determina una inestabilidad que incide en el comercio internacional y las actividades productivas nacionales. Evidentemente, la inestabilidad financiera se ha convertido en la característica más sobresaliente y preocupante del funcionamiento de la economía mundial en los años recientes. El repliegue del crecimiento económico mundial observado en 1998, que incidió en la evolución del comercio, fue el cuarto registrado en los últimos 25 años (FMI, 1998).

En el ámbito productivo, el fenómeno conocido como "desmembramiento de la cadena de valor" comienza a manifestarse con mayor fuerza en la década de 1990. Este proceso consiste en segmentar la producción de un bien en sus etapas de incorporación de valor y distribuir la fabricación de esos segmentos entre varios países, de acuerdo con su dotación de factores. Esas actividades de producción aumentan la interdependencia de los mercados de distintos países, bajo la coordinación de grandes empresas o conglomerados transnacionales (Krugman, 1995). Existe, por lo tanto, una relación estrecha entre el desmembramiento de la cadena de valor, el aumento de los flujos de comercio y de financiamiento observado en los últimos años y el mayor protagonismo de las empresas transnacionales. Asimismo, comienza a percibirse una cierta movilidad entre países, ya sea permanente o temporaria, de la fuerza de trabajo.

1. POLÍTICAS DE INSERCIÓN INTERNACIONAL

A lo largo de los últimos decenios, los países de América y el Caribe han buscado la manera de insertarse en esa economía internacional a la vez globalizada y regionalizada, introduciendo reformas económicas que apuntan a una mayor apertura y liberalización. Como resultado de los cambios efectuados, el crecimiento económico de los países de la región pasó a depender del grado, intensidad y calidad de su incorporación en la economía mundial. Además, la reciente crisis financiera internacional y la abrupta caída de los precios de los productos primarios expusieron de manera elocuente la importancia de expandir y diversificar las exportaciones para que una estrategia de desarrollo basada en ellas permita un crecimiento sostenido. La crisis puso de relieve la vulnerabilidad externa de la mayor parte de los países de la región, tanto en términos financieros como productivos.

Para el crecimiento de sus exportaciones, además de una demanda externa dinámica, los países de la región necesitan garantizar un acceso seguro a los mercados de bienes y servicios tanto de los países industrializados como de los demás países en desarrollo. La estrategia del regionalismo abierto adoptada por los países de la región permite combinar la liberalización unilateral con las negociaciones en los ámbitos bilateral, subregional, regional, hemisférico y multilateral, para enfrentar con realismo las dificultades de promover la liberalización de los mercados de interés regional.

a) La liberalización de los regímenes comerciales y cambiarios

Los gobiernos latinoamericanos, y en menor medida los caribeños, transformaron drásticamente sus regímenes comerciales y cambiarios, en el marco de las reformas macroeconómicas que fueron introducidas a partir de los años ochenta, cuando redujeron los promedios arancelarios y la dispersión en torno de los mismos (Cepal, 1998b y BID, 1996). El proceso de eliminación de barreras arancelarias a las importaciones fue especialmente intenso entre fines de los años ochenta y principios de los noventa. La firma y ejecución de acuerdos de liberalización comercial en el ámbito de esquemas subregionales y acuerdos bilaterales permitieron que los países continuaran avanzando en el proceso de liberalización durante los años noventa.

Como figura en el Cuadro 2.1, el nivel promedio de los aranceles, sin considerar el efecto de los acuerdos parciales de liberalización, se redujo de un 45% a mediados de los años ochenta a cerca de 12% en 1999, con tasas máximas del orden del 30% al 35% y algunas pocas de mayor nivel. La mayor parte de las medidas administrativas y no arancelarias que incidían sobre las importaciones también fueron eliminadas y se limitaron los escalonamientos, estableciéndose estructuras arancelarias más uniformes. Por lo tanto, mientras en 1985 cerca de la mitad del valor importado en los países de América Central y de un tercio en los países de América del Sur estaba sujeto a algún tipo de restricción paraarancelaria, a fines de 1994 en siete de los once países miembros de la Aladi, la proporción se había reducido a menos de 1% y, en ningún caso, era superior a 5% (Garay y Estevadeordal, 1995).

Cuadro 2.1

ESTRUCTURA ARANCELARIA DE LOS PAÍSES DE LA ASOCIACIÓN LATINOAMERICANA DE INTEGRACIÓN (ALADI), 1988, 1996 Y 1999
(En porcentajes)

País	Año	Número de partidas arancelarias		Tasa arancelaria por país					Porcentaje de partidas arancelarias	
		Ad valorem	Espécíficas	Mínimo	Máximo	Promedio	Desviación estándar	Distribución modal	Mínimo	Máximo
Argentina	1988	11 933	385	0.0	83.5	29.9	...	43.5	...	...
	1996	9 306	0	0.0	33.5	13.9	6.9	5.5	4.7	0.4
	1999	9 350	0	0.0	33.0	13.5	6.6	5.0	1.8	0.4
Bolivia	1988	4 944	0	0.0	17.0	16.7	...	17.0	...	...
	1996	6 621	0	0.0	10.0	9.7	1.3	10.0	0.0	93.4
	1999	6 679	0	0.0	10.0	9.7	1.3	10.0	0.0	93.5
Brasil	1988	11 935	0	0.0	85.0	41.4	...	40.0	...	...
	1996	9 328	0	0.0	52.0	14.6	7.5	5.0	1.6	0.2
	1999	9 331	0	0.0	35.0	14.3	7.0	19.0	1.6	0.4
Chile	1988	2 577	0	0.0	23.0	15.1	...	15.0	...	...
	1996	5 864	0	0.0	11.0	11.0	0.7	11.0	0.4	99.6
	1999	5 917	0	0.0	10.0	9.8	1.2	10.0	1.5	98.4
Colombia	1988	5 302	12	5.1	218.0	44.2	...	33.0	...	...
	1996	6 728	0	0.0	35.0	11.6	6.3	5.0	1.7	0.2
	1999	6 786	0	0.0	35.0	11.6	6.3	5.0	2.2	0.2
Ecuador	1988	5 171	0	0.0	325.0	39.7	...	10.0	...	...
	1996	6 650	0	0.0	35.5	11.8	6.4	5.5	0.0	0.2
	1999	6 705	0	0.0	99.0	11.5	7.8	5.0	2.6	0.3
México	1988	11 953	0	0.0	20.0	10.4	...	15.0	...	...
	1996	11 335	0	0.0	260.0	13.2	13.2	10.0	15.0	0.0
	1999	11 360	0	0.0	260.0	16.2	13.5	13.0	2.0	0.0
Paraguay	1988	3 579	0	0.0	70.0	19.3	...	20.0		
	1996	9 219	0	0.0	30.0	9.5	6.5	2.0	6.1	0.0
	1999	9 319	0	0.0	30.0	11.4	6.8	5.0	3.3	0.0
Perú	1988	5 389	0	0.0	109.0	69.0	...	109.0	...	...
	1996	6 869	0	12.0	25.0	13.5	3.5	12.0	84.2	4.4
	1999	6 888	0	12.0	68.0	13.7	4.8	12.0	84.0	0.3
Uruguay	1988	7 691	0	0.0	45.0	27.0	...	45.0	...	...
	1996	10 465	0	0.0	24.0	12.2	7.2	5.0	4.4	1.4
	1999	10 492	0	0.0	10.0	4.1	4.1	0.0	41.3	18.3
Venezuela	1988	6 095	876	0.0	160.0	41.7	...	1.0	...	...
	1996	6 641	0	0.0	35.0	12.0	6.1	5.0	0.5	0.2
	1999	6 688	0	0.0	35.0	12.0	6.1	5.0	0.5	0.2

Fuente: Banco Interamericano de Desarrollo, Secretaría de la Aladi.

Por otra parte, la preocupación de los gobiernos con los programas de estabilización de precios y la propia visión de muchos equipos gubernamentales y organismos internacionales sobre las virtudes de una apertura acelerada impidieron una debida atención a los problemas que el ajuste a las nuevas condiciones de competencia imponía a la estructura productiva interna y, por ello, la liberalización comercial no fue ejecutada con el gradualismo que habría sido recomendable. Como resultado, las empresas nacionales debieron enfrentar abruptamente la competencia de productos y empresas extranjeras, en un contexto de tasas de interés elevadas y de coeficientes de inversión y crecimiento económico modestos. Empero, en varios países los efectos que la liberalización tuvo sobre el aumento de las importaciones sólo se sintieron con rezago, dadas la contracción de las economías en los primeros años de las aperturas comerciales y las demoras en el establecimiento de los canales de comercialización para las importaciones no tradicionales[1].

Como corolario del proceso de liberalización unilateral, los países latinoamericanos consolidaron la totalidad de su estructura arancelaria en 1994, al final de la Ronda Uruguay, en el antiguo GATT (Acuerdo General sobre Aranceles Aduaneros y Comercio), transformado en la Organización Mundial del Comercio (OMC), aunque en niveles bastante superiores a los que efectivamente aplican. Además, en razón de los compromisos asumidos, los países de la región tuvieron que introducir cambios en sus sistemas de promoción de exportaciones y en otras políticas internas, aunque algunos programas de subsidios ya habían sido eliminados o reducidos sustancialmente debido a restricciones fiscales y a las reformas macroeconómicas realizadas.

Los efectos esperados de las reformas comerciales sobre el crecimiento de la economía no se concretaron, a pesar de que la liberalización de las importaciones redujo los costos de los exportadores. La experiencia regional sugiere que no basta con abrir la economía para alcanzar ritmos elevados de crecimiento de las exportaciones y del producto. Otros factores determinantes son el nivel inicial y la sostenibilidad del tipo de cambio real, el vigor de la inversión, la disponibilidad de infraestructura, el acceso y la difusión tecnológica, el financiamiento de largo plazo, la capacitación de los recursos humanos y la promoción externa, así como la propia trayectoria exportadora[2]. En los años ochenta, cuando se iniciaron las reformas, la demanda agregada estuvo profundamente deprimida, hecho que naturalmente desalentó la inversión. Posteriormente, en particular entre 1991 y 1994 y entre 1996 y 1997, hubo una importante recuperación de la demanda agregada pero, paralelamente, se fue revaluando el tipo

---

1. En México una tasa sobrevaluada limitó inicialmente el impacto de los productos importados sobre la producción interna, mientras que en Brasil las importaciones comenzaron a crecer hacia fines de 1993, aunque la reforma comercial se realizó entre los años 1988 y 1990.
2. Los resultados que se logran tienden a tardar mucho en concretarse y entrañan costos elevados durante la transición (Cepal, 1998b).

de cambio (véase el Cuadro 2.2). En consecuencia, las importaciones crecieron más que las exportaciones y, por ende, se amplió la vulnerabilidad externa. Este comportamiento global, junto con las insuficiencias de las políticas en el nivel mesoeconómico, no permitió que la dinámica exportadora se convirtiera en un factor de crecimiento de las economías.

Cuadro 2.2
AMÉRICA LATINA Y EL CARIBE: ÍNDICES DEL TIPO DE CAMBIO REAL EFECTIVO
DE LAS IMPORTACIONES,[a]
1991-1999
(Índices: 1995=100)

Países / Años	1991	1992	1993	1994	1995	1996	1997	1998	1999
Argentina	116.3	103.0	94.4	93.8	100.0	101.9	98.9	96.8	89.4
Barbados	92.6	93.2	95.0	98.3	100.0	99.4	93.6	95.2	94.4
Bolivia	83.8	87.3	92.7	97.7	100.0	93.4	91.1	87.4	87.2
Brasil	108.5	117.3	112.6	113.6	100.0	94.2	93.2	97.6	147.1
Chile	111.8	108.1	110.1	106.3	100.0	96.4	90.0	92.4	97.2
Colombia	134.9	120.0	114.5	99.9	100.0	92.7	86.8	92.6	104.9
Costa Rica	108.3	103.1	103.1	103.6	100.0	99.0	101.2	102.6	106.8
Ecuador	114.8	116.0	103.4	98.1	100.0	100.4	96.2	94.7	131.2
El Salvador	125.4	124.7	112.5	105.7	100.0	92.2	91.9	91.7	92.8
Guatemala	110.0	109.0	110.2	104.6	100.0	95.2	90.4	91.5	104.8
Haití	116.3	117.5	141.3	113.4	100.0	85.0	73.0	67.0	63.4
Honduras	98.1	92.9	103.9	115.4	100.0	101.6	96.2	88.1	85.3
Jamaica	92.8	108.0	101.1	103.6	100.0	84.2	72.3	67.9	62.7
México	74.8	69.1	65.8	67.6	100.0	89.0	77.2	77.3	70.8
Nicaragua	84.7	85.6	89.7	95.4	100.0	102.2	108.0	107.6	108.7
Paraguay	96.5	102.0	106.4	100.5	100.0	95.7	94.0	103.5	101.8
Perú	94.8	94.7	106.2	100.2	100.0	98.6	99.1	100.5	109.3
República Dominicana	104.5	108.8	106.5	103.0	100.0	93.5	95.7	103.9	112.2
Trinidad y Tobago	75.3	76.5	89.9	97.0	100.0	98.7	99.6	93.8	88.0
Uruguay	130.2	127.2	113.9	104.3	100.0	99.1	97.1	96.3	89.8
Venezuela	130.6	124.4	121.3	126.4	100.0	119.2	92.6	76.3	68.3

Fuente: Cepal, sobre la base de cifras del Fondo Monetario Internacional.
a Corresponde al promedio de los índices del tipo de cambio (oficial principal) real de la moneda de cada país con respecto a las monedas de los principales países con que cada país tiene intercambio comercial, ponderados por la importancia relativa de las importaciones hacia esos países. Las ponderaciones corresponden al promedio del período 1992-1996. En todos los países se usaron los índices de precios al consumidor. Sobre la metodología y las fuentes utilizadas, véase Cepal, *Estudio económico de América Latina*, 1981 (E/Cepal/G.1248), Santiago de Chile, 1983. Publicación de las Naciones Unidas, N° de venta S.83.II.G.2.

b) Regionalismo abierto

A lo largo de la década de 1990, los gobiernos de América Latina y el Caribe han asociado el movimiento de liberalización unilateral a una participación activa en las negociaciones multilaterales, en el ámbito de la OMC, y al establecimiento de acuerdos de libre comercio bilaterales, plurilaterales e interregionales. La liberalización comercial y del marco regulador de las inversiones en las economías nacionales permitió la expansión del comercio. Así, por primera vez, el movimiento de integración regional empezó a tener plena aceptación entre los empresarios de la región. Al mismo tiempo, los Estados Unidos manifestaron su apoyo a la suscripción de tratados de libre comercio en los años ochenta, cuando iniciaron la negociación bilateral primero con Israel y Canadá y, posteriormente, con Canadá y México para establecer el TLC. Mientras este último era ratificado por los Parlamentos de los tres países, el gobierno de los Estados Unidos empezaba a definir su estrategia para el resto de América Latina y el Caribe, a partir de la Iniciativa para las Américas en 1990, y que se concretaría en las actuales negociaciones para la formación de un Área de Libre Comercio de las Américas (ALCA).

En 1994, la Cepal difundió en América Latina y el Caribe la noción de un "regionalismo abierto", para caracterizar la tendencia presente al final de la Ronda Uruguay, en la que se mezclaba la dinámica de los movimientos subregionales con la apertura unilateral y el movimiento hacia la integración hemisférica[3]. El regionalismo abierto se definía como la interdependencia entre acuerdos de carácter preferencial y la integración de hecho, determinada por las señales de mercado, como resultante de una liberalización amplia y generalizada (Cepal, 1994)[4].

La justificación básica de esta estrategia es que la liberalización unilateral no garantiza la apertura de los mercados compradores. En un entorno internacional en que todavía predominan las regulaciones nacionales, los gobiernos han mantenido su función de definir y negociar el acceso de personas, bienes, capital y tecnología a sus territorios, en un contexto de aranceles bajos, pero con nuevas restricciones impuestas por medio de barreras técnicas o de medidas antidumping, entre otras[5]. Así, en

---

3. El año 1994 estuvo marcado por varios eventos interrelacionados que pusieron de relieve la nueva complejidad de los procesos de liberalización comercial. En enero empezó a operar el TLC. En marzo, los acuerdos de la Ronda Uruguay fueron formalmente suscritos en Marrakech por más de 120 miembros del anterior GATT, lo que posibilitó su transformación en la OMC en enero de 1995. En diciembre se realizó la Cumbre de las Américas en Miami, con la participación de jefes de Estado y de gobierno, y se estableció un calendario de reuniones con vistas a la puesta en marcha del proceso de formación del ALCA. Además, la VII Reunión del Consejo del Mercosur, realizada en Ouro Preto, también en diciembre de 1994, marcó el final del período de formación del área de libre comercio del Mercosur y dio inicio a la etapa de unión aduanera incompleta. También el foro de la Cooperación Económica en Asia y el Pacífico (APEC) siguió avanzando en sus planes de liberalización del comercio.
4. Originalmente, la expresión "regionalismo abierto" fue propuesta a fines de los años setenta por el primer ministro japonés Masayoshi Ohira, para definir una cooperación regional abierta que fuera armónica con los intereses de la comunidad global (Palacios, 1995).
5. Como señalan Sáez y Valdés (1999, p. 89) con respecto a Chile: "La apertura unilateral obviamente no tiene como contrapartida necesaria una apertura de los mercados de los socios comerciales de Chile. Por ejemplo, no tiene efectos en las prácticas aduaneras de éstos ni en la forma en que se adoptan y administran las barreras técnicas y no eliminan las prácticas restrictivas que aplican los países mediante la adopción de medidas antidumping. En virtud de los acuerdos se puede lograr una apertura preferencial, segura y predecible que facilite el desarrollo de proyectos en el campo exportador".

una economía que se globaliza y se regionaliza en profundidad con movimientos simultáneos, los Estados buscan definir estrategias de inserción que les permitan lograr para sus productos un acceso más seguro a los mercados importadores.

Durante los años noventa, el proceso de integración latinoamericano y caribeño encontró una dirección y mostró un dinamismo que habrían sido difíciles de prever en años pasados. Los acuerdos suscritos en 1986 entre Argentina y Brasil con vistas al establecimiento de una zona de comercio preferencial, que precedieron los esfuerzos de liberalización antes mencionados, marcaron el resurgimiento de la integración. En 1991, con la adhesión de Uruguay y Paraguay, el acuerdo bilateral se convirtió en el Tratado de Asunción, en virtud del cual se creaba el Mercado Común del Sur (Mercosur). Asimismo, a fines de la década pasada se reactivaron el Grupo Andino (transformado posteriormente en la Comunidad Andina), el Mercado Común Centroamericano (MCCA) y la Comunidad del Caribe (Caricom). Estos esquemas subregionales de integración lograron liberalizar lo esencial de su comercio intrazona, pusieron en marcha programas de desgravación hacia terceros y adoptaron aranceles externos comunes, incompletos y graduales, que les otorgan el carácter de uniones aduaneras imperfectas.

A fines de 1994, el Mercosur se convirtió en una zona de libre comercio, con pocas excepciones, y los países miembros se comprometieron a establecer un arancel externo común, que debe estar plenamente vigente en el año 2006[6]. A su vez, los países andinos lograron liberalizar el comercio intrazona a partir de 1992, aunque el arancel externo común fue adoptado plenamente por Colombia y Venezuela en dicho año y, con posterioridad y de manera parcial, por Ecuador[7]. El libre comercio en el MCCA está en vigor desde mediados de los años noventa, aunque cada uno de los países integrantes mantiene un número aún elevado de salvaguardias en el comercio recíproco[8]. Existe el compromiso de llegar a la plena aplicación del arancel externo común en el año 2005 y se espera que el acercamiento entre El Salvador y Guatemala pueda actuar como un catalizador de la integración centroamericana (Tavares, 1999).

Igualmente, los países miembros de la Caricom se comprometieron a liberalizar totalmente el comercio intrazona hacia mediados del decenio, mientras que los planes de convergencia de la estructura arancelaria de los países miembros hacia el arancel externo común debieron cumplirse a fines de 1998. Sin embargo, la secretaría de la Caricom señaló que solamente 6 de los 14 países miembros habían dado fin

6. Argentina y Brasil tienen plazo hasta el año 2001 y Uruguay y Paraguay hasta el 2006.
7. Bolivia y Perú han mantenido sus respectivos aranceles nacionales, mientras que Ecuador aplica el arancel externo común a cerca de 60% de su estructura arancelaria.
8. En el Protocolo de Guatemala de 1993 se estableció el objetivo de llegar a la unión económica a través del acuerdo voluntario y consensual de los Estados.

a la última etapa de convergencia dentro del plazo previsto[9]. Los países más pequeños tienen dificultades para rebajar sus aranceles debido al impacto que esto ejerce
sobre sus recursos fiscales. En relación con el libre movimiento de bienes dentro de
la Caricom, en siete países se requieren algunas licencias de importación y se aplican
derechos tarifarios a productos sensibles, como aceites comestibles, ron y otras bebidas alcohólicas, vehículos automotores y derivados de la leche fresca.

Simultáneamente, se produjo una proliferación de acuerdos parciales, casi todos
de corte bilateral, que han sido denominados de nueva generación, ya que se caracterizan por tener metas exigentes en cuanto a liberalización comercial de bienes, además de incorporar compromisos en áreas complementarias, como la liberalización de
los servicios, mecanismos *ad hoc* para la solución de controversias, la promoción de
inversiones mutuas y convenios en materia de infraestructura física. Estos acuerdos
fueron promovidos por los nuevos compromisos y temas contenidos en el TLC, que
forman parte de los tratados bilaterales y plurilaterales que tienen a México como eje
principal. En el ámbito de la Aladi se han firmado cerca de 10 de estos acuerdos, a los
cuales hay que agregar los suscritos por México con Costa Rica y Nicaragua, además
de un gran número de acuerdos entre miembros de la Aladi, por una parte, y países
centroamericanos y del Caribe, por la otra, que generalmente contemplan un trato
preferencial a los segundos.

Cabe recordar al respecto que las cuatro uniones aduaneras imperfectas existentes
en la región tienen como objetivo último constituir un mercado común. La concre-
ción de esta meta implicaría, además de la liberalización del comercio de bienes y el
establecimiento de un arancel externo común, la facilitación de los movimientos de
capitales, la liberalización del comercio de servicios y la libre movilidad de las personas. Sólo mediante la adopción de estas disciplinas complementarias podrían los
cuatro esquemas subregionales de integración asegurar su razón de ser y su supervivencia al interior de una zona de libre comercio que liberalizaría el intercambio en
todo el hemisferio occidental, finalidad que persigue la iniciativa para la formación
del ALCA. La Declaración de Costa Rica definió un principio importante: "El ALCA
puede coexistir con acuerdos bilaterales y subregionales, en la medida en que los
derechos y obligaciones bajo tales acuerdos no estén cubiertos o excedan los derechos y obligaciones del ALCA".

Sin embargo, este movimiento positivo hacia una mayor integración entre las economías latinoamericanas y caribeñas no fue inmune a las consecuencias de la crisis

---

9. El perfeccionamiento del mercado único de la Caricom se lleva a cabo mediante la implementación de nueve
   protocolos complementarios, que abarcan desde aspectos institucionales hasta reglas de competencia. Los protocolos 1, 2, 3 y 5, referidos respectivamente a aspectos institucionales, derechos de establecimiento, provisión
   de servicios y movimiento de capitales, política industrial y política agropecuaria, han sido ratificados. Por su
   parte, el protocolo 4, que trata de la liberalización comercial y el establecimiento del arancel externo común, se
   está aplicando provisionalmente en 10 de los 14 miembros de la Caricom.

financiera internacional, que se hicieron sentir en la región en los últimos años de la década de 1990. Aunque el proceso de integración fue capaz de resistir el entorno externo desfavorable, en 1999 el comercio intrarregional experimentó una caída en Suramérica cercana al 25%. La retracción de este comercio confirma que los vínculos comerciales intrarregionales aún son frágiles y que pueden verse afectados por la falta de liquidez financiera.

Por otra parte, los efectos de la crisis financiera internacional en la región alentaron el debate sobre la conveniencia de coordinar determinadas políticas macroeconómicas clave, entre las que se destacan las cambiarias y fiscales. Tanto los países miembros del Mercosur como los de la Comunidad Andina han adoptado algunos compromisos con el propósito de lograr una gradual convergencia de políticas macroeconómicas. No obstante, mientras las demandas de coordinación han aumentado claramente, las reales posibilidades de los países de aceptar disciplinas específicas en estas materias han disminuido en la misma medida en que sus políticas nacionales se tornaron menos efectivas para resguardar sus economías de los choques externos. Además, en un contexto de retracción económica, persisten los interrogantes sobre la factibilidad de imponer compromisos regionales y subregionales a economías cuya vinculación con el comercio intrasubregional sigue siendo débil[10].

c) El acceso a los mercados: la Ronda Uruguay, la protección contingente y otras barreras al comercio

Para que el modelo exportador adoptado por los países latinoamericanos y caribeños en los últimos 15 años, en un contexto de apertura del comercio y de las inversiones, pueda conducir al crecimiento de sus economías, deben satisfacerse varias condiciones macro, meso y microeconómicas. Una de las más importantes es el acceso seguro y previsible a los mercados importadores. Los acuerdos de la Ronda Uruguay favorecieron la transparencia de las reglas y políticas comerciales nacionales y extendieron la normativa multilateral, anteriormente circunscrita a los bienes industriales, a nuevos sectores como los servicios, la protección de los derechos de propiedad intelectual y de la empresa y a otros sectores antes excluidos del sistema multilateral de comercio como el agrícola, el textil y el del vestuario. Sin embargo, a pesar de los esfuerzos de los países en desarrollo durante las negociaciones, los resultados en cuanto a la distribución de los costos y beneficios derivados de los acuerdos fueron muy desequilibrados.

En la Ronda Uruguay se lograron significativos avances en el proceso de apertura negociada de algunos mercados de interés para América Latina, tanto en su versión más tradicional como en la aceptación de normas para el uso de instrumentos de

---

10. Este es el caso de Brasil y de los países integrantes de la Comunidad Andina.

política interna. Entre estos últimos se destacan los compromisos de reducción arancelaria en beneficio de los productos industriales, de arancelización de varias medidas no tarifarias, de rebajas en los subsidios otorgados en la agricultura y del
desmantelamiento gradual de las cuotas del Acuerdo Multifibras (AMF). Asimismo,
el Acta final de Marrakech incluyó el Acuerdo sobre Subvenciones y Medidas
Compensatorias, el Acuerdo relativo a la Aplicación del Artículo VI del Acuerdo
General sobre Aranceles Aduaneros y Comercio (GATT) de 1994 (antidumping), y los
Acuerdos sobre Obstáculos Técnicos al Comercio y Aplicación de Medidas Sanitarias y Fitosanitarias.

Los compromisos sobre reducciones tarifarias en productos industriales de los
países desarrollados alcanzaron a un 40% en la Ronda. Vale decir, el promedio aran-
celario ponderado por el comercio pasó de 6,3% a 3,8% antes y después de ella
(GATT, 1994)[11]. Con posterioridad, varios acuerdos plurilaterales concedieron rebajas
adicionales para productos farmacéuticos, alcohol destilado y productos de tecnología de información (Finger y Schuknecht, 1999).

Empero, el haber alcanzado aranceles promedio bajos no significa que los impuestos a la importación hayan perdido su importancia. Los países en desarrollo enfrentan dos tipos de problemas: la incidencia de "crestas arancelarias" (*tariff peaks*),
definidas por la Conferencia de las Naciones Unidas sobre Comercio y Desarrollo
(Unctad) como tarifas superiores al 12% *ad valorem*[12], y los escalonamientos arancelarios conforme se incrementa el grado de elaboración de los productos. El problema
de las crestas arancelarias se presenta especialmente en seis sectores: i) principales
productos alimentarios agrícolas y productos básicos, en especial, la carne, el azúcar,
la leche y sus derivados, los cereales y también los productos del tabaco y el algodón;
ii) frutas, legumbres, hortalizas y pescado; iii) industria alimentaria, como por ejemplo el jugo de naranja y la manteca de maní en los Estados Unidos; iv) productos
textiles y prendas de vestir; v) calzado, cuero y artículos de viaje; y vi) industria
automotriz, equipos de transporte y productos electrónicos. A pesar del recorte en los
máximos tarifarios a partir de la Ronda Uruguay, el escalonamiento de los aranceles
aún existente puede implicar altas tasas de protección efectiva en productos manufacturados de interés para la región, como los productos metálicos, los textiles y el
vestuario y los derivados de las maderas.

---

11. A fines de 1990, la estructura arancelaria de los mayores importadores como Canadá, los Estados Unidos,
     Japón y la Unión Europea, se caracterizaba por los siguientes aspectos: i) la tasa arancelaria promedio pondera-
     da por importaciones se situaba entre 3,5% (Japón) y 6,6% (Unión Europea); ii) las líneas libres de arancel
     oscilaban entre 11% (Unión Europea) y 35% (Japón); iii) las tarifas específicas y compuestas aún mantenían
     cierto peso, alcanzando hasta un 18% del total de los aranceles de los Estados Unidos (Laird, 1998).
12 . La definición adoptada en la Ronda Uruguay consideraba las tarifas superiores al 15% (GATT, 1994, p. 11). La
     OCDE trabaja con una definición distinta de cresta arancelaria (*spike*), que comprende aquellas tarifas que más
     que triplican el promedio nacional (Laird, 1998).

Si bien la Ronda Uruguay ha reglamentado la aplicación de medidas sanitarias y fitosanitarias y la de normas técnicas[13], la práctica cada vez más frecuente de aplicar requisitos de calidad, ambientales o laborales como condiciones de acceso a mercados plantea interrogantes sobre los niveles de protección respectivos. En particular, la divergencia entre normas obligatorias y optativas y la falta de definición a nivel multilateral de los órganos de reconocimiento para la certificación de normas técnicas, dejan un margen de discrecionalidad a los países para la aplicación de tales medidas[14].

En la década de 1990, la aplicación de medidas contingentes afectó de manera significativa a algunas exportaciones clave de los países de la región, aunque después de la Ronda Uruguay se produjo una moderada disminución de aquéllas[15]. Un caso particular es la persistente aplicación de derechos antidumping y medidas compensatorias por parte de los Estados Unidos a las importaciones de hierro y acero que afectan a tres países de la región (Cepal, 1999b). También en el caso del sector textil, el uso de mecanismos de salvaguardia especial, antidumping, normas de origen y otros requisitos técnicos plantea barreras a las exportaciones de la región y limita las incipientes ganancias de acceso que brinda el Acuerdo sobre los Textiles y el Vestido.

Las medidas contingentes también han sido adoptadas por los países en desarrollo. En la región se pueden destacar los casos de México (medidas compensatorias) y de Argentina y Brasil (derechos antidumping), mientras que Chile recientemente ha recurrido a salvaguardias. Asimismo, Brasil y Chile aplicaron derechos compensatorios en el período previo a la Ronda Uruguay.

Así, no es de extrañar que estos temas representen una elevada proporción de los casos que ha debido encarar el nuevo Órgano de Solución de Diferencias de la OMC. Un primer elemento relevante es el aumento de los casos sometidos a este Órgano: desde 1995, año de su creación, hasta abril de 1999 se presentaron 169 reclamos, cifra considerablemente mayor que el total de casos tratados durante el casi medio siglo de existencia del GATT (Thorstensen, 1999). Cabe hacer notar, además, que los principales demandantes han sido los países industrializados, con más del 70% de los casos, y en particular los Estados Unidos. A su vez, sobre los países industrializados

---

13 . El acuerdo respectivo reconoce sus funciones de proveedor de información y de facilitación de transacciones de mercado, así como de responder a la creciente demanda pública de productos sin riesgos para la salud o ambientales (Unctad, 1999).

14. Véanse los casos sobre Chile en Fisher (1997).

15. Sin embargo, la evaluación efectuada sobre la aplicación de derechos antidumping por parte de los países industrializados revela que éstos no han tenido en cuenta la recomendación contenida en el acuerdo respectivo de la Ronda Uruguay, que encomienda a los países miembros a buscar soluciones constructivas, como podrían ser compromisos en materia de precios (*price undertakings*), cuando la denuncia afecta a países en desarrollo. Por el contrario, se ha procedido en la gran mayoría de los casos a la aplicación de sobretasas arancelarias (Finger y Schuknecht, 1999).

han recaído alrededor del 60% de las acusaciones. Los Estados Unidos, la Unión Europea y Canadá han efectuado dos tercios de las consultas al sistema y junto a Japón han estado involucrados en la mitad de los casos. México y Brasil, principales países usuarios de la región, aparecen en menos del 5% de las consultas, pero junto a Argentina y Chile dan cuenta del 13% de los casos.

2. TRANSFORMACIONES DEL COMERCIO EXTERIOR Y HETEROGENEIDAD REGIONAL

a) Resultados globales

Las diversas estrategias de inserción internacional que han adoptado los países de América Latina y el Caribe en este marco general han contribuido a ampliar la heterogeneidad de la región, ya presente en varias dimensiones, en lo referente a las características de su comercio exterior.

Como se puede apreciar en el Cuadro 2.3, en los años noventa la región exhibió una de las mayores tasas de crecimiento del comercio mundial de mercancías, tanto en términos de volumen como de valor. Entre 1990 y 1999, las exportaciones crecieron, en promedio, 8,5% en volumen y 7,9% en valor. Estas tasas sólo fueron superadas por China y por los seis países más dinámicos de Asia. Sin embargo, las importaciones de América Latina crecieron a tasas más elevadas, 11,1% en volumen y 12,1% en términos de valor, cifra considerablemente más alta que las de otras regiones y países, con excepción de China, que muestra una tasa cercana a la de América Latina.

Tanto el dinamismo de las exportaciones como el de las importaciones superó por un margen considerable el crecimiento del producto interno bruto, como se aprecia en el Gráfico 2.1. Entre 1990 y 1999, el crecimiento promedio estimado del PIB fue de 3,2%, mientras que la expansión de las exportaciones alcanzó un 8,5% y las importaciones aumentaron a un promedio de 11,1%[16]. Como se argumenta más adelante, los promedios regionales encubren una situación de creciente heterogeneidad, dado que las exportaciones de un único país, México, representan cerca de la mitad del total de las ventas externas latinoamericanas y caribeñas; además, a lo largo del decenio su desempeño fue más dinámico que el promedio del resto de la región. Por ejemplo, entre 1990 y 1999 las exportaciones mexicanas crecieron a una tasa promedio de 13,8%, mientras que las exportaciones latinoamericanas, sin incluir a México, tuvieron un aumento en torno del 7%.

---

16. En el año 1999 las importaciones registraron un descenso de poco más del 4%, por lo que por primera vez el coeficiente de importación se contrajo levemente.

Cuadro 2.3
EVOLUCIÓN DEL VOLUMEN Y EL VALOR DEL COMERCIO
MUNDIAL DE MERCANCÍAS, 1990-1999
(Tasas de crecimiento medio anual)

	Mundo	Amé- rica Latina	Amé- rica del Norte	Euro- pa	Econo- mías en tran- sición	Total	Japón	Asia Econo- mías di- námicas	China
Exportaciones									
Volumen	6.4	8.5	6.8	5.8	4.1	7.2	2.5	12.3	...
Valor	5.8	7.9	6.8	4.5	5.3	8.9	2.9	8.5	14.4
Importaciones									
Volumen	6.3	11.1	8.3	5.5	3.5	6.7	4.6	7.6	...
Valor	5.9	12.1	8.3	3.8	6.9	5.6	2.9	6.2	13.3

Fuente: Cepal, sobre la base de información obtenida de la Organización Mundial del Comercio (OMC), *Informe anual 2000*, Ginebra, 2000, cuadros II.2 y II, p. 10; *Informe anual*, 1999. Estadísticas del comercio internacional, Ginebra, 1999, cuadros I.2 y I.3, pp. 1 y 2.

Gráfico 2.1
EVOLUCIÓN DEL COMERCIO Y DEL PRODUCTO INTERNO BRUTO
DE AMÉRICA LATINA Y EL CARIBE, [a]
1990-1999
(Tasas de crecimiento calculadas sobre la base de dólares de 1995)

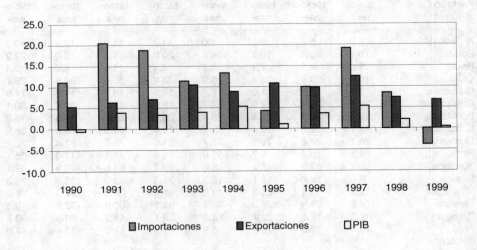

■Importaciones ■Exportaciones □PIB

Fuente: Cepal, sobre la base de información oficial.
a Incluye 19 países de la región: Argentina, Bolivia, Brasil, Chile, Colombia, Costa Rica, Ecuador, El Salvador, Guatemala, Haití, Honduras, México, Nicaragua, Panamá, Paraguay, Perú, República Dominicana, Uruguay y Venezuela.
b Durante 1999 el valor del PIB creció sólo 0,4%, razón por la que apenas se aprecia en el gráfico.

Debido al crecimiento de las exportaciones regionales, el coeficiente de éstas respecto del PIB alcanzó a 19,8% en 1999, valor muy superior al 12,1% registrado en 1989-1990. A su vez, y como resultado de la expansión que experimentaron las importaciones en los años noventa, el coeficiente promedio de las importaciones regionales respecto del PIB registró una tendencia rápidamente ascendente y llegó a 20,5% en 1998, es decir, más del doble del valor correspondiente a 1989-1990 (véase el Cuadro 2.4). Estos valores contrastan con los de los años ochenta, cuando la participación de las importaciones en las economías de la región oscilaba en torno del 10% en promedio, como consecuencia de los programas de estabilización y ajuste económicos. La prolongación hasta 1999 de la crisis de 1997-1998 interrumpió esta tendencia, ya que el coeficiente de importación de aquel año registra, por primera vez en el decenio, una caída que lo ubica en valores similares al coeficiente de exportación (20,1%).

Cuadro 2.4
COEFICIENTES DE EXPORTACIÓN E IMPORTACIÓN PARA
AMÉRICA LATINA, 1980-1981, 1989-1990, 1997-1998 Y 1999
(Valores promedio con respecto al PIB, en dólares de 1995)

Países / Período	1980-1981		1989-1990		1997-1998		1999	
	Exportaciones	Importaciones	Exportaciones	Importaciones	Exportaciones	Importaciones	Exportaciones	Importaciones
Argentina	5.0	8.0	8.2	4.0	11.7	14.9	10.9	13.1
Bolivia	15.1	20.4	18.7	24.4	20.6	31.4	19.0	27.2
Brasil	5.0	4.6	7.1	3.7	8.4	11.0	8.0	9.4
Chile	16.6	25.9	25.4	20.9	33.2	30.5	34.8	26.7
Colombia	8.7	10.2	11.0	7.7	14.5	18.6	16.8	14.9
Costa Rica	25.4	26.4	32.9	34.7	49.4	49.1	65.4	60.1
Ecuador	17.4	37.8	23.5	25.4	29.6	28.2	31.6	16.6
El Salvador	21.7	19.9	15.4	20.7	26.5	36.9	26.8	38.6
Guatemala	26.1	24.5	19.1	17.7	21.9	28.8	21.4	28.2
Haití	9.5	13.0	9.7	11.0	14.4	31.1	17.0	38.1
Honduras	56.7	57.0	48.2	45.0	43.3	44.8	39.9	52.1
México	9.0	16.6	15.1	16.9	31.3	32.0	35.5	36.3
Nicaragua	29.5	53.1	25.3	43.9	41.8	69.9	37.3	78.2
Panamá	106.9	94.1	104.3	93.5	93.1	100.6	72.8	79.6
Paraguay	11.3	17.1	22.7	23.5	29.1	44.8	20.3	30.2
Perú	10.8	12.0	10.5	8.8	13.1	17.0	13.4	14.0
República Dominicana	17.4	32.1	18.8	25.0	54.0	62.4	55.4	67.0
Uruguay	12.1	14.6	15.9	12.8	21.5	23.1	19.2	22.2
Venezuela	19.9	29.4	26.4	18.0	32.6	26.0	42.0	25.3
América Latina	**8.7**	**12.1**	**12.1**	**9.9**	**18.4**	**20.5**	**19.8**	**20.1**

Fuente: Cepal, sobre la base de cifras oficiales.

La brecha entre los desempeños de las exportaciones y las importaciones ha provocado la acumulación de crecientes déficit comerciales que, sumados a los desembolsos por pago de intereses y remesas de utilidades, determinaron el deterioro en la cuenta corriente de la balanza de pagos. Esta situación deficitaria aumentó gradualmente desde fines del decenio pasado hasta mediados de los años noventa, de 0,2% del PIB en 1990 a 3,2% en 1994, año de la crisis financiera mexicana, para disminuir en el bienio siguiente e incrementarse nuevamente en 1997-1998, cuando alcanzó 4,3%, y finalmente bajar a 2,8% en 1999 (véase el Gráfico 2.2).

Gráfico 2.2
AMÉRICA LATINA: EVOLUCIÓN DE LA APERTURA COMERCIAL Y DE LA CUENTA CORRIENTE COMO PROPORCIÓN DEL PIB
(En porcentajes)

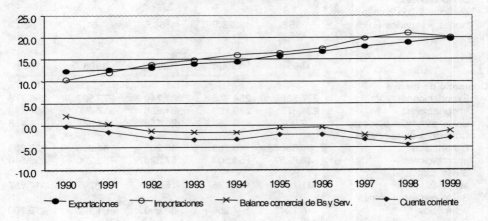

Es importante destacar también la creciente contribución del balance de la cuenta de servicios al déficit comercial total, dado el incremento mucho más acelerado de las importaciones que de las exportaciones de servicios comerciales[17]. Así por ejemplo, en 1995 y 1996, después de la crisis mexicana, la región acumuló un superávit en el balance de bienes, pero éste fue ampliamente superado por el déficit en el balance de servicios. Como se desprende del Cuadro 2.5, el déficit en la cuenta de servicios fue equivalente, entre 1992 y 1998, a tres cuartas partes del déficit comercial total de bienes y servicios.

---

17. La OMC define los servicios comerciales como la suma de transportes, viajes y otros servicios comerciales. Por lo tanto, no incluyen los servicios del gobierno y la renta derivada de la remuneración de empleados y de inversión.

Cuadro 2.5
EVOLUCIÓN DEL COMERCIO DE BIENES Y SERVICIOS DE AMÉRICA LATINA Y EL CARIBE, 1980-1999
(En millones de dólares corrientes)

Años	1990	1991	1992	1993	1994
Comercio de bienes					
Exportaciones	136.283	137.150	146.420	160.811	188.120
Importaciones	105.159	123.798	151.345	168.959	200.620
Saldo comercial bienes	31.124	13.352	-4.925	-8.148	-12.500
Comercio de servicios					
Exportaciones	25.114	26.794	29.460	31.349	35.139
Importaciones	33.273	36.085	40.240	44.504	47.780
Saldo comercial servicios	-8.160	-9.292	-10.779	-13.154	-12.641
Saldo comercial bienes y servicios	22.965	4.060	-15.704	-21.302	-25.141
Saldo comercial servicios/Saldo comercial bienes y servicios (%)	-35,5	-228,9	68,6	61,7	50,3

	1995	1996	1997	1998	1999[a]
Comercio de bienes					
Exportaciones	227.938	254.948	283.740	279.523	296.776
Importaciones	224.875	249.169	304.898	317.470	301.243
Saldo comercial bienes	3.062	5.780	-21.158	-37.947	-4.468
Comercio de servicios					
Exportaciones	36.838	40.769	40.902	44.903	38.883
Importaciones	48.625	54.504	57.326	62.200	56.540
Saldo comercial servicios	-11.787	-13.736	-16.424	-17.297	-17.657
Saldo comercial bienes y servicios	-8.724	-7.956	-30.000	-51.123	-19.700
Saldo comercial servicios/Saldo comercial bienes y servicios (%)	135,1	172,6	54,7	33,8	89,6

Fuente: Cepal, División de Comercio Internacional y Financiamiento para el Desarrollo, sobre la base de cifras oficiales de 19 países de la región: Argentina, Bolivia, Brasil, Chile, Colombia, Costa Rica, Ecuador, El Salvador, Guatemala, Haití, Honduras, México, Nicaragua, Panamá, Paraguay, Perú, República Dominicana, Uruguay y Venezuela.
a Cifras preliminares.

Después de la abrupta y generalizada caída de los términos del intercambio de la región durante los años ochenta, en la década de 1990 se ha producido una muy leve tendencia al alza, aunque se registra cierta variabilidad entre agrupaciones de países, como muestra el Cuadro 2.6. Por cierto, la escasa variación de los términos del intercambio de la región en los años noventa impidió recuperar el agudo deterioro experimentado en la década de 1980. En 1999, los términos de intercambio de Suramérica, excluyendo los países exportadores de petróleo, eran aún un 36% inferior al nivel de 1985.

Cuadro 2.6
AMÉRICA LATINA Y EL CARIBE: RELACIÓN DE PRECIOS DE INTERCAMBIO
DE BIENES FOB/FOB,
1980; 1985; 1990-1999
(Índices: 1995=100)

Años	América Latina [a]	Exportadores de petroleo [b]	Suramérica (no petroleros) [c]	Centroamérica [d]	Aladi [e]	Comunidad Andina [f]
1980	158.4	236.4	165.0	92.2	156.1	193.3
1985	123.2	165.2	126.2	77.8	121.5	157.6
1990	96.0	109.3	98.0	76.1	96.1	106.8
1991	96.9	105.6	98.1	83.9	96.9	97.7
1992	93.7	102.8	96.1	90.1	95.6	92.9
1993	93.5	105.8	96.7	93.4	96.4	91.9
1994	97.9	105.2	99.7	98.9	99.8	101.0
1995	100.0	100.0	100.0	100.0	100.0	100.0
1996	101.9	104.7	103.0	93.7	102.3	108.6
1997	104.1	105.1	104.0	101.5	103.8	107.9
1998	98.6	101.7	99.0	101.8	99.2	91.7
1999	98.8	103.9	90.2	96.3	106.3	101.8

Fuente: Cepal, División de Comercio Internacional y Financiamiento para el Desarrollo, sobre la base de cifras proporcionadas por el Fondo Monetario Internacional e instituciones nacionales.
a Incluye 19 países: Argentina, Bolivia, Brasil, Chile, Colombia, Costa Rica, Ecuador, El Salvador, Guatemala, Haití, Honduras, México, Nicaragua, Panamá, Paraguay, Perú, República Dominicana, Uruguay y Venezuela.
b Incluye Argentina, Colombia, Ecuador, México y Venezuela.
c Incluye Bolivia, Brasil, Chile, Paraguay, Perú, Uruguay y Venezuela.
d Incluye Costa Rica, El Salvador, Guatemala, Honduras, Nicaragua y Panamá.
e Incluye todos los países de Suramérica más México.
f Incluye Bolivia, Colombia, Ecuador, Perú y Venezuela.

b) Desempeño exportador

Acompañando su mayor dinamismo agregado, las exportaciones de la región registraron importantes variaciones a lo largo de los años noventa, aunque se advierten notables diferencias en los distintos países y subregiones. El primer hecho destacable es el cambio en el peso relativo de los dos mayores exportadores, México y Brasil, que por su elevada ponderación sesgan de manera considerable los valores promedio de los indicadores para la región en su conjunto. En 1999, el valor de las exportaciones de México fue prácticamente equivalente a la suma de las del resto de la región, ya que aportó cerca del 48% del total, mientras que en 1988 esa relación no alcanzaba el 28%, considerando en ambos años las exportaciones de actividades de ensamble. Por el contrario, a fines del decenio pasado Brasil era el principal exportador de América Latina y el Caribe, concentrando el 31% de las exportaciones regionales, mientras que al término de los años noventa no ha logrado duplicar sus exportaciones, por lo cual su participación en el total regional se redujo al 17%.

Asimismo, vale destacar que ha habido avances significativos en la diversificación de las exportaciones de varios países en relación con el número y la calidad de
productos, en tanto que el patrón en materia de mayor concentración respecto de los
mercados de destino es más heterogéneo. México marca un patrón de diversificación
de productos concentrada en unos pocos destinos, mientras Brasil exhibe una gran
diversificación aunque menos intensa que en el caso mexicano en términos de productos, con menor concentración en el número de destinos. Chile amplía el número
de productos exportados al tiempo que aumenta también la cantidad de mercados.
Colombia y Perú presentan una trayectoria similar a la chilena, aunque menos intensa, Argentina no muestra cambios de significación y los dos restantes miembros del
Mercosur (Paraguay y Uruguay) tienen un patrón similar al brasileño, pero con menor diversificación de productos y mayor concentración de destinos, sobre todo Paraguay. A su vez, Bolivia, Ecuador y Venezuela se destacan principalmente por el aumento del número de destinos de sus exportaciones, con escasos cambios en la
diversificación de productos. Finalmente, los países centroamericanos amplían su
diversificación tanto de productos (en particular Costa Rica y El Salvador) como de
destinos, con excepción de Guatemala, según se aprecia en el Gráfico 2.3.

Un segundo hecho relevante del decenio es el aumento de la participación de los
productos industrializados en desmedro de la correspondiente a los bienes primarios
en América Latina y el Caribe, según puede apreciarse en el Cuadro 2.7. Entre 1988
y 1998, los bienes industrializados elevaron su ponderación de 63,9% a 76,2%, mientras los bienes primarios reducían la suya de 35,5% a 22,9%. Asimismo, entre los
productos industrializados, los tradicionales (alimentos, bebidas y tabaco, textiles y
metales) aumentaron ligeramente su participación: de 21,3% a 22,6%, con una disminución en el caso del grupo de alimentos, bebidas y tabaco y un incremento en
textiles y prendas de vestir. Finalmente, se redujo la participación de los bienes clasificados en los grupos con elevadas economías de escala y uso intensivo de recursos
naturales, en tanto que la de los bienes duraderos y los clasificados como difusores de
progreso técnico se expandió de manera significativa.

Sin embargo, es necesario acotar que la composición por productos, los mercados
y la dinámica de las exportaciones mexicanas inciden sensiblemente en los promedios regionales. México eligió el acercamiento con los Estados Unidos, por medio
del TLC, para garantizar el ingreso de inversiones y, por esa vía, un acceso más estable al mercado estadounidense. Esa decisión determinó el incremento de la importancia relativa de los Estados Unidos como destino de las exportaciones mexicanas[18] y
notables cambios en su composición. Los bienes primarios, sobre todo los agrícolas
y energéticos, experimentaron una caída muy considerable en su participación en

---

18. La gravitación de los Estados Unidos como destino de las exportaciones mexicanas, que ya era grande en 1988
(66%), aumentó todavía más, hasta llegar a cerca de 87% en 1998.

Gráfico 2.3

DIVERSIFICACIÓN DE LAS EXPORTACIONES DE AMÉRICA LATINA, ENTRE 1988 Y 1998

A. En números de países de destino

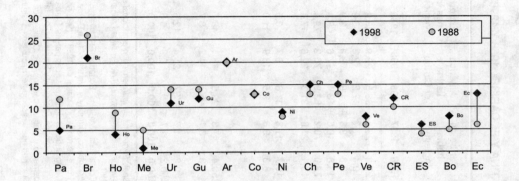

B. En número de productos

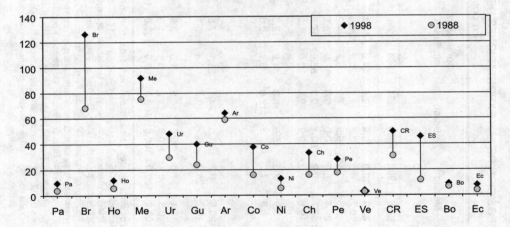

Fuente: Cepal, sobre la base de cifras oficiales.

Nota: El gráfico A presenta una medida de los cambios en el número de mercados de destino de un 80% de las exportaciones de cada país entre 1988 y 1998. Por ejemplo, en 1988 Brasil exportaba a más de 25 destinos y en 1998 exportó a sólo 21. Esto se interpreta como un aumento de la concentración del destino de las exportaciones. Por su parte, el gráfico B muestra una medida de los cambios entre 1988 y 1998 en el número de productos que componen el 80% de las exportaciones de cada país. En el ejemplo de Brasil, el gráfico indica que algo más de sesenta productos sumaban el 80% del valor de sus exportaciones en 1988 y que el mismo porcentaje se alcanzó en 1998 con cerca de 130 productos. Todos los productos se definen a nivel de cuatro dígitos de la CUCI Rev. 2 y cabe advertir que estas medidas de diversificación no hacen referencia a la calidad de los productos en términos de su grado de elaboración o contenido tecnológico.

Cuadro 2.7

COMPOSICIÓN DE LAS EXPORTACIONES DE AMÉRICA LATINA Y EL CARIBE[a], 1988 Y 1998

(En porcentajes)

Categorías de bienes	México[b]		Brasil		Suramérica sin Brasil		Centroamérica[c]		Caribe de habla inglesa[d]		América Latina y el Caribe		Exportaciones intrarregionales		Exportaciones extra regionales suramericanas	
	1988	1998	1988	1998	1988	1998	1988	1998	1988	1997	1988	1998[e]	1988	1998	1988	1998
Bienes primarios	**42,9**	**10,0**	**18,8**	**19,6**	**44,0**	**40,4**	**63,8**	**41,7**	**27,8**	**28,2**	**35,5**	**22,9**	**20,2**	**15,5**	**33,4**	**38,8**
Agrícolas	10,7	4,1	12,2	12,4	20,9	20,3	63,2	41,0	10,4	7,7	17,2	12,3	8,0	8,6	17,5	19,9
Mineros	2,8	0,4	6,5	7,2	5,2	4,2	0,1	0,2	3,6	9,8	4,9	3,0	3,9	1,5	6,0	7,0
Energéticos	29,4	5,5	0,0	0,0	17,9	15,8	0,4	0,5	13,8	10,6	13,4	7,6	8,4	5,3	9,9	11,9
Bienes industrializados	**56,7**	**89,9**	**80,1**	**79,2**	**55,6**	**57,8**	**35,7**	**58,2**	**72,0**	**70,2**	**63,9**	**76,2**	**79,4**	**84,3**	**65,9**	**60,1**
Tradicionales	10,8	20,0	29,2	28,9	20,0	21,3	23,6	31,1	19,1	21,0	21,3	22,6	17,4	26,4	25,5	23,7
Alimentos, bebidas y tabaco	3,9	2,3	16,6	16,3	11,8	12,3	12,3	13,0	10,7	11,8	11,8	8,7	6,5	12,1	15,1	14,4
Otros tradicionales	6,8	17,7	12,6	12,6	8,1	9,0	11,3	18,1	8,3	9,3	9,5	13,9	11,0	14,4	10,4	9,3
De uso intensivo de recursos naturales y con elevadas economías de escala[f]	20,6	8,3	31,5	24,1	33,1	27,6	6,9	8,9	50,4	47,3	29,5	18,1	40,7	28,2	31,3	26,7
Duraderos de uso final[g]	10,2	24,0	8,7	10,7	0,8	5,1	0,2	1,1	0,3	0,1	5,4	14,2	8,7	15,4	3,9	3,2
Difusores de progreso técnico[h]	15,1	37,6	10,8	15,5	1,8	3,8	5,2	17,0	2,2	1,7	7,7	21,4	12,5	14,3	5,2	6,4
Otros bienes	0,3	0,1	0,8	1,2	0,4	1,8	0,5	0,1	0,2	1,7	0,5	0,9	0,3	0,2	0,7	1,2
Total	**100,0**	**100,0**	**100,0**	**100,0**	**100,0**	**100,0**	**100,0**	**100,0**	**100,0**	**100,0**	**100,0**	**100,0**	**100,0**	**100,0**	**100,0**	**100,0**

Fuente: Cepal, sobre la base de cifras oficiales. La clasificación empleada se explica con detalle en Cepal, *Panorama de la inserción internacional de América Latina y el Caribe, 1996* (LC/G.1941), Santiago de Chile, 2 de diciembre de 1996, pp. 217 a 225; y *Panorama de la inserción internacional de América Latina y el Caribe, 1998* (LC/G.2038-P), Santiago de Chile, 1999. Publicación de las Naciones Unidas, No. de venta: S.99.II.G.3, p. 190.

a Comprende los siguientes 25 países: Argentina, Barbados, Belice, Bolivia, Brasil, Chile, Colombia, Costa Rica, Dominica, Ecuador, El Salvador, Granada, Guatemala, Honduras, Jamaica, México, Nicaragua, Panamá, Paraguay, Perú, Santa Lucía, Suriname, Trinidad y Tobago, Uruguay y Venezuela.   b Desde 1992 México incluye a la maquila en los registros de bienes. Antes de esta fecha la registraba en el comercio de servicios. Por este motivo los datos de 1988 y 1998 no son comparables.   c Comprende los siguientes cinco países: Costa Rica, El Salvador, Guatemala, Honduras y Nicaragua.   d Comprende los siguientes ocho países: Barbados, Belice, Dominica, Granada, Jamaica, Santa Lucía, Suriname y Trinidad y Tobago.   e En el caso de Barbados, Belice, Dominica, Granada, Paraguay y Suriname, por falta de datos para 1998, se tomaron los correspondientes a 1997.   f Comprende, entre otros, productos petroquímicos, papel, cemento y metales básicos.   g Comprende básicamente artículos electrodomésticos y vehículos (y sus partes). Incluye actividades de ensamble de dichos productos.   h Comprende básicamente maquinaria, instrumentos y química fina. Incluye actividades de ensamble de dichos productos.

favor de los bienes industrializados, en particular de los clasificados como duraderos de uso final y como difusores de progreso técnico, que duplicaron con creces su participación relativa en las exportaciones. A lo largo de este proceso, la participación de las actividades de ensamble en el total de exportaciones mexicanas aumentó del 33% en 1988 al 45% en 1998[19].

En la composición de sus exportaciones, las economías de Centroamérica y República Dominicana muestran tendencias similares a las de México, aunque los cambios están mucho más centrados en las actividades de ensamble, también orientadas al mercado estadounidense. Así, ganan ponderación las industrias tradicionales, en particular las confecciones, y cada vez más los productos electrónicos. El Caribe de habla inglesa, por el contrario, no muestra cambios significativos de composición en sus exportaciones durante los años noventa (véase nuevamente el Cuadro 2.7).

Brasil, el otro gran exportador de la región, contaba ya al inicio del decenio con una base exportadora muy diversificada que acentuó en el período, pero el ritmo de expansión de sus exportaciones ha sido más lento. Las exportaciones brasileñas crecieron a una tasa media anual de sólo 3,2% en el decenio y ganaron ponderación los bienes industrializados clasificados como difusores de progreso técnico y duraderos de uso final. El resto de los países de Suramérica exhibe también cambios menores, manteniendo su elevada ponderación los bienes industrializados de uso intensivo de recursos naturales y los tradicionales, así como los bienes primarios, en particular los agrícolas que, en conjunto, dan cuenta de casi el 70% de las exportaciones del grupo.

En suma, México y algunos países centroamericanos y caribeños han logrado ampliar sus exportaciones orientadas fundamentalmente hacia el mercado norteamericano, en rubros dinámicos en ese ámbito, aunque con un peso importante de las actividades de ensamble. Por el contrario, los países suramericanos han hecho lo propio, pero en bienes de lento crecimiento de la demanda en los países desarrollados, si bien con una mayor diversificación de destinos.

El tercer hecho significativo es el avance del comercio intrarregional, que se recuperó del agudo retroceso sufrido en los años ochenta, para luego expandirse aceleradamente en los años siguientes, a tasas superiores a las correspondientes a las exportaciones hacia terceros países, hasta llegar a representar en 1997 más de una quinta parte de las exportaciones totales de los países de la región, según se aprecia en el Cuadro 2.8[20]. La apertura de las economías y la consolidación de los procesos de integración permitieron que los países descubrieran las ventajas de la cercanía y apro-

---

19. Las actividades de ensamble, que no pagan impuestos de importación sobre los bienes y componentes destinados a la reexportación, deben perder este incentivo a partir del 1º de enero de 2001. Sin embargo, la mayoría de los analistas considera que su eliminación no determinará la paralización de dichas actividades.

20. Esta última proporción resulta significativamente más alta si se excluye a México que, como ya se ha señalado, mantiene un débil vínculo con los demás países de la región.

vecharan el potencial de los mercados en la región, especialmente para la colocación de manufacturas y servicios. Los datos agregados indican que se produjo una auténtica creación de comercio entre los países miembros de los esquemas de integración y acuerdos preferenciales, mientras que la desviación de comercio fue limitada por la rebaja general de los aranceles.

Este proceso ha sido particularmente intenso al interior de los distintos esquemas subregionales, aunque es necesario distinguir dos subperíodos. Entre 1990 y 1997, la participación del bloque Mercosur en las exportaciones totales aumentó de 8,9% a 24,8%, la de la Comunidad Andina de 4,2% a 12,1%, la del Mercado Común Centroamericano de 16,0% a 20,1% y la de la Caricom de 12,9% a 16,7%, en todos los casos en el marco de una sostenida expansión de las exportaciones totales. Sin embargo, la crisis reciente provocó, a partir de 1998, una fuerte disminución de los flujos comerciales dentro de los dos bloques suramericanos, sobre todo en 1999, año en que el comercio dentro de la Comunidad Andina se redujo un 27,2% y en el Mercosur un 24,4% (véase otra vez el Cuadro 2.8).

Las dos tendencias señaladas, diversificación de la estructura de las exportaciones y aumento del comercio intrarregional, guardan relación, por cuanto las exportaciones intrarregionales se caracterizan por una mayor proporción de bienes manufacturados: 84,3% comparado con 76,2% en las exportaciones totales de la región (véase nuevamente el Cuadro 2.7).

3. MAGNITUD Y COMPOSICIÓN DE LOS FLUJOS DE CAPITAL

a) Tendencias generales

En los años noventa la región se vio remecida por dos crisis financieras: una en 1994-1995, que fue conocida como el efecto tequila y afectó seriamente a México y Argentina, y otra que se desató en Asia a mediados de 1997 y se amplió posteriormente a Rusia y a América Latina. A su vez, éstos no fueron hechos aislados, ya que basta recordar que en los años ochenta la región fue azotada por la crisis de la deuda, que se extendió a otras zonas del mundo en desarrollo. En realidad, estos eventos recientes son parte de una larga historia de auges y crisis financieras, nacionales e internacionales, de los países en desarrollo e industrializados, que han dejado mellas importantes en la historia económica de América Latina y el Caribe (Ocampo, 1999).

En consecuencia, estos sucesos reflejan rasgos intrínsecos del funcionamiento de los mercados financieros, que no han desaparecido con el resurgimiento de escenarios macroeconómicos caracterizados por una inflación baja y déficit fiscales más reducidos en años recientes. Volatilidad y contagio han sido los términos favoritos para referirse a los dos elementos centrales del comportamiento del mercado financiero. El primero denota la tendencia del mercado a registrar ciclos agudos de auge y

Cuadro 2.8
AMÉRICA LATINA Y EL CARIBE: EXPORTACIONES TOTALES Y POR ESQUEMAS SUBREGIONALES DE INTEGRACIÓN
(En millones de dólares corrientes y porcentajes)

	1990	1994	1995	1996	1997	1998	1999[d]
ALADI							
1 Exportaciones totales[a]	112.694	167.192	204.170	229.164	255.390	251.345	264.235
Porcentaje de crecimiento anual		10,4	22,1	12,2	11,4	-1,6	5,1
2 Exportaciones a la Aladi	12.302	28.168	35.552	38.449	45.484	43.231	34.391
Porcentaje de crecimiento anual		23,0	26,2	8,2	18,3	-5,0	-20,4
3 Porcentaje exportaciones intra Aladi (2:1)	10,9	16,8	17,4	16,8	17,8	17,2	13,0
Comunidad Andina							
1 Exportaciones totales	31.751	33.706	39.134	44.375	46.609	38.896	43.211
Porcentaje de crecimiento anual		1,5	16,1	13,4	5,0	-16,5	11,1
2 Exportaciones a la Comunidad Andina	1.324	3.472	4.859	4.698	5.621	5.411	3.940
Porcentaje de crecimiento anual		27,2	39,9	-3,3	19,7	-3,7	-27,2
3 Porcentaje de exportaciones intracomunitarias (2:1)	4,2	10,3	12,4	10,6	12,1	13,9	9,1
Mercosur							
1 Exportaciones totales	46.403	61.890	70.129	74.407	82.596	80.227	74.300
Porcentaje de crecimiento anual		7,5	13,3	6,1	11,0	-2,9	-7,4
2 Exportaciones al Mercosur	4.127	12.048	14.451	17.115	20.478	20.027	15.133
Porcentaje de crecimiento anual	...	30,7	20,0	18,4	19,7	-2,2	-24,4
3 Porcentaje de exportaciones intra Mercosur (2:1)	8,9	19,5	20,6	23,0	24,8	25,0	20,4
Mercado Común Centroamericano (MCCA)							
1 Exportaciones totales	3.907	5.496	6.777	7.332	9.275	11. 077	11.633
Porcentaje de crecimiento anual	...	8,9	23,3	8,2	26,5	19,4	5,0
2 Exportaciones al MCCA	624	1.228	1.451	1.553	1.863	2.242	2.333
Porcentaje de crecimiento anual	...	18,4	18,2	7,0	19,9	20,3	4,1
3 Porcentaje de exportaciones intra MCCA (2:1)	16,0	22,3	21,4	21,2	20,1	20,2	20,1
Caricom [b]							
1 Exportaciones totales	3.634	4.113	4.511	4.595	4.687	4.791[d]	4.223[d]
Porcentaje de crecimiento anual	...	3,1	9,7	1,9	2,0	2,2	-11,9
2 Exportaciones a la Caricom	469	521	690	775	785	...	...
Porcentaje de crecimiento anual	...	2,6	32,4	12,3	1,2	...	...
3 Porcentaje de exportaciones intra Caricom (2:1)	12,9	12,7	15,3	16,9	16,7	...	...
América Latina y el Caribe [c]							
1 Exportaciones totales	120.572	177.336	216.031	241.648	269.996	267.213	280.091
Porcentaje de crecimiento anual	...	10,1	21,8	11,9	11,7	-0,8	4,8
2 Exportaciones a América Latina y el Caribe	16.802	35.065	42.740	46.562	54.756	51.674	42.624
Porcentaje de crecimiento anual	...	20,2	21,9	8,9	17,6	-5,6	-17,5
3 Porcentaje intrarregional/ Total (2:1)	13,9	19,8	19,8	19,3	20,3	19,3	15,2

Fuente: Cepal, sobre la base de información oficial de las diferentes agrupaciones subregionales –Aladi, Comunidad Andina, Mercosur y la Secretaría Permanente del Tratado General de Integración Económica Centroamericana (Sieca). a A partir de 1992 incluye las exportaciones de maquila de México. b Incluye Barbados, Guyana, Jamaica y Trinidad y Tobago. c Incluye la Aladi, el MCCA, Barbados, Guyana, Jamaica, Panamá y Trinidad y Tobago. Este grupo de países no coincide con el que figura en el Cuadro 2.5 debido a que corresponde a diferentes agregaciones y metodologías. d Cifras preliminares.

pánico financiero, en que los flujos de capital tienden a crecer y después a contraerse, más allá de lo que recomiendan, en uno y otro caso, los factores fundamentales de las economías. El otro concepto se refiere a la incapacidad del mercado de distinguir adecuadamente entre los varios tipos de prestatarios y se aplica tanto a las etapas de contracción como de auge económico. En las fases de contracción, el contagio de pesimismo lleva a que los mercados otorguen importancia excesiva a la información negativa de corto plazo, en tanto se desorganizan los mercados secundarios, lo que conduce a una pérdida generalizada de liquidez. Por el contrario, en las fases de auge el contagio de optimismo lleva a muchos agentes a subestimar los riesgos de canalizar recursos hacia economías o empresas cuyos indicadores objetivos no son del todo favorables.

El Gráfico 2.4 confirma la volatilidad característica de los flujos de capital hacia América Latina y el Caribe. Así, la década de 1990 estuvo marcada por una recuperación apreciable en las entradas de capitales a la región, tras la restricción financiera de casi todos los años ochenta. El promedio anual de estas entradas en 1991-1999 fue equivalente a 3% del PIB, contrastando notoriamente con la ingente salida, del orden del 2% del PIB en 1983-1990. Cabe también recordar que en el período 1976-1981 esa relación había alcanzado un promedio anual sin precedentes de 4% del PIB, nivel que sólo se logró en los años de mayor auge de la década de 1990.

Gráfico 2.4
AMÉRICA LATINA Y EL CARIBE: INGRESO NETO DE CAPITALES
Y TRANSFERENCIA DE RECURSOS
(Proporción del producto interno bruto a precios corrientes)

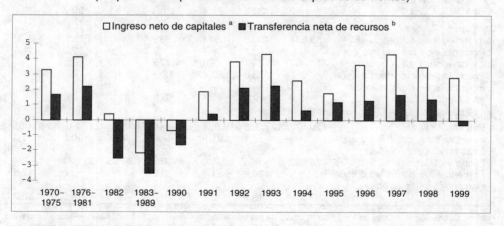

Fuente: Cepal, sobre la base de cifras oficiales.
a Ingreso neto de capitales autónomos (incluidos los errores y omisiones).
b La transferencia neta de recursos equivale al ingreso neto de capitales autónomos y no autónomos (préstamos y uso del crédito del FMI y financiamiento excepcional) menos el saldo en la cuenta de la renta (utilidades e intereses netos).

Sin embargo, no todos los tipos de flujos mostraron un comportamiento similar en el período. Los más volátiles han sido las emisiones de bonos, los flujos de cartera y los créditos netos de los bancos comerciales; en contraposición, la inversión extranjera directa (IED) y naturalmente los fondos oficiales y compensatorios lo fueron mucho menos, según muestra el Gráfico 2.5.

Gracias a la recuperación de los flujos, en la década de 1990 la transferencia neta de recursos[21] hacia la región fue positiva, excepto en los años 1990 y 1999, y equivalente a un 9% de sus exportaciones de bienes y servicios. Una vez más esta situación difiere notablemente del decenio anterior, cuando la transferencia hacia el exterior fluctuó en torno del 40% de las exportaciones, año tras año, entre 1982 y 1989 (véase nuevamente el Gráfico 2.4).

Gráfico 2.5
AMÉRICA LATINA Y EL CARIBE: EVOLUCIÓN DEL FINANCIAMIENTO EXTERNO Y DEL PRODUCTO INTERNO BRUTO GLOBAL

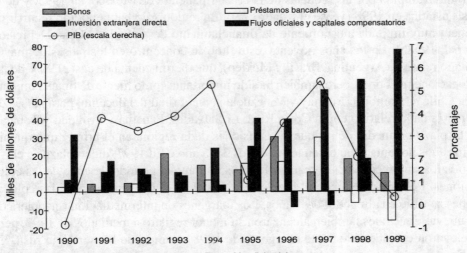

Fuente: Cepal, sobre la base de cifras oficiales, del Banco Mundial y del FMI.
a Estimaciones preliminares.

La inversión extranjera directa (IED) constituyó el componente más cuantioso de la entrada de capitales, desplazando a los créditos bancarios, que habían ocupado el primer lugar en la composición de las entradas de capital en los decenios previos. Al

---

21. Definida como los ingresos de capitales (incluidos capitales compensatorios) menos los pagos por servicios de los factores.

inicio de los años ochenta, la IED representó sólo un 20% de las entradas de capitales. En la década de 1990 esta proporción se fue incrementando y en 1996-1999 alcanzó a más de tres cuartos. De esta manera, en los últimos años del decenio, la IED se convirtió en un flujo fundamental para financiar el déficit de la cuenta corriente del balance de pagos en más de la mitad de los países de América Latina y el Caribe.

Durante los años ochenta, y muy especialmente en los noventa, los principales destinatarios fueron Argentina, Brasil, Chile, Colombia y México. Sin embargo, en los últimos años del decenio, la diversificación geográfica de la IED fue mayor, incluyendo países como Bolivia, Costa Rica, Ecuador, Perú, República Dominicana y Venezuela. Vale destacar que la IED ha sido el único flujo privado anticíclico, ya que en 1994-1995 México recibió entradas por 20.000 millones de dólares y en 1998 Brasil registró un ingreso de casi 30.000 millones de dólares, atemperando la situación de crisis en ambos casos.

Asimismo, a partir de 1989 los países de la región lograron un amplio acceso a los mercados internacionales de bonos, que mantuvieron una trayectoria de expansión sólo interrumpida por las secuelas de la crisis financiera de México, en 1995, y de la crisis asiática en 1998 (véase el Cuadro 2.9). La región sólo había podido recurrir de manera muy limitada a esta fuente de financiamiento después de la Gran Depresión (Cepal, 1998b). En los años noventa, este flujo se concentró en los países de mayor tamaño relativo (Argentina, Brasil y México), que dieron cuenta de casi el 90% de las colocaciones de bonos, pero también ha sido importante como fuente de financiamiento para Chile, Colombia, Uruguay y Venezuela y, en el final del decenio, para países de menor tamaño relativo como Costa Rica, El Salvador, Panamá y Trinidad y Tobago.

El plazo promedio de las nuevas emisiones de la región, en el primer quinquenio de los años noventa, fluctuó en torno de los 3 a 5 años. En 1997, dicho plazo se elevó a un valor sin precedentes cercanos, 15 años, durante el período de auge de las colocaciones. Posteriormente, en el bienio 1998-1999, el plazo promedio de las colocaciones se situó en alrededor de 7 años. Los márgenes de intermediación financiera de las nuevas emisiones también alcanzaron su menor registro a mediados de 1997, pero se elevaron considerablemente en agosto de 1998, después de la moratoria rusa. En dicho mes, el costo anual del financiamiento externo en el mercado secundario de eurobonos ascendió a 15%, para reducirse a 12% en 1999. Entre los países más activos en el mercado, las condiciones de la colocación de bonos obtenidas por Chile y Uruguay han sido las más favorables; las de México, que antes integraba el grupo siguiente, se ubican en la actualidad en una situación también favorable, en tanto que las de Colombia, país que pertenecía al grupo anterior, han tendido a deteriorarse; y las de Argentina, Brasil y Venezuela han sido las más onerosas.

Tras una virtual interrupción de los créditos bancarios, excluidos los de proveedores, después de la moratoria de México en 1982, los flujos netos de la banca comercial hacia la región fueron muy moderados hasta 1993. Luego comenzaron a recuperarse y alcanzaron un máximo en 1997, que los situó en alrededor de 30.000 millones de dólares, pero el monto se tornó negativo a partir de 1998, según las estimaciones del Banco de Pagos Internacionales. Este tipo de financiamiento ha sido especialmente relevante para algunas empresas privadas de Argentina, Brasil, Chile, Colombia, México y Venezuela. Cabe destacar que, en promedio, las condiciones de contratación de los créditos bancarios durante el decenio fueron peores que las de la década de 1970, sobre todo en términos de plazo.

Cuadro 2.9
AMÉRICA LATINA: FUENTES DE FINANCIAMIENTO EXTERNO
(En millones de dólares)

	1990	1991	1992	1993	1994
A. Deuda [b]					
Oficial [c]	6.825	3.425	1.205	2.656	-1.344
Bonos	101	4.133	4.738	20.922	14.306
Bancos	2.731	1.275	4.302	201	6.212
B. Inversión					
Directa [b]	6.758	11.065	12.506	10.359	23.706
ADR [d]	98	3.891	3.964	6.022	4.704
C. Compensatorios [e]	24.539	13.727	8.207	6.309	5.223

	1995	1996	1997	1998	1999[a]
A. Deuda [b]					
Oficial [c]	9. 295	-8.315	-3.239	9.059	6.300
Bonos	11. 793	29.764	10.562	17.600	9.600
Bancos	15. 068	16.200	29.646	-6.078	-15.747
B. Inversión					
Directa [b]	24.878	39.329	55.620	60.974	77.543
ADR [d]	962	3.661	5.441	164	761
C. Compensatorios [e]	30.752	-271	-4.215	8.818	43

Fuente: Cepal, sobre la base de cifras oficiales, del Banco Mundial, del Fondo Monetario Internacional y del Banco de Pagos Internacionales.
a Estimaciones preliminares.
b Flujo neto.
c Incluye financiamiento bilateral y multilateral, excluido el FMI.
d Títulos de depósitos en el mercado estadounidense. Sólo incluye colocaciones de nuevas emisiones de acciones.
e Incluye préstamos y uso de crédito del FMI y financiamiento excepcional. A comienzos de la década de 1990, el financiamiento excepcional incluye principalmente intereses morosos; en cambio, en los últimos años incluye recursos de organismos multilaterales, aparte del FMI y de gobiernos de países desarrollados.

El capital accionario ha estado principalmente dirigido hacia Argentina, Brasil, Chile y México. Sus mayores registros se lograron en 1992-1993, antes de la crisis mexicana, y en 1997, antes de la crisis asiática. Este flujo ha sido el que muestra un comportamiento más procíclico, al igual que la colocación de títulos de depósitos en el mercado estadounidense (ADR), con entradas de alrededor de 5.500 millones de dólares precisamente en 1993-1994 y de 4.500 millones de dólares en 1996-1997. En contraste, en los años de crisis financiera su monto ha sido exiguo, guardando una estrecha relación con la evolución de las bolsas de valores, que sufrieron sus mayores caídas después de años previos de notable expansión.

El financiamiento oficial ha mostrado un comportamiento anticíclico, en particular en 1995 y 1998, después de las mencionadas crisis financieras. Desagregando este total, vale destacar que las entradas de recursos bilaterales han sido negativas para la región en los últimos años del decenio, en marcado contraste con las de las fuentes multilaterales, que han sido crecientes, especialmente a partir de 1995. En los episodios de mayor volatilidad en la región durante los años noventa, el Fondo Monetario Internacional (FMI) y otros organismos multilaterales apoyaron a los gobiernos de algunos países particularmente afectados, sobre todo a México (30.000 millones de dólares) a fines de 1994 y a Brasil (9.400 millones de dólares) al terminar 1998[22] (véase nuevamente el Cuadro 2.9).

b) Inversión extranjera directa

Durante la década de 1990 los flujos de inversión extranjera directa (IED) a nivel mundial experimentaron un crecimiento notable, pasando de un promedio anual de 245.000 millones de dólares entre 1991 y 1996 a más de 650.000 millones de dólares en 1998, con estimaciones para el año 1999 en el orden de los 830.000 millones de dólares. De este modo, las empresas transnacionales han seguido incrementando su importancia en la mayoría de las economías nacionales, tanto desarrolladas como en desarrollo.

En el marco de esta tendencia general, el crecimiento registrado en los ingresos netos de IED hacia América Latina y el Caribe ha sido muy significativo, pasando de 9.000 a 86.000 millones de dólares entre 1990 y 1999, según estimaciones de la Cepal. Este extraordinario crecimiento significa que más de la mitad del acervo de IED existente en 1999 se habría acumulado en el decenio, hecho que apunta a la necesidad de volver a interpretar las características de este fenómeno. Aunque una parte importante de la IED se ha orientado a la compra de activos existentes, mediante la privatización de empresas estatales o la adquisición de empresas privadas nacionales, aún hacia el final del decenio, cuando crecieron notablemente estos flujos, alrededor del 60% de la IED se destinó a la creación de activos nuevos en los países de la Aladi (véase el Gráfico 2.6).

---

22. Este monto correspondió al primer desembolso del FMI. El acuerdo entre el gobierno de Brasil y el FMI comprometió un monto total de recursos externos por 41.000 millones de dólares provenientes de organismos multilaterales y de gobiernos de países desarrollados (Sáinz y Calcagno, 1999).

Gráfico 2.6
INGRESOS NETOS DE IED DE LOS PAÍSES DE LA ALADI,
POR MODALIDAD, 1990-1999
(En millones de dólares)

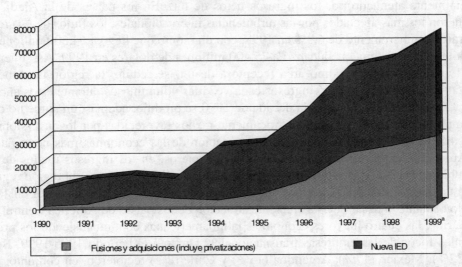

Leyenda: ▪ Fusiones y adquisiciones (incluye privatizaciones)   ■ Nueva IED

Fuente: Cepal, Centro de Información de la Unidad de Inversiones y Estrategias Empresariales de la División de Desarrollo Productivo y Empresarial, sobre la base de información proporcionada por el Fondo Monetario Internacional; *KPMG Corporate Finance*, 1999, y Cepal, Unidad de Inversiones y Estrategias Empresariales, "Informe mensual de fusiones y adquisiciones", abril a noviembre de 1999.

En consecuencia, la proporción de los ingresos de IED clasificados como compra de activos existentes se ha mantenido en torno del 40% del total. Cabe señalar que el auge de las fusiones y adquisiciones se debe al elevado monto de las operaciones realizadas en los países más grandes. En México, las fusiones y adquisiciones en telecomunicaciones, servicios financieros y comercio minorista tuvieron lugar en 1995-1997. En Brasil fueron más recientes, 1997 y 1998, y en Argentina y Chile las ventas de empresas privadas nacionales se llevaron a cabo en 1999. El 70% de las fusiones y adquisiciones de participación mayoritaria en la región se concentró en Brasil, en las privatizaciones de las áreas de telecomunicaciones (venta del sistema Telebrás) y de energía eléctrica (en especial el segmento de distribución). En el primer semestre de 1999, Argentina se convirtió en uno de los principales centros de fusiones y adquisiciones de América Latina debido a la compra de Yacimientos Petrolíferos Fiscales (YPF) por Repsol. Algo parecido ocurrió en Chile con la adquisición de las empresas Enersis y Endesa-Chile por parte de Endesa-España.

Los nuevos máximos históricos que registró la IED en 1998 y 1999 en América Latina y el Caribe indicarían que la región logró sortear una parte importante de las circunstancias negativas que gravitaron sobre los flujos hacia los países en desarrollo, abriendo nuevas e interesantes alternativas para los inversionistas extranjeros. Durante el período 1998-1999, el impacto de la crisis asiática en la región fue parcialmente atenuado por los ingresos netos de IED. En los países de la Aladi, que fueron los más afectados por las turbulencias internacionales, los flujos de IED registraron un incremento de 6,3% en 1998, con un monto que llegó a 64.500 millones de dólares y se estima que alcanzó a 75.400 millones de dólares en 1999. Así, mientras el atractivo de Asia como área receptora de IED se redujo, la región de América Latina y el Caribe recibió ingresos cada vez más voluminosos durante estos años.

En la segunda mitad de la década de 1990 se produjo, además, un aumento de la importancia de subregiones históricamente menos favorecidas por los inversionistas extranjeros. En este escenario, la participación de las economías más pequeñas de América Central, excluidos los centros financieros, en los ingresos totales de IED subió de 6,1% a 7,5% entre 1997 y 1998[23]. En este último año, esa subregión registró la cifra récord de 5.800 millones de dólares, con ingresos de IED similares en 1999. No obstante, a pesar de esta creciente atracción de los países de América Central y el Caribe, las cuatro mayores economías latinoamericanas continúan siendo los principales focos de las empresas transnacionales. Durante el período 1995-1999, Brasil (32%), México (17%), Argentina (15%) y Chile (8%) recibieron, en conjunto, más de dos tercios de los ingresos netos de IED destinados a la región.

Por otra parte, también se verifica una concentración notable de los ingresos netos de IED, según sus principales fuentes de origen, como muestra el Gráfico 2.7. En los últimos años, dichos ingresos se dividen aproximadamente en mitades entre Estados Unidos y Europa, mientras que Japón continúa con una presencia reducida en la región. En 1998, la participación de Europa sobrepasó por primera vez a la de Estados Unidos, a raíz de las grandes inversiones realizadas, sobre todo por las fusiones y adquisiciones de empresas existentes por parte de empresas españolas (Cepal, 1999a y 2000b).

El avance de la IED responde a una redefinición de las estrategias de las empresas transnacionales frente al proceso de globalización y el nuevo régimen de incentivos macroeconómicos. Algunas decidieron buscar mayor eficiencia, integrando más a sus subsidiarias en la región a programas globalizados y realizando nuevas inversiones orientadas tanto al renovado contexto nacional como al subregional (en los casos del TLC y el Mercosur) y al mercado mundial. Otras, movidas por el propósito de defender o incrementar su participación de mercado, racionalizaron o ampliaron sus operaciones en los mercados nacionales o subregionales donde operan.

---

23. En el presente trabajo se ha incluido a Panamá dentro de esta subregión, debido a que en años recientes se ha observado que allí el patrón de inversiones extranjeras es similar al de los otros países que la integran.

Gráfico 2.7
FLUJOS DE IED HACIA AMÉRICA LATINA Y EL CARIBE, POR FUENTES
PRINCIPALES, 1990-1998
(En miles de millones de dólares)

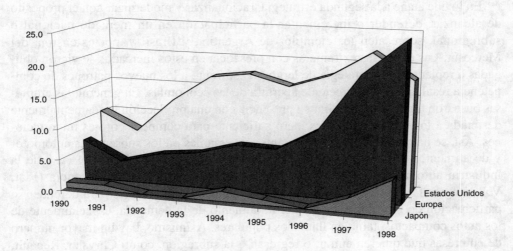

Fuente: Cepal, Centro de Información de la Unidad de Inversiones y Estrategias Empresariales de la División de Desarrollo Productivo y Empresarial, sobre la base de información proporcionada por el Fondo Monetario Internacional, la Conferencia de las Naciones Unidas sobre Comercio y Desarrollo (Unctad) y los bancos centrales de cada país.

La primera de estas estrategias se verifica con mayor fuerza en el caso de México, principalmente en los subsectores automotor, de partes de vehículos, informática, electrónica y prendas de vestir (Cepal, 1999a y 2000b). En efecto, en respuesta al llamado desafío asiático en el mercado estadounidense, las tres mayores empresas automotrices de Estados Unidos (General Motors, Ford y Chrysler, antes de que esta última fuera adquirida por la empresa alemana Daimler-Benz) y algunas de otras procedencias (Volkswagen y Nissan) tomaron diversas medidas para mejorar la eficiencia de su producción, invirtiendo en México en nuevas plantas con maquinaria y tecnología de punta. Del mismo modo, aprovechando las ventajas del TLC y del programa de las actividades de ensamble, otras empresas extranjeras han invertido en México para exportar al mercado de América del Norte, especialmente en la fabricación de productos electrónicos (televisores, computadores, equipos de sonido y de telecomunicaciones, entre otros) y confecciones.

Al igual que en México, aprovechando las ventajas que ofrecen las zonas de procesamiento de exportaciones (actividades de ensamble), los bajos salarios y las preferencias arancelarias en Estados Unidos, muchas empresas estadounidenses han invertido o concretado asociaciones con empresarios locales en países de la Cuenca del

Caribe (Costa Rica, El Salvador, Guatemala, Honduras y República Dominicana), con el objeto de mejorar su competitividad en el mercado de América del Norte. En el caso de los países centroamericanos y caribeños, estas inversiones se concentraron en los sectores de confecciones y de equipos eléctricos y electrónicos.

En lo que atañe a la segunda estrategia, racionalizar y modernizar con el propósito de alcanzar, defender o incrementar la participación en un mercado nacional o subregional, sobresalen los ejemplos de Argentina y Brasil y, por extensión, del Mercosur. Las empresas extranjeras con presencia en estos mercados se vieron obligadas a replantear su estrategia de largo plazo, frente a los nuevos patrones de competencia resultantes de la creciente apertura de las economías. En general, las empresas buscaron mantener y ampliar su presencia con una producción fundamentalmente destinada a los mercados locales, pero suficiente para competir con las importaciones. Así, se han materializado importantes inversiones en los subsectores automotor y de alimentos y en las industrias químicas y de la maquinaria. En el caso de la industria automotriz del Mercosur, las empresas con una gran presencia (Fiat, Volkswagen, Ford y General Motors) están realizando inversiones para defender su participación de mercado y responder al aumento de la demanda, especialmente de los autos compactos, también llamados populares. Asimismo, hay un mayor número de empresas que quieren entrar, o regresar, a la subregión, como Chrysler, Renault, Peugeot, BMW, Daimler Benz, Honda, Asia Motors y Hyundai, buscando posicionarse en nuevos nichos de mercado.

Además de estas dos grandes estrategias –apertura hacia terceros mercados y defensa de los mercados nacionales y subregionales–, se han abierto nuevas oportunidades de inversión en sectores anteriormente restringidos a la actividad privada en general, y a la presencia de empresas extranjeras en particular, como consecuencia del proceso de desregulación de múltiples mercados de servicios públicos y de las actividades mineras. De tal manera, se ha registrado un notable ingreso de empresas extranjeras en actividades extractivas (minería e hidrocarburos) y en servicios (finanzas, energía y telecomunicaciones, principalmente). Por lo tanto, a las anteriores dos estrategias de las empresas transnacionales se agregan una tercera, explotación de materias primas, y una cuarta, la búsqueda de acceso a los mercados locales de servicios.

La tercera estrategia es el resultado de la apertura al capital extranjero de las actividades relacionadas con la exploración, explotación y el procesamiento de los recursos naturales. Chile fue el primer país que atrajo el interés de las más importantes empresas transnacionales, luego de otorgar amplias garantías y libre acceso a los recursos mineros. Con posterioridad, ya entrada la década de 1990, otros países como Argentina, Bolivia y Perú han adoptado políticas similares, verificándose importantes inversiones nuevas en la actividad minera (véase el capítulo 4).

Otro de los hechos más significativos de los últimos años ha sido la progresiva liberalización del subsector de hidrocarburos, hasta hace pocos años bajo control estatal. Esta apertura ha permitido una creciente presencia de inversionistas internacionales en actividades vinculadas a la exploración, explotación, procesamiento, distribución y comercialización del petróleo, gas natural y sus derivados, a través de la licitación de reservas secundarias, la formación de empresas conjuntas en ciertas actividades principales y, en algunos casos, la privatización completa del subsector. Los casos más llamativos a nivel regional son Argentina, Bolivia, Colombia, Perú y Venezuela. En el último caso, existen proyectos conjuntos entre la empresa estatal Petróleos de Venezuela S.A. (Pdvsa) e inversionistas extranjeros, con los que se espera atraer más de 30.000 millones de dólares en los próximos diez años y duplicar así la producción venezolana de hidrocarburos.

Una cuarta estrategia apunta al aprovechamiento de la amplia apertura de los sectores de servicios para ganar acceso a mercados nacionales en la región (véase el capítulo 5). Eso ha significado que en la mayoría de los casos nacionales estas actividades adquieran una importancia cada vez mayor en los ingresos de IED. En efecto, los inversionistas extranjeros, gran parte de ellos nuevos en la región, han logrado crecientes y significativas participaciones en los subsectores de finanzas, energía (generación y distribución de energía eléctrica y distribución de gas natural) y telecomunicaciones (Cepal, 1999a).

En el caso del subsector financiero, destaca la estrategia adoptada por los bancos españoles, en particular el Santander, fusionado con el Central Hispano (BCH) en 1999, y el Bilbao Vizcaya (BBV), recientemente fusionado con el Argentaria como respuesta a la acción del grupo Santander. Gracias a una enérgica estrategia de adquisiciones, estos bancos han logrado una fuerte presencia en la región, especialmente en Argentina, Brasil, Chile, Colombia, México, Perú y Venezuela. En general, estos dos bancos españoles, además del Hong Kong Shanghai Bank Corporation (HSBC) y el banco canadiense Bank of Nova Scotia, parecen estar abocados a conquistar un decidido liderazgo en el subsector financiero regional.

Como resultado de la privatización de las empresas públicas, un renovado contingente de inversionistas extranjeros ha tomado también posición en el sector energético latinoamericano. En este sentido, destacan las empresas españolas (Endesa e Iberdrola) y una serie de firmas pioneras de origen estadounidense (AES Corporation, Houston Industries Energy Incorporated, Southern Electric, CEA, Dominium Energy y CMS Energy). Dada la dimensión de los recursos involucrados, la toma de control de los activos privatizados fue el resultado de la conformación de consorcios integrados por empresas extranjeras de diferentes orígenes, asociadas con poderosos grupos locales. El primer foco de interés fueron las privatizaciones en Argentina, para luego concentrarse en Brasil. Asimismo, comenzó a entablarse un fuerte vínculo entre los megaproyectos de transporte y distribución de gas natural y la generación de energía eléctrica en Brasil.

Cuadro 2.10
ESTRATEGIAS DE INVERSIÓN DE LAS SUBSIDIARIAS DE LAS
EMPRESAS TRANSNACIONALES EN AMÉRICA LATINA
EN LOS AÑOS NOVENTA

Estrategia corporativa	Sector		
	Primario	Manufacturas	Servicios
Búsqueda de eficiencia		**ESTRATEGIA 1** Automotriz: México Electrónica: México y Cuenca del Caribe Confecciones: Cuenca del Caribe y México	
Búsqueda de acceso al mercado nacional o regional		**ESTRATEGIA 2** Automotriz: Mercosur Química: Brasil Agroindustria: Argentina, Brasil y México Cemento: Colombia, República Dominicana y Venezuela	**ESTRATEGIA 4** Financieros: Argentina, Brasil, Chile, Colombia, México, Perú y Venezuela Telecomunicaciones: Argentina, Brasil, Chile y Perú Comercio minorista: Argentina, Brasil, Chile y México Energía eléctrica: Argentina, Brasil, Chile, Colombia y América Central Distribución de gas: Argentina, Brasil, Chile y Colombia Turismo: México y Cuenca del Caribe
Búsqueda de materias primas	**ESTRATEGIA 3** Petróleo/gas: Argentina, Colombia y Venezuela Minerales: Argentina, Chile y Perú		
Búsqueda de elementos estratégicos	Ausentes en América Latina y el Caribe		

Fuente: Cepal, *La inversión extranjera en América Latina y el Caribe. Informe 1999* (LC/G.2061-P), Santiago de Chile, enero de 2000. Publicación de las Naciones Unidas, N° de venta: S.00.II.G.4.

Las empresas de telecomunicaciones han estado entre las más valoradas por los inversionistas extranjeros. Desde finales de la década de 1980 han pasado a manos privadas las principales empresas estatales de telefonía fija de Argentina, Bolivia, Chile, México, Perú, Venezuela y, recientemente, de Brasil; asimismo, se ha licitado la telefonía celular en casi todos los países. En este nuevo escenario, las empresas más activas han sido Telefónica de España en la telefonía fija (llamadas locales y de larga distancia) y la estadounidense BellSouth en telefonía móvil. La reciente privatización del Sistema Telebrás evidenció el gran interés de las empresas extranjeras por este tipo de activos en la región, ya que el gobierno brasileño obtuvo una recaudación que ascendió a más del doble de sus expectativas iniciales.

En definitiva, a través de estas cuatro estrategias básicas (véase el Cuadro 2.10), las firmas transnacionales han facilitado una mayor integración de los países de América Latina y el Caribe a la economía internacional, contribuyendo a superar las dificultades de las transformaciones internas y las repercusiones de las perturbaciones externas durante los años noventa. De este modo, algunas empresas de varios países latinoamericanos comienzan una integración parcial a los esquemas globales de producción de empresas transnacionales, a través de nuevas inversiones. Vale recordar, sin embargo, que una parte muy considerable de la IED ha estado destinada a la compra de activos existentes y, por otro lado, que las remesas por concepto de utilidades, que son la contrapartida de la transnacionalización de las economías, han comenzado a ser un rubro de creciente significación en la cuenta corriente de la balanza de pagos regional. Cabe señalar además que en América Latina y el Caribe no se evidencian todavía comportamientos de las empresas transnacionales orientados a la búsqueda de elementos estratégicos (en torno de la investigación y desarrollo, por ejemplo) como los que están en pleno desarrollo en los países de la OCDE y en algunas ramas electrónicas de economías asiáticas como de la República de Corea y la provincia china de Taiwan.

La liberalización comercial y las condiciones de estabilidad monetaria también hicieron posible un incremento de la inversión intrarregional, que aunque modesta en términos de volumen, entre 3% y 5% de la inversión extranjera total que ingresa a la región, es notable por su dinamismo y algunos atributos que le otorgan particular importancia para la efectiva integración regional de los aparatos productivos y comerciales. Esta inversión, casi inexistente en el pasado, surgió al principio del decenio, impulsada por las privatizaciones, pero luego se orientó a buscar presencia en los mercados subregionales que se estaban integrando mediante compromisos ineludibles como el Mercosur y la Comunidad Andina. Las inversiones de esta clase se facilitaron gracias a la cercanía geográfica y cultural de los países participantes, se apoyaron en los conocimientos adquiridos por quienes se adelantaron en las privatizaciones y se dirigieron, entre otros destinos, a ciertos servicios básicos (generación y distribución de electricidad en Argentina y Perú), sistema financiero (sector bancario en Colombia y Venezuela) e industrias automotriz y de alimentos elaborados (Argentina, Brasil y Chile).

4. Migración internacional de la fuerza de trabajo

En los años noventa se consolidan dos patrones migratorios dominantes en la región: uno de desplazamientos entre países y otro de emigración hacia fuera de la región. Ambos patrones involucran a trabajadores con diverso grado de calificación (Cepal-Celade, 1999a). Un tercer patrón, el de la inmigración de ultramar, perdió significación cuantitativa en los últimos decenios, tanto a raíz de la mortalidad y la emigración (retorno) de los antiguos inmigrantes, como en virtud de la débil renovación de las corrientes procedentes de Europa y la escasa magnitud de las originadas en otras regiones, fundamentalmente Asia (Cuadro 2.11).

Cuadro 2.11
AMÉRICA LATINA: POBLACIÓN INMIGRANTE SEGÚN GRANDES REGIONES
DE ORIGEN. CENSOS NACIONALES DE POBLACIÓN DE 1970, 1980 Y 1990[a]

Región de origen	Fechas censales [b]			Tasas anuales de crecimiento	
	1970	1980	1990	1970-1980	1980-1990
A. Población (miles)					
Resto del mundo (Inmigración de ultramar)	3.873	3.411	2.350	-1,3	-3,7
América Latina y el Caribe (Migración intrarregional)	1.219	2.012	2.201	4,9	0,9
Total	**5.092**	**5.423**	**4.551**	**0,6**	**-1,7**
B. Porcentajes					
Resto del mundo (Inmigración de ultramar)	23,9	37,1	48,4		
América Latina y el Caribe (Migración intrarregional)	76,1	62,9	51,6		
Total	**100,0**	**100,0**	**100,0**		

Fuente: Estimaciones elaboradas a partir del banco de datos Imila (Investigación de la Migración Internacional en Latinoamérica) de la División de Población de la Cepal-Centro Latinoamericano y Caribeño de Demografía (Celade).
a El número de países considerados es de 16 en 1970; 14 en 1980 y 13 en 1990.
b Las fechas corresponden a las de las rondas de censos nacionales.

La duplicación entre 1970 y 1990 del número de migrantes intrarregionales es una muestra clara del primero de estos patrones, uno de cuyos rasgos distintivo es la fuerte concentración de sus destinos en aquellos países que tradicionalmente detentaron condiciones más ventajosas en materia de oferta de empleos y salarios. Así, alrededor de 1990, las dos terceras partes de los inmigrantes estaban presentes en Argentina y Venezuela y una proporción importante de personas nacidas en otros países centro-americanos residía en Costa Rica. Además de la influencia de factores estructurales, la migración intrarregional acusa los efectos de acontecimientos coyunturales, sociopolíticos y económicos; por ejemplo, el convulsionado ambiente social de varios países centroamericanos en los años ochenta impulsó una emigración masiva, en tanto que el restablecimiento de la paz en la segunda mitad de ese decenio creó condiciones favorables para el retorno (Cepal-Celade, 1999b). Asimismo, la vecindad geográfica, la proximidad cultural y una común tradición histórica facilitan las corrientes de migración dentro de la región (Pellegrino, 1995).

Este ímpetu expansivo mermó desde los años ochenta. Por su parte, en la década de 1990, Venezuela fue un foco de mucha menos atracción, Argentina y Costa Rica se revitalizaron como destinos preferidos en los primeros años del decenio y, en lo que constituye quizás el fenómeno más destacado, han aparecido nuevos centros de atracción como Chile y República Dominicana.

En general, ha tendido a producirse una articulación más bien informal de los mercados de trabajo, afianzada por los recursos de información y los contactos que ofrecen las redes sociales de los propios migrantes. Tal articulación contribuye a fortalecer las relaciones cada vez más interdependientes de las naciones de la región y es un antecedente de especial relevancia para sus esfuerzos de integración económica y cultural. Debe destacarse, además, que las corrientes migratorias intrarregionales no se circunscriben al intercambio de fuerza laboral, ya que una proporción apreciable de las personas que intervienen en estos traslados son familiares de los trabajadores y no participan directamente en la actividad económica (Cepal, 1999c).

El patrón de emigración hacia fuera de la región manifiesta una tendencia creciente aún más sostenida que la anterior, como lo ilustra el mayor número de inmigrantes latinoamericanos y caribeños censados en los Estados Unidos que registra el Cuadro 2.12. En 1990 cerca de 9 millones de personas nacidas en la región estaban presentes en los Estados Unidos[24], la información provista por la encuesta continua de población de los Estados Unidos indica que este número se acrecentó incluso más en el quinquenio 1990-1995 (Cepal-Celade, 1999b). Si bien las cifras absolutas muestran un claro protagonismo mexicano, la incidencia relativa del fenómeno, en comparación con la magnitud demográfica de las naciones de origen, es aún mayor en el caso de los países del Caribe. A su vez, en los últimos decenios las tasas de crecimiento medio anual de los migrantes procedentes de Centroamérica son las más elevadas (Cepal-Celade, 1999a). Como en el caso del patrón intrarregional, los destinos de las corrientes extrarregionales tendieron a diversificarse en años recientes, extendiéndose a Canadá, algunos países europeos (en especial España), Aus-

---

24. Del total de inmigrantes de la región, la mitad procedía de México, migración fronteriza que tiene profundas raíces históricas, y un quinto de los países caribeños.

tralia y Japón, aunque las cifras son claramente inferiores a las registradas en los Estados Unidos.

La emigración extrarregional es un típico ejemplo de la migración sur-norte que se origina en las grandes desigualdades en cuanto al grado de desarrollo; su carácter masivo se explica por el efecto de retroalimentación que ejercen las redes migratorias como mecanismos de reclutamiento y facilitación de los traslados. Una proporción importante, aunque no claramente determinada, de los inmigrantes de la región presentes en los Estados Unidos son indocumentados, hecho que los coloca en situación vulnerable. Con todo, los inmigrantes de ambos sexos presentes en los Estados Unidos se distinguen por sus elevadas tasas de participación laboral y por un gran número de personas con un grado de calificación que, a veces, supera el promedio de los países de procedencia.

Cuadro 2.12
ESTADOS UNIDOS: POBLACIÓN INMIGRANTE DE ORIGEN LATINOAMERICANO Y CARIBEÑO. CENSOS NACIONALES DE POBLACIÓN DE 1970, 1980 Y 1990

Región de origen	Fechas censales			Tasas anuales de crecimiento	
	1970	1980	1990	1970-1980	1980-1990
A. Población (miles)					
América del Sur	234	494	905	7,1	5,9
Mesoamérica	874	2.530	5.396	9,7	7,2
Caribe y otros	618	1.359	2.107	7,5	4,3
Total	**1.725**	**4.383**	**8.408**	**8,7**	**6,3**
B. Porcentajes					
América del Sur	13,6	11,3	10,8		
Mesoamérica	50,6	57,7	64,2		
Caribe y otros	35,8	31,0	25,1		
Total	**100,0**	**100,0**	**100,0**		

Fuente: Estimaciones elaboradas a partir del banco de datos Imila (Investigación de la Migración Internacional en Latinoamérica) de la División de Población de la Cepal-Centro Latinoamericano y Caribeño de Demografía (Celade).

Entre las numerosas repercusiones de la migración internacional, destaca el papel de las remesas monetarias enviadas por los migrantes a sus países de procedencia y la pérdida de personal calificado que experimentan las naciones de origen. El papel de las remesas es objeto de interpretaciones divergentes, vinculadas con la magnitud y regularidad de los flujos, su utilización para el consumo o la inversión, los lazos de dependencia que pueden suscitar entre los receptores y el eventual efecto distorsionador que ejercen sobre la distribución del ingreso en los países receptores. Sin embargo, es innegable que estas remesas representan una importante contribución en el plano macroeconómico; así, se estima que los recursos remitidos en 1998 por los inmigrantes salvadoreños en los Estados Unidos equivalieron al 16% del PIB y al 60% del valor de las exportaciones de El Salvador (Cepal, 1999a). Además, las remesas constituyen un aporte que puede ser significativo a escala local, principalmente cuando se las emplea en infraestructura de servicios y vivienda en las comunidades de origen de los migrantes.

En cuanto a la emigración extrarregional de personas con alto grado de calificación, cabe apuntar que su importancia ha sido creciente, aunque la evaluación de sus efectos es tarea particularmente compleja. Si bien el traslado frecuentemente redunda en favor de los propios individuos, en tanto les permite utilizar sus talentos y obtener ingresos mayores que en sus comunidades de procedencia, también entraña la pérdida de recursos humanos que, aparte de haber demandado altos costos de formación, resta un potencial valioso para el desarrollo en sus países de origen.

En la década de 1990, la consolidación de los patrones migratorios descritos fue acompañada de una ampliación de las formas de movilidad de la población, incluyendo desplazamientos circulares y estacionales, viajes de negocios, traslado de personal de grandes empresas transnacionales y permanencias fuera de los países de origen asociadas a razones de estudio. La intensificación de estos movimientos, que se renuevan continuamente, es un efecto de la creciente interdependencia de los mercados a escala internacional y también refleja el predominio de las pautas culturales de las naciones de mayor desarrollo, pues el acceso a la información y a sus estilos de vida y consumo se han ido generalizando en el resto del mundo. Estas nuevas formas de movilidad se ven facilitadas, en cuanto a su rango territorial y temporal, por los avances tecnológicos en las esferas del transporte y las comunicaciones.

A escala microsocial, las redes sociales contribuyen a reducir la fricción de la distancia geográfica y cultural, flexibilizando muchos obstáculos que se interponen a la migración convencional. De ello resulta una movilidad de índole transitoria que, a pesar de su reiteración, parece impedir la desvinculación de los individuos con sus comunidades y países de origen. Este rasgo parece especialmente importante en el caso de los recursos humanos de alta calificación. Sin embargo, esta movilidad también implica una reducción de las posibilidades de generar excedentes para el envío de remesas y redunda en una falta de continuidad de las transferencias. Además, la reiteración sostenida de los movimientos, aunada a la aplicación de normas más rígidas de ingreso o acceso al trabajo en los países de destino, puede convertir algunos traslados temporales en formas de migración definitiva.

En la segunda mitad de los años ochenta, el manejo de la política macroeconómica había comenzado a adecuarse casi exclusivamente a las exigencias de los planes de estabilización, en un contexto dominado por una fuerte restricción externa que dio origen a severos desequilibrios fiscales y, en algunos casos, procesos inflacionarios agudos. Como consecuencia de lo anterior, se contrajeron el consumo y la inversión y cayó el producto por habitante en el decenio.

Los cambios acaecidos en el contexto externo a comienzo de los años noventa hicieron viables políticas macroeconómicas que permitieron reducir la inflación y reactivar las economías. El manejo relativamente exitoso de los episodios de crisis que sacudieron en dos oportunidades a la región durante la década de 1990 ha demostrado una cierta capacidad para evitar grandes descontroles macroeconómicos, al despertar mayor confianza en los agentes económicos. Sin embargo, estas políticas por sí solas no han permitido regresar a tasas de alto crecimiento ni liberar a la región de su dependencia externa.

Dado el nuevo entorno de baja inflación existente en la gran mayoría de los países de América Latina y el Caribe a fines de los años noventa, existe un cierto margen para reconsiderar el uso de los distintos instrumentos de política. Sería posible, entonces, sin incurrir en desequilibrios insostenibles, adoptar una postura más activa, dar una mayor flexibilidad al manejo de la política macroeconómica y aplicarla preventivamente.

1. LAS POLÍTICAS MACROECONÓMICAS

Los años noventa se caracterizaron principalmente por la mayor afluencia de capital externo, una tendencia a la apreciación real de las monedas nacionales y el control de la inflación. Este marco fue propicio para la consolidación de las cuentas fiscales, una mayor monetización y un cambio en las fuentes de creación monetaria. Al disminuir el déficit fiscal, la importancia del crédito interno al sector público como componente de la oferta monetaria empezó a reducirse a fines de los años ochenta, aunque con ciertas diferencias entre un país y otro. A partir de entonces, la expansión del dinero provino principalmente del aumento de los activos externos y del crédito al sector privado[1].

Los paquetes de medidas de estabilización que se pusieron en marcha durante los años noventa aportaron elementos de desindización. En algunos casos éstos fueron explícitos, como en el Plan de Convertibilidad de Argentina y en el Plan Real de Brasil. En otros (Colombia y México) se adoptaron esquemas de política de ingresos, basados en acuerdos tripartitos entre sindicatos, empleadores y Estado, pero sin recurrir a un congelamiento generalizado de precios y salarios.

El contexto internacional favorable durante la mayor parte del decenio también facilitó el manejo de las políticas de estabilización. La tasa de inflación en los países desarrollados fue reducida, mientras la disponibilidad de fondos para préstamos a nivel mundial hizo posible el financiamiento de los déficit externos resultantes de las políticas de estabilización, aunque introdujo también elementos de volatilidad. A partir de 1991, la considerable afluencia de capitales a la región y el descenso de las tasas internacionales de interés invirtieron el signo de la transferencia neta de recursos externos, que pasó a ser positiva por primera vez desde el abrupto vuelco de 1982. En este contexto favorable también incidió el nuevo enfoque de la política de los países desarrollados y de los organismos financieros internacionales, que se concretó en la promoción de paquetes de medidas de rescate para países con dificultades financieras serias (México en 1995, Brasil en 1998 y 1999).

El mayor ingreso de capital y, en varios países, la utilización del tipo de cambio nominal como ancla antiinflacionaria se tradujeron en una apreciación real de las monedas, mientras se ampliaba el déficit en cuenta corriente de la balanza de pagos. Ésta fue una de las características más destacadas de los años noventa, que contribuyó a acentuar la fragilidad macroeconómica regional.

La concentración, a menudo exclusiva, en el logro de las metas de déficit fiscal e inflación, ha redundado en una subestimación de los costos de largo plazo de ciertas medidas, en particular el recorte de los gastos públicos destinados a inversión y la sobrevaluación cambiaria. Esta conducción de la política macroeconómica con criterios cortoplacistas se manifestó también en un sesgo procíclico. Las fases de fácil acceso a recursos externos han fomentado políticas expansivas del gasto público y privado, que a la postre conducen a una recesión cuando cambian las condiciones externas. En esencia, se repitió la situación registrada en los decenios anteriores, con la diferencia de que antes los períodos de auge y recesión se medían en decenas de años (el alto crecimiento de los años sesenta y setenta, seguido por la década perdida

---

1. La participación del crédito al sector público, que en 1984 ascendió al 44% del crédito interno, en promedio (simple) de los países de la región, empezó a disminuir en forma sostenida a partir de 1987.

de 1980), mientras que ahora se alternan en lapsos mucho más cortos. Cabe temer que en el futuro, la limitante externa sea más acentuada, una vez que se debilite la dinámica de privatización que atrajo un monto sin precedentes de recursos provenientes del exterior y contribuyó a financiar el desequilibrio de las cuentas externas en el decenio.

a) Política fiscal y finanzas públicas

El balance regional de las finanzas públicas muestra progresos indudables, que se reflejan en una notable reducción del déficit y un manejo más cuidadoso de éste y de la deuda pública. Durante los años ochenta, el ajuste consistió esencialmente en una contracción del gasto. La exigencia de otorgar prioridad al componente fiscal del objetivo de estabilización macroeconómica se tradujo en una relativa postergación de otros objetivos de las finanzas públicas, el más afectado de los cuales fue el ejercicio de la función distributiva del gobierno. Así es como la contracción del gasto público provocó una disminución considerable del gasto público social.

En los años noventa la generación de ingresos cobró mayor importancia, lo que permitió una recuperación de los niveles de gasto, como se observa en el Gráfico 3.1[2]. Este hecho hizo posible que numerosos gobiernos adoptaran medidas, particularmente en el ámbito del gasto público social, que reflejan una creciente conciencia de la gravedad de la situación en dicho campo, manteniendo al mismo tiempo déficit fiscales moderados (Cepal, 1998c).

Pese a estos logros importantes, la situación fiscal de la región no deja de presentar problemas. De hecho, el ahorro corriente del sector público se ha reducido gradualmente durante la segunda parte del decenio, debido al aumento de los egresos y el estancamiento de los ingresos. En particular, durante 1998 y 1999 la región no logró un superávit primario. Por otra parte, las cifras sobre déficit han sido calculadas aplicando normas contables –como el convencional criterio de caja (en lugar del devengado) y, en algunas ocasiones, la inclusión de ingresos por concepto de privatizaciones y donaciones internacionales por arriba de la línea– que han arrojado resultados más optimistas de lo que correspondía.

No puede descartarse enteramente, además, la posibilidad de que los costos cuasifiscales del saneamiento de los sistemas financieros en que han debido incurrir varios países que fueron víctimas de crisis bancarias durante la década de 1990 –entre otros Argentina, Brasil, Colombia, Ecuador, México, Paraguay y Venezuela– aún no se hayan manisfestado plenamente. Esto último es parte del problema de opacidad fiscal derivado del otorgamiento de garantías públicas, es decir, de avales

---

2. Sobre la base de una consolidación de datos de 19 países de América Latina; los datos se refieren al balance global del sector público en base caja y no incluyen componentes cuasifiscales.

explícitos e implícitos de rescate financiero concedidos por el Estado a agentes privados y públicos. Estas garantías le restan solidez a las finanzas públicas de manera poco transparente y afectan especialmente a los gobiernos centrales. Algo parecido ha venido ocurriendo como consecuencia de los procesos de descentralización fiscal en Brasil y Colombia, entre otros.

Gráfico 3.1
AMÉRICA LATINA Y EL CARIBE: SITUACIÓN FISCAL DE LOS GOBIERNOS
CENTRALES 1980-1999

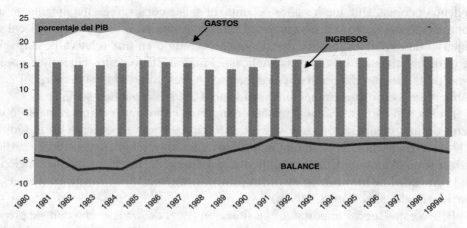

Fuente: Cepal, sobre la base de datos oficiales.
a Datos preliminares.

Los ingresos totales se recuperaron durante la primera mitad del decenio, gracias a un aumento de la presión tributaria y a la mayor actividad económica, además del aporte de ingresos extraordinarios por concepto de privatizaciones. Las reformas tributarias del período contribuyeron a simplificar y dar más eficiencia a la administración, incluida la reducción de la evasión en varios países. Cabe mencionar que la lucha contra la evasión (tributaria, aduanera y de contribuciones a la seguridad social), así como la reducción de los espacios que favorecen la elusión, recibieron elevada prioridad de parte de los Ministerios de Hacienda de la región.

Sin embargo, desde 1997 los ingresos no recurrentes, como los provenientes de la venta de activos, y también los ingresos por exportaciones de las empresas públicas, comenzaron a mermar. Este proceso se agravó en 1998, cuando la región se vio afectada por dos choques externos: la crisis financiera internacional y una caída de los precios de los productos básicos. Las alzas de las tasas de interés, destinadas a proteger a las monedas de ataques especulativos, aumentaron el costo del servicio de la deuda a corto plazo y profundizaron las tendencias recesivas, agudizando así la contracción de las recaudaciones.

El déficit fiscal de la región pasó de 1,1% del PIB en 1997 a 2,4% en 1998. En 1999, el deterioro de los ingresos y el mayor nivel de gasto público provocaron una nueva alza del déficit fiscal, que alcanzó su nivel máximo en el decenio (3,2% del PIB). En esta situación incidió particularmente, por su magnitud relativa, el mayor gasto público financiero en Brasil derivado de la devaluación del real.

En consecuencia, en el futuro inmediato la región deberá enfrentar una serie de desafíos fiscales. Existen presiones expansivas del gasto correspondientes a inversiones en infraestructura postergadas en los últimos dos años, a la atención de las necesidades sociales, al servicio de la deuda y al costo pasado o corriente del saneamiento de los sistemas financieros. Los gastos no financieros se han caracterizado por ser reactivos y procíclicos, al igual que los ingresos, que se han mostrado muy susceptibles a las conmociones externas.

Cabe resaltar que, dada la aguda vulnerabilidad cíclica de las economías de la región, la política fiscal ofrece posibilidades de ampliar los márgenes de maniobra de las políticas macroeconómicas, mediante una programación presupuestaria plurianual, sobre todo en los países que han logrado sanear su situación fiscal. La diferenciación de los resultados estructurales y coyunturales y el establecimiento de metas de equilibrio sobre la base de los primeros permiten que las finanzas públicas aporten un elemento de estabilidad interna y mecanismos para absorber los choques externos. Liberar en las fases de recesión los ingresos extraordinarios ahorrados durante los períodos de bonanza permitiría atenuar las fluctuaciones del gasto interno y reducir no sólo la volatilidad de los saldos financieros públicos, sino también los del sector privado.

De hecho, varios países de la región han dado pasos importantes en esta dirección mediante la creación de fondos de estabilización sectorial, entre otros, los fondos del Cobre y del Petróleo en Chile, el Fondo del Café y de Estabilización Petrolera en Colombia y el Fondo del Petróleo en Venezuela. El principal objetivo de todos estos fondos es reducir la volatilidad de los precios pagados por los consumidores, o de los ingresos recibidos por los agentes económicos públicos y privados. Recientemente ha surgido una nueva "generación" de fondos de estabilización macroeconómica, entre los que figuran el de Argentina (Ley de Responsabilidad Fiscal, 1999) y de Perú (Ley de Prudencia y Transparencia Fiscal, 1999), integrados a esquemas de creciente disciplina fiscal y de prevención de crisis financieras. Estos nuevos mecanismos contribuyen a la incipiente gestación de una cultura de responsabilidad fiscal que no limita su alcance a los gobiernos centrales, sino que se extiende también a las esferas de gobierno subnacional, como en los casos de Colombia (Ley de Endeudamiento Territorial de 1996) y de Brasil (Ley de Responsabilidad Fiscal de 2000).

Evidentemente, la tarea de fortalecer las finanzas públicas, racionalizar su gestión y consolidar las bases tributarias internas obliga a enfrentar problemas de fondo, a cuya solución puede contribuir el establecimiento de un pacto fiscal que sirva de base, con finanzas públicas sostenibles, al proyecto de sociedad que se desea privilegiar.

b) Política monetaria

En los años noventa las políticas monetarias fueron, en general, consistentes con los objetivos de control de la inflación, a diferencia de lo sucedido en episodios previos en los que no se logró dicha consistencia. El control de la inflación indujo una importante remonetización de las economías y una expansión del crédito interno en términos reales. Como se observa en el Gráfico 3.2, el coeficiente de liquidez (M2/PIB), que creció casi diez puntos porcentuales durante el período 1970-1982, se mantuvo estable durante los diez años siguientes. A partir de 1992 se observa un crecimiento de la demanda de dinero, que coincide con el descenso de la inflación y con la reconstitución de los saldos reales. Este aumento de la liquidez se dio en un contexto de reactivación productiva, altas tasas de interés real e inflación declinante.

La composición de los factores de expansión cambió drásticamente durante el período 1985-1995, después del cual se estabilizó gracias a la afluencia de capitales externos a la región, una creciente proporción de la liquidez fue respaldada por divisas; un indicador de esta tendencia es el incremento de los activos externos en el balance consolidado del sistema bancario (incluido al Banco Central) de los países de la región (véase el Gráfico 3.2). El descenso de la ponderación del crédito interno se debe a la rápida merma del déficit fiscal a principios de los años noventa y a su creciente financiamiento mediante la emisión de bonos. Cabe recordar que en varios países se prohíbe al Banco Central otorgar préstamos al gobierno y, además, se ha reforzado la separación entre los ámbitos fiscal y monetario por el mayor grado de autonomía concedido a los bancos centrales.

En este contexto de disminución del crédito interno se observa también una reorientación de los fondos remanentes del sector público al privado, que concentraba el 85% de los saldos crediticios internos a mediados de los años noventa. Este cambio obedeció a la creciente liberalización financiera, que favoreció el traslado de los créditos a las empresas privadas y, cada vez más, a las familias, a través de créditos hipotecarios y de consumo, en el marco de un aumento de los activos financieros.

Las autoridades monetarias adoptaron un enfoque de control indirecto de la masa monetaria que favoreció a la banca comercial. El uso del encaje legal y de los topes impuestos a las carteras crediticias tendió a reducirse, en tanto que aumentaban las operaciones de mercado abierto. En lugar de controlar la capacidad de creación de dinero de los bancos comerciales (oferta), la política monetaria se centró en la demanda de dinero y la composición de las carteras influyendo en ellos a través del tipo

Gráfico 3.2
AMÉRICA LATINA Y EL CARIBE: INDICADORES MONETARIOS
1970-1999 [a]

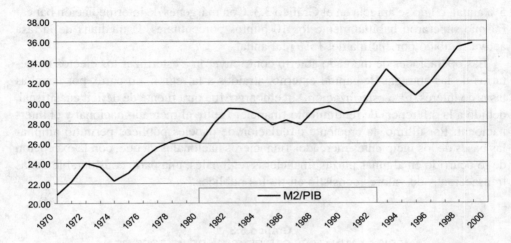

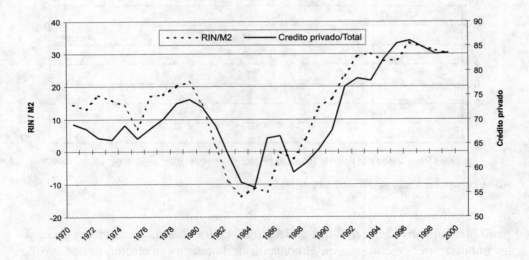

Fuente: Cepal, sobre la base de cifras oficiales y del FMI.
a Promedio simple, RIN: Reservas Internacionales Netas/M2 y Crédito al sector privado/Crédito interno total.

de interés real. Éste registró una tendencia creciente a partir de mediados de los años ochenta. Partiendo de un valor negativo o nulo al inicio de la década de 1980, la tasa de interés real mostró una tendencia creciente durante todo el período 1985-1995 y la mediana de la tasa de remuneración al ahorro (depósitos a plazo) llegó a superar el 5% anual, como se aprecia en el Gráfico 3.3. Con márgenes de intermediación bancaria que superaron habitualmente los 10 puntos porcentuales, la mediana de la tasa activa se ubicó por encima del 15% real anual.

Las operaciones de mercado abierto contribuyeron a esterilizar los efectos monetarios de las entradas de capital externo, atraídos a la región, en parte, por las altas tasas de interés. Esta esterilización, sin embargo, fue otra fuente de déficit cuasifiscal, debido a la diferencia de rendimiento financiero entre el mercado nacional y el internacional. Por último, la creciente circulación de papeles públicos permitió ampliar las bases de los incipientes mercados financieros nacionales ya que, con la excepción de lo ocurrido en algunas plazas financieras regionales, una parte considerable de las transacciones de valores consistió en títulos públicos.

Gráfico 3.3
AMÉRICA LATINA Y EL CARIBE: TASA DE INTERÉS REAL
(DEPÓSITOS) 1985-1999

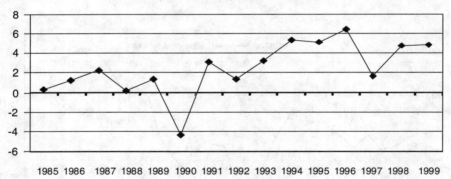

Fuente: Cepal, sobre la base de cifras oficiales y del FMI.

Si bien algunos supusieron que el desarrollo de los sistemas financieros nacionales impulsaría el crecimiento en el contexto de la nueva orientación del desarrollo regional[3], la liberalización financiera y la canalización del crédito interno hacia el

---

3. Cuando se iniciaron las reformas existía la expectativa de que un mercado financiero desarrollado (que supone un alto ahorro financiero), favorecería el crecimiento de largo plazo por permitir una mayor estabilidad macroeconómica frente a conmociones externas o fiscales y una mejor intermediación entre el ahorro y la inversión.

sector privado no tuvieron los efectos deseados. Pese a los importantes esfuerzos realizados y los logros alcanzados en algunos países, la expansión de la actividad financiera en condiciones de débil supervisión y evaluación de riesgos, contribuyó a una mayor vulnerabilidad de las economías. Por una parte, el ahorro interno no respondió al alza de la tasa de interés real y, por otra, una porción importante del crédito financió el gasto de los hogares, así como proyectos de inversión en sectores de servicios no comercializables, lo que facilitó, en particular, un auge de la construcción.

La liberalización del sector financiero y la prudencia de las políticas macroeconómicas tampoco han logrado aproximar las tasas de interés a los niveles internacionales. Las tasas continúan muy altas, lo que refleja en parte una percepción negativa del riesgo soberano, que se traduce en diferenciales promedio del orden de los 700 puntos básicos, con un rango de variación muy grande, que fluctúa entre 250 en Chile y más de 1.000 en Ecuador.

Las tasas de interés internas alcanzaron durante la crisis reciente niveles aún mayores como consecuencia de diversos factores: dificultades cambiarias (Chile y Colombia), en el frente fiscal (Brasil) o en los propios bancos, en los casos en que se produjo una pérdida de depósitos (Argentina). Como un hecho bastante generalizado cabe destacar también la segmentación de los mercados que afectó a las pequeñas y medianas empresas y a otros prestatarios menores. En el mejor de los casos, es decir cuando lograron acceder al crédito, estos agentes tuvieron que aceptar considerables sobretasas. El alto costo del financiamiento interno se ha traducido, a su vez, en un mayor endeudamiento en el exterior de las grandes empresas y del sector bancario, que ha aumentado su exposición al riesgo cambiario y su resistencia a los reajustes del tipo de cambio.

c) La política cambiaria

Al igual que en decenios anteriores, durante gran parte de los años noventa el tipo de cambio nominal fue un componente significativo no sólo del control de la inflación, sino también de la recuperación de la confianza. En los hechos, sólo una minoría de países, México en particular, adoptó esquemas de cambio flexible antes de la última crisis y, por lo general, se utilizaron sistemas de flotación sucia controlados por las autoridades monetarias. A raíz de las turbulencias cambiarias que acompañaron a la crisis, varios países (Brasil, Chile, Colombia y, temporalmente, Ecuador) decidieron adoptar un esquema de flotación, por lo que este esquema cambiario es ahora el más común (véase el Cuadro 3.1).

Como consecuencia del control del tipo de cambio nominal, desde comienzos de los años noventa se registró una tendencia a la apreciación real de las monedas nacionales, que se prolongó hasta 1998 (véase el Gráfico 3.4). Esta revaluación se tradujo también en un alza de las importaciones y en elevados déficit de la cuenta corriente financiados por capitales externos, cuya entrada a la región se reanudó. En oposición a los pronósticos optimistas de comienzos del decenio, la sobrevaluación se convirtió en el talón de Aquiles de las estrategias de estabilización cuando los flujos de capital externo disminuyeron.

Cuadro 3.1
AMÉRICA LATINA Y EL CARIBE: REGÍMENES CAMBIARIOS 1999

Fijo, cuasifijo o dolarizado	Deslizamiento controlado o banda de flotación	Flotante[a]
Argentina, El Salvador Panamá Estados del Caribe Oriental	Bolivia, Costa Rica, Honduras Nicaragua República Dominicana Uruguay, Venezuela	Brasil, Chile, Colombia, Ecuador [b] Guatemala, Guyana, Haití Jamaica, México, Paraguay Perú, Trinidad y Tobago

Fuente: Cepal, sobre la base de informaciones oficiales.
a Los esquemas de flotación suelen incluir cierto grado de intervención del Banco Central (flotación sucia).
b Ecuador anunció un plan de dolarización a comienzos de 2000.

Las crisis de balanza de pagos experimentadas por México a fines de 1994 y por Brasil al inicio de 1999 son ejemplos de este fenómeno. En ambos casos, el tipo de cambio real se corrigió abruptamente, con variaciones trimestrales que llegaron a 53,5% en México y a 43,5% en Brasil. Cambios drásticos como éstos y los ocurridos al principio de la década de 1990, sobre todo en Argentina y Perú, contribuyeron, a su vez, a crear situaciones de marcada volatilidad cambiaria. El coeficiente de variación del tipo de cambio real promedio alcanzó a 11,9% en el decenio y fue particularmente elevado en Argentina (20,5%)[4], en Brasil (16,6%) y en México (13,7%), como se indica en el Cuadro 3.2. Estas bruscas fluctuaciones pueden ser aún más dañinas para la economía nacional que la sobrevaluación, porque la mayor incertidumbre dificulta la toma de decisiones en materia de inversión[5].

Aunque el debate sobre las implicaciones de largo plazo del fenómeno de desequilibrio comercial aún no ha concluido, desde una perspectiva macroeconómica el rezago cambiario agudizó la dependencia de la disponibilidad de recursos financieros externos y, asimismo, acentuó la inestabilidad de las economías latinoamericanas. El riesgo de inflación dio paso a un riesgo de crisis de liquidez externa. El control de los déficit fiscales y la prudencia monetaria no bastaron para reducir la brecha externa. Muchas de las reformas estructurales incluso crearon las condiciones inicia-

---

4. En el caso de Argentina este coeficiente fue muy alto, debido a la situación imperante en los primeros años del decenio, antes de la adopción de la ley de convertibilidad.
5. Cuando el grado de dolarización de la economía es elevado, pueden producirse también crisis de liquidez en el sector financiero.

les que condujeron a una ampliación de la brecha. A la mayor disponibilidad de capital externo se sumaron menores tasas de ahorro nacional, en particular privado, que fue sustituido parcialmente por ahorro externo. Debido al alza de la elasticidad ante el ingreso de las importaciones, no compensada por un auge de las exportaciones, la tasa de crecimiento del producto dependió de la disponibilidad de capital externo para financiar el déficit corriente. Se agudizó así la dependencia externa, que caracteriza al régimen de crecimiento del producto regional desde hace mucho tiempo.

Gráfico 3.4
AMÉRICA LATINA Y EL CARIBE: ÍNDICE PROMEDIO DEL TIPO DE CAMBIO REAL 1979-1999[a]

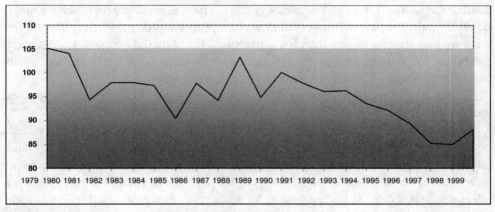

Fuente: Cepal, sobre la base de datos oficiales y del FMI.
a 1990=100, sobre la base del promedio simple de las variaciones anuales. Una variación positiva indica una depreciación real de la moneda nacional.

Cuadro 3.2
AMÉRICA LATINA Y EL CARIBE: ÍNDICE DEL TIPO DE CAMBIO REAL EFECTIVO DE LAS IMPORTACIONES 1990-1999

	Tasas de crecimiento anual promedio	Coeficiente de variación
América Latina (media)	-0,7	11,9
Brasil	5,2	16,6
Argentina	-10,7	20,5
Otros países del Cono Sur	-1,5	9,5
Comunidad Andina	-1,3	11,8
México	-1,8	13,7
Mercado Común Centroamericano	0,8	9,3
Caribe	-0,3	13,1

Fuente: Cepal, sobre la base de cifras oficiales y del FMI.

2. RECUPERACIÓN INSUFICIENTE DEL CRECIMIENTO, LA INVERSIÓN Y LA PRODUCTIVIDAD

a) Crecimiento económico

El producto regional se expandió entre 1990 y 1999 a un ritmo medio anual de 3,2%, que supera en poco más de dos puntos porcentuales el promedio del decenio precedente, caracterizado por la crisis de la deuda externa. Este resultado es considerablemente menor que el promedio anual registrado en el extenso período 1950-1980, que fue superior al 5,5%. Dado el crecimiento poblacional, el producto por habitante en los años noventa se incrementó anualmente tan sólo en 1,4% (véase el Cuadro 3.3).

A comienzos del decenio, todavía se hacían sentir los efectos de la crisis de la deuda externa, que tuvo consecuencias negativas para el producto regional. La mayoría de los países seguía instrumentando severos programas de ajuste para hacer frente a los agudos desequilibrios internos y externos. En la medida en que los planes de estabilización comenzaron a dar resultados y el escenario externo mejoró, varios países comenzaron a registrar mayores tasas de expansión.

En las acentuadas oscilaciones de la tasa de crecimiento del producto regional incidió sobre todo la evolución de los flujos de capital externo (véase el Gráfico 3.5). La reanudación de estos flujos, que llegaron a ser muy voluminosos, tras la escasez de los años ochenta, dio el primer impulso a la reactivación al fortalecer la demanda interna. Aparte de la situación del mercado mundial, este retorno fue incentivado por diferenciales de rentabilidad positivos y por las políticas de estabilización y de reforma estructural, sobre todo la apertura de las economías y los procesos de privatización. La posterior disminución de los flujos de capital externo provocó sustanciales caídas en el consumo y la inversión, y agravó los desequilibrios de las cuentas externas y fiscales, dando origen a cuadros de aguda recesión en varios países.

Hacia fines de 1994, la crisis cambiaria que estalló en México desencadenó en ese país una fuerte contracción en el nivel de actividad. La crisis se propagó a otros países de la región, adquiriendo especial intensidad en Argentina, que cayó también en una severa recesión. Sin embargo, las políticas adoptadas para superar los desequilibrios de carácter macroeconómico y el voluminoso apoyo crediticio internacional permitieron controlar la situación en ambos países.

El producto regional volvió a expandirse a tasas elevadas en 1996 y 1997, pero la crisis que se produjo en el sudeste asiático gatilló una nueva contracción a partir de 1998. Las dificultades se agudizaron ante el colapso que experimentó Rusia en el segundo semestre de ese año, provocando una brusca retracción de la entrada de recursos externos y una caída de los precios internacionales de los productos básicos. La situación se complicó aún más con la devaluación de la moneda brasileña a principios de 1999. Por lo tanto, el producto regional sufrió una marcada desaceleración

Cuadro 3.3
AMÉRICA LATINA Y EL CARIBE: EVOLUCIÓN DEL PRODUCTO INTERNO BRUTO TOTAL Y POR HABITANTE
(En porcentajes, sobre la base de valores a precios de 1995)

	PIB total Tasa promedio anual		PIB por habitante Tasa promedio anual	
	Años ochenta[a]	1990-1999[b]	Años ochenta[a]	1990-1999[b]
Total América Latina y el Caribe [c]	**1,0**	**3,2**	**-1,0**	**1,4**
América Latina y el Caribe (excepto Brasil)	...	**3,6**	...	**1,7**
Argentina	-0,7	4,7	-2,1	3,3
Bolivia	0,2	3,9	-1,9	1,4
Brasil	1,3	2,5	-0,7	1,0
Chile	3,0	6,0	1,3	4,4
Colombia [d]	3,7	2,5	1,6	0,5
Costa Rica	2,2	4,1	-0,6	1,2
Cuba [e]	3,7	-2,1	2,8	-2,6
Ecuador	1,7	1,9	-0,9	-0,2
El Salvador	-0,4	4,4	-1,4	2,3
Guatemala	0,9	4,2	-1,6	1,5
Haití	-0,5	-1,2	-2,4	-3,1
Honduras	2,4	3,1	-0,8	0,2
México	1,8	3,1	-0,3	1,3
Nicaragua	-1,5	3,2	-3,9	0,3
Panamá	1,4	4,7	-0,7	2,8
Paraguay	3,0	2,1	0,0	-0,6
Perú	-1,2	4,7	-3,3	2,9
República Dominicana	2,4	5,0	0,2	3,1
Uruguay	0,0	3,2	-0,6	2,4
Venezuela	-0,7	1,9	-3,2	-0,3
Subtotal Caribe [f]	**0,1**	**2,0**	**-0,9**	**1,1**
Antigua y Barbuda [g]	6,1	2,9	5,6	2,3
Barbados	1,1	1,4	0,7	0,9
Belice [h]	4,5	3,5	1,9	0,8
Dominicana [h]	4,4	2,6	4,8	2,7
Granada [h]	4,9	2,9	4,7	2,6
Guyana	-2,9	6,6	-3,4	5,6
Jamaica	2,2	0,4	1,1	-0,5
Saint Kitts y Nevis [h]	5,8	4,3	7,0	4,6
San Vicente y las Granadinas [h]	6,5	3,2	5,5	2,3
Santa Lucía	6,8	1,9	5,3	0,6
Suriname [g]	0,5	1,4	-0,7	1,1
Trinidad y Tobago	-2,6	3,0	-3,9	2,3

Fuente: Cepal, sobre la base de cifras oficiales expresadas en dólares a precios constantes de 1995.
a Calculada sobre la base de cifras a precios constantes de 1990; b Estimación preliminar; c Excluye Cuba; d Los valores para el período 1997-1999 fueron estimados por la Cepal, sobre la base de cifras provisionales proporcionadas por el Departamento Administrativo Nacional de Estadística (DANE); e Calculado sobre la base de cifras en moneda constante del país; f Calculado sobre la base de cifras expresadas a costo de factores; g Se refiere al período 1990-1997; h Se refiere al período 1991-1998.

en 1998, que se agudizó al año siguiente. El impacto se hizo sentir en Brasil y los demás integrantes del Mercosur; en Chile, Colombia, Ecuador y Venezuela, y en varios países del istmo centroamericano y el Caribe[6].

Gráfico 3.5
AMÉRICA LATINA Y EL CARIBE: CRECIMIENTO DEL PIB Y TRANSFERENCIA NETA DE RECURSOS 1991-1999

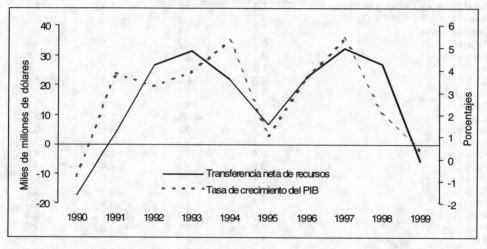

Fuente: Cepal, sobre la base de cifras oficiales y del FMI.

El efecto acumulado de la crisis de los años ochenta y de la inestabilidad del nuevo patrón de recuperación y crecimiento que se estableció a partir de fines de ese decenio, provocó un rezago considerable del producto potencial al término de los años noventa. El producto regional de 1999 representa apenas el 54% del que se hubiese registrado en caso de mantenerse las tendencias de crecimiento previas a la crisis de la deuda.

El desempeño de los países durante los años noventa también fue heterogéneo (véase nuevamente el Cuadro 3.3). Sólo tres países (Chile, Guyana y República Domicana) lograron tasas anuales superiores al 5%, quince registraron incrementos de 3% a 5%, trece se expandieron por debajo de 3% y dos mostraron resultados negativos (Cuba y Haití). Cuba realizó profundas reformas económicas en respuesta

---

6. Varios países de la región han sido víctimas de desastres naturales de importancia en los últimos años, que han agravado aún más este adverso panorama.

a las severas conmociones externas del principio del decenio, que le permitieron reanudar el proceso de crecimiento a partir de 1994. Cuando se considera la tasa de variación del producto por habitante, la lista de países con resultados globales negativos se amplía (Ecuador, Jamaica, Paraguay y Venezuela). En comparación con su respectiva tasa promedio de los años ochenta, once países registraron incrementos de tres o más puntos. Cabe destacar, en particular, los casos de Argentina, Guyana, Perú y Trinidad y Tobago, que superaron ese promedio en más de cinco puntos porcentuales. En cambio, el desempeño en los años noventa muestra un deterioro en comparación con los ochenta en doce países, todos ellos caribeños, con la excepción de Colombia y Paraguay.

Gráfico 3.6
AMÉRICA LATINA: CRECIMIENTO PROMEDIO DEL PRODUCTO INTERNO BRUTO 1945-1980 Y 1990-1999

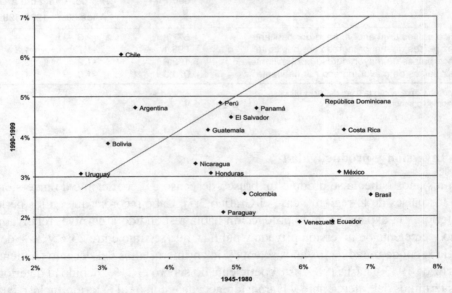

Fuente: Cepal, sobre la base de cifras oficiales.

El balance del decenio en términos de crecimiento ha sido más bien pobre, ya que sólo unos pocos países (Argentina, Bolivia, Chile y Uruguay) han podido superar el ritmo de crecimiento previo a la crisis de la deuda (véase el Gráfico 3.6)[7]. La compa-

---

7. Nótese que estos mismos cuatro países son los que registraron las tasas más bajas de crecimiento de toda la región durante el período 1950-1980.

ración es más positiva en el caso de la evolución del producto por habitante, en el que se debe agregar tres países a la lista anterior (El Salvador, Perú y República Dominicana).

En relación con la posible convergencia entre los países de mayor y menor ingreso por habitante, cabe destacar que, lejos de producirse, las disparidades intrarregionales se ampliaron debido a que los países de menor ingreso por habitante crecieron a tasas más bajas que los primeros (véase el Cuadro 3.4).

Cuadro 3.4
AMÉRICA LATINA Y EL CARIBE: DIFERENCIAL DE CRECIMIENTO ENTRE
PAÍSES DE MENOR Y MAYOR INGRESO POR HABITANTE
1980-1999

Países por nivel de ingreso	Ingreso por habitante en 1990 ª	Tasa de crecimiento anual del PIB por habitante a	
		Años 80	1990-1999
Cinco países de menor ingreso por habitante	577.8	-2,5	0,9
Diez países de menor ingreso por habitante	993.1	-1,7	1,2
Cinco países de mayor ingreso por habitante	5.102.6	-1,2	2,0
Diez países de mayor ingreso por habitante	4.074.3	-1,0	1,9

Fuente: Cepal, sobre la base de cifras oficiales.
a Promedio simple.

b) Inversión y productividad

En los años ochenta se produjo un brusco descenso del coeficiente de inversión fija en los países de la región (véase el Gráfico 3.7). Cabe recordar que en los períodos anteriores la expansión de la producción había respondido a un nivel relativamente alto y creciente de inversión privada y pública, que se situó entre 23% y 26% del PIB en la segunda mitad de los años setenta y los primeros años del decenio siguiente. A partir de 1983 y hasta 1989, este coeficiente no superó el 21%, debido al deterioro de los términos del intercambio y la transferencia de recursos al exterior. Incluso cuando la región comenzó a recuperarse, en la segunda mitad de la década de 1980, el coeficiente de inversión no repuntó, debido fundamentalmente al limitado acceso al financiamiento externo (Cepal, 1990).

El contexto externo más favorable que enmarcó la fase de auge de los años noventa permitió una recuperación de la inversión a partir de 1992. La inversión fija creció entre 1991 y 1999 a una tasa anual de 4,9%, desde un punto de partida relativamente bajo (véase el Cuadro 3.5). Este promedio regional es inferior a las tasas históricas, pero ello se debe sobre todo al peso específico en el contexto regional de la economía brasileña, cuya tasa de crecimiento promedio de la inversión fue de sólo 1,7% en el período. Cuando se considera el promedio simple o la mediana, estadísticas menos dependientes del comportamiento de los países de mayor tamaño relativo, se observa una evolución más favorable de la inversión en los años noventa en relación con períodos previos.

Gráfico 3.7
AMÉRICA LATINA Y EL CARIBE: INVERSIÓN EN CAPITAL FIJO COMO
PORCENTAJE DEL PRODUCTO INTERNO BRUTO
1970-1998
(Precios constantes de 1995)

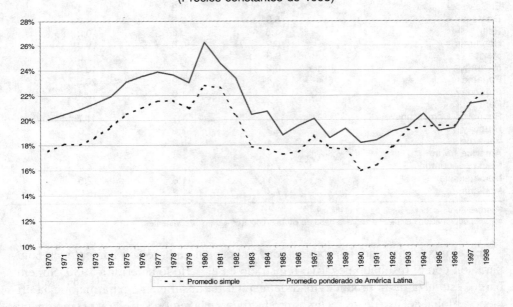

Fuente: Cepal, sobre la base de cifras oficiales.

Sin embargo, este mayor esfuerzo de inversión no se concretó en un aumento de la productividad de la mano de obra en la región, con las importantes excepciones de Argentina y Chile. La evolución de la productividad laboral regional se mantuvo por debajo de la registrada durante el período de alto crecimiento que se inició en la posguerra y terminó en 1980, según se concluye del análisis de un conjunto representativo de ocho países latinoamericanos, cuyos resultados se presentan en el Cuadro 3.6.

Cuadro 3.5
AMÉRICA LATINA Y EL CARIBE: INVERSIÓN BRUTA FIJA
(TASAS ANUALES DE VARIACIÓN PROMEDIO)[a]
1971-1999

País	Años setenta	Años ochenta	1990-1999
Argentina	3,3	-7,6	10,9
Bolivia	3,2	-0,1	10,7
Brasil	10,2	-1,4	1,7
Chile	1,8	4,6	17,8
Colombia	5,2	1,6	1,5
Costa Rica	8,4	2,1	5,4
Ecuador	9,9	-3,7	-1,1
El Salvador	4,0	0,3	8,4
Guatemala	5,9	-2,6	9,9
Haití	11,8	-0,8	0,2
Honduras	6,9	-0,8	9,0
México	8,3	-1,2	4,8
Nicaragua	0,2	-1,5	13,6
Panamá	3,4	-7,9	20,5
Paraguay	17,7	1,0	0,4
Perú	7,3	-4,2	6,9
República Dominicana	11,0	1,1	11,7
Uruguay	8,2	-7,6	8,0
Venezuela	7,4	-6,2	1,7
América Latina			
Media ponderada	7,3	-2,4	4,9
Media simple	7,1	-1,8	7,5
Mediana	7,3	-1,2	8,0

Fuente: Cepal, sobre la base de cifras oficiales.
a Tasas de variación calculadas sobre la base de cifras en dólares a precios constantes.

En el mismo período, la productividad del capital en la región aumentó, en comparación con el resultado negativo registrado en el período anterior a 1980. Sin embargo, esta alza de la productividad del capital fue insuficiente para mejorar la eficiencia global del uso de los recursos productivos en la región y acelerar el crecimiento del producto. El ritmo de crecimiento de la productividad total de los factores de los ocho países mencionados se redujo levemente en promedio durante los años noventa (1,7%) en relación con el período 1950-1980 (2,0%). Además, parte del crecimiento registrado en la década de 1990, alrededor de 0,3%, se debe al efecto de la recuperación productiva después de la profunda recesión de los años ochenta. Estas tasas de crecimiento son insuficientes para reducir rápidamente la brecha con los países desarrollados, ya que en ellos la productividad total de los factores aumentó 1,1% en los años noventa[8].

---

8. A título de comparación, en los países de industrialización reciente de Asia la productividad global creció por encima del 3% durante los años noventa.

Cuadro 3.6
AMÉRICA LATINA Y EL CARIBE: PRODUCTIVIDAD DE LA MANO DE
OBRA Y DEL CAPITAL EN PERÍODOS SELECCIONADOS
1950-1998
(Tasas anuales de variación)

Países	Variación de la productividad total de los factores		Variación de la productividad laboral		Variación de la productividad del capital	
	1950-1980[a]	1990-1998	1950-1980[a]	1990-1998	1950-1980[a]	1990-1998
Argentina	1,5	4,0	2,5	4,3	-0,8	2,7
Bolivia	2,0	1,2	2,5	0,8	0,3	0,5
Brasil	2,6	0,1	3,9	0,4	-3,3	-1,0
Chile	2,0	3,9	3,5	4,8	-0,4	0,1
Colombia	2,4	1,1	2,8	1,6	0,6	-1,3
Costa Rica	2,2	0,7	3,5	0,9	-0,6	-1,3
México	1,8	0,7	3,8	0,0	-2,0	-0,8
Perú	1,9	2,0	2,9	1,6	-0,4	1,7
Promedio	2,0	1,7	3,2	1,8	-0,8	0,1

Fuente: A. Hofman, Crecimiento y productividad en América Latina. Una visión comparativa a largo plazo (LC/R.1947), Santiago de Chile, Comisión Económica para América Latina y el Caribe (Cepal), diciembre de 1999.
a Con excepción de Bolivia (1950-1978) y Chile (1950-1970).

c) Ahorro-inversión y brecha externa

Los mayores coeficientes de inversión durante los años noventa respondieron casi totalmente a la mayor disponibilidad de ahorro externo que, medido a precios constantes, creció hasta llegar en 1998 a niveles históricamente muy altos (5% del PIB), sin otro precedente que el año 1981. En 1998 este aporte permitió financiar más del 20% de la inversión, que ascendió al 23,7% del producto. En comparación, el ahorro externo en 1990 sólo representó el 0,1% del PIB, medido en dólares constantes de 1995, y contribuyó de manera marginal al financiamiento de la formación bruta de capital, que ese año sólo representó el 18,5% del PIB (véase el Gráfico 3.8)[9].

El ahorro interno bruto aumentó apenas un punto porcentual del PIB entre el comienzo y el fin del decenio. Este mediocre desempeño se debió en parte a la caída del ahorro del sector público que, si bien mejoró en varios países en la primera mitad del período, posteriormente se deterioró y concluyó el decenio con una cifra cercana al 2%, el nivel más bajo registrado desde 1991. El ahorro privado tampoco mostró mejoras significativas, tanto por la canalización del crédito interno al consumo como por la importante sustitución de ahorro interno por externo que acompañó al mayor ingreso de capitales[10].

---

9. Recuérdese que el ahorro externo calculado a precios constantes suele diferir del resultado obtenido en precios corrientes a partir del déficit corriente de la balanza de pagos.
10. La mitad de la variación del ahorro externo se refleja en una variación paralela del consumo público o privado. Véase Uthoff y Titelman (1997).

Gráfico 3.8
AMÉRICA LATINA Y EL CARIBE: RELACIÓN AHORRO-INVERSIÓN
1990-1999
(En porcentajes del PIB, en dólares a precios constantes de 1995)

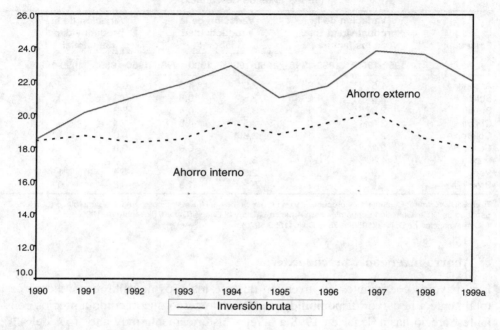

Fuente: Cepal, sobre la base de cifras oficiales.
a Estimaciones preliminares.

Esta sustitución de ahorro y el mayor esfuerzo de inversión necesario para impedir la reversión de la tendencia al crecimiento sostenido, se tradujeron en una profundización del déficit comercial. Como se puede inferir del Gráfico 3.9, en los años noventa aumentó la vulnerabilidad externa de la región, en comparación con fases previas de alto crecimiento. En efecto, mientras en la década de 1970 un déficit comercial de un punto porcentual del producto permitió un crecimiento de 5,5%, en los años noventa un déficit comercial ligeramente superior se reflejó en un ritmo de crecimiento considerablemente menor (3,2%). Esta comparación es aún más desfavorable cuando se considera el promedio simple de los países de la región.

A diferencia de lo ocurrido en los años setenta, el financiamiento de la inversión con recursos externos durante la década de 1990 no se ha traducido aún en una deuda externa inmanejable. Si bien la deuda externa de América Latina y el Caribe casi se duplicó en el decenio, pasando de 435.000 a 756.000 millones de dólares, también mejoraron los indicadores de carga de esta deuda, que se mantuvieron dentro de rangos razonables gracias al buen desempeño del sector exportador. Por lo tanto, la relación entre deuda externa total y el valor de las exportaciones de bienes y servicios ha ido decreciendo regularmente desde 1986, después de llegar a un máximo cercano a 400%. A finales de los años noventa, este coeficiente se ubicaba en torno del 220% (véase el Gráfico 3.10).

Gráfico 3.9
AMÉRICA LATINA Y EL CARIBE: BALANZA COMERCIAL Y CRECIMIENTO ECONÓMICO
1951-1998

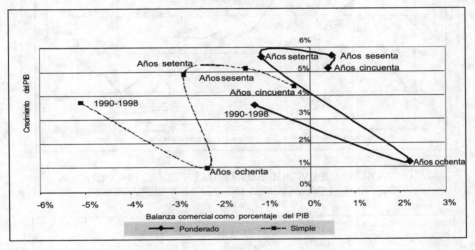

Fuente: Cepal, sobre la base de cifras oficiales.

Sin embargo, cabe destacar que en el futuro las inversiones recibidas por la región darán lugar a un flujo de egresos por concepto de pago de utilidades. Esta situación ya comienza a manifestarse pues, si bien el peso relativo de los intereses devengados por concepto del servicio de la deuda externa disminuyó de un 22% a un 16% de las exportaciones totales durante el decenio, el correspondiente a las utilidades pagadas o reinvertidas aumentó de 4% a 6% (Gráfico 3.10).

3. LA INFLACIÓN

La tasa media de inflación regional declinó en forma notable y sostenida en la década de 1990, de más de 1.000% en 1990 a sólo 10% en los últimos tres años; no alcanzó a cifras de dos dígitos en más de la mitad de los países de la región. El descenso de la

Gráfico 3.10
AMÉRICA LATINA: DEUDA EXTERNA Y RELACIÓN
DEUDA-EXPORTACIONES 1980-1999

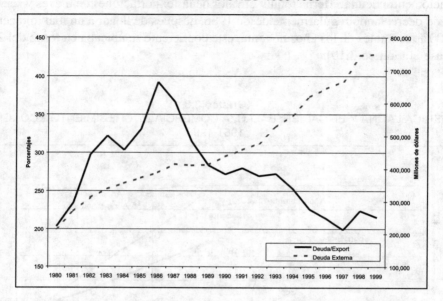

AMÉRICA LATINA: SERVICIOS FACTORIALES COMO PROPORCIÓN
DE LAS EXPORTACIONES DE BIENES Y SERVICIOS

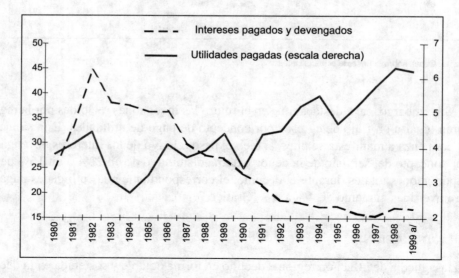

Fuente: Cepal, sobre la base de cifras oficiales.
a Estimaciones preliminares.

inflación provino del cambio radical en las condiciones macroeconómicas que se inició, en algunos países, en los últimos años de la década de 1980 y que, paulatinamente, se fue extendiendo a toda América Latina y el Caribe. Esta rápida caída del indicador regional se acentuó en 1994, cuando Brasil puso en marcha un exitoso programa de estabilización que permitió un inmediato descenso de su inflación. Con ello, se dio un paso decisivo hacia el fin de un largo y traumático proceso inflacionario, que es uno de los logros más relevantes del desempeño económico regional en el decenio (véase el Cuadro 3.7).

Cuadro 3.7
**AMÉRICA LATINA Y EL CARIBE: ÍNDICE DE PRECIOS AL CONSUMIDOR
DE DICIEMBRE A DICIEMBRE**
(Variación media anual en porcentajes)

	Años cincuenta	Años sesenta	Años setenta	Años ochenta	Años noventa
Promedio ponderado	16,7	21,8	42,8	273,6	104,6
Promedio simple	10,4	8,9	27,2	109,6	25,9
Países con alta inflación[a]	23,4	16,5	45,6	421,1	60,4
Otros países	6,6	6,8	22,1	23,0	16,4
Mediana	3,6	3,2	13,8	23,8	15,5

Fuente: Cepal, sobre la base de cifras oficiales.
a Argentina, Bolivia, Brasil, Nicaragua y Perú.

La faceta más destacada del proceso ha sido la convergencia regional a partir de una situación inicial de gran heterogeneidad. En efecto, en los años ochenta la dispersión fue enorme, situación que perduró hasta bien entrada la década de 1990. La crisis de la deuda desató hiperinflaciones en Argentina, Bolivia, Brasil, Nicaragua y Perú, lo que dio origen a una tendencia al alza de la tasa media de inflación regional. Sin embargo, si se analiza la mediana de las tasas, que evita el sesgo impuesto por los países de mayor tamaño relativo, la inflación alcanzó un máximo de 40% en 1990 (véase el Gráfico 3.11), año en que la tasa media se elevaba a 1.371%. En consecuencia, el promedio de las desviaciones de la media se redujo de 3.500 en 1988 a sólo 7 en 1999.

Así como la magnitud del proceso inflacionario presentó grandes variaciones entre los países de la región, las medidas adoptadas para combatir este problema también mostraron diferencias, independientemente de la convergencia de los resultados. En los países que tenían una tasa de inflación anual de tres o más dígitos, el ancla cambiaria, el ajuste fiscal y la desindización fueron los instrumentos preferidos y sus resultados se pudieron apreciar rápidamente[11]. En los países con tasas de inflación

---

11. En estos casos tampoco hay gran similitud en las políticas de los países: un caso extremo fue el de Argentina, con una política de choque, y en el extremo se encuentran Brasil y México, que más bien aplicaron políticas de tipo gradual.

más moderadas, en general el descenso fue más lento y gradual y se recurrió a un abanico más amplio de instrumentos.

Gráfico 3.11
AMÉRICA LATINA Y EL CARIBE: MEDIANA DE LA INFLACIÓN 1980-1999

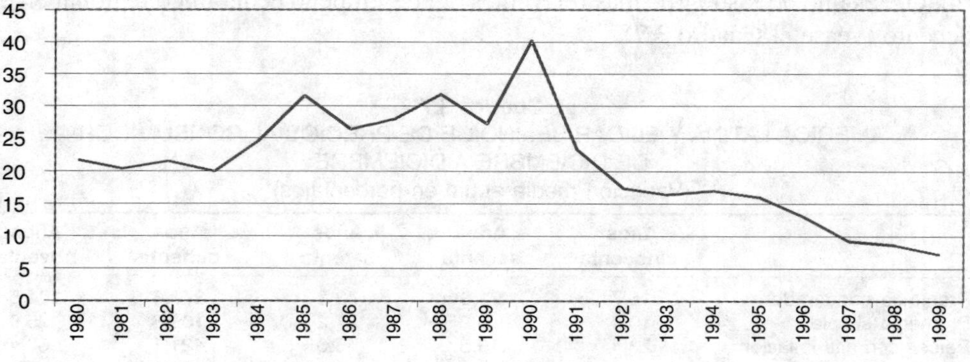

Fuente: Cepal, sobre la base de cifras oficiales.

Por consiguiente, la desinflación fue más rápido en los países que habían sido víctimas de una hiperinflación. Bolivia logró controlar la inflación antes de 1990, mientras que Argentina, Brasil, Nicaragua y Perú lo hicieron durante la primera mitad de los años noventa, llegando a registrar tasas muy bajas en la segunda mitad. En la mayoría de los demás países, la inflación también disminuyó, en varios de ellos considerablemente. En Panamá y las pequeñas islas del Caribe la inflación fue baja, como ha sido habitual. Sólo dos países, Ecuador y Venezuela, registraron en el último trienio tasas superiores al 30% anual; mientras en el último país la situación mejoró recientemente, en Ecuador la inflación sobrepasó el 50% en 1999. Estos rebrotes inflacionarios muestran que a pesar de los progresos logrados, aún es difícil que la inflación se mantenga baja y estable en el conjunto de la región.

4. LAS CRISIS FINANCIERAS

En los sistemas bancarios de los países de la región se han producido numerosos episodios de insolvencia en los últimos dos decenios. Las crisis bancarias y cambiarias vinculadas con los problemas de la deuda que afectaron a América Latina y el Caribe en los años ochenta fueron seguidas por problemas financieros en varios países en los años noventa, algunos de los cuales todavía persisten.

Las situaciones de insolvencia que aquejaron a los países de la región forman parte de un cuadro similar en el plano internacional. De acuerdo con un reciente estudio del Fondo Monetario Internacional, 133 de los 181 países que lo integran tuvieron problemas bancarios significativos entre 1980 y 1996, incluidas 41 crisis bancarias en 36 de ellos (FMI, 1998). En consecuencia, los problemas financieros han tomado una dimensión global que no se presentaba desde la depresión de los años treinta.

a) Causas de los recurrentes problemas financieros

Los extendidos problemas bancarios observados en la región en los dos últimos decenios pueden atribuirse fundamentalmente a la implantación de políticas de liberalización y apertura financieras, en entornos proclives a elevados riesgos de pérdidas de cartera. Dichos entornos se han caracterizado por fallas en la aplicación de las normas prudenciales sobre solvencia y liquidez de la banca, por condiciones macroeconómicas sujetas a marcados ajustes y fluctuaciones, y por debilidades estructurales de los sistemas financieros nacionales provenientes de los bajos niveles de ahorro nacional y de mercados poco desarrollados.

La liberalización financiera sin un refuerzo paralelo de la regulación y supervisión prudencial orientada a realzar la solvencia de la banca ha contribuido a una fuerte expansión del crédito y una exposición excesiva a riesgos en los mercados crediticios (Mishkin, 1996). La liberalización y la apertura financieras han sido uno de los mejores predictores de crisis cambiarias en los dos últimos decenios. Generalmente han estado precedidas de elevadas entradas de capital financiero externo, una creciente exposición al riesgo cambiario y una alta volatilidad de los flujos (Wyplosz, 1998).

Las fallas en la regulación y supervisión prudencial pueden deberse a normas externas a la banca, adoptadas en función de las leyes y reglamentos que establecen el marco institucional de sus actividades, y a normas internas de los bancos. Las fallas en las normas externas deterioran la calidad del proceso de concesión de créditos, contribuyen a la formación de conglomerados de servicios financieros, observable en diversos países de la región y aumentan la probabilidad de que se produzcan crisis financieras en determinadas circunstancias.

En estrecha relación con las regulaciones externas, existen deficiencias en las normas internas de control del proceso crediticio por parte de los bancos, es decir, en su autorregulación (Goodhart y otros, 1998). Esas fallas se reflejan, en primer lugar, en procesos crediticios de alto riesgo, que no están claramente definidos. La falta de reconocimiento contable de los riesgos y de las pérdidas ha distorsionado el registro de resultados y patrimonios.

En segundo lugar, la orientación restrictiva de las políticas monetarias en el último decenio, unida a elevadas tasas de interés y recesiones económicas, ha incrementado las pérdidas por concepto de créditos de los bancos. La inestabilidad que caracteriza a las economías de la región, que se manifiesta en grandes fluctuaciones en los términos del intercambio, el tipo de cambio y otras variables, también ha contribuido a deteriorar la calidad de los procesos crediticios, debido a las frecuentes alteraciones del perfil de rentabilidad y riesgo (Haussman y Gavin, 1995).

Como ya se ha indicado, el magro desarrollo de los sistemas financieros nacionales, asociado a bajos niveles de ahorro interno, ha limitado las posibilidades de esterilizar plenamente el efecto monetario de las entradas de capital externo. El brusco descenso del tipo de cambio real y la expansión del gasto interno se tradujeron en déficit en cuenta corriente de magnitudes difíciles de sostener. La reversión del flujo de capital externo ha provocado crisis cambiarias que condujeron a fuertes alzas del tipo de cambio y, al mismo tiempo, altas tasas de interés y recesiones económicas que modificaron abruptamente la relación rentabilidad-riesgo de las actividades productivas, ocasionando considerables pérdidas de cartera a la banca y crisis financieras tanto bancarias como cambiarias.

b) Crisis financieras en América Latina y el Caribe en los años noventa

Trece países de la región se vieron expuestos a situaciones financieras difíciles en el decenio, cinco de las cuales desembocaron en crisis bancarias (véase el Cuadro 3.8). Las fallas de regulación y supervisión, la existencia de entornos macroeconómicos desequilibrados e inestables y la apertura de la cuenta de capital de la balanza de pagos en condiciones estructurales desfavorables contribuyeron en gran medida a esas situaciones. Sin embargo, cabe destacar que la importancia relativa de cada uno de estos factores en una determinada crisis es difícil de determinar ya que, con frecuencia, se presentan en forma combinada.

Los países que han sufrido crisis bancarias son Venezuela en 1994; Argentina, México y Paraguay en 1995, y Ecuador en 1999. En Ecuador, México, Paraguay y Venezuela los problemas bancarios se han arrastrado durante varios años y sus secuelas siguen manifestándose. Brasil y Colombia, por otra parte, presentan serios problemas bancarios desde 1994 y 1998, respectivamente. En varios países de menor tamaño relativo (entre otros, Bolivia, Costa Rica, Guyana, Haití, Jamaica y República Dominicana), también se produjeron problemas en este ámbito, pero éstos no llegaron a generar una crisis sistémica.

Argentina, Ecuador, México y Paraguay registraron elevadas entradas de capital en 1992-1994, equivalentes a 4,3%, 5,7%, 6,5% y 10,5% del producto respectivo. Dado que la esterilización de su efecto monetario fue muy limitada, las entradas de capital se tradujeron en una marcada expansión del crédito bancario. La relación entre el crédito al sector privado y el PIB prácticamente se duplicó entre 1990-1991 y 1994-1995, al pasar de 13% a 25% en Ecuador, de 17% a 30% en México y de 13% a 22% en Paraguay (FMI, 1999).

El caso de Brasil, cuyo sistema bancario comenzó a presentar problemas de magnitud considerable tanto en el área privada como pública a partir de 1994, muestra las ventajas de una intervención de carácter preventivo. En efecto, la temprana y oportuna intervención del gobierno en el sistema financiero, orientada a la restructuración de los bancos públicos y privados, permitió acotar la crisis cambiaria y evitó que tuviera repercusiones en el sistema bancario, a diferencia de lo ocurrido en los países asiáticos en 1997-1998 (Sáinz y Calcagno 1999).

c) El costo fiscal de los programas de rescate

La absorción de pérdidas en el proceso de resolución de una crisis financiera puede ser asumida por tres tipos de agentes: i) los propietarios de los bancos, hasta el total de su respectivo patrimonio accionario, cuyo valor residual suele ser nulo dada la cuantía de las pérdidas cuando los bancos son intervenidos; ii) los depositantes, en la medida en que pierdan parte del valor real de sus depósitos, ya sea porque la normativa bancaria así lo prevé, porque una inflación elevada erosiona el valor de sus depósitos o bien porque la fijación de tasas de interés pasivas conducen a tasas reales negativas, y iii) el sector público, cuando el sistema financiero enfrenta el peligro de una crisis sistémica.

La superación de crisis financieras en los países de la región no ha redundado, en general, en pérdidas nominales de importancia para los depositantes. Las garantías explícitas o implícitas del Estado a los depósitos han impuesto a las autoridades públicas la necesidad de responder por su restitución. En consecuencia, la mayor parte de las pérdidas y de los consiguientes costos de saneamiento y rescate de los bancos y los deudores ha terminado recayendo en el sector público.

Las instituciones públicas pueden recurrir a diversos programas para que los bancos y deudores recuperen su capacidad de pago: préstamos de urgencia del banco central, compra de la cartera vencida y de alto riesgo de los bancos, reprogramación del crédito de deudores con problemas de pago, y otorgamiento de acceso de los deudores a un tipo de cambio preferencial y de canjes de crédito a los bancos. Estos programas pueden ocasionar pérdidas a las instituciones públicas, si los bancos no cumplen a la postre con sus obligaciones o si éstas tienen un componente de subsidio, ya sea en la tasa de interés o en el tipo de cambio. Las pérdidas de las instituciones públicas se traducen finalmente en costos fiscales o cuasifiscales, dependiendo del organismo que la asuma, la tesorería del gobierno o el banco central.

Las operaciones de rescate de bancos y deudores realizadas en la región en los años noventa consistieron en general en la aplicación de varios de esos programas en forma simultánea. El elevado costo fiscal o cuasifiscal de la resolución de las crisis financieras de los países mencionados, que se sitúa en varios casos entre 10% y 20% de su respectivo producto, demuestra la alta rentabilidad social de las políticas destinadas a prevenirlas como, asimismo, de la adopción de medidas oportunas y eficaces de saneamiento del sistema.

d) Prevención y gestión de crisis financieras

La diversidad de factores que inciden en la acumulación de pérdidas de cartera de bancos e instituciones de crédito hacen necesarias distintas medidas, cuya combinación depende de la situación de cada país.

Entre estas medidas destaca, en primer lugar, el fortalecimiento de la regulación y supervisión prudencial de la banca, mediante normas destinadas principalmente a lo siguiente: i) imposición de condiciones exigentes de entrada a la industria bancaria; ii) gestión y control riguroso de los riesgos de crédito, cambiario y otros; iii) medición acuciosa de los riesgos de pérdida y plena constitución de las provisiones correspondientes; iv) exigencias de dotación de capital superior a la recomendación básica del Comité de Basilea de Supervisión Bancaria; v) adopción de requisitos de liquidez en función del plazo de los pasivos exigibles, tanto en moneda nacional como extranjera; vi) plena transparencia con respecto a los riesgos y la situación patrimonial; vii) establecimiento de condiciones claras para una oportuna intervención y liquidación de bancos; viii) supervisión encaminada principalmente a una medición veraz de los riesgos y a la provisión oportuna de información sobre la materia; y ix) regulación y supervisión consolidadas de las instituciones financieras con filiales o subsidiarias en el extranjero.

En segundo lugar, el rápido saneamiento de los bancos en dificultades ha demostrado ser muy importante para contener la propagación de pérdidas de cartera, ya que las intervenciones tardías extienden la percepción de inminente adopción de amplias medidas de salvataje, lo que conduce a asumir grandes riesgos de cartera.

En tercer lugar, aun cuando ya hayan surgido graves problemas de insolvencia en la banca, es posible limitar el costo de los programas de saneamiento y rescate de bancos y deudores adoptando medidas que respeten los siguientes principios: i) reducción del patrimonio de los accionistas, incluso a cero si las pérdidas superan el capital de la institución crediticia; ii) exclusión de las reprogramaciones en caso de deudores que hayan ocasionado pérdidas a la banca recurriendo a prácticas dudosas; iii) asignación de recursos del presupuesto público para financiar la recuperación de la capacidad de pago de los bancos que siguen funcionando, así como de los deudores, en el plazo más breve posible (Rojas-Suárez y Weisbrod, 1995).

En cuarto lugar, cabe destacar el fortalecimiento de los procesos de formación de capital, mediante políticas que promuevan el ahorro nacional y el desarrollo de los mercados financieros, y la adopción de políticas monetarias y de capitales externos acordes con el déficit en cuenta corriente de la balanza de pagos que se estima sostenible en el mediano y largo plazos (Zahler, 1992).

Capítulo 4
ESTRUCTURA Y COMPORTAMIENTO DE LOS SECTORES PRODUCTORES DE BIENES

La mayor parte de la literatura disponible sobre el desempeño económico de los países de la región tras la apertura comercial externa y la desregulación y privatización de la actividad productiva, es de carácter macroeconómico. Si bien esa literatura tiene sus propios méritos, no capta ni explica la evolución de los sectores productivos y el comportamiento de los agentes empresariales. Para ello, junto con el impacto de las variables agregadas, el análisis debe considerar factores de orden meso y microeconómico, incluidos aspectos institucionales y regulatorios. Una visión excesivamente agregada no recoge la heterogeneidad de los diversos agentes y sectores productivos, así como tampoco la de las regiones de cada país.

En este sentido, comienza a percibirse que, pese a logros evidentes vinculados a las reformas económicas, el ritmo de crecimiento de la productividad global de los factores ha sido inferior al esperado, y también que importantes tramos del aparato productivo regional han sido profundamente desarticulados por la apertura comercial. Crece el consenso en torno del hecho de que el desempleo estructural y la informalidad del trabajo han aumentado de manera significativa en el grueso de los países de la región.

El paradigma de desarrollo vigente parece asociarse a fallas de mercado y asimetrías de información entre agentes productivos, fenómenos que introducen apreciables diferencias en cuanto a acceso al capital de largo plazo y a los conocimientos tecnológicos necesarios para adaptarse a las nuevas reglas del juego. De esto han derivado respuestas muy heterogéneas a lo largo del aparato productivo, que originan fenómenos excesivos de exclusión en el tránsito hacia la modernización productiva.

Acompañando el proceso de modernización de una parte del aparato productivo surgen entonces nuevos desafíos a los que se debe responder para potenciar el aprovechamiento de las posibilidades y contrarrestar algunas debilidades en la configuración de la base productiva. La construcción de una competitividad sistémica requiere esfuerzos especiales en materia de tecnología, investigación y desarrollo, capacitación, productividad, estándares de calidad, normas de adecuación ambiental, e infraestructura, así como la incorporación en todas estas políticas de una discriminación positiva para estimular la capacidad de organización y el desempeño de las unidades productivas rezagadas. Si bien para ello es imprescindible contar con un escenario macroeconómico ordenado, el supuesto de que la estabilidad macroeconómica, la apertura y la desregulación son suficientes para superar estos desafíos ha mostrado subestimar los problemas que enfrentan los procesos de transformación productiva y también desconocer las experiencias vividas en el mundo industrializado y en la mayoría de las economías emergentes (Katz, 2000a).

El eje conceptual del presente capítulo es el planteamiento de que el proceso de transformación estructural va siendo determinado por la evolución de fuerzas económicas, tecnológicas e institucionales que se retroalimentan en el tiempo y que operan en los niveles macro, meso y microeconómico. En todo sector inciden no sólo las señales macroeconómicas (tipo de cambio, tasa de interés, nivel de actividad económica y de gasto agregado, dinámica del comercio internacional), sino también los impactos microeconómicos (impuestos, aranceles, subsidios y precios relativos) y los aspectos mesoeconómicos (políticas sectoriales, morfología y comportamiento de mercados específicos, sus modalidades de regulación y la estrategia y organización de distintos colectivos empresariales). Este conjunto de factores contribuye a explicar las reacciones particulares y diferenciadas ante el régimen de incentivos y, por ende, el carácter dinámico o rezagado de determinadas ramas, regiones y empresas.

1. LA EVOLUCIÓN POR GRANDES SECTORES DE ACTIVIDAD ECONÓMICA

a) Estructura y dinámica sectorial

En el último medio siglo, la estructura por grandes sectores de la producción latinoamericana evolucionó de acuerdo con las tendencias ya registradas en los países actualmente desarrollados. En efecto, el sector primario perdió importancia relativa, mientras que la ponderación de la industria manufacturera aumentó hasta un cierto nivel, para luego estancarse. Por último, la participación de los sectores productores de servicios se amplió hasta sobrepasar la mitad del valor del producto regional.

Con respecto a este prototipo de transformación, las particularidades regionales han sido un desfase en los grados de avance respectivos y el hecho de que tanto la agricultura como la minería tendieron a estabilizarse en niveles del producto superiores a los correspondientes a los países desarrollados, y la industria manufacturera, en niveles inferiores a los de dicho patrón. Así, por ejemplo, la agricultura latinoamericana representa actualmente alrededor de 7,5% del producto, valor que duplica con creces el registrado por la agricultura estadounidense. La participación de la industria aumentó entre 1950 y 1980, aunque sin sobrepasar el 24%, en comparación con niveles superiores al 30% en los países desarrollados. En estos últimos, la expansión de los servicios se inició en una etapa previa y su contenido fue de distinta calidad, con una fuerte ponderación de los servicios de alta productividad.

Cuadro 4.1

AMÉRICA LATINA: PRODUCTO POR SECTORES Y RAMAS DE ACTIVIDAD, A PRECIOS CONSTANTES DE 1995, Y TASAS DE CRECIMIENTO
(En porcentajes y tasas anuales medias)

	Tasas de participación														Tasas de crecimiento		
	1950	1960	1970	1980	1990	1991	1992	1993	1994	1995	1996	1997	1998	1999	1950-1980	1980-1990	1990-1999
Agricultura, silvicultura, caza y pesca	12,3	10,8	9,1	7,2	7,9	7,8	7,7	7,6	7,5	7,7	7,8	7,5	7,4	7,1	3,5	2,1	2,7
Explotación de minas y canteras	3,0	3,6	3,3	2,1	2,4	2,5	2,4	2,4	2,4	2,6	2,7	2,8	2,8	3,1	4,1	2,7	4,8
Industrias manufactureras	17,8	20,5	23,5	23,0	20,8	20,7	20,5	20,6	20,7	20,6	20,9	21,1	20,8	21,0	6,3	0,2	3,1
Electricidad, gas, agua y servicios sanitarios	0,5	0,7	0,9	1,3	1,9	1,9	1,9	2,0	2,0	2,1	2,1	2,2	2,2	2,5	8,9	5,1	5,2
Construcción	9,2	8,9	8,2	9,2	6,7	6,8	6,7	6,9	7,1	6,8	6,9	7,2	7,2	7,8	5,4	-1,9	3,9
Comercio al por mayor y al por menor, comunicaciones, restaurantes y hoteles	14,7	14,8	15,5	15,3	13,9	14,1	14,4	14,3	14,4	14,0	14,0	14,3	14,2	14,6	5,5	0,2	3,5
Transporte, almacenamiento y comunicaciones	4,3	4,2	4,4	5,1	6,0	6,1	6,2	6,3	6,4	6,6	6,8	7,0	7,3	8,5	6,0	2,7	6,0
Establecimientos financieros, seguros, bienes inmuebles y servicios personales a las empresas	15,7	15,2	14,3	15,3	16,7	16,8	16,8	16,7	17,2	17,2	16,6	16,4	16,6	16,3	5,3	2,1	1,9
Servicios comunales, sociales y personales	22,4	21,4	20,6	21,5	23,7	23,4	23,4	23,2	22,3	22,4	22,2	21,6	21,5	19,6	5,2	2,2	3,2
PIBa	**100,0**	**100,0**	**100,0**	**100,0**	**100,0**	**100,0**	**100,0**	**100,0**	**100,0**	**100,0**	**100,0**	**100,0**	**100,0**	**100,0**	**5,2**	**1,8**	**3,5**

Fuente: Cepal, sobre la base de cifras oficiales.
a Incluye el ajuste por servicios bancarios y los derechos de importación.

Esta evolución regional ha tenido etapas claramente identificables. La primera, desde el inicio de la posguerra hasta 1973, estuvo marcada por el proceso de industrialización. Durante la segunda, entre 1973 y 1982, los ingresos masivos de capitales permitieron una prolongación atenuada de la modalidad precedente y en algunos países se dio inicio a reformas macroeconómicas e institucionales. La tercera correspondió a la crisis de los años ochenta y la cuarta ha sido de moderada recuperación del crecimiento bajo nuevos parámetros de apertura externa, estructura de precios y liberalización de los mercados internos.

En las primeras dos etapas, es decir entre 1950 y 1982, se consolidó la caída de la participación agrícola (de 12% a 7%) y de la minería (de 3% a 2%), y el incremento de la correspondiente a la industria manufacturera (de 18% a 23%), que se concentró en la primera etapa. La construcción y los servicios se mantuvieron estables, con tasas de participación de 9% y de cerca de 55%, respectivamente. En este período, el retroceso relativo de la producción primaria se debió a que sus tasas de expansión fueron más bajas que las de los demás sectores (véase el Cuadro 4.1).

La etapa recesiva a partir de 1982 estuvo más signada por los sectores cuyo dinamismo se redujo abruptamente, que por los que crecieron en valores constantes. El declive de las tasas de expansión fue generalizado, pero menos acentuado en la agricultura y la minería. En cambio, el estancamiento del consumo y la brusca caída de la inversión arrastraron a buena parte de la industria y la construcción. Estos dos fueron los sectores más afectados, ya que, en conjunto, perdieron casi cinco puntos porcentuales de su participación en el producto. Los sectores primarios recuperaron alrededor de un punto porcentual y el de los servicios exhibió el mayor crecimiento relativo, con una tasa de participación de casi 60%. En uno y otro caso, sin embargo, este proceso tuvo lugar en un contexto de desaceleración del crecimiento con respecto al período 1950-1982.

Como un todo, los años noventa muestran pocas alteraciones en la participación de los grandes sectores, excepto una recuperación del sector minero y otra, más leve, de la construcción, así como cambios en el sector de los servicios por un aumento del peso relativo del transporte y las comunicaciones. Por otra parte, exceptuando la minería, todas las ramas crecieron a ritmos inferiores a los que habían caracterizado el período 1950-1982, aunque en los casos del transporte y las comunicaciones la desaceleración fue relativamente moderada.

Sin embargo, en estas cifras influyó el comportamiento de los países latinoamericanos de mayor tamaño relativo, Brasil y México, que además mostraron tendencias contrapuestas no perceptibles en esta visión agregada. En consecuencia, es conveniente considerar distintas subregiones y, sobre todo, aislar los efectos ejercidos por esos dos países, según se presenta en el Cuadro 4.2.

Durante los años noventa, en la subregión integrada por Centroamérica más Panamá, República Dominicana y Haití se mantuvo una tendencia iniciada en 1950 y el

Cuadro 4.2
AMÉRICA LATINA Y EL CARIBE (ALGUNAS SUBREGIONES Y PAÍSES): COMPOSICIÓN Y VARIACIÓN DEL PRODUCTO POR SECTORES Y RAMAS DE ACTIVIDAD, A PRECIOS CONSTANTES DE 1995
(En porcentajes y tasas medias anuales)

Subregión	Composición					Tasas de crecimiento		
	1950	1980	1990	1994	1999	1950-1980	1980-1990	1990-1999
América Central [a]								
Agricultura, silvicultura, caza y pesca	32,1	19,8	19,3	17,9	16,6	3,2	0,8	2,2
Explotación de minas y canteras	1,7	1,5	1,2	1,1	1,1	4,3	-1,2	3,2
Industrias manufactureras	12,0	16,4	15,3	15,1	15,5	5,9	0,4	3,8
Electricidad, gas, agua y servicios sanitarios	0,3	1,6	2,2	2,1	2,4	10,4	4,3	4,7
Construcción	2,8	4,7	3,9	4,6	5,9	6,7	-0,7	9,0
Comercio, restaurantes y hoteles	19,6	20,8	18,7	19,8	19,7	5,1	0,0	4,8
Transporte, almacenamiento y comunicaciones	3,1	6,4	7,2	7,6	8,6	7,5	2,2	6,2
Establecimientos financieros, seguros, inmuebles y servicios a empresas	11,6	10,4	13,3	13,8	13,3	4,5	3,6	4,0
Servicios comunales, sociales y personales	16,8	18,3	18,9	18,1	16,8	5,1	1,4	2,6
PIB [d]	**100,0**	**100,0**	**100,0**	**100,0**	**100,0**	**4,9**	**1,1**	**4,2**
Cono Sur [b]								
Agricultura, silvicultura, caza y pesca	7,1	5,4	6,9	5,9	6,2	2,2	2,2	4,0
Explotación de minas y canteras	1,6	2,4	3,1	3,0	4,0	4,7	2,2	8,2
Industrias manufactureras	19,5	22,9	20,9	20,6	19,0	3,7	-1,2	4,7
Electricidad, gas, agua y servicios sanitarios	0,4	1,4	1,9	2,1	2,4	7,2	2,8	8,2
Construcción	8,2	8,4	5,0	6,6	6,6	3,2	-5,3	9,6
Comercio, restaurantes y hoteles	15,4	16,1	14,1	14,8	14,2	3,3	-1,6	6,1
Transporte, almacenamiento y comunicaciones	4,7	4,3	5,4	5,7	6,4	2,9	2,0	8,0
Establecimientos financieros, seguros, inmuebles y servicios a empresas	16,1	16,1	16,4	17,9	19,7	3,2	-0,1	7,8
Servicios comunales, sociales y personales	27,0	22,9	26,2	23,3	21,7	2,6	1,1	2,9
PIB [d]	**100,0**	**100,0**	**100,0**	**100,0**	**100,0**	**3,3**	**-0,5**	**5,7**
Comunidad Andina [c]								
Agricultura, silvicultura, caza y pesca	13,1	8,3	9,7	9,1	9,2	3,5	2,7	2,1
Explotación de minas y canteras	13,7	6,3	7,3	7,4	7,9	2,4	2,6	5,0
Industrias manufactureras	15,9	21,1	19,9	19,8	16,3	6,0	0,6	2,3
Electricidad, gas, agua y servicios sanitarios	0,4	1,5	2,1	2,1	2,3	9,5	4,6	4,5
Construcción	7,3	8,1	5,8	7,3	7,2	5,4	-2,1	6,2
Comercio, restaurantes y hoteles	16,6	19,1	17,6	17,3	16,6	5,5	0,3	2,6
Transporte, almacenamiento y comunicaciones	5,6	7,5	7,9	7,9	8,5	6,1	1,7	4,3

Cuadro 4.2 (Cont.)
AMÉRICA LATINA Y EL CARIBE (ALGUNAS SUBREGIONES Y PAÍSES):
COMPOSICIÓN Y VARIACIÓN DEL PRODUCTO POR SECTORES Y
RAMAS DE ACTIVIDAD, A PRECIOS CONSTANTES DE 1995
(En porcentajes y tasas medias anuales)

Subregión	Composición					Tasas de crecimiento		
	1950	1980	1990	1994	1999	1950-1980	1980-1990	1990-1999
Establecimientos financieros, seguros, inmuebles y servicios a empresas	11,2	11,5	12,8	13,1	14,5	5,1	2,2	4,5
Servicios comunales, sociales y personales	16,2	16,6	16,9	15,9	16,1	5,1	1,3	2,7
PIB d	100,0	100,0	100,0	100,0	100,0	5,1	0,8	3,5
Brasil								
Agricultura, silvicultura, caza y pesca	17,3	7,4	8,1	8,3	9,4	4,1	2,5	3,0
Explotación de minas y canteras	0,2	0,5	0,8	0,8	1,0	9,7	6,8	3,8
Industrias manufactureras	18,3	26,1	22,0	22,5	21,6	8,3	-0,2	2,0
Electricidad, gas, agua y servicios sanitarios	0,8	1,4	2,2	2,4	2,8	9,1	6,0	5,1
Construcción	16,6	12,4	9,4	8,9	9,1	6,0	-1,3	2,2
Comercio, restaurantes y hoteles	9,0	8,4	7,6	7,9	8,2	6,8	0,5	2,9
Transporte, almacenamiento y comunicaciones	1,3	2,4	3,7	4,3	5,3	9,2	6,0	6,5
Establecimientos financieros, seguros, inmuebles y servicios a empresas	16,6	18,0	19,1	17,9	16,9	7,3	2,1	0,4
Servicios comunales, sociales y personales	19,8	23,4	27,1	27,0	25,8	7,7	3,0	1,5
PIB d	100,0	100,0	100,0	100,0	100,0	6,6	3,0	2,8
México								
Agricultura, silvicultura, caza y pesca	11,9	5,8	5,3	4,8	4,6	3,9	1,0	0,3
Explotación de minas y canteras	1,2	1,6	1,7	1,6	1,5	7,3	2,8	2,4
Industrias manufactureras	16,2	20,1	20,3	19,5	22,1	7,2	2,1	4,2
Electricidad, gas, agua y servicios sanitarios	0,2	0,8	1,2	1,1	1,2	11,7	5,9	3,4
Construcción	4,0	5,6	4,4	4,7	4,2	7,6	-0,5	2,3
Comercio, restaurantes y hoteles	18,5	23,5	21,4	22,0	20,5	7,2	1,0	2,5
Transporte, almacenamiento y comunicaciones	7,3	9,1	8,8	9,4	11,1	7,2	1,0	2,6
Establecimientos financieros, seguros, inmuebles y servicios a empresas	18,6	13,0	16,0	18,6	16,2	7,2	1,7	5,4
Servicios comunales, sociales y personales	22,2	20,7	20,9	18,4	18,6	6,1	2,1	1,9
PIB d	100,0	100,0	100,0	100,0	100,0	6,3	2,8	3,1

Fuente: Cepal, sobre la base de cifras oficiales.
a Costa Rica, El Salvador, Guatemala, Honduras y Nicaragua, más Haití, Panamá y República Dominicana.
b Argentina, Chile, Paraguay y Uruguay.
c Bolivia, Colombia, Ecuador, Perú y Venezuela.
d Incluye el ajuste por servicios y los derechos de importación.

peso de la agricultura en el producto total mostró una reducción significativa, si bien allí esta actividad aún representa una parte importante del PIB (16,6% en 1999), es decir, más del doble del promedio latinoamericano. También ganaron importancia relativa los rubros de la construcción, el comercio, restaurantes y hoteles y el transporte y comunicaciones, mientras que la de los servicios gubernamentales y de defensa disminuyó. Estas tendencias son consistentes con el fin del estado de guerra en varios de los países del grupo y el auge del turismo en República Dominicana, que contribuyó al incremento de las actividades de la construcción y del comercio, restaurantes y hoteles.

Los países del Cono Sur, Argentina, Chile, Paraguay y Uruguay, registraron en ese decenio una nueva caída de la participación de la industria manufacturera en el PIB, que acumuló una reducción de cuatro puntos porcentuales del producto respecto de 1980. Este descenso fue especialmente significativo en Chile y Uruguay durante los años noventa. El rubro que cayó más abruptamente en la subregión fue el de los servicios comunales, sociales y personales, sobre todo en Argentina y Chile, debido principalmente al repliegue de la participación de los servicios gubernamentales y sociales. Después de llegar a bajos niveles históricos en los años ochenta, la construcción se recuperó, en tanto que la participación de los servicios financieros e inmobiliarios tuvo un aumento significativo.

La subregión de la Comunidad Andina mostró escasas variaciones durante los años noventa. La agricultura y la industria sufrieron un retroceso, importante en Colombia y moderado en todos los demás países, mientras que la minería exhibió un leve incremento. La construcción se recuperó, después de declinar en los años ochenta, y los servicios experimentaron oscilaciones menores. Otro rasgo destacado en este grupo de países fue la elevada participación de los sectores primarios en el producto, con un peso significativo de la agricultura en Bolivia, Colombia y Ecuador y una incidencia de la minería, incluido el petróleo, muy por encima del promedio latinoamericano.

En Brasil, la estructura de los principales sectores de actividad se mantuvo muy estable durante los años noventa. La participación de la agricultura, la industria y la construcción no varió a lo largo del decenio. Esto significa que las dos últimas áreas de actividad no pudieron recuperar los niveles de participación relativa que perdieron en los años ochenta. En cuanto al sector de los servicios, si bien su participación no bajó, experimentó algunos cambios en su composición al aumentar la gravitación de los rubros del comercio y el transporte y las comunicaciones. Esta evolución de las ponderaciones es congruente con la recuperación del consumo privado que siguió al Plan Real y con las inversiones en el área de las telecomunicaciones. La caída de la inflación y la simultánea modificación de los precios relativos provocaron una abrupta reducción del producto del sistema financiero.

México es uno de los pocos países de la región en que la participación de la industria en el producto mostró un incremento significativo, concentrado en la segunda mitad del decenio. Este mayor dinamismo se explica por el decisivo papel del TLC, la expansión de la industria de ensamble y el cambio de los precios relativos que siguió a la devaluación de fines de 1994. En contraposición, se redujo la participación del sistema financiero y del comercio, antes impulsados por las entradas de capitales y la expansión del crédito al consumo. Como en otros países, también aumentó la ponderación de la rama de transporte y comunicaciones.

Cabe agregar que aparte del Cono Sur, donde en los años noventa todos los sectores acusaron una aceleración del ritmo de crecimiento con respecto al de los cuatro decenios anteriores, los demás países y subregiones exhibieron un patrón global de tasas de crecimiento más bajas. Las únicas excepciones se dieron en Centroamérica, en los rubros de la construcción y, en menor medida, del comercio, restaurantes y hoteles, y en la Comunidad Andina, donde se incrementaron la minería y la construcción.

b) Cambios en el grado de protagonismo de los agentes

Los procesos de restructuración productiva en los distintos sectores han tenido como protagonistas a tres grandes colectivos empresariales: subsidiarias de empresas transnacionales, grandes conglomerados de capital nacional y pequeñas y medianas empresas de capital local. En el reciente proceso de ajuste estructural, estos colectivos mostraron importantes diferencias en cuanto a comportamiento y acceso a la información y a los mercados de factores. El principio de subsidiariedad del Estado y, en particular, el proceso de privatizaciones, han significado que la participación del conjunto de empresas estatales en la oferta de bienes y servicios se redujera notablemente. El vacío que dejó el Estado lo llenaron las grandes empresas privadas, especialmente transnacionales.

Para configurar el escenario global, en el Cuadro 4.3 se muestra la evolución de las 500 mayores empresas de la región en los años noventa. Las tendencias sectoriales ya reseñadas también se ponen de manifiesto en este colectivo empresarial, puesto que, medido en términos de ventas, el sector manufacturero mantiene su predominio como actividad económica, con cerca de 41% del total. Los cambios mayores fueron la abrupta caída del sector primario, de 27,8% a 17,6%, en las ventas totales, y el ascenso de los servicios, de 30% a 41,5%, que los equiparó con la industria manufacturera. La privatización de varias empresas estatales de telecomunicaciones y de energía eléctrica fue el principal factor en este crecimiento relativo (véase el capítulo 5).

En cuanto a los agentes, se aprecia que ganaron ponderación las subsidiarias de empresas transnacionales, sobre todo entre 1995 y 1998, período en el que pasaron de 142 a 202 en el total de empresas y de 26,6% a 38,7% en las ventas totales del grupo. Como contrapartida, el número de empresas estatales se redujo de 93 a 40 y su fracción de las ventas totales decreció notoriamente, de 35% a 19,1%. Las empresas privadas nacionales, a su vez, se mantuvieron en alrededor de 260 y con un 40% de las ventas totales. Por consiguiente, una consecuencia clara del proceso de globalización y ajuste ha sido el fortalecimiento relativo de las subsidiarias de empresas transnacionales y el debilitamiento de las empresas estatales, sobre todo en los últimos años del decenio. Este creciente protagonismo de las transnacionales se acentuó en el ámbito de las exportaciones, ya que la participación de sus filiales en las ventas externas de las 200 mayores empresas exportadoras subió de 30,6% a 44,8% del total entre 1995 y 1998.

Cuadro 4.3
AMÉRICA LATINA Y EL CARIBE: LAS 500 MAYORES EMPRESAS,
1990-1992, 1995 y 1998
(En millones de dólares y porcentajes)

	1990-1992[a]	1995	1998
1. Número de empresas	**500**	**500**	**500**
Extranjeras	142	154	202
Privadas nacionales	265	279	258
Estatales	93	67	40
2. Ventas (en millones de dólares)	**360.142**	**558.580**	**639.867**
Extranjeras	95.764	164.808	247.629
Privadas nacionales	138.352	233.230	270.024
Estatales	126.026	160.542	122.214
Distribución por propiedad (%)	100,0	100,0	100,0
Extranjeras	26,6	29,5	38,7
Privadas nacionales	38,4	41,8	42,2
Estatales	35,0	28,7	19,1
3. Sectores [b] (en millones de dólares)	**360.142**	**558.580**	**639.867**
Sector primario	100.058	140.190	112.413
Manufacturas	152.134	241.641	261.417
Servicios	107.950	176.749	266.037
Distribución por sectores (%)	100,0	100,0	100,0
Sector primario	27,8	25,1	17,6
Manufacturas	42,2	43,3	40,9
Servicios	30,0	31,6	41,5

Fuente: Cepal, Centro de Información de la Unidad de Inversiones y Estrategias Empresariales de la División de Desarrollo Productivo y Empresarial, sobre la base de datos proporcionados por el Departamento de Estudios de la revista *América economía*.
a Los valores para 1990-1992 corresponden al promedio de los tres años.
b Las empresas petroleras se incluyeron en el sector primario.

En el otro extremo de la gama de agentes productivos, es decir, en el mundo de las pequeñas y medianas empresas de capital local, la situación mostró diferencias según áreas de actividad y países. En general, en el sector agropecuario y en la minería, al igual que en la industria manufacturera de algunos países, se registró una importante desaparición de empresas, cuyos propietarios y empleados pasaron a engrosar el contingente informal, especialmente en el sector de los servicios en las áreas urbanas (véase el capítulo 6). Sobre la base de otras experiencias nacionales (en particular en Asia del este), se considera muy posible que en varios países de la región esta extinción de empresas haya tenido mayor intensidad que la requerida por un proceso normal de ajuste estructural a nuevas condiciones de competencia.

2. EL SECTOR AGROPECUARIO Y FORESTAL

a) Las transformaciones en curso y el impacto de las reformas

Como consecuencia de los procesos de reforma económica, las actividades agropecuarias experimentaron importantes cambios en su estructura, productividad, competitividad y rentabilidad relativa. Al mismo tiempo, se intensificó la heterogeneidad estructural dentro del sector. En esta actividad se han fortalecido actores nuevos y han salido de ella empresas tradicionales, en un contexto de profunda transformación del régimen competitivo sectorial. La apertura de la economía, la desregulación de los mercados, la eliminación o reforma de algunas de las instituciones públicas del agro, ejercieron impactos diferenciados sobre los precios de insumos y productos, la disponibilidad de servicios y recursos y, en especial, sobre los distintos tipos de productores (David y Morales, s/f.).

En varias casos, estos impactos aceleraron transformaciones que venían perfilándose desde hacía uno o más decenios. Así sucedió con las modificaciones de las canastas de producción y de exportaciones y también con los cambios tecnológicos y sus repercusiones, como el aumento de los rendimientos, la reducción de la superficie cultivada, la expansión del área dedicada a la ganadería y la actividad forestal y la caída general del nivel de empleo.

Ciertos aspectos de la política macroeconómica y de la apertura fueron factores centrales en la explicación de los cambios que experimentó el sector agropecuario en los años noventa. Entre ellos cabe destacar la frecuente y bastante generalizada revaluación de las monedas nacionales y las rebajas de aranceles, que han contribuido al abaratamiento de las importaciones, tanto de maquinaria e insumos como de productos agropecuarios y agroindustriales, y dado lugar a una competencia muchas veces predatoria. Esto permitió que los sectores más modernos y capitalizados introdujeran innovaciones tecnológicas y un mayor grado de mecanización para desarrollar una agricultura más intensiva. Los pequeños productores, en cambio, sufrieron un estancamiento o un retroceso en cuanto a superficie cultivada, atribuible a sus dificultades para acceder al crédito y a su mayor concentración en cultivos tradicionales que compiten con las importaciones. Al igual que en otros ámbitos productivos, la dinámica del sector presenta marcadas asimetrías en el comportamiento de los distintos agentes en respuesta a las señales económicas y a los cambios institucionales pertinentes.

Quienes toman las decisiones en el agro latinoamericano son unos tres millones de patrones o empleadores y unos 15 millones de trabajadores por cuenta propia, más de la mitad de los cuales son pobres (Dirven, 1997). El promedio de escolaridad de las personas mayores de 40 años de edad, que habitualmente son quienes deciden, está consistentemente por debajo de los seis años en todos los países de la región. Este hecho es relevante, ya que la adopción de decisiones complejas con respecto a qué producir, con cuál tecnología hacerlo y cómo comercializarlo en un mundo que cambia aceleradamente, pone en evidencia una marcada fragilidad empresarial en un amplio tramo de este sector productivo, sobre todo al compararlo con otros productores y empresas comercializadoras que disponen de una sofisticada red de técnicos y profesionales para la toma de decisiones[1].

Por otro lado, es preciso señalar que muchas de las instituciones que apoyaban a los pequeños y medianos productores han desaparecido o experimentado profundas transformaciones. Esto último ha sucedido en el caso de las instituciones públicas especializadas en investigación agropecuaria, cuyo importante papel de épocas pasadas se ha ido transfiriendo al sector privado, tanto en las tareas de extensión agrícola como de investigación y desarrollo de semillas, productos agroquímicos, métodos de cultivo y formas de organización de la producción[2].

También se ha modificado progresivamente la distribución regional de la producción dentro de cada país, en consonancia con sus respectivas ventajas comparativas naturales, lo que ha redundado en una mayor diferenciación entre regiones desarrolladas y atrasadas. Por otra parte, en el mundo rural aún persisten niveles inaceptables de desigualdad, pobreza e indigencia. A los profundos cambios demográficos ocurridos (migración rural-urbana, envejecimiento de la población rural y caída de los índices de natalidad y mortalidad), se agrega la alta concentración del ingreso y de los activos, en especial de la tierra, que sigue siendo un rasgo distintivo de la región, pese a las políticas llevadas a cabo para reducirla. En algunos países, la concentración puede haberse acentuado durante los años noventa, ya que los últimos censos agropecuarios de Brasil, Chile y Uruguay, así como otros estudios en Argentina, Bolivia y México, acusan una caída del número de explotaciones pequeñas.

---

1. En la OCDE se considera que la combinación de habilidades propias del sector agropecuario y, a veces, de la región específica en que se ubica el predio (conocimientos agronómicos y de funcionamiento de mercados para decidir qué producir y con cuál tecnología hacerlo) demanda tantas o más calificaciones que una empresa de cualquier otra índole (contabilidad de costos, análisis de inversiones y planificación financiera). Esto subraya el hecho de que, a diferencia de lo que muchas veces se supone, la actividad agropecuaria debe considerarse como un sector con altos requerimientos en términos de capital humano (OCDE, 1994).

2. También se redujeron o eliminaron los programas de investigación y extensión relacionados con los cultivos menos comerciales, que usualmente favorecían a los productores más pequeños y, generalmente, más pobres.

Asimismo, se ha comenzado a percibir una serie de nuevos retos para el sector, vinculados a la revolución biotecnológica, la ronda de negociaciones comerciales del milenio, el financiamiento de largo plazo y la generación de empleo. Sus efectos en materia de crecimiento y equidad dependerán del nuevo marco regulatorio que venga a llenar el vacío dejado por la reducción del papel directo del Estado y de las instituciones con capacidad para generar bienes públicos. La creciente influencia de los grandes productores multinacionales de productos agroquímicos y semillas es otro de los rasgos sobresalientes del actual proceso de restructuración de los modelos organizativos en el ámbito rural. Estos productores de insumos básicos determinan crecientemente las formas de subcontratación y las tareas productivas (preparación de suelos, siembra y cosecha) de numerosos agricultores primarios.

Algunos de estos procesos han venido generando en la región modificaciones igualmente importantes en la estructura del capital del sector, como consecuencia de una expansión significativa de la inversión extranjera en las ramas agroalimentarias. De las 100 mayores empresas transnacionales –según sus ventas consolidadas– presentes en América Latina, seis se dedican al rubro de tabaco y alimentos[3]. Por ejemplo, en Brasil, donde entre 1992 y 1997 el número de fusiones y adquisiciones creció más de seis veces en comparación con los años anteriores, las industrias de alimentos, bebidas y tabaco lideraron este proceso, con un 13% del total nacional respectivo. Entre los factores subyacentes a estos hechos vale destacar la saturación de los mercados en los países desarrollados, el creciente poder de las cadenas de distribución, la necesidad de reducir costos, la mayor focalización de los negocios en los mercados regionales y las estrategias para ingresar a ellos[4]. En el caso de Chile, la participación de la inversión agroindustrial total en el producto pasó de 9,5% en los años setenta a 15,7% en el período 1995-1997. Uno de los factores que más incidió en este aumento fue el ofrecimiento de incentivos administrativos a la inversión extranjera.

b) La restructuración productiva

Los cambios experimentados por los regímenes competitivos y tecnológicos sectoriales y la evolución de la demanda y de los precios en el mercado mundial, contribuyen a explicar el comportamiento diferenciado de las actividades agropecuarias, la

---

3. De hecho, la primera de ellas es British American, que corresponde a tabacos. A continuación figuran Unilever, Cargill, Parmalat, Dreyfus & Co. y Danone.

4.   En el caso de las fusiones horizontales se destacan las empresas Fiorlat, Teixeira, Alimba, Via Láctea, Lacesa, Sodilac, Cilpe, Ouro Preto Betânia y Batávia. En las de tipo vertical, las principales operaciones corresponden a Gogo, Mococa, Spam, Betânia y Batávia, y en las concéntricas, a Supremo, Santa Helena y General Biscuits. Entre las del tipo conglomerado cabe mencionar a Bolls, Etti y Neugebauer (Banco Nacional de Desarrollo Económico y Social, 1999).

reducción general de la superficie cultivada y la asimetría en la apropiación de los beneficios. Las situaciones difieren según la importancia relativa de los productos agropecuarios en la producción nacional y el efecto dinamizador de las demandas interna y externa. Como puede observarse en el Cuadro 4.4, la tasa anual de crecimiento promedio del sector fue de 3,5% en los años setenta, 2,1% en los ochenta y 2,5% en los noventa. Al comparar estas tasas con la evolución del producto global, se percibe la mayor inercia que caracteriza al sector agropecuario que, en efecto, exhibió una desaceleración menos marcada en los años ochenta, pero también una recuperación más lenta en la década de 1990. Por otra parte, al igual que ha acontecido con la producción global, el sector agropecuario no retornó en los años noventa a sus ritmos de expansión de los setenta y de los decenios precedentes. Esta expansión a menor ritmo desde los años ochenta ha coincidido, además, con una alta variabilidad de las tasas anuales de crecimiento.

Cuadro 4.4
AMÉRICA LATINA Y EL CARIBE (19 PAÍSES): EVOLUCIÓN DE LA
AGRICULTURA, SILVICULTURA, CAZA Y PESCA
(En tasas medias anuales y porcentajes promedio)

	1970-1980	1980-1990	1990-1998
Argentina	2,1	1,6	4,0
Bolivia	4,1	1,9	3,0
Brasil	4,7	2,5	2,8
Chile	2,2	5,7	4,4
Colombia	4,4	3,0	1,3
Costa Rica	2,6	3,1	3,0
Ecuador	3,0	4,2	2,6
El Salvador	2,4	-1,4	0,8
Guatemala	4,7	1,3	2,8
Haití	1,5	-0,2	-3,5
Honduras	2,7	2,7	2,4
México	3,4	1,1	1,3
Nicaragua	-0,1	-0,7	4,5
Panamá	1,3	2,5	2,1
Paraguay	6,7	4,0	2,4
Perú	-0,6	2,2	4,3
República Dominicana	3,4	0,4	3,6
Uruguay	0,6	0,2	4,3
Venezuela	2,9	2,0	1,2
América Latina	3,5	2,1	2,5

Fuente: Cepal, sobre la base de datos de la División de Estadística y Proyecciones Económicas.

Naturalmente, esta evolución a escala regional encubre grandes diferencias entre países. Si se adopta como criterio diferenciador un ritmo promedio de expansión de 3,5%, que corresponde al de los años setenta, en la década de 1990 sólo lo excedieron seis países. Uno de ellos, República Dominicana, exhibía una tasa similar en los años setenta. Los otros cinco (Argentina, Chile, Nicaragua, Perú y Uruguay) han pasado de una situación de bajo crecimiento en los años setenta a una de mayor dinamismo en los noventa. En este subconjunto se registró, por lo tanto, una aceleración de la actividad del sector agropecuario durante la etapa de las reformas. En ocho países, por el contrario, el cambio fue en sentido opuesto, de mayor a menor dinamismo: Bolivia, Brasil, Colombia, Ecuador, Guatemala, México, Paraguay y Venezuela (Ocampo, 2000).

Cuadro 4.5
AMÉRICA LATINA Y EL CARIBE: COMPORTAMIENTO DE LA PRODUCCIÓN AGROPECUARIA

i) En índices (1970-1975=100)

	1970-1975	1975-1980	1980-1985	1985-1990	1990-1995	1995-1999
Cereales	100	114	137	143	152	176
Pecuarios	100	127	149	163	196	242
Oleaginosas	100	189	262	336	398	501
Raíces y tubérculos	100	96	93	98	99	105
Hortalizas	100	120	140	164	182	211
Frutas	100	116	135	156	181	202
Café verde	100	102	129	136	133	129
Caña de azúcar	100	120	149	174	178	197

ii) En tasas de crecimiento (promedio anual)

	1975-1980/ 1970-1975	1980-1985/ 1975-1980	1985-1990/ 1980-1985	1990-1995/ 1985-1990	1995-1999/ 1990-1995
Cereales	2.7	3.8	0.8	1.2	3.3
Pecuarios	5.0	3.1	1.8	3.8	4.8
Oleaginosas	12.0	4.7	3.7	0.9	2.7
Raíces y tubérculos	-0.8	-0.5	1.0	0.1	1.3
Hortalizas	3.7	3.2	3.2	2.2	3.3
Frutas	3.0	3.1	3.0	2.9	2.5
Café verde	0.3	4.8	1.1	-0.4	-0.7
Caña de azúcar	3.7	4.5	3.1	0.5	2.3

Fuente: Cepal, sobre la base de datos de la Organización de las Naciones Unidas para la Agricultura y la Alimentación (FAO).

Las actividades más dinámicas en los años noventa fueron las relacionadas con las cadenas agroindustriales modernas y los mercados externos, principalmente en el caso de los países pequeños, y con los mercados internos y externos en los países de mayores dimensiones. En el desempeño relativo de los países también incidió la composición de su producción sectorial, ya que el comportamiento de los diversos rubros fue desigual. Según se muestra en el Cuadro 4.5, muchos de estos cambios estructurales del sector han sido de largo plazo y preceden, por lo tanto, a los procesos de apertura.

Con respecto a los productos agrícolas, los avances más importantes en cuanto a aumento y diversificación de la producción y las exportaciones se concentraron en las oleaginosas, las frutas y las hortalizas. Argentina, Bolivia, Brasil y Paraguay lideraron este proceso con el crecimiento de la producción de soja, y Costa Rica, Guatemala y Honduras con el de la palma africana. En cuanto a las frutas y hortalizas, su expansión productiva fue mayor en Argentina, Brasil, Chile, Costa Rica y México. Los cereales y la caña de azúcar mostraron gran dinamismo hasta la primera mitad de los años ochenta y luego una desaceleración, pero se recuperaron en cierta medida hacia fines de los años noventa. La producción de raíces y tubérculos tendió a estancarse a lo largo del último cuarto de siglo, al igual que la de café desde mediados de los años ochenta. Por supuesto, no en todos los países hubo una evolución similar de cada rubro, ya que incluso algunos con parecidas características presentaron trayectorias disímiles.

Cuadro 4.6
**AMÉRICA LATINA Y EL CARIBE: ESTRUCTURA Y EVOLUCIÓN
DE LAS EXPORTACIONES FORESTALES**
(En índices y porcentajes)

	1970	1975	1980	1985	1990	1995	1998
			Evolución	(índice 1970=100)			
Argentina	100.0	150.3	263.5	786.7	2.483.3	3.701.2	3.615.6
Brasil	100.0	72.9	198.9	219.5	296.0	619.7	476.5
Chile	100.0	149.1	297.6	274.5	456.2	1.167.1	717.8
México	100.0	50.4	62.9	62.5	490.9	933.4	1.025.4
Resto de los países	100.0	112.7	105.0	106.7	69.3	208.9	244.3
América Latina y el Caribe	**100.0**	**97.5**	**186.3**	**196.8**	**282.8**	**634.0**	**494.1**
			Estructura	(porcentajes)			
Argentina	0,7	1,1	1,0	2,9	6,3	4,2	5,3
Brasil	50,3	37,6	53,6	56,0	52,6	49,1	48,5
Chile	17,8	27,3	28,5	24,9	28,8	32,8	25,9
México	3,1	1,6	1,1	1,0	5,4	4,6	6,5
Resto de los países	28,1	32,4	15,8	15,2	6,9	9,2	13,9
América Latina y el Caribe	**100,0**	**100,0**	**100,0**	**100,0**	**100,0**	**100,0**	**100,0**

Fuente: Cepal, sobre la base de datos de la Organización de las Naciones Unidas para la Agricultura y la Alimentación (FAO).

En varios países la ganadería exhibió un crecimiento tan notable que llegó a superar la expansión agrícola, mientras que en la producción forestal los avances más significativos tuvieron lugar en los países del Cono Sur y en México, como resultado de incentivos especiales y de ventajas comparativas naturales. Esta expansión del subsector se reflejó en la capacidad regional de exportación de productos forestales, según se aprecia en el Cuadro 4.6. En los últimos 25 años, el valor a precios constantes de estas ventas externas casi se quintuplicó. Brasil, que es el principal exportador, mantuvo su participación en torno de 50% a lo largo del período. La de Chile se incrementó a comienzos de los años setenta y ha fluctuado entre 25% y 30% desde mediados de dicho decenio. Argentina y México, que partieron en 1970 con tasas muy bajas de participación en las exportaciones regionales, lograron los mayores ritmos de expansión durante el período, hasta llegar a aportar 5,3% y 6,5% del total, respectivamente. El resto de los países siguió un camino inverso, ya que su participación en los valores regionales, aunque todavía importante, se redujo a una cuarta parte entre 1970 y 1990. En los años noventa se apreció, sin embargo, una recuperación parcial de dicha tendencia.

Cuadro 4.7
ÍNDICES DE PRECIOS REALES DE ALGUNOS PRODUCTOS BÁSICOS (1995=100)

Producto	1980	1990	1991	1992	1993	1994	1995	1996	1997	1998	1999
Algodón	90.2	77.6	73.8	59.2	59.6	78.7	100.0	85.4	78.2	71.9	53.4
Azúcar	216.1	94.5	67.5	68.3	75.5	90.2	100.0	90.1	85.6	67.5	47.2
Banano	85.3	118.3	128.7	107.8	100.4	99.9	100.0	107.5	112.1	108.6	97.8
Café	112.9	61.0	56.8	43.1	47.9	99.3	100.0	82.9	125.6	90.2	73.5
Carnes de vacuno	145.5	133.4	139.7	128.7	137.3	122.3	100.0	93.6	97.3	90.5	96.1
Maíz	145.4	87.9	87.4	82.9	83.3	86.6	100.0	125.0	93.4	80.8	76.4
Pulpa de madera	62.8	95.5	70.0	66.0	49.7	64.9	100.0	67.3	65.3	48.3	46.0
Oleaginosas [a]	116.8	94.9	92.8	93.2	98.4	98.3	100.0	119.7	122.1	92.7	76.5
Trigo	98.4	76.5	72.2	84.2	79.4	84.4	100.0	116.3	90.1	72.2	64.3

Fuente: Cepal, sobre la base de cifras oficiales.
a Corresponde a aceites, harinas y semillas oleaginosas.

Cabe resaltar, asimismo, que las materias primas tradicionales fueron afectadas por los bajos precios internacionales, según se muestra en el Cuadro 4.7. Esto último se explica tanto por la sobreoferta de muchos de tales productos, asociada en parte a la apertura simultánea de varios países en desarrollo, como por las distorsiones en los mercados internacionales de bienes agrícolas, en particular a raíz del proteccionismo y los subsidios de los países industrializados, que las rondas de negociaciones comerciales han corregido sólo muy parcialmente (Ocampo y Perry, 1995). Esta trayectoria descendente de los precios internacionales, en especial del algodón, el azúcar, el café, la pulpa de madera y el trigo, afectó negativamente a los principales países exportadores de la región. En algunos de ellos, los malos resultados pueden explicarse por su grado de concentración en estos rubros tradicionales, en marcado contraste con el comportamiento del comercio exterior de los más exitosos, cuyo aumento se sustentó en productos no tradicionales, en creciente demanda y con mejores precios.

c) Evolución de la productividad laboral

Uno de los requisitos esenciales para lograr una mayor igualdad entre las condiciones de vida rurales y urbanas es la convergencia de los niveles de productividad de las actividades agropecuarias y no agropecuarias. Sin embargo, esta aproximación puede ser el resultado de factores tanto positivos (disminución de la heterogeneidad tecnológica) como negativos (incremento de la informalidad urbana por las migraciones del campo a la ciudad)[5].

En la región, desde los años sesenta la productividad laboral en el sector agropecuario ha venido aumentando a mayor ritmo que en las actividades no agropecuarias. Como resultado de ello, la primera, que en 1970 equivalía a 19% de la no agropecuaria, se elevó a 30% en 1998. Esta evolución refleja, sin embargo, los factores tanto positivos como negativos ya señalados. En la década de 1970 predominaron los primeros, mientras que en los años ochenta la reducción de la brecha de productividad fue atribuible al descenso de la no agropecuaria en términos absolutos, el cual reflejó, a su vez, el significativo incremento de la informalidad urbana.

En los años noventa, la productividad del sector agropecuario experimentó un crecimiento importante en varios países, debido a la introducción de innovaciones tecnológicas y la reducción de los precios de los insumos. La maduración de este proceso, emprendido en las unidades más modernas y capitalizadas, que además ocupan las mejores tierras, se concentró en los productos más dinámicos. También contribuyó a este incremento la desaparición de muchas pequeñas explotaciones, cuya productividad normalmente era muy baja.

Si se adopta el producto agropecuario por persona económicamente activa como indicador de la productividad del trabajo, se constata que entre 1990 y 1998 la productividad sectorial creció a una tasa anual media de 2,4%, hasta alcanzar en ese último año a 2.414 dólares, a precios de 1990[6]. Si bien la productividad laboral de los sectores no agropecuarios en el promedio regional es considerablemente mayor (8.172 dólares en 1998), durante ese período avanzó a un ritmo anual de sólo 0,5%. En la gran mayoría de los casos, el crecimiento de la productividad agropecuaria fue superior a la del resto de las actividades económicas.

---

5. Esta sección está basada en Ocampo (2000).
6. Estas cifras han sido calculadas sobre la base de los datos oficiales de población económica activa y de producto sectorial recopilados por la FAO y la Cepal, respectivamente.

Por otra parte, la mayor productividad laboral, los cambios en la composición de la producción sectorial y la relativa estabilidad de la frontera agrícola se combinaron para provocar una caída del empleo en el sector. La expansión de la ganadería y de las actividades forestales, a expensas de otras con uso más intensivo de trabajo, redundó en una reducción del empleo, mientras que el crecimiento de la hortofruticultura y avicultura indujo un efecto contrario. Los antecedentes disponibles indican que el resultado neto fue una disminución de la demanda de mano de obra en las áreas rurales.

En el Cuadro 4.8 se clasifican los países según su posición relativa en términos de productividad laboral agropecuaria y no agropecuaria con respecto a los promedios regionales respectivos en 1998. La mayoría de los países se ubicó de acuerdo con un patrón que podría considerarse normal, en el sentido que las productividades agropecuaria y no agropecuaria se mantuvieron correlacionadas, sea que ambas se situaran por debajo o por encima del promedio regional respectivo. Como puede verse, en cinco países estos dos valores se ubicaron por encima del promedio regional correspondiente, y en otros 11 por debajo. Por su parte, un país (México), presentó una de las situaciones cruzadas, es decir, la productividad no agropecuaria fue superior al promedio regional y la agropecuaria más baja que la media respectiva. Cinco países exhibieron un patrón opuesto al anterior, pero Brasil, aunque integra ese grupo, presenta en ambas variables niveles de productividad muy cercanos a las medias respectivas y, por lo tanto, debería considerarse un caso neutro.

Examinando ahora la evolución durante el período 1990-1998, es interesante destacar que los mayores incrementos de la productividad agropecuaria y no agropecuaria se concentraron en los países con alta productividad relativa. De esta manera, en la región se percibe una especie de patrón de divergencia en la trayectoria de la productividad laboral. En los países con niveles más altos de productividad relativa (Argentina, Chile y Uruguay), predominan factores positivos en la evolución rural-urbana, asociados a una auténtica convergencia tecnológica y de niveles de vida; las principales excepciones son, por las particularidades de sus respectivas estructuras productivas, Barbados y Trinidad y Tobago. Lo contrario acontece en los países que registran menor productividad: en ellos la convergencia observada tuvo como contrapartida el incremento de la informalidad urbana, que se reflejó en una disminución relativamente generalizada de la productividad laboral no agropecuaria (Bolivia, Brasil, Colombia, Costa Rica, Ecuador, El Salvador, Haití, Honduras, Jamaica, México, Paraguay, Nicaragua y Venezuela).

d) La tierra como factor condicionante productivo y social

Históricamente, América Latina y el Caribe han presentado elevados índices de concentración de la propiedad y tenencia de la tierra. A diferencia de otras regiones del

Cuadro 4.8

AMÉRICA LATINA Y EL CARIBE: CLASIFICACIÓN DE 23 PAÍSES SEGÚN SUS NIVELES RELATIVOS DE PRODUCTIVIDAD LABORAL AGROPECUARIA Y NO AGROPECUARIA

	Productividad no agropecuaria inferior al promedio regional de 8.172 dólares/PEA en 1998					Productividad no agropecuaria superior al promedio regional de 8.172 dólares/PEA en 1998				
	Variación anual de la productividad 1990-1998 y productividad en 1998					Variación anual de la productividad 1990-1998 y productividad en 1998				
		Agropecuaria		No agropecuaria			Agropecuaria		No agropecuaria	
		%	US$	%	US$		%	US$	%	US$
Productividad agropecuaria superior al promedio regional de 2.414 dólares/PEA en 1998	Guyana [a]	9,8	3.877	4,1	1.131	Barbados [a]	2,4	12.943	-0,3	13.159
	Costa Rica	2,6	3.675	-0,6	5.380	Argentina	3,5	10.164	3,1	15.462
	Venezuela	2,0	3.512	-0,7	6.799	Uruguay	4,6	7.575	2,9	8.810
	Brasil	4,0	2.672	-0,1	7.804	Chile	4,3	3.713	4,8	10.006
	Paraguay	0,4	2.528	-1,6	3.580	Trinidad y Tobago	1,8	2.749	0,0	11.510
Productividad agropecuaria inferior al promedio regional de 2.414 dólares/PEA en 1998	Nicaragua	4,0	2.409	-3,6	1.190	México	1,1	2.411	-0,6	10.464
	Panamá	1,6	2.361	1,4	7.844					
	Rep. Dominicana	4,8	2.291	1,2	2.724					
	Colombia	1,2	2.072	-0,5	3.391					
	Ecuador	1,8	1.552	-1,1	3.955					
	Perú	3,1	1.286	1,0	7.624					
	Honduras	0,9	1.160	-1,5	2.349					
	El Salvador	0,7	1.137	-0,7	3.495					
	Guatemala	0,6	1.106	0,6	4.080					
	Jamaica [a]	2,8	1.050	-1,9	3.590					
	Bolivia	0,7	691	-1,1	3.490					
	Haití	-4,6	191	-4,5	819					

Fuente: Cepal, sobre la base del Banco de Datos de Estadísticas Anuales (Badeanu) para el producto interno bruto (PIB), y de la Organización de las Naciones Unidas para la Agricultura y la Alimentación (FAO) para la población económicamente activa (PEA).
a Corresponde a 1997 y al crecimiento anual 1990-1997.

mundo, éste es un tema todavía pendiente en la mayoría de los países, a pesar de las reformas agrarias emprendidas en los años sesenta y comienzos de los setenta. La oposición generada por estas reformas en los sectores afectados, terminó por neutralizar, e incluso invertir, dichos procesos. Salvo en Brasil, Colombia, Costa Rica y, más recientemente, Venezuela, no existen iniciativas para la redistribución de la tierra. Además del hecho de que grandes extensiones continúan improductivas, el alto grado de desigualdad en la distribución de la tierra persistió en el último decenio, situación que es incompatible con los objetivos de equidad y eficiencia que supone el desarrollo sostenible.

De acuerdo con los valores de los índices de concentración de la tierra que se presentan en el Cuadro 4.9, es posible distinguir tres grupos de países. El primero, integrado por Chile, México y Paraguay, muestra niveles superiores a 0.9, que acusan una concentración muy elevada. También es alta en Argentina, Brasil, Costa Rica, El Salvador, Panamá, Perú y Venezuela, cuyos índices se sitúan entre 0.8 y 0.9. El tercer grupo incluye a Colombia, Puerto Rico, República Dominicana y Uruguay, con índices entre 0.7 y 0.8, y a Honduras, donde este valor se ubica entre 0.6 y 0.7.

Cuadro 4.9
AMÉRICA LATINA Y EL CARIBE (16 PAÍSES): ÍNDICES DE
CONCENTRACIÓN DE LA TIERRA, 1969-1997[a]
(Índices de Gini)

	Década de 1970	Década de 1980	Década de 1990
Argentina	...	0.83 (1988)	...
Brasil	0.84 (1970)	0.85 (1985)	0.81 (1996)
Chile	0.92 (1975)	...	0.92 (1997)
Colombia	0.86 (1971)	0.79 (1988)	0.79 (1997)
Costa Rica	0.81 (1973)	0.80 (1984)	...
Ecuador	0.81 (1974)	...	...
El Salvador	0.80 (1971)	...	...
Honduras	0.71 (1974)	...	0.66 (1993)
México	0.93 (1970)	...	...
Panamá	0.77 (1971)	0.83 (1980)	0.85 (1990)
Paraguay	...	0.93 (1981)	0.93 (1991)
Perú	0.88 (1972)	...	0.86 (1994)
Puerto Rico	0.76 (1970)	0.77 (1987)	...
República Dominicana	0.78 (1970)	0.73 (1981)	...
Uruguay	0.81 (1970)	0.80 (1980)	0.76 (1990)
Venezuela	0.90 (1970)	0.89 (1985)	...

Fuente: Cepal, sobre la base de censos agropecuarios y encuestas agrícolas.
a Cálculo realizado sobre la base de la metodología desarrollada en Beatriz David y otros, "Demandas por políticas de desenvolvimiento rural no Brasil", Encontro Nacional de Economía, Belém do Pará, diciembre de 1999. El índice varía entre 0 y 1: cuanto más cerca de 1, mayor desigualdad, y cuanto más cerca de 0, mayor igualdad.

La concentración de la propiedad de la tierra preocupa tanto a los gobiernos como a diversas organizaciones de la sociedad civil. Durante el último decenio, en varios países de la región se intensificó la actividad de los movimientos sociales de trabajadores rurales sin tierra, que en algunos casos desembocó en ocupaciones de predios. Los gobiernos han aplicado, a su vez, diversas políticas para abordar este problema. Algunos pusieron el énfasis en los mecanismos de mercado para inducir cambios de propiedad, e instrumentaron políticas centradas en programas de levantamiento de catastros, regularización de los existentes y registro y titulación de tierras. En otros casos, como en el de Brasil, se combinaron políticas de reforma agraria con la adquisición de tierras en el mercado.

Si bien es prematuro evaluar el programa brasileño de financiamiento para la compra de tierras (Cédula de la Tierra), por lo reciente de su implementación, ya han comenzado a surgir críticas porque la tasa de interés de los créditos se considera incompatible con la rentabilidad de la agricultura. En algunos estudios en marcha se confirma que es preciso realizar inversiones complementarias que posibiliten el acceso a la tecnología necesaria para explotar las tierras adquiridas[7].

En Colombia, en virtud de la Ley 160 de 1994, se estableció un subsidio para la compra directa, con el fin de promover el acceso de los campesinos a la tierra (Ocampo y Perry, 1995; Vargas, 2000). En esta ley se pone énfasis en la negociación directa de la tierra entre terratenientes y campesinos. La iniciativa, sin embargo, no ha tenido el éxito esperado, en particular porque la disponibilidad de subsidios elevó los precios de la tierra y, en varios casos, dio origen a procesos especulativos. Cabe anotar que este proceso estuvo acompañado de la modalidad más tradicional de adjudicar a los colonos tierras en zonas de frontera.

En Costa Rica, los procesos de reforma agraria iniciados en 1962 incidieron apreciablemente en la estructura de tenencia y propiedad de la tierra. La primera de las principales líneas de acción fue la colonización de grandes áreas y, posteriormente, la adquisición y distribución de tierras, su titulación y el apoyo a la consolidación de los asentamientos de campesinos. Se estima que mediante estos programas se redistribuyeron casi dos millones de hectáreas, superficie equivalente a más de un tercio del territorio nacional.

En El Salvador, por la vía de la Reforma Agraria, así como del Programa de Transferencia de Tierras derivado de los Acuerdos de Paz, se introdujeron importantes cambios en la asignación de la tierra. Entre 1980 y 1995 se dedicó a estos programas un gran caudal de recursos financieros, aunque los resultados fueron poco satisfactorios en relación con las metas y objetivos sociales y económicos buscados. La estructura de tenencia indica que 75,1% de la tierra pertenece a propietarios, 18,4% está en

---

7.   Véanse, en particular, Dias (2000) y Rodríguez (2000).

manos de arrendatarios y el 6,5% restante corresponde a otras formas. Las características propias del sector, el fraccionamiento de las propiedades y el bajo nivel tecnológico de las explotaciones han reducido los ingresos generados y la rentabilidad. Es frecuente que los agricultores busquen empleo como trabajadores rurales para aumentar su ingreso. El predominio de bajos niveles tecnológicos es atribuible a la ausencia de programas de capacitación y de recursos para inversiones complementarias[8].

En México, mediante la Reforma Constitucional de 1991 se legitimaron las ventas y las transacciones de derechos agrarios, prácticas que ya existían de manera informal. En virtud de las reformas se suprimió el derecho a la dotación de tierras y de aguas que correspondía a los núcleos de población y se legalizaron la venta, renta y aparcería de las tierras ejidales. Para materializar esa política, en 1993 se puso en marcha el Programa de Certificación de Derechos Ejidales y Titulación de Solares Urbanos. Hasta 1999 más de 60% de las tierras de ejidos habían sido certificadas, aunque la distribución ha diferido bastante entre regiones y todavía persiste la transmisión de derechos sucesorios como fenómeno dominante. Si bien la nueva normativa agraria no generó una venta masiva, sí dinamizó las transacciones indirectas, como los arrendamientos. Esto otorgó a los ejidatarios mayor flexibilidad en el uso de sus activos.

Las experiencias de los años noventa han puesto de manifiesto que la transacción de tierras a través del mercado enfrenta grandes obstáculos, como la imperfección de los mercados de crédito y las restricciones a la disponibilidad de recursos fiscales para programas de subsidio, que a veces cubren hasta 75% del valor de la compra. A esto se agrega la carencia de un sistema ágil, funcional y confiable de información catastral, que permita a los usuarios contar con los antecedentes económicos y jurídicos requeridos para participar en el mercado (Tejada y Peralta, 1999).

Sin embargo, también se ha comprobado que los problemas de funcionamiento del mercado como mecanismo de asignación de tierras no se limitan a las imperfecciones del sistema financiero y las insuficiencias de la información catastral. La tierra como un bien se diferencia fundamentalmente de otros por su característica de ser, a la vez, reserva de valor, activo fijo y factor de producción. Esto hace que el mercado de la tierra sea, por regla general, extremadamente imperfecto, segmentado y con elevados costos de transacción (Muñoz, 1999).

---

8.   Sobre la base de las encuestas realizadas en el marco del proyecto de la Cepal FRG/97/S70 "Opciones de política para el fomento del desarrollo de mercados de tierras agrícolas, con el fin de facilitar la transferencia de tierras a pequeños agricultores".

3. El sector minero

En los años noventa se produjo en la minería un inusitado desarrollo de potencialidades latentes. Aparte de los cambios en las actividades relacionadas con el petróleo y el gas (véase el capítulo 5), en la mayoría de los países de la región se emprendieron reformas para acelerar la puesta en operación de nuevos yacimientos con el objeto de incrementar y diversificar las exportaciones mineras. Estas reformas, si bien ratificaron el dominio inalienable e imprescriptible del Estado sobre estos recursos, también redujeron su protagonismo empresarial, así como los ingresos tributarios generados por la actividad minera, como consecuencia de la instrumentación de diversos programas de estímulo a los inversionistas privados. Esencialmente, la novedad de los años noventa fue la supresión de las barreras a la entrada de la inversión privada, la aplicación de políticas uniformes, independientemente del origen del capital o la dimensión de las operaciones mineras, y la privatización de varias empresas públicas del sector[9].

a) Orientación y contenido de las reformas

Aunque los países no siempre adoptaron reformas sistemáticas y simultáneas, su contenido comprendió, en general, las siguientes acciones: incremento de la información y el conocimiento sobre el potencial minero; fortalecimiento del nivel técnico de las instituciones pertinentes; modernización de los regímenes de administración de los títulos mineros y reforzamiento de su estabilidad jurídica; y otorgamiento de incentivos específicos a la inversión, lo que significó superar el carácter neutral de los instrumentos de política económica.

Las reformas se basaron en el supuesto de que la incorporación y la difusión del progreso técnico son imprescindibles para impulsar el desarrollo minero, dados los avances tecnológicos registrados desde la década de 1970, por lo que se requiere una mayor participación de la inversión privada, especialmente extranjera. Las empresas foráneas privilegiaron el aprovechamiento de las ventajas comparativas existentes, en especial respecto del cobre y el oro, productos que atrajeron los mayores montos de inversión. En efecto, al elegir entre alternativas predominó el criterio de los costos de explotación comparados con las oportunidades que ofrecían otras regiones. En ese sentido, las políticas económicas contribuyeron al desarrollo de una actividad que debe tomar en cuenta los precios internacionales. Una vez reforzada la estabilidad jurídica de los títulos mineros, modernizada su administración y superadas las barreras de entrada, la orientación de las reformas macroeconómicas fue un factor determinante en las decisiones de inversión.

---

9. Esta sección está basada en Sánchez Albavera y otros (1999).

Desde esta perspectiva, las reformas más destacables son las que influyeron en los costos, en la gestión comercial y financiera y en la distribución de los resultados del ejercicio económico. Entre las primeras vale mencionar la reducción de los niveles de protección arancelaria; la implantación de mecanismos de reintegro (*draw back*) de impuestos pagados en el proceso productivo; la disminución o supresión de regalías, cánones u otros impuestos indirectos, así como la eliminación de impuestos específicos o tarifas discriminatorias por el uso de infraestructura (energética, portuaria y otras). Respecto de las segundas, corresponde señalar la remoción de las restricciones comerciales y cambiarias y la libre movilidad de capitales. Entre las terceras reformas fueron importantes la rebaja del impuesto a las ganancias, los estímulos a la reinversión de utilidades, la eliminación de las restricciones a su remisión al exterior y la suscripción de acuerdos sobre estabilidad tributaria y garantías para la inversión. Estas medidas, junto con las anteriores, no sólo fueron funcionales con respecto al carácter global de las empresas mineras extranjeras, sino que crearon un ambiente muy favorable a la inversión en el sector.

Ciertamente, estas reformas no se impulsaron de la misma manera, ni con igual intensidad u oportunidad. Por ende, la mayor afluencia de inversión se concentró en aquellos países que no sólo ofrecían mayores ventajas comparativas, sino que habían otorgado con mayor rapidez un trato más favorable a la inversión. Considerando que la renta minera que se distribuye corresponde a la porción que resulta de restar la expectativa mínima de ganancia de la rentabilidad neta de impuestos de un proyecto, se observa que en Chile la mayor proporción de dicha diferencia se destina a los inversionistas, además de reducir la carga impositiva durante los primeros años de las operaciones. En la mayoría de los países de la región se cuenta con regímenes atrayentes que ofrecen incentivos competitivos con respecto a los que se otorgan en otras regiones. Asimismo, en los años noventa se intensificó la competencia intrarregional para atraer inversiones.

Un hecho importante ocurrido en el decenio fue que en muchos países de la región se consolidaron instituciones y normas ambientales, en un marco de acelerada internacionalización de estos temas (véase el capítulo 7). Se aprecia un progresivo aumento tanto de la condicionalidad de base ambiental en el financiamiento de proyectos mineros como de las presiones de la sociedad civil en este ámbito. La respuesta de las empresas ha sido muy dinámica y han puesto en práctica políticas que buscan garantizar la armonía de las operaciones con el medio ambiente y las comunidades locales. Las nuevas inversiones incorporan tecnologías ecológicamente más amigables, de modo que los principales pasivos ambientales se refieren en su mayor parte a las operaciones antiguas.

b) Resultados de las reformas

Las reformas incidieron favorablemente en la inversión, pero la competitividad de la minería regional en el exterior continuó siendo vulnerable, dados los insuficientes avances en la incorporación de valor agregado a las exportaciones y la inestabilidad de los mercados mundiales. Durante los años noventa se produjo en la región un auge exploratorio que dio origen a un importante, aunque muy concentrado, incremento de la inversión minera.

En 1990, las grandes empresas mineras asignaban a la exploración en América Latina presupuestos inferiores a 200 millones de dólares anuales. Las nuevas condiciones para la inversión minera y diversos factores que venían afectando desde los años ochenta el gasto exploratorio en países como Australia, Canadá y Estados Unidos, despertaron el interés por incrementar esta actividad en la región[10]. Fue así que hacia 1994, los presupuestos de exploración en América Latina aumentaron a 544 millones de dólares anuales y, a partir de ese año, empezaron a crecer a altas tasas que en 1997 los situaron en 1.170 millones de dólares. Ese año, la región logró captar 29% del total de los presupuestos mundiales de exploración, estimado en 4.030 millones de dólares[11]. Esta evolución y su magnitud relativa con respecto a algunos países industrializados se presentan en el Gráfico 4.1.

No existen estadísticas que permitan observar el comportamiento de la inversión materializada en nuevos proyectos para el conjunto de la región. Una muestra de cinco países arrojó inversiones del orden de los 17.379 millones de dólares para el período 1990-1997. Sin embargo, estos caudales exhibieron un fuerte grado de concentración, como consecuencia de la gran magnitud de las inversiones cupríferas realizadas en Chile, país que captó 51% del monto total registrado en la muestra[12].

El posicionamiento del sector minero regional muestra, sin embargo, ciertos factores de vulnerabilidad. Algunos de los principales son el peso decreciente de los productos mineros en el comercio internacional, el insuficiente esfuerzo de incorporación de valor agregado, los cambios estructurales en el consumo mundial y el persistente deterioro de los precios reales.

---

10. Entre estos factores podría mencionarse el aumento de los costos de exploración en Estados Unidos y Canadá, sea por la vigencia de nuevos requisitos ambientales en ambos países o por la cancelación de incentivos fiscales en Canadá; y el agotamiento de las reservas en algunas zonas mineras. Las empresas australianas intensificaron sus operaciones en el exterior por razones parecidas, a las que deben agregarse las nuevas posibilidades respecto del cobre y el oro abiertas por los adelantos tecnológicos, así como los altos costos de operación de la minería aurífera en zonas tradicionales, como Sudáfrica.

11. Hacia fines del decenio, sin embargo, los presupuestos de exploración se redujeron notablemente como resultado de la sostenida disminución de los precios y de la crisis asiática. La última cifra disponible indica que en 1998 se destinaron a exploración sólo 2.830 millones de dólares; no obstante, la región mantuvo una participación cercana a un tercio de los gastos mundiales presupuestados.

12 . Según cifras de la Cepal, sobre la base de información oficial de los gobiernos respectivos, la inversión materializada en los otros países de la muestra fue la siguiente: Brasil, 24%; Perú, 12%; Argentina, 10%; y México, 3%.

Gráfico 4.1
PRESUPUESTOS DE EXPLORACIÓN A ESCALA MUNDIAL, 1999

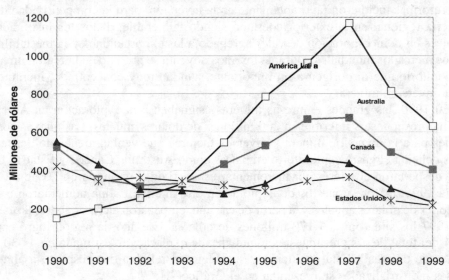

Fuente: Cepal, sobre la base de cifras del Metals Economics Group.

Particularmente insatisfactorios en términos de participación han sido los resultados en el caso de productos con mayor grado de elaboración. En lo que respecta a la extracción de la mayoría de los minerales (producción de mina), la participación regional se incrementó, pero no mostró mejoras significativas en cuanto a los bienes con mayor valor agregado (producción de refinados), con excepción del cobre (véase el Cuadro 4.10). El predominio de productos con bajo grado de elaboración y el descenso del aporte a la producción mundial de refinados explican, en gran medida, el hecho de que la región no aumentase su participación en el valor de las exportaciones mundiales, que durante los años noventa se mantuvo en una proporción prácticamente equivalente a 12%[13].

La participación regional en las exportaciones de minerales y concentrados aumentó tanto en volumen como en valor, con la excepción del ferroníquel y el zinc. A su vez, en casi todos los casos se redujo la participación en las exportaciones de refinados, también en volumen y en valor, según se muestra en el Cuadro 4.11. El

---

13. La contribución de América Latina al total mundial de las exportaciones de minerales y metales fue de 12,7% en 1990 y de 11,8% en 1995 y 1997, mientras que la de los países desarrollados se redujo de 60% en 1990 a 58,4% en 1995 y a 57,3% en 1997; los beneficiados fueron otros países en desarrollo, cuya participación subió de 16,7% en 1990 a 20,3% en 1995 y a 21,8% en 1997.

cobre constituyó la excepción, pero debe precisarse que la participación en las exportaciones de mineral y concentrados se incrementó más que en las de refinados (Moussa, 1999).

Cuadro 4.10
AMÉRICA LATINA: PRODUCCIÓN DE MINERALES Y METALES
(Tasas medias anuales y porcentajes)

	Participación en la producción mundial (%)		Tasa de crecimiento
	1990	1999	1990-1999
MINA			
Bauxita	23	27	2.9
Cobre	25	44	10.5
Estaño	27	25	-1.3
Níquel	7	15	11.2
Plomo	13	13	-0.2
Zinc	17	21	3.3
REFINADOS			
Aluminio	9	9	1.8
Cobre	16	26	9.2
Estaño	23	15	-3.8
Níquel	7	11	7.4
Plomo	8	7	0.2
Zinc	7	7	2.7

Fuente: Oficina Mundial de Estadísticas del Metal, *World Metal Statistics*, varios números.

Los resultados tampoco fueron satisfactorios con respecto a las exportaciones mundiales de semimanufacturas de origen minero. Entre 1990 y 1997, la contribución de la región al volumen exportado de semimanufacturas de aluminio y de estaño se redujo (de 4,3% a 2,7% y de 4% a 1,5%, respectivamente), y se mantuvo estancada en el caso de las de cobre (en torno de 3,7%) y níquel; sólo las de plomo y zinc registraron un incremento, moderado las primeras y muy significativo las segundas (de 3,9% a 20,2%).

El comportamiento del consumo en los países desarrollados es determinante en el destino de las exportaciones mineras. Los cambios estructurales respecto de la incorporación de metales por unidad de producto observados en el consumo mundial continúan siendo un factor de vulnerabilidad. Sin embargo, el efecto de sustitución que marcó los dos decenios anteriores no tuvo, aparentemente, el mismo peso en los años noventa[14]. De hecho, las tasas de crecimiento del consumo mundial mejoraron mo-

---

14. Entre 1990 y 1998, la participación de los países desarrollados en el consumo mundial de metales como el cobre y el zinc no se redujo significativamente con respecto a comienzos de los años ochenta, y se incrementó en los casos del aluminio, el estaño y el níquel. Además, durante los noventa exhibieron, en la mayoría de los productos, tasas de crecimiento del consumo superiores a las del decenio anterior.

destamente durante el período 1990-1998 con respecto a los años ochenta, gracias, en parte, al mayor consumo de los países en desarrollo. No obstante, prosiguió el deterioro de los precios reales de la mayoría de los productos mineros (véase el Cuadro 4.12).

Cuadro 4.11
AMÉRICA LATINA: PARTICIPACIÓN EN EL VOLUMEN Y EL VALOR
DE LAS EXPORTACIONES MUNDIALES DE
LOS PRINCIPALES METALES
(En porcentajes)

	Volumen		Valor	
	1990	1998	1990	1998
Bauxita	31.2	32.7	31.9	38.6
Aluminio	14.1	8.5	12.9	8.2
Mineral y concentrado de cobre	19.6	36.8	19.1	33.9
Cobre refinado	36.0	42.1	36.7	41.4
Mineral y concentrado de estaño	30.4	33.1	28.7	32.3
Estaño refinado	23.0	10.4	22.5	10.7
Ferroníquel	39.2	29.0	43.0	37.2
Níquel refinado	4.3	1.3	4.3	1.1
Mineral y concentrado de plomo	20.3	20.5	21.5	30.6
Plomo refinado	13.3	9.7	12.7	8.8
Mineral y concentrado de zinc	26.1	25.4	24.2	26.2
Zinc	10.1	6.5	9.8	6.6

Fuente: Conferencia de las Naciones Unidas sobre Comercio y Desarrollo (Unctad), *Handbook of World Mineral Trade Statistics, 1990-1995* (Unctad/ITCD/COM/2), Nueva York, 1997. Publicación de las Naciones Unidas, N° de venta: E.97.II.D.3 y *Handbook of World Mineral Trade Statistics, 1993-1998* (Unctad/ITCD/COM/25), Nueva York, 2000. Publicación de las Naciones Unidas, N° de venta: E.97.00.D.9.

Estas tendencias afectaron seriamente a las operaciones de la pequeña minería formal y pusieron en riesgo de extinción la minería artesanal e informal. Ambos grupos, y en especial el último, plantean un problema pendiente y difícil de resolver por sus condiciones de operación, generalmente con costos poco competitivos, baja seguridad ocupacional y efectos negativos sobre el medio ambiente. Un pasivo muy importante de las políticas mineras de los años noventa es no haber encarado estos problemas de manera resuelta.

Para finalizar, vale insistir en que la región cuenta con una importante base de recursos mineros para impulsar el crecimiento económico, aunque existe todavía un amplio potencial por explorar. Los recursos son diversificados, si bien se concentran en pocos países, hecho que determina grados significativos de especialización productiva. Pero esto también ofrece un potencial de complementariedad que podría estimular un mayor intercambio intrarregional a medida que se alcancen más altos niveles de desarrollo.

Cuadro 4.12
ÍNDICES DE PRECIOS REALES DE LOS PRINCIPALES METALES[a]
(1990=100)

	1990	1991	1992	1993	1994	1995	1996	1997	1998	1999
Aluminio	100.0	77.7	71.7	65.3	81.7	92.4	80.6	90.2	79.6	80.2
Cobre	100.0	86.0	80.4	67.6	78.7	92.5	75.6	79.1	59.8	57.1
Estaño	100.0	87.7	91.7	77.8	79.5	83.5	86.7	83.7	85.4	83.6
Níquel	100.0	90.0	74.1	56.2	64.9	77.9	74.2	72.2	50.2	65.5
Plomo	100.0	67.3	62.7	47.3	61.3	65.3	83.8	71.2	62.7	59.9
Zinc	100.0	72.0	76.6	59.7	59.6	57.0	59.2	80.1	64.8	68.4

Fuente: Conferencia de las Naciones Unidas sobre Comercio y Desarrollo (Unctad), *Monthly Commodity Price Bulletin*, Nueva York, varios volúmenes, varios números; Banco Mundial, *Global Commodity Markets*, Washington, D.C., varios números.
a Deflactor: índice del valor unitario de las manufacturas (VUM), Banco Mundial.

Las estrategias y políticas para elevar la competitividad deberían inducir una mayor incorporación de progreso técnico para poner en operación las reservas disponibles y disminuir los costos, con vistas a una reconfiguración de la oferta mundial que permita a América Latina incrementar su participación en el comercio internacional, sobre la base de ventajas competitivas sostenibles en el largo plazo.

El nuevo ciclo de inversiones mineras registrado en los años noventa apuntó en esa dirección y no respondió sólo a las ventajas naturales existentes, sino también al mayor grado de funcionalidad de las políticas económicas respecto de la explotación de los recursos naturales. A fines del decenio surgieron dudas respecto de la factibilidad de mantener el ritmo de crecimiento de la inversión minera logrado en los años noventa. No obstante, se estima que entre el 2000 y el 2007 la inversión minera mundial totalizaría 51.000 millones de dólares, de los cuales la región podría absorber 32%[15].

Debe advertirse, empero, que algunos países en desarrollo están alcanzando un grado de madurez industrial que implicaría una tendencia del consumo similar a la de los países desarrollados, es decir, tasas menores que las registradas en los períodos más dinámicos de su industrialización. De allí que la evolución del mercado mundial estará más influenciada por el comportamiento del mercado de países como China, que exhibió elevadas tasas de consumo en los años noventa, y por la aceleración del crecimiento industrial en otros países en desarrollo, entre ellos los de América Latina.

---

15. La estimación es de la revista *Engineering and Mining Journal*, que publica anualmente una encuesta sobre las proyecciones de inversión en el decenio siguiente, considerando los proyectos en ejecución y los que sería factible que se concretaran.

4. El sector industrial

a) Dinamismo y restructuración industrial

El crecimiento del sector industrial ha mostrado importantes cambios de tendencia en distintos períodos de los últimos 50 años. Tras su exitoso desempeño entre 1950 y 1974, etapa en que se expandió a razón de 6,8% en promedio anual, durante el período 1974-1980 ese ritmo se desaceleró hasta llegar a una tasa media de 4,3%, para luego desplomarse durante los años ochenta a sólo un 0,4% de crecimiento promedio anual. Si bien el sector industrial mostró una importante recuperación en los años noventa, con una tasa media anual de 3,1%, no volvió a lograr el dinamismo de los años previos a la crisis de la deuda y, además, se ubicó ligeramente por debajo del crecimiento del PIB, aunque con diferencias entre subregiones y países. En los de América del Sur, la tendencia dominante en el comportamiento del producto industrial fue el impacto negativo que generó la retracción de las ramas productoras de bienes transables, cuya participación en el mercado interno se redujo y no lograron expandir significativamente sus exportaciones. En Argentina, Chile y Uruguay, los países en que se introdujeron tempranamente las reformas, este fenómeno tuvo lugar sobre todo a fines de los años setenta y ochenta, consolidándose en los noventa. En otros casos, como los de Brasil y Colombia, la tendencia se manifestó en la década de 1980 y, con mayor intensidad en los años noventa. Tanto en Brasil como en los países del Cono Sur (Argentina, Chile, Paraguay y Uruguay) y la Comunidad Andina (excepto Ecuador y Perú), el producto industrial evolucionó claramente por debajo del incremento del PIB a partir de 1990, al contrario de lo ocurrido desde la posguerra hasta 1980. En contraste, en México y algunos países centroamericanos y caribeños varios subsectores industriales mantuvieron o aumentaron su participación en el producto, gracias al dinamismo de las exportaciones de manufacturas. Como consecuencia de ello el producto industrial se expandió a tasas mayores que las del PIB (véase el Gráfico 4.2).

Este contraste en la evolución global fue acompañado de importantes transformaciones en el patrón de especialización productiva dentro de la industria de los países de la región. El Cuadro 4.13 permite apreciar los cambios intertemporales del peso relativo de las distintas ramas de la industria manufacturera en cinco países latinoamericanos. En todos ellos la participación relativa en el producto de las ramas tradicionales y con uso intensivo de mano de obra, especialmente la textil y del vestuario, se redujo, incluso con caídas en términos absolutos en algunos casos. En un contexto de amplia apertura comercial y revaluación de las monedas nacionales, estas ramas no pudieron enfrentar con éxito la competencia de los países asiáticos, por problemas de precios (en el tramo bajo del mercado), ni de los países europeos, por razones de diseño, terminación, calidad y diferenciación de productos (en el tramo alto). También las ramas productoras de bienes de capital y algunas de insumos industriales,

Gráfico 4.2
AMÉRICA LATINA: TASAS DE CRECIMIENTO DEL PRODUCTO INDUSTRIAL Y DEL PIB
(Tasas medias anuales)

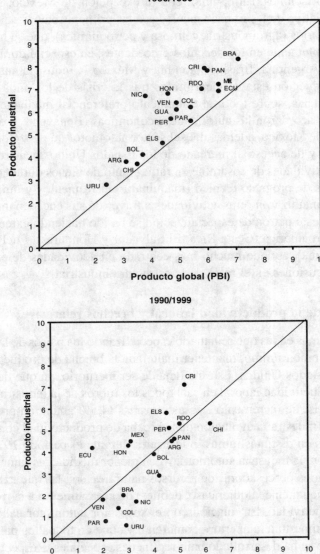

Fuente: Cepal, sobre la base de cifras oficiales.

experimentaron dificultades debido al mayor contenido importado de la producción industrial de la región. Estas tendencias, ya presentes con anterioridad en algunos países, se acentuaron en los años noventa a raíz de la expansión del consumo facilitada por el aumento de los ingresos reales, la recuperación del crédito y el abaratamiento de las importaciones. En cambio, con la excepción de México, se consolidó la importancia relativa de las ramas vinculadas a las primeras etapas de transformación de bienes primarios (agroindustria, celulosa y petroquímica), que se había incrementado considerablemente en los decenios precedentes, en especial durante el de 1980. Asimismo, en Argentina, Brasil, Colombia y México la industria automotriz, cuyos niveles de producción estaban deprimidos tras la crisis de los años ochenta, logró recuperarse gracias, sobre todo, al tratamiento preferencial mediante regímenes especiales que le acordaron las autoridades económicas (Benavente y otros, 1996).

En el caso de México, además del subsector automotor que gozó de un tratamiento preferencial y de acceso al mercado de los Estados Unidos, ganaron ponderación una serie de actividades de ensamble en ramas tanto de bienes duraderos de uso final como difusoras de progreso técnico (maquinaria, instrumentos y química fina). Éstas, a su vez, dinamizaron otras actividades a través de sus encadenamientos productivos. Parte de este patrón de especialización se ha ido haciendo extensivo a algunos países de Centroamérica (Costa Rica, El Salvador y Honduras) y del Caribe (República Dominicana), aunque mucho más centrado en actividades de ensamble y con menores repercusiones en el resto de la estructura industrial.

b) Evolución de la productividad laboral y brechas relativas

Las distintas ramas en las que se han ido especializando los países de la región son las que lograron, como mínimo, mantener inalterada la brecha de productividad en relación con los Estados Unidos. Esto no deja de ser meritorio, ya que durante los años noventa la productividad laboral en casi todos los rubros de la industria manufacturera estadounidense se incrementó a tasas elevadas (4,5% anual, en promedio). En el Cuadro 4.14 se muestra la evolución de la brecha de productividad con respecto a los Estados Unidos en distintas ramas industriales durante el período 1970-1998. En el caso de la región, la industria automotriz y, en menor medida, las ramas intensivas en conocimiento y las procesadoras de recursos naturales, son las que exhiben procesos más claros (aunque, en cualquier caso, débiles) de acercamiento a la frontera internacional de productividad. En relación con el subsector automotor cabe recordar que fue el menos expuesto a la apertura comercial, ya que en todos los países donde esta actividad existe se ha desarrollado bajo regímenes especiales. Respecto de las ramas productoras de bienes intensivos en conocimiento, es preciso señalar que corresponden, casi en su totalidad, a actividades de ensamble lideradas por subsidiarias de empresas transnacionales, cuyos laboratorios de investigación y desarrollo, así como

Cuadro 4.13
AMÉRICA LATINA (5 PAÍSES): CAMBIOS EN LA ESTRUCTURA DE LA PRODUCCIÓN INDUSTRIAL[a]
(En porcentajes)

	Argentina			Brasil			Chile		
	1970	1990	1999	1970	1990	1999	1970	1990	1999
I. Industria metalmecánica (excluidos automotores)	15,6	14,3	13,4	18,8	22,9	22,2	15,9	10,8	11,9
II. Equipo de transporte	9,9	8,5	12,8	9,9	7,0	8,4	7,7	2,3	1,9
III y IV. Alimentos, bebidas y tabaco más industrias procesadoras de recursos naturales	36,2	46,7	43,6	35,8	39,6	43,7	41,7	54,5	56,2
V. Industrias tradicionales (con uso intensivo de mano de obra)	38,2	30,5	30,2	35,5	30,5	25,8	34,7	32,4	30,0

	Colombia			México		
	1970	1990	1998	1970	1990	1999
I. Industria metalmecánica (excluidos automotores)	10,7	9,6	9,7	13,3	12,3	15,2
II. Equipo de transporte	2,9	4,3	6,3	5,5	9,5	13,1
III y IV. Alimentos, bebidas y tabaco más industrias procesadoras de recursos naturales	45,7	51,1	55,0	46,8	46,8	44,5
V. Industrias tradicionales (con uso intensivo de mano de obra)	40,7	34,9	29,0	34,4	31,4	27,2

Fuente: Cepal sobre la base de cifras oficiales.
a I   CIIU 381,382,383,385);
  II CIIU 384;
  III+IV CIIU 311,313,314 más CIIU, 341, 351, 354, 355, 356, 371, 372;
  V   CIIU 321, 322, 323, 324,, 331, 332, 342, 352, 361, 362, 369, 390.

sus departamentos de ingeniería, están localizados fuera de la región. Por último, las industrias procesadoras de recursos naturales muestran desde los años ochenta una sostenida reducción de la brecha de productividad con respecto a los Estados Unidos (Katz, 2000b).

Asimismo, cuando el período 1970-1998 se desagrega en los subperíodos 1970-1990 y 1990-1998 y se calcula el coeficiente de asociación estadística del comportamiento de cada rama en uno y otro subperíodo, se constata un claro fenómeno de dependencia de la trayectoria. En otras palabras, las ramas de la industria manufacturera que durante la fase de sustitución de importaciones tendían a mostrar un desempeño relativamente mejor que el promedio en cuanto al estrechamiento de la brecha de productividad con respecto a sus homólogas estadounidenses, son las mismas que exhiben un comportamiento similar en la etapa posterior a la apertura y la liberalización de las economías[16].

Cuadro 4.14
**EVOLUCIÓN DE LA BRECHA RELATIVA ENTRE LA PRODUCTIVIDAD
LABORAL REGIONAL[a] Y LA DE ESTADOS UNIDOS,
1970-1998**
(En porcentajes de la productividad de Estados Unidos)

Ramas	1970-1979	1980-1989	1990-1998
Metalmecánica	26,2	28,0	26,7
Automotriz	26,4	29,2	36,1
Intensivas en conocimiento	26,5	28,6	30,4
Procesadoras de recursos naturales	26,1	27,4	29,4
Intensivas en trabajo	28,3	28,9	26,0
Total industrial	27,1	28,6	28,7

Fuente: Cepal , sobre la base de cifras oficiales compiladas en la base de datos del Programa de Análisis de la Dinámica Industrial (PADI).
a Los países incluidos son Argentina, Brasil, Chile, Colombia, México y Perú.

En el Cuadro 4.15 se presentan estimaciones de las tasas de crecimiento del producto, el empleo y la productividad laboral de la industria en algunos países latinoamericanos y en los Estados Unidos[17]. Como se puede apreciar, en el período 1970-

16. La estimación de corte transversal para cada país, con 27 observaciones en cada caso, a nivel de tres dígitos de desagregación de la CIIU, indica que los coeficientes de asociación son estadísticamente significativos en todos ellos (Katz, 2000b).
17. Para el cálculo se ha utilizado la base de datos del Programa de Análisis de la Dinámica Industrial (PADI), recientemente compilada por la Cepal, que permite construir indicadores de productividad laboral, medida como valor agregado por año/hombre, para el período 1970-1996, por países y ramas industriales. A partir de esta información es posible efectuar, por primera vez, comparaciones entre países de la región, y entre éstos y países desarrollados.

1990, sólo en tres países de la región, Argentina, Colombia y México, la industria alcanzó ritmos de expansión de la productividad laboral superiores a los registrados en el sector manufacturero estadounidense, y en Brasil la tasa fue sólo ligeramente inferior. Estos son los países cuya brechas relativas de productividad laboral con respecto a los Estados Unidos han exhibido una tendencia decreciente de largo plazo, pese a que la distancia en términos absolutos todavía es grande[18]. En el resto de los países considerados, esto es Chile, Costa Rica, Jamaica, Perú y Uruguay, la evolución de la brecha a largo plazo ha sido creciente. En los años noventa cabe destacar los casos de Argentina, Brasil y Uruguay, cuyas tasas de crecimiento de la productividad laboral superaron las correspondientes a los Estados Unidos en el mismo período.

Cuadro 4.15
CRECIMIENTO DEL PRODUCTO INDUSTRIAL, EL EMPLEO
Y LA PRODUCTIVIDAD LABORAL MANUFACTURERA
(Tasas medias anuales)

	Producto industrial		Empleo		Productividad laboral	
	1970-1990	1990-1999	1970-1990	1990-1999	1970-1990	1990-1999
Argentina [a]	0.1	5.2	-2.5	-2.2	1.4	8.1
Chile	1.9	4.1	1.0	0.8 [b]	0.8	4.2 [b]
Colombia [a]	4.5	1.9	1.9	-1.8	2.6	3.7
Costa Rica	4.8	…	5.0 [c]	…	-0.8 [c]	…
Jamaica	0.5	…	1.8	…	-1.3	…
México	4.1	3.6	1.1	0.2	3.0	3.4
Perú [d]	0.7	5.1	3.1	2.0	-2.4	3.1
Uruguay [d]	1.1	-1.5	-0.2	-8.6	-1.8	7.1
Estados Unidos [a]	1.5	4.2	3.0	-0.2	1.7	4.5

Fuente: Cepal sobre la base de cifras oficiales.
a Los datos del segundo período corresponden a 1990-1998.
b Los datos sobre empleo y productividad del segundo período corresponden a 1990-1998.
c Los datos sobre empleo y productividad del primer período corresponden a 1984-1990.
d Todos los datos del segundo período corresponden a 1990-1996.

Interesa señalar, sin embargo, que las ganancias de productividad laboral de la industria manufacturera se han logrado en un escenario de significativo aumento de las importaciones, desaparición física de un considerable número de pequeñas y medianas empresas manufactureras, mayor especialización de la producción industrial

---

18. Cabe recordar, sin embargo, las importantes diferencias absolutas de la productividad laboral; este indicador, medido en términos de la productividad laboral de los Estados Unidos, alcanzaba los siguientes valores en 1996: Argentina, 0.67; Brasil, 0.37; Chile, 0.20 (1995); Colombia, 0.34; Costa Rica, 0.14 (1992); Jamaica, 0.13 (1992); México, 0.38 (1994); Perú, 0.15; y Uruguay, 0.22 (1995). Estos valores han sido calculados a partir de la base de datos PADI de la Cepal, que contiene cifras oficiales de los países.

y expansión de la capacidad instalada y modernización tecnológica de unas pocas empresas, en su gran mayoría subsidiarias de firmas transnacionales. La ponderación relativa de estos factores varía según los países.

En el caso del grupo formado por Argentina, Brasil y Uruguay y, en menor medida, Colombia, las ganancias de productividad en los años noventa fueron acompañadas de la expulsión de mano de obra del sector y ritmos más moderados de crecimiento del producto. De hecho, en los tres primeros países la destrucción masiva de empleo industrial fue el correlato de la reducción de la brecha de productividad con respecto a los Estados Unidos que lograron. Por el contrario, en Chile y Perú, la elevación de la productividad fue acompañada de un crecimiento del empleo manufacturero y de una expansión todavía mayor del producto industrial.

Para el conjunto de la región, todo parece indicar que las conductas defensivas de la comunidad empresaria aún constituyen más la norma que la excepción, en el marco de escenarios macroeconómicos insuficientemente consolidados. El nuevo patrón de especialización productiva muestra un flanco particularmente débil en lo que atañe a su composición y, particularmente, a la generación de nuevos puestos de trabajo, sobre todo de aquellos de alta calificación y bien remunerados.

c) Las exportaciones manufactureras y el dinamismo del comercio mundial

En lo que respecta a las manufacturas, la más amplia e intensa competencia internacional constituye una de las principales características del proceso de globalización. Cada vez es mayor el peso de las manufacturas en la composición de los flujos internacionales de comercio de bienes. Los 50 grupos de productos más dinámicos entre los 239 grupos identificados a tres dígitos de la Clasificación Uniforme para el Comercio Internacional, representaron alrededor de la mitad de las importaciones de los países de la Organización de Cooperación y Desarrollo Económico (OCDE) en 1996, mientras que en 1980 alcanzaban sólo a 28%. Los mayores incrementos correspondieron a las industrias de computadoras, otras maquinarias eléctricas y equipos electrónicos, confecciones, químico-farmacéutica, automotriz y de maquinaria no eléctrica. Estos subsectores reúnen 34 de las 50 ramas exportadoras más dinámicas y en 1996 su participación en las importaciones totales del mercado de la OCDE fue 40%. La de los otros 16 grupos de productos dinámicos, que en su mayoría son también manufacturas, bordeó 12%. Una característica común de estas ramas es que no están basadas en recursos naturales. De hecho, la mayor competencia internacional viene acompañada de una disminución de la importancia relativa de los recursos naturales y de las manufacturas basadas en ellos.

Varios países asiáticos han logrado aumentar su participación de mercado en las importaciones de manufacturas de la OCDE durante el período 1980-1996, con lo cual ocuparon 8 de los 10 primeros lugares. Los otros dos correspondieron a México y

España. Estos 10 países aportaron algo más de una cuarta parte de las importaciones totales y su éxito radicó en su capacidad para ganar participación en los grupos de productos más dinámicos. Estos países se especializaron, en alrededor de un 80%, en la exportación de las denominadas "estrellas nacientes", según la matriz de Análisis de la Competitividad de los Países (CAN) de la Cepal.

Cuadro 4.16
AMÉRICA LATINA Y EL CARIBE: MATRIZ DE ANÁLISIS DE LA COMPETITIVIDAD DE LOS PAÍSES (CAN), 1980-1996 [a] [b]

	Aumenta participación de mercado	Disminuye participación de mercado
Productos dinámicos	Estrellas nacientes República Dominicana (76,0%) México (71,8%) Honduras (62,3%) El Salvador (54,5%) Costa Rica (46,1%)[c] Guatemala (42,5%)[c]	Oportunidades perdidas Haití (68,2%)
Productos no dinámicos	Estrellas menguantes Paraguay (71,6%) Venezuela (62,0%) Ecuador (58,6%) Chile (54,9%) Uruguay (52,7%) Argentina (48,2%) Colombia (44,4%) Bolivia (43,0%) Brasil (37,7%)	Deterioro competitivo Suriname (64,5%) Nicaragua (48,8%) Guyana (47,3%) Perú (46,0%) Panamá (44,7%)

Fuente: Cepal sobre la base del programa de computación Análisis de la Competitividad de los Países (CAN).
a   Los países se sitúan en los cuadrantes a los que corresponde más de 40% del valor total de sus exportaciones de bienes a la OCDE.
b Entre paréntesis figura el porcentaje de las ventas de los productos indicados en el cuadrante respecto del total de las exportaciones a la OCDE.
c   Países cuyas exportaciones a la OCDE corresponden en proporciones aún mayores a la categoría "estrellas menguantes".

En el Cuadro 4.16 se muestran los resultados de la aplicación de esta metodología a los países de América Latina y el Caribe, que tienen en un único cuadrante de la matriz de competitividad más de 40% del valor total de sus exportaciones de bienes a la OCDE. Sólo México y tres países de la Cuenca del Caribe (cinco si se incluye a Costa Rica y Guatemala, si bien allí el peso relativo de las "estrellas menguantes" es mayor), lograron especializarse en "estrellas nacientes", principalmente en las industrias automotriz y electrónica en el caso de México (y, más recientemente, de Costa Rica), y en la de confecciones en el de Centroamérica y el Caribe. Los países de

América del Sur se han especializado más bien en "estrellas menguantes", ganando participación de mercado con productos que no son dinámicos dentro de las importaciones de la OCDE y que, en esencia, corresponden a recursos naturales y manufacturas basadas en ellos. Países que, como Argentina, Brasil, Chile y Colombia, han aumentado su participación en estas ramas procesadoras de recursos naturales, enfrentan una demanda mundial que crece lentamente.

Por otra parte, es necesario resaltar el efecto de la volatilidad de los precios de los productos básicos industriales de uso difundido (*commodities*), en los que se han ido especializando esos países, sobre la evolución del desequilibrio externo y la macroeconomía en general[19]. En suma, si a una situación de déficit en cuenta corriente en el límite de lo sostenible se agrega una estructura de especialización productiva en productos caracterizados por una demanda mundial que crece lentamente y una alta volatilidad de precios, el efecto acumulado en la coyuntura puede imponer la necesidad de frecuentes y severos ajustes macroeconómicos.

d) La heterogeneidad del comportamiento de los agentes productivos

La globalización ha modificado progresivamente la estructura del mercado internacional, la naturaleza de los competidores, las exigencias tecnológicas, las regulaciones y normas internacionales en el campo del comercio, las inversiones y la propiedad intelectual. Así, las empresas manufactureras se han visto enfrentadas a una nueva situación competitiva que ha alterado la estructura, calidad y magnitud de sus inversiones en América Latina y el Caribe. Las políticas nacionales, a su vez, han transformado sustancialmente el ambiente local de negocios al incentivar decisiones de inversión por parte de empresas nacionales e internacionales que ya operaban en la región o comenzaron a hacerlo.

En dicho contexto, las subsidiarias de empresas transnacionales antiguas y nuevas se vieron obligadas a redefinir su posicionamiento mediante diferentes estrategias (véase el capítulo 2). Algunas apuntaron a lograr mayor eficiencia, integrar sus filiales en programas globalizados, realizar nuevas inversiones y aumentar su presencia en el mercado mundial; otras, en tanto, buscaron penetrar y defender los mercados nacionales y subregionales[20]. Hacia fines del decenio se apreciaba su mayor protagonismo entre las 255 empresas de la industria manufacturera que integraban el grupo de las 500 mayores empresas de América Latina y el Caribe. Así, las subsidia-

---

19. A la volatilidad en los precios internacionales de las materias primas y los productos básicos industriales se agregó, en años recientes, una significativa retracción de los precios de los bienes de capital, razón por la que el impacto *a priori* en los términos de intercambio no resulta obvio.

20. Aparte de estos cambios, hacia el fin del decenio se produjeron importantes procesos de integración horizontal en grandes conglomerados transnacionales, que abarcan actividades primarias, industriales y de servicios.

rias de transnacionales aportaron 52,8% de las ventas industriales y una proporción aún mayor de las exportaciones (62%). Según se muestra en el Cuadro 4.17, las ramas con mayor participación en estas empresas fueron la automotriz y las intensivas en conocimiento, con 89,8% y 77,9% de los totales respectivos, además de ser, precisamente, las ramas industriales que registraron los mayores incrementos de productividad.

A su vez, las grandes empresas de capital nacional también procuraron ajustarse al nuevo orden económico mundial, concentrándose preferentemente en las ramas industriales procesadoras de recursos naturales (77,7%), metalmecánicas (63,8%) e intensivas en trabajo (62,7%)[21]. Los importantes cambios acarreados por este proceso se manifestaron, por una parte, en la configuración de empresas y plantas industriales y, por la otra, en la dinámica de la estrategia general de los grupos económicos integrantes de dichas empresas (Garrido y Peres, 1998).

Cuadro 4.17
AMÉRICA LATINA Y EL CARIBE: EMPRESAS DE LA INDUSTRIA MANUFACTURERA EN EL GRUPO DE LAS 500 MAYORES EMPRESAS, 1998
(En millones de dólares y porcentajes)

	Total	Porcentajes		
		Privadas	Extranjeras	Estatales
1. Número	255	55,3	44,3	0,4
2. Ventas	261.417	46,3	52,8	0,9
3. Composición por ramas				
– Metalmecánica	5.227	63,8	36,2	0,0
– Automotriz	70.008	10,2	89,8	0,0
– Intensivas en conocimiento	40.324	22,1	77,9	0,0
– Procesadoras de recursos naturales	68.462	77,7	19,0	3,3
– Intensivas en trabajo	77.336	62,7	37,3	0,0
4. Exportaciones	56.417	38,0	62,0	0,0

Fuente: Cepal, sobre la base de datos de la revista *América economía*.

A nivel de las empresas y plantas industriales, los principales cambios se han dado en las funciones organizativas, comerciales y financieras; los de menor magnitud, en los planos productivo y tecnológico. Las organizaciones empresariales han tendido a reducir sus niveles jerárquicos y horizontalizar su estructura, concentrar actividades en centros o unidades de negocios y aumentar la profesionalización de su

---

21. Otro hecho destacable es la virtual desaparición de las empresas manufactureras estatales, después del intenso proceso de privatizaciones emprendido en todos los países de la región.

gestión. Esta modernización coincidió, en algunos casos, con un relevo generacional en el control familiar. En dicho contexto, la función comercial y la ingeniería financiera siguen siendo las áreas más fuertes de la gestión.

En cuanto a las estrategias de crecimiento de los grupos, existen diversas alternativas para ordenar los cambios ocurridos. En general, se distinguen tres estrategias: retirada, defensiva y ofensiva. La primera implica, en el largo plazo, la terminación de actividades o la pérdida del control de la empresa por parte de sus propietarios iniciales. Más que en el cierre de empresas, los ejemplos tienden a concentrarse en la venta, total o del control mayoritario, al capital transnacional.

La estrategia defensiva del mercado interno adoptó diferentes modalidades, tales como la realización de inversiones preventivas, especialmente en las economías más grandes; la importación de productos terminados para comercializarlos aprovechando redes locales de distribución; una más amplia e intensa orientación hacia el cliente, particularmente notable en el caso de las industrias de alimentos; la formación de grupos industriales y financieros en países cuya legislación lo permite; y la búsqueda de rentas mediante el acceso a beneficios fiscales, comerciales o de promoción sectorial que, si bien tienen menos peso relativo que en el pasado, distan de haber desaparecido. Otra modalidad de estrategia defensiva, pero que implica nuevas inversiones diversificadas, ha sido el desplazamiento de algunos grupos desde las actividades industriales hacia los servicios no comercializables gracias a su acceso privilegiado a las privatizaciones. En muchos casos, esa dinámica llevó a utilizar las empresas de los grupos como una fuente de recursos financieros para acceder a las privatizaciones o a los mercados desregulados, en desmedro de las inversiones para modernizar sus actividades tradicionales.

En las estrategias ofensivas, que son más complejas, se pueden distinguir tres tipos: i) crecimiento con mayor especialización en torno del núcleo básico de negocios, como en el caso de algunos grupos centrados en el procesamiento de recursos naturales, así como en el de aquellos que no incrementaron su especialización porque ésta ya era alta; ii) crecimiento con aumento moderado de la diversificación, que combina una desverticalización de empresas individuales y un aumento de la integración vertical u horizontal del grupo, como fruto de la participación en pocas privatizaciones o en fusiones y adquisiciones de otras empresas privadas; todas las operaciones de estos tipos se emprenden bajo el criterio básico de lograr potenciales sinergias; iii) crecimiento con extrema diversificación, estrategia ofensiva que es, en gran medida, el resultado de la participación en numerosas privatizaciones; estos casos, en los que se forman verdaderos conglomerados sin evidentes sinergias productivas, comerciales, e incluso financieras, frecuentemente son manejados con criterios propios de una cartera de inversiones. Los conglomerados abarcan actividades disímiles y su desarrollo reciente se ha basado en la articulación con el mercado internacional de capitales y los mayores bancos nacionales, así como con la instancia política de decisión en materia de privatizaciones.

En cada caso, la adopción de una estrategia determinada dependió de un conjunto de factores, entre los que destaca la competitividad del subsector y el grado de madurez empresarial, fruto de las propias experiencias de aprendizaje y las políticas públicas de fomento sectorial. Más allá de estas diferencias, un elemento común en las opciones estratégicas mencionadas fue el creciente peso del mercado externo, sea en materia de exportaciones e importaciones, o de la posibilidad de recibir inversiones foráneas o realizarlas en el exterior.

La información disponible sobre las pequeñas y medianas empresas de capital local (Pymes) no facilita las comparaciones. No sólo difieren los períodos para los cuales se cuenta con información nacional, sino que la propia definición varía entre países. La desagregación de los datos es también heterogénea, ya que se incluyen o excluyen diferentes tramos de tamaño[22]. Pese a estas limitaciones, en el Cuadro 4.18 es posible apreciar algunos puntos importantes acerca de la participación de las Pymes en la industria manufacturera.

En primer lugar, las cifras indican que las Pymes no son actores marginales en la estructura industrial, por su elevada contribución sobre todo en materia de empleo. Los valores relativamente pequeños que en algunos casos presenta esta variable se deben a problemas en la configuración del universo. En Nicaragua no se incluye el estrato de las medianas empresas y, en Costa Rica, el de las pequeñas. Segundo, a diferencia de lo que podría esperarse, las Pymes tienen una presencia relativamente mayor en la estructura industrial de los países más grandes, en especial por su participación en el valor agregado o en las ventas (Peres y Stumpo, 1999). Por último, como su participación en el empleo es mayor que en el valor agregado, sus niveles de productividad son menores, hecho que se analizará más adelante.

En el Cuadro 4.19 se presenta el peso relativo que tienen en la producción las actividades industriales en las que participan las Pymes. En el caso de los países grandes y con una estructura industrial más diversificada (Argentina, Brasil y México), el colectivo de las Pymes se concentra en las industrias de alimentos, químicas y de productos plásticos, metalmecánicas y electro-electrónicas, siendo su elemento característico el peso relativo de las dos últimas. En los países de tamaño medio (Chile, Colombia, Ecuador, Perú y Venezuela), predominan en las industrias de alimentos y química, con una baja presencia en las ramas metalmecánicas y electro-electrónicas, a diferencia del grupo anterior. En los países de menor tamaño relativo (Costa Rica, Nicaragua y Uruguay), el colectivo de las Pymes se concentra casi exclusivamente en la industria de alimentos.

---

22. Como todos estos problemas están presentes en los cuadros de esta sección, es necesario atender especialmente a las notas incluidas en cada caso; también a las filas que identifican a los países, en las que se indica el año para el que se presenta información, así como el o los tramos de tamaño a los que ésta corresponde. Además, las notas son importantes para identificar a los países en los que los datos incluyen a las microempresas. Aunque el alcance de este trabajo no abarca esa categoría, en algunos países no fue posible obtener información desagregada que permitiera excluirla.

Cuadro 4.18
AMÉRICA LATINA Y EL CARIBE (15 PAÍSES): PARTICIPACIÓN DE LAS
PEQUEÑAS Y MEDIANAS EMPRESAS (Pymes) EN EL TOTAL
DEL SECTOR MANUFACTURERO
(En porcentajes)

País, año y tamaño de empresa[a]	Empleo	Producción
Argentina, 1993 [b c] (6-100 ocupados)	44,6	35,9
Bolivia,1994 [c] (5-15 y 15-49)	26,1	17,6
Brasil, 1997 [b] (20-99 y 100-499)	66,8 [d]	60,8 [d]
Chile, 1996 (10-49 y 50-199)	52,7	37,1
Colombia, 1996 (1-49 y 50-199)	52,5	33,3
Costa Rica, 1997 [b c] (31-100)	13,2	12,6
Ecuador, 1996 (10-49 y 50-99)	37,7	19,4
El Salvador, 1993 [c] (21-50 y 51-100)	17,6	14,8
Mexico, 1993 (16-100 y 101-250)	44,6 [e]	31,1
Nicaragua, 1994 [c] (4-30)	11,7	11,2
Paraguay, 1997 [c] (6-20 y 21-100)	41,0	31,0
Perú, 1994 [c] (11-20 y 21-200)	52,5	36,1
Trinidad y Tobago, 1996 [c] (6-100)	57,0	22,6
Uruguay, 1995 (5-99)	57,9	39,7
Venezuela, 1995 (5-20 y 21-100)	39,5	13,8

Fuente: Cepal, base de datos sobre Pymes industriales de la Unidad de Desarrollo Industrial y Tecnológico.
a El tamaño de las empresas está definido de acuerdo con el empleo. Cuando se presenta un solo rango de tamaño, éste corresponde a pequeñas y medianas empresas. Cuando se presentan dos rangos, el primero corresponde a pequeñas empresas y el segundo, a medianas.
b La información sobre producción se refiere a ventas totales.
c El empleo manufacturero total y el valor agregado incluyen a las microempresas.
d Las pequeñas empresas (entre 20 y 99 trabajadores) aportan 29,5% del empleo y 20.9% de la producción.
e De acuerdo con datos preliminares del censo de 1998, la participación de las Pymes en el empleo fue de 39,9%.

Más allá de estas diferencias por grupos de países, surgen algunos elementos comunes novedosos. Así, se percibe claramente que en la actualidad el colectivo de las Pymes no se ubica mayoritariamente en las ramas de ropa y calzado, sino en las de alimentos, química y productos plásticos. La concentración en la industria de alimentos indicaría una especialización en subsectores intensivos en trabajo, basados en ventajas comparativas naturales y con bajas economías de escala. Estas actividades de las Pymes tienen una fuerte orientación hacia el mercado interno, como se desprende de la reducida magnitud de sus exportaciones, que resalta en varios análisis nacionales, y que también se extiende a los bienes metalmecánicos y electro-electrónicos producidos por las Pymes en los países más grandes[23] (Peres y Stumpo, 1999).

---

23. Sin embargo, en los mismos trabajos se presentan evidencias de incipientes exportaciones por parte de pequeñas empresas en Brasil, Colombia y Perú, así como un aumento de las "pequeñas exportaciones" desde Argentina.

Cuadro 4.19
AMÉRICA LATINA (11 PAÍSES): ESTRUCTURA DE LA PRODUCCION INDUSTRIAL DE LAS PEQUEÑAS Y MEDIANAS EMPRESAS (PYMES)
(En porcentajes)

	Argentina 1993	Brasil 1994	México 1993	Chile 1996	Colombia 1996	Ecuador 1996	Perú 1994	Venezuela 1995	C. Rica 1997	Nicaragua 1994	Uruguay 1995
Alimentos	16.1	17.0	16.4	22.1	19.9	30.6[a]	20.0	19.1	32.2	25.9	30.6
Bebidas	5.8	1.7	4.7	2.1	4.0	-	4.2	2.1	16.5	2.3	6.1
Tabaco	0.2	0.3	0.0	0.0	0.0	-	0.1	0.1	0.0	0.0	0.0
Textiles	6.6	7.2	6.4	5.6	4.5	7.4	8.0	2.6	0.0	0.3	5.8
Prendas de vestir	3.7	2.7	4.6	4.4	5.5	2.9	2.0	5.5	1.2	7.1	5.7
Cuero	1.2	1.8	0.8	0.6	1.1	1.9	0.8	0.9	0.0	1.5	0.5
Calzado	1.6	1.8	2.0	1.4	1.2	-	0.6	3.4	1.3	7.2	1.0
Madera/productos de madera	2.0	1.5	1.5	11.2	1.5	2.2	1.3	1.7	0.3	4.0	1.0
Muebles	2.2	2.6	2.7	1.7	1.2	-	0.9	3.1	2.5	8.2	1.3
Papel	3.5	4.3	3.1	1.3	6.4	4.8	2.3	1.9	4.1	1.3	1.1
Imprentas	4.7	2.5	5.3	4.5	2.6	3.0	5.3	5.8	0.8	5.5	4.8
Productos químicos	13.9	18.9	16.2	12.5	16.9	18.1	21.6	12.9	24.7	9.1	17.1
Productos de plástico	5.3	4.7	5.3	5.1	7.4	6.8	5.8	6.8	0.0	1.3	4.6
Materiales para la construcción	3.7	4.2	6.6	5.3	5.8	4.4	3.9	6.5	2.5	8.7	3.6
Siderurgia	2.5	-	2.3	4.1	2.2	1.7	4.2	6.3	0.0	0.7	2.4
Productos de metal	7.1	9.4[b]	8.0	8.3	7.5	4.4	5.9	8.0	0.4	13.2	5.9
Maquinaria no eléctrica	6.7	7.0	4.3	4.2	3.5	0.9	3.3	4.9	0.2	0.4	2.0
Maquinaria y equipos eléctricos	6.0	5.8	4.8	1.4	2.7	5.3	3.3	3.2	8.3	0.7	2.8
Equipos de transporte	5.4	3.5	3.2	1.6	3.6	1.0	2.9	3.0	0.3	0.0	1.3
Instrumentos científicos	1.1	1.3	0.5	0.4	0.6	0.1	1.4	0.8	0.2	0.0	1.0
Otros	1.0	1.7	1.2	2.1	1.8	4.4	2.2	1.4	4.3	2.7	1.4

Fuente: Cepal, base de datos sobre Pymes industriales de la Unidad de Desarrollo Industrial.
a Incluye bebidas.
b Incluye hierro y acero.

Cuadro 4.20
AMÉRICA LATINA (10 PAÍSES): PRODUCCIÓN, EMPLEO Y PRODUCTIVIDAD DE LAS
PEQUEÑAS Y MEDIANAS EMPRESAS (Pymes)
(Tasas de variación)

Países	Producción	Empleo	Productividad
Argentina,1984-1994	47,7	-24,4	95,3
Brasil, 1986-1997	11,4	-14,2	29,8
Chile, 1981-1990	-14,7	-7,4	-7,9
Chile, 1990-1996	55,6	34,2	16,0
Colombia, 1991-1996	16,2	11,2	4,5
Costa Rica, 1990-1996	22,6	-20,7	36,5
Ecuador, 1991-1996	8,7	-6,8	16,7
México, 1988-1994	48,6	17,1	32,0
Perú, 1992-1994	16,8	8,2	7,9
Uruguay, 1988-1995	2,5	-24,9	36,5
Venezuela, 1990-1995	-5,2	-1,8	-4,1

Fuente: Cepal, base de datos sobre Pymes industriales de la Unidad de Desarrollo Industrial.

El análisis del desempeño de las Pymes en términos de producción, empleo y productividad también permite identificar varios hechos de interés. En primer lugar, los ritmos de crecimiento de la producción y del empleo difieren mucho entre países, como se muestra en el Cuadro 4.20. Se observan casos muy dinámicos, como los de Argentina, Chile (1990-1996) y México, pero también tasas de crecimiento muy bajas, e incluso negativas, como la del empleo en Brasil.

En cinco países (Argentina, Chile (1990-96), México, Uruguay y Venezuela), la participación de las Pymes en el total de la producción industrial ha aumentado en el período posterior a las reformas económicas, mientras que en otros cuatro (Colombia, Costa Rica, Ecuador y Perú), si bien muestran un incremento de su producción total, perdieron participación. De tal manera, el colectivo presenta un complejo mosaico de situaciones y comportamientos difícil de calzar en un único cuadro interpretativo.

Como ya se mencionó, su productividad laboral es menor que la correspondiente al conjunto de la industria. Establecido lo anterior, cabe indagar si la heterogeneidad estructural, medida como la brecha relativa de productividad laboral entre las Pymes y las empresas grandes, ha aumentado en años recientes o si, por el contrario, se ha reducido como consecuencia de una mayor disciplina competitiva impuesta por la apertura y la desregulación de las economías.

Aunque no se dispone de evidencia sistemática sobre este tema a escala regional, el caso de Chile sugiere conclusiones interesantes. Su análisis se basó en datos desagregados a nivel de 88 ramas industriales, universo para el cual se examinó el cierre relativo de la brecha de productividad laboral entre las Pymes y las empresas grandes durante el período 1979-1995[24]. A tal efecto se estimó la matriz de coeficientes de correlación simple entre la brecha relativa de productividad laboral, la tasa de crecimiento del valor bruto de la producción de la rama, el aumento de la dotación de capital por hombre ocupado y la variación de la relación personal calificado/no calificado, como indicador del nivel de complejidad técnica del subsector.

Los índices de correlación muestran un patrón claro de asociación entre el cierre de la brecha relativa de productividad laboral y el ritmo de crecimiento de la rama. También sugieren la ausencia de una relación estadística significativa con los indicadores de formación bruta de capital por hombre empleado y con el aumento relativo del empleo de personal calificado. En otros términos, al comparar la productividad laboral de las Pymes con la de las empresas grandes, tienen mejor desempeño aquellas insertas en ramas industriales de más rápido crecimiento. Por el contrario, la tasa de inversión por hombre ocupado y el mayor empleo de recursos humanos calificados no parecen influir significativamente en su desempeño comparativo.

Esto sugiere que los ámbitos local y sectorial en los que se ubican las Pymes cumplen un papel crucial en la explicación de su desempeño relativo. En el marco de una rama productiva en rápida expansión, las firmas pequeñas y medianas encuentran nichos de mercado en los cuales desarrollar exitosamente su actividad. Contrariamente, en ramas productivas que languidecen o se estancan, dicha posibilidad es menor. Es precisamente en estos subsectores donde se concentra el grueso de las extinciones empresariales observadas a lo largo de los dos últimos decenios.

---

24. En el análisis, que incluyó 24 ramas de la industria manufacturera, se distinguió entre firmas pequeñas (10 a 50 operarios) y firmas medianas y grandes (51 o más operarios) (Katz, 2000b).

Los servicios de infraestructura se han visto remecidos por un profundo proceso de mutación estructural que abarca las telecomunicaciones, la energía, los servicios sanitarios y el transporte. En todos estos sectores ingresaron nuevos agentes productivos del exterior, portadores de paquetes tecnológicos que llevaron a un rápido proceso de modernización de la infraestructura y los servicios producidos localmente, así como a una drástica transformación de los procesos de producción. Si bien el sector público todavía mantiene una fuerte presencia en el conjunto de estos servicios, el peso relativo de los agentes transnacionales ha crecido de manera significativa y sólo algunos pocos grandes conglomerados de capital nacional han podido insertarse adecuadamente en la nueva matriz de agentes. En varios países, algunos de los sectores mencionados han quedado bajo el control de grandes firmas transnacionales, a veces empresas públicas de países más desarrollados. Estos cambios cobraron mayor importancia en el sector energético y, sobre todo, en las telecomunicaciones, cuya privatización fue más temprana y bastante generalizada. Por el contrario, en agua y saneamiento y en transporte han prevalecido las concesiones de la infraestructura respectiva y de la gestión de los correspondientes servicios, al tiempo que se mantiene un destacado papel del sector público como inversor en la infraestructura y prestador de los servicios.

A pesar de la amplitud de estas tendencias, las restructuraciones de los servicios dieron origen a una diversidad de modelos que difieren no sólo de un sector a otro sino también de un país a otro para un mismo sector. Esta diversidad obedece a marcadas diferencias derivadas del tamaño y estructura de los mercados, del grado real de competencia que es posible introducir, de los procesos de formación de los precios, de la cobertura y calidad de los servicios y de sus impactos ambientales.

Por lo general, los marcos regulatorios en los que se ha ido gestando dicho proceso de transición hacia una estructura productiva de los servicios más abierta y competitiva a nivel internacional no eran suficientemente fuertes y bien estructurados antes de las reformas. En varias situaciones esto atentó contra el adecuado desarrollo de la competencia en las actividades mencionadas y, con frecuencia, derivó en la aparición de rentas monopólicas y de efectos riqueza que claramente limitan una distribución más equitativa del bienestar (Cepal, 2000a).

1. Telecomunicaciones

Entre los servicios de infraestructura, las telecomunicaciones han sido únicas por la altísima tasa de innovación de la industria, con un importante efecto sobre la disminución de los costos y la erosión de las antiguas economías de escala. Estas innovaciones produjeron un continuo aumento de la variedad de servicios y productos, que son parcialmente sustitutos y en parte complementarios entre sí. Ello determinó que en la industria existiera una marcada tendencia hacia la competencia entre servicios y proveedores, por ejemplo, entre la telefonía fija y la móvil y entre los teléfonos celulares y el sistema PCS (servicio de comunicaciones personales). Sin embargo, también se verificaron tendencias hacia la integración y el monopolio, como es el caso de las nuevas tecnologías ADSL (línea de suscripción digital asimétrica), que permiten expandir notablemente las capacidades de las antiguas líneas telefónicas.

Asimismo, el elevado ritmo de innovación tecnológica originó otros efectos contrapuestos. Por un lado, las considerables ganancias de productividad han beneficiado a los prestadores y a los usuarios de muchos servicios. Por otro, dicho ritmo fue tan elevado en algunas áreas que últimamente ha desincentivado a la inversión, debido a la muy rápida obsolescencia de algunos servicios y productos como, por ejemplo, la telefonía de larga distancia frente a la inminente irrupción masiva de la telefonía por Internet.

Las empresas de telecomunicaciones fueron las mejor valoradas por los inversionistas extranjeros en los procesos de privatización. Desde finales de la década de 1980 han pasado a manos privadas las principales empresas estatales de telecomunicaciones de la región y se ha licitado la telefonía celular en casi todos los países (Melo, 1997). En este nuevo escenario, las empresas transnacionales más activas han sido Telefónica de España en la telefonía fija (comunicaciones locales y de larga distancia) y la estadounidense BellSouth en telefonía móvil. La reciente privatización del Sistema Telebrás, en Brasil, evidenció el gran interés de las empresas extranjeras por este tipo de activos en la región, ya que ese gobierno obtuvo una recaudación que ascendió a más del doble de sus expectativas iniciales, algo similar, aunque en montos menores, a lo ocurrido antes en Perú.

En la región lentamente comienza a advertirse una tendencia ya consolidada en los mercados de los países industrializados, cual es la creciente integración entre los sistemas de telecomunicaciones con los demás medios de comunicación (televisión abierta, por cable y satelital, acceso a Internet y prensa escrita). Esta tendencia es particularmente clara, por ejemplo, en Argentina, donde se está conformando una peculiar alianza estratégica entre Telefónica de España y el banco estadounidense

Citicorp para el control de una parte significativa de los servicios de telecomunicaciones en este sentido amplio.

Los países de la región han seguido estrategias muy distintas para avanzar hacia la modernización tecnológica de sus sistemas de telecomunicaciones. En un extremo encontramos el caso de Chile, donde la privatización y la desregulación temprana de las telecomunicaciones generó un clima competitivo en el que una diversidad de nuevos actores internacionales ingresó al mercado buscando posicionarse en el escenario regional para capitalizar el aprendizaje así obtenido (Melo y Serra, 1998). En el otro extremo están los casos de Costa Rica y Uruguay, donde se decidió inducir la modernización del sector, manteniendo el monopolio estatal en el servicio telefónico básico y una apertura gradual al ingreso de nuevas empresas en la telefonía celular y en los servicios de valor agregado[1]. Entre ambos extremos se sitúan los casos de Argentina, Brasil, México, Perú y Venezuela, que también optaron por la privatización de los servicios pero que, a diferencia del caso chileno, concedieron períodos temporarios de reserva de mercado (monopolio) a los nuevos operadores del sector. En el caso de Colombia se estableció un sistema de competencia entre empresas públicas, nacionales y municipales, asociadas con empresas privadas. Los modelos claramente involucran estructuras de mercado y regímenes competitivos disímiles y, por ende, distintos resultados en el desempeño de los agentes productivos individuales.

Al igual que lo ocurrido en campos de la actividad productiva antes examinados, la productividad laboral[2] en el sector de las telecomunicaciones experimentó un significativo incremento en los años noventa para la región en su conjunto respecto de sus niveles históricos (Walters y Senén González, 1998). Pese a que el aumento de la productividad laboral se observa en todos los casos tratados, según se aprecia en el Cuadro 5.1, existen diferencias entre países que ameritan analizar la especificidad de cada escenario nacional para comprender cómo se avanzó hacia la modernización de las telecomunicaciones y cuál ha sido su impacto en el bienestar de la sociedad.

Si bien la privatización de los servicios de telecomunicaciones no ha resultado una medida imprescindible para la modernización tecnológica del sector, en muchos casos ha sido un factor eficaz en el mejoramiento de la eficiencia interna de las empresas. En todo caso, sí surge como condición necesaria para la modernización desagregar el monopolio integrado heredado de períodos previos, dando paso a la competencia en distintas áreas y servicios. La entrada de nuevos actores al mercado y la disputabilidad que los nuevos medios tecnológicos como la telefonía celular, los servicios satelitales y las redes de cable coaxial y de fibra óptica comienzan a ejercer

---

1. En el caso de Costa Rica la estrategia adoptada ha sido motivo de polémica reciente y en el caso de Uruguay la política fue establecida después del plebiscito realizado a fines de 1992.
2. Cabe destacar que este indicador puede variar de un país a otro, entre otras razones, debido a diferencias en la definición del personal de la empresa, por distintas maneras de contabilizar la subcontratación de servicios.

sobre la telefonía fija tradicional, son las fuerzas que en última instancia están modificando la estructura y el comportamiento del sector, al margen de que los operadores sean públicos o privados.

Cuadro 5.1
PRODUCTIVIDAD EN LA INDUSTRIA DE TELECOMUNICACIONES
(Líneas por empleado)

Año	Estados Unidos	Argentina	Brasil	Chile	Colombia	México	Perú	Uruguay
1988	141.1	56.6	79.2	55.2	82.3	87.8	31.3	39.8
1989	148.4	60.0	84.1	72.6	86.4	98.5	33.3	44.3
1990	149.1	75.7	86.6	87.8	96.2	107.3	35.6	51.0
1991	153.4	90.7	99.6	110.3	104.5	121.8	38.0	59.8
1992	162.0	101.5	110.7	134.1	111.0	138.0	48.7	67.8
1993	168.5	118.0	120.8	159.9	123.5	156.3	55.9	75.1
1994	171.8	150.0	128.3	178.6	136.3	174.0	86.8	88.4
1995	177.5	186.3	143.4	183.9	185.1	179.6	131.2	98.4
1996	183.8	224.5	168.7	239.3	228.4	180.8	228.3	113.3
1997	187.04	295.28	195.22	...	288.32	190.18	282.04	131.73

Fuente: Unión Internacional de Telecomunicación (UIT), *Anuario estadístico, 1999*, Ginebra, 1999.

Esta industria en continuo cambio, y con tendencias hacia un mercado más competitivo, presenta también importantes desafíos para la regulación sectorial, destacando en particular los temas de las interconexiones y del direccionamiento y la portabilidad de los servicios. Si bien se registran similitudes con otros servicios de infraestructura basados en redes (economías de escala e inversiones irrecuperables (*sunken*), también existen aspectos distintivos como la variedad y continua evolución de los servicios y el uso del espectro electromagnético como un recurso especial e imprescindible en muchos casos. Estas características, y el hecho de que en muchos países las telecomunicaciones fueron los primeros servicios en ser privatizados, han determinado que la regulación del sector haya sido un verdadero laboratorio para el desarrollo de la regulación en otras áreas de la economía.

La modernización de las telecomunicaciones se vincula a un extenso número de otros temas. En particular, al carácter sistémico y coevolutivo entre asuntos tecnológicos, económicos e institucionales. En efecto, la maduración sistémica involucrada en la mejoría de las telecomunicaciones tiene, sin duda, efectos sobre las actividades aguas arriba y aguas abajo del propio subsector. Alcanza, por un lado, a los proveedores y contratistas de las empresas y, por otro, a todos los usuarios de los servicios. Es innegable que un sistema de telecomunicaciones eficiente, barato y de amplia cobertura constituye parte inseparable del Cuadro de madurez institucional y económica con que cada sociedad construye su competitividad sistémica. En este sentido, la reciente implantación y el gradual desarrollo de una cultura de clase mundial en las telecomunicaciones representa un gran logro en el proceso de desarrollo de largo plazo de los países de la región.

Asimismo, la sinergia entre las industrias de telecomunicaciones y de informática es un factor clave en el impacto de ambas sobre el desarrollo social y económico de los países. Las comunicaciones hacen posible disponer de información en todo lugar y en todo momento, mientras la informática permite seleccionar y proporcionar esta información en cualquier forma en que la demanda lo requiera. A su vez, por el lado de la oferta, las comunicaciones y la informática se han integrado no sólo a nivel de sus procesos técnicos de producción, sino también en la comercialización de los productos e incluso en la administración corporativa de los respectivos negocios.

Por último, es necesario destacar las fuertes relaciones entre la política sectorial de telecomunicaciones y la política general de información y transparencia en el gobierno y en la sociedad. Por un lado, el desarrollo de la informática y las telecomunicaciones brinda una oportunidad indudable de lograr una participación más amplia y una mayor democratización. Por otro, plantea un grave riesgo de que estos servicios aumenten la brecha entre grupos sociales. Así, hablar de los que tienen acceso a las comunicaciones y a la información y los que no, es casi como distinguir entre los ciudadanos y los marginales, aquellos que cuentan y los que no cuentan para definir el destino de sus naciones[3].

2. REFORMAS ENERGÉTICAS

Las reformas energéticas de los años noventa se caracterizaron por la profundización del uso de los mecanismos del mercado y la ampliación del espacio para los actores privados eliminando barreras de entrada, después de varios decenios de predominio de los monopolios estatales en el sector. Al igual que en las telecomunicaciones, se aprecia una diversidad de opciones utilizadas para alcanzar dichos propósitos. En general, se propendió a instaurar mecanismos de competencia y de regulación cuando ésta no era posible y se promovió la inversión privada y la privatización, según el caso. Todo ello con el convencimiento generalizado de que las barreras de entrada al capital privado provocaban una marginación de los beneficios del progreso tecnológico.

Al mismo tiempo, las reformas buscaron modificar el papel que venía cumpliendo el sector energético en la gestión macroeconómica, con especial referencia a la funcionalidad del control de precios y subsidios para enfrentar las presiones inflacio-

---

3. Así por ejemplo, la población con acceso a Internet como proporción de la población total respectiva era, a fines del decenio, 26,3% en Estados Unidos, 6,9% en los países de la OCDE (excepto Estados Unidos) y 0,8% en América Latina y el Caribe. En el resto de las regiones en desarrollo y en transición los porcentajes son todos menores a los correspondientes a América Latina y el Caribe (PNUD, 1999).

narias, al manejo fiscal de las rentas energéticas, a la capacidad de autofinanciamiento de las empresas estatales y a los cambios en la composición y el destino del financiamiento externo. Desde esta perspectiva global, las reformas incluyeron aspectos vinculados con la corrección de precios, la restructuración y el saneamiento financiero de las empresas estatales. El conjunto de estas medidas contribuyó muchísimo a la estabilización de las economías de la región y, sin duda, las reformas energéticas se vieron influidas por el objetivo de lograr una gestión macroeconómica eficaz, además de los intereses propios del sector (Sánchez Albavera y Altomonte, 1997).

En términos de la política sectorial, se apuntó a un enfoque sustentable de la explotación y el uso de las fuentes energéticas. A pesar de esta orientación general y no obstante el lento crecimiento registrado en el consumo energético *per cápita*, la región está lejos de presentar niveles adecuados de eficiencia en la transformación y el uso de la energía. Esto se comprueba, por un lado, en el estancamiento que experimentó la intensidad energética –medida por el consumo de energía por unidad de producto–, como consecuencia de la reducida incorporación de tecnologías eficientes en energía, la obsolescencia del parque industrial y el elevado e ineficiente consumo del parque automotor, entre otros factores. Por otro lado, también se verifica un aumento de las emisiones de dióxido de carbono por unidad de producto, que deterioran el medio ambiente debido al uso de la energía (véase el Gráfico 5.1). Esta evidencia indica que el impacto de las reformas sobre la eficiencia energética no ha sido el esperado y, por ello, el tema ha pasado a constituir el eje de las iniciativas para una utilización más racional de los recursos naturales hacia fines del decenio.

Las principales diferencias en la reforma de los subsectores de la industria energética radican en las maneras de introducir los mecanismos de competencia en los correspondientes mercados. El carácter transable del petróleo, y parcialmente el de los derivados, facilitó la introducción de modalidades de disputabilidad de los mercados. Se trataba tan sólo de eliminar las barreras de carácter legal que impedían artificialmente el ingreso de nuevos actores a dichos mercados y a las actividades correspondientes. Por supuesto, la competencia efectiva entre los actores existentes y/o potenciales se reduce con el grado de concentración. Las principales diferencias de las reformas petroleras han tenido relación con la dotación de reservas, el tamaño del mercado interno y el grado de desarrollo alcanzado por las empresas estatales.

La introducción de condiciones de disputabilidad en los mercados eléctricos y de gas natural ha requerido ajustes estructurales mucho más profundos. Por ello, se observa una gama más variada de opciones, especialmente en función del grado de apertura (limitada o total) y en la especificación de los principios regulatorios básicos. Un hecho destacable con relación a estos dos subsectores es la creciente interrelación entre ambas cadenas productivas, especialmente a partir de los procesos de reforma. Esa interrelación se manifiesta, por una parte, en que el aporte del gas natural a la generación eléctrica constituye un estímulo para una efectiva competencia en los mercados eléctricos y, por otra, en que existe una competencia creciente en los servicios de transporte –gasoductos versus líneas de transmisión– entre ambas fuentes.

Gráfico 5.1
INTENSIDAD ENERGÉTICA POR UNIDAD DE PRODUCTO

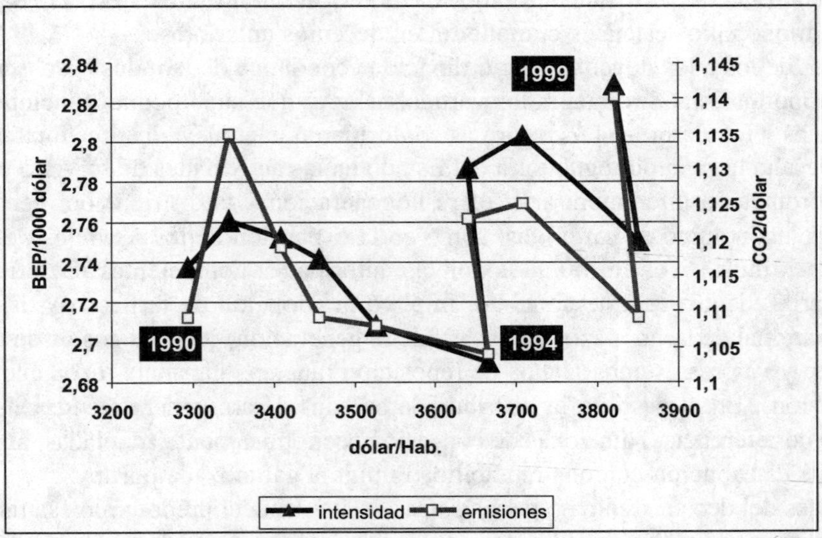

Fuente: Elaboración propia sobre la base de los datos de Cepal, *Anuario estadístico de América Latina y el Caribe*, Santiago de Chile, varios números; y Organización Latinoamericana de Energía (Olade), *Sistema de información económico-energética*, Quito, julio de 2000.

Estas interacciones cobran especial importancia en el marco de la integración energética regional, atendiendo a la multiplicidad de proyectos que se están planteando las empresas estatales y privadas tanto de la región como del resto del mundo. En este campo, las alianzas estratégicas entre las empresas de todo el sector energético habrán de tener una mayor relevancia en el período posterior a la reforma. Así, por ejemplo, comenzó a entablarse un fuerte vínculo entre los megaproyectos de transporte y distribución de gas natural y la generación de energía eléctrica en Brasil. La empresa estadounidense Enron ha estado especialmente activa y ha tenido una importante participación en toda la cadena de provisión de energía, explotación de yacimientos, transporte y distribución de gas natural, así como en la generación de energía eléctrica, a nivel nacional y subregional.

a) Reformas en la industria eléctrica

Las reformas de la industria eléctrica son las que mostraron mayor intensidad y diversidad en la restructuración de los mercados (generación, transmisión y distribución), en la incorporación de nuevos actores, en la dinamización de los mercados de capitales, en las privatizaciones y en la gestación de entes reguladores. Un significativo cambio en la gestión fue la desintegración vertical de la industria y la delimitación de las actividades de servicio público, restringidas sólo a la transmisión y la distribución eléctricas, lo que introdujo una modificación sustantiva respecto del papel que los monopolios estatales cumplieron en decenios anteriores.

Antes de los años noventa, la coordinación económica de la industria descansaba en monopolios estatales integrados verticalmente y que superponían funciones empresariales y regulatorias. Las reformas conformaron una nueva institucionalidad, en la que resalta la función regulatoria del Estado en las actividades de servicio público y la coordinación interempresarial entre la generación y la distribución (centros de despacho económico de carga), así como en la expansión de los servicios orientada por planes indicativos formulados por las autoridades competentes. La eficiencia empresarial, dentro de este contexto, implicó la adopción de tarifas basadas en el costo marginal de largo plazo (en el caso de la generación) y de los costos de mantenimiento y valores estandarizados de reposición más una ganancia razonable (en la transmisión). En el caso de la distribución se consideran, generalmente, empresas modelo de referencia, para zonas de concesión económicamente adaptadas, así como tarifas de distribución con una rentabilidad mínima garantizada por ley.

A fines del decenio, sólo en pocos países se mantenía el predominio estatal como mecanismo de coordinación. La desregulación total o parcial de la generación y la regulación de la transmisión y distribución es la tendencia dominante en la región. Se busca fomentar la competencia en la generación y regular los monopolios naturales en la transmisión y la distribución, facilitando el libre acceso a las redes. Estas orientaciones dominantes dependen de la naturaleza y el tamaño de los mercados eléctricos nacionales y han configurado tres estilos de reforma que a continuación se detallan. En el Cuadro 5.2 puede observarse que en la región predominan los dos primeros esquemas.

— Eliminación de las barreras de entrada en toda la cadena eléctrica, desintegrando verticalmente la industria y garantizando el libre acceso a las redes de transmisión y distribución (apertura total).

— Eliminación de las barreras de entrada en algunos segmentos de la industria (apertura parcial), pero conservando el predominio estatal.

— Mantenimiento de monopolios estatales integrados verticalmente, aunque sujetos a grados variables de regulación.

Sin embargo, aunque con diferencias de grado, la transformación institucional no se ha completado y la acción del mercado es aún poco significativa. Asimismo, la diversidad de situaciones sería mayor si se vinculara la propiedad con el grado de disputabilidad introducido por las reformas, expresado en términos de la vigencia efectiva de una segmentación vertical estricta, de una partición horizontal más o menos marcada y de una real transparencia en las transacciones. En términos generales se observa una tendencia predominante de abandono de la modalidad de control central. Desde el punto de vista de la normativa regulatoria, incluso en el caso de México se establece la posibilidad del ingreso de generadores independientes, aunque en la práctica esa apertura parcial no es aún relevante. Sin embargo, en el futuro, puede esperarse que tanto Cuba como Paraguay desplacen sus sistemas eléctricos hacia la situación de comprador único (Olade, 1999).

Cuadro 5.2
**AMÉRICA LATINA: COORDINACIÓN ECONÓMICA
EN LA INDUSTRIA ELÉCTRICA**

Tamaño del sistema	Libre acceso	Comprador único estatal	Monopolio
0-500		Guyana Nicaragua Suriname	Barbados Granada Haití
501-1000	Bolivia El Salvador	Honduras Jamaica	
1001-2000	Guatemala Panamá	Costa Rica Trinidad y Tobago	
2001-5000	Perú R. Dominicana	Ecuador Uruguay	Cuba
5001-10000	Chile		Paraguay
10001-20000	Argentina Colombia		
> 20000	Brasil Venezuela	México	

Fuente: Hugo Altomonte y Fernando Sánchez Albavera, "Las reformas energéticas en América Latina", serie Medio ambiente y desarrollo, N° 1, Santiago de Chile, Comisión Económica para América Latina y el Caribe (Cepal), abril de 1997.

Por otra parte, es muy probable que para varios de los países que ya se encuentran en la situación de comprador único estatal, la apertura parcial sea sólo un paso intermedio hacia un papel más significativo del mercado y una mayor participación privada. Sin embargo, la disputabilidad en el ámbito de la generación se ve seriamente limitada por el tamaño absoluto del mercado. El tránsito desde la apertura parcial a la total en los países centroamericanos sólo es posible en el caso de una más plena integración de sus sistemas eléctricos, incluyendo una compatibilización de los marcos regulatorios (Olade/Cepal/GTZ, 2000).

Transcurridos más de 15 años desde el comienzo del movimiento en favor de las privatizaciones en América Latina, aún no se dispone de una evaluación completa de sus resultados. Primero, porque en varios países el proceso está en plena marcha, mientras que en otros aún no ha comenzado. Segundo, en razón de que una evaluación completa e integral requiere considerar y cuantificar efectos de corto, mediano y largo plazos. A pesar de ello, se pueden identificar algunos elementos positivos y otros negativos, según los casos, respecto de la eficiencia productiva, de la evolución tarifaria y de la práctica regulatoria (Altomonte, 1999).

En relación con la eficiencia productiva, vale destacar que la productividad laboral (medida como ventas por trabajador) aumentó tanto en las empresas privatizadas como en las estatales. En Argentina se produjo un incremento significativo de la productividad en las tres principales empresas eléctricas privatizadas: 73% en Edenor, 83% en Edesur y 77% en Edelap. En las dos primeras por reducción de personal y, en la tercera, por incremento de la energía facturada. En México la productividad laboral en las empresas estatales Comisión Federal de Electricidad y Luz y Fuerza del Centro creció 40,8% y 137% respectivamente entre 1988 y 1997.

Otro indicador de la eficiencia productiva es el porcentaje de las pérdidas en el área de distribución. Al respecto, no existe evidencia concluyente de que se hayan producido mejoras sustanciales en el corto plazo como consecuencia de las reformas estructurales en el subsector. Se verifican importantes reducciones en Chile (de 14% a 8%, entre 1990 y 1998) y en las tres principales empresas de distribución de Argentina (de más del 20% en 1992 a menos del 10% en 1998), que podrían indicar efectos positivos. No obstante, al mismo tiempo en este último país se registran resultados ambivalentes en empresas provinciales públicas y privadas[4].

En la evolución tarifaria pueden observarse diferentes casos, según la configuración de la industria eléctrica. Uno corresponde a los sistemas que introdujeron competencia en la generación junto con la apertura de redes y cuyo principal exponente es Argentina. En este país ciertos objetivos establecidos en la Ley 24065 y el Decreto Reglamentario 1398/92 no se cumplieron, en la medida en que las disminuciones de precios del mercado eléctrico mayorista no se trasladaron totalmente a los usuarios cautivos y, en algunos casos, dicho traslado fue regresivo además de insufi-

---

4. Por una parte, varias empresas provinciales privatizadas aún muestran grandes pérdidas de distribución, al tiempo que otras han realizado ingentes esfuerzos para eliminar pérdidas no técnicas, como son los casos de Edecat en la provincia de Catamarca (11%) y Ejsed S.A. en la de Jujuy (13,1%). Por otra parte, algunas empresas provinciales públicas exhiben altos porcentajes de pérdidas, como son los casos de Chaco (17%), Córdoba (22%), Corrientes (20%), La Pampa (24%) y Santa Fe (20%), mientras que en otras provincias (Mendoza, Neuquén y Santa Cruz) las empresas públicas registran bajos porcentajes de pérdidas (Secretaría de Energía de Argentina, 1997).

ciente[5]. Por otro lado, en la provincia de Entre Ríos, cuya empresa de distribución fue privatizada y adjudicada en 1996, se registran efectos parcialmente favorables a los usuarios[6]. En este caso, si bien la disminución tarifaria fue menor que la reducción de precios del mercado eléctrico mayorista y también regresiva, al menos el sistema tarifario no penaliza a los consumos bajos y medios tanto como ocurre en el área metropolitana.

Otro caso de evolución tarifaria es aquel en el que predomina el sistema de comprador único, como en México. En este país la tarifa media residencial ha tenido una tendencia general a la baja, reduciéndose a una tasa promedio anual de 7,6% entre 1985 y 1997, aunque ha mostrado fuertes oscilaciones por subperíodos[7].

Un tercer caso corresponde a los sistemas formalmente abiertos, pero sin posibilidad de competencia efectiva y cuyo principal ejemplo es Bolivia (Olade/Cepal/GTZ, 2000). En esta experiencia, la ley prevé la existencia de un mercado eléctrico mayorista integrado por generadores, transmisores, distribuidores y consumidores no regulados, que deberían efectuar operaciones de compraventa y transporte de electricidad en el sistema interconectado nacional (SIN). Sin embargo, la ley todavía no entra plenamente en vigencia. Un hecho destacable es que las tarifas de las distribuidoras en los sistemas aislados son más elevadas que las de aquellas conectadas al SIN[8].

En relación con la práctica regulatoria cabe destacar varios problemas que están vinculados con el grado de apertura y la complejidad organizativa de la industria eléctrica de cada país[9]. En primer lugar, se verifican dificultades normativas en los países de organización federal, que se originan en conflictos de las legislaciones nacional y provinciales (Argentina). En otros casos (Chile), los problemas están vin-

---

5. Si bien la mayor competencia entre los generadores del mercado mayorista redujo 42% el precio medio del mercado *spot* entre 1992 y 1998, el traspaso de la mayor eficiencia fue favorable a los sectores sociales de mayores recursos. En efecto, en el área metropolitana de Buenos Aires, las tarifas reales se redujeron entre 18% y 20% para los usuarios de consumo medio y alto (más de 300 KWh/mes), mientras que las correspondientes a los usuarios de consumo bajo y medio-bajo (hasta 150 KWh/mes) se incrementaron entre 12% y 17%.

6. Entre 1996 y 1998 los precios medios por contrato y en el mercado *spot* del mercado eléctrico mayorista se redujeron 7% y 19,3% respectivamente. Esta caída de los precios mayoristas se tradujo en una disminución tarifaria del 2,7% para los muy bajos consumos (50 KWh/mes), del 7.4% para los consumos de hasta 150 KWh/mes y de poco más del 6% para los consumos superiores a 300 KWh/mes.

7. En efecto, se redujo a una tasa anual de 14% entre 1985 y 1989, subió a un ritmo anual de 22% entre 1990 y 1992 y finalmente disminuyó a una tasa anual de 28% hasta 1997.

8. En 1997, las tarifas medias en Trinidad (sistema aislado) fueron 92% más altas que en La Paz (conectada al SIN), con una diferencia menor en las tarifas residenciales (75%) y una mayor en las industriales (102%). Vale destacar que el mercado de La Paz tradicionalmente ha sido atendido por la empresa ENDE, sobre la base de su propia generación hidroeléctrica, por lo que se evitaba la aditividad de costos de transferencia entre distintas unidades de negocio en beneficio del usuario final. Las distribuidoras de los sistemas aislados, a su vez, compran la energía a otros productores.

9. Al respecto véanse Altomonte y Moguillansky (1999); Pistonesi (2000); Campodónico (2000); Olade/Cepal/GTZ (2000).

culados con una institucionalidad insuficiente o inapropiada, como la que se puso en evidencia durante la crisis de abastecimiento de 1998-1999 respecto de la constitución y modalidad de gestión del Centro de Despacho Económico de Cargas. En Bolivia los inconvenientes derivan de algunas condiciones impuestas por las empresas en el proceso de capitalización y de determinadas falencias en el funcionamiento de los mercados.

En segundo lugar, han surgido dificultades asociadas a la integración vertical de la industria y a los procesos de reintegración ya mencionados, por su incidencia sobre la competencia efectiva en contraposición a la supuesta por los marcos regulatorios respectivos. Por un lado, preocupa la concentración técnico-funcional en las diferentes cadenas productivas energéticas y aun en el conjunto del sector (Perú). Por otro, comienzan a surgir indicios de que la integración vertical y horizontal de la industria es un factor importante para satisfacer las expectativas de rentabilidad de las empresas extranjeras, sobre todo en los mercados más pequeños.

Tercero, la operación de la competencia en el mercado mayorista ha mostrado serias deficiencias. En estos mercados los precios se determinan en función del costo marginal de corto plazo de todo el sistema más un cargo adicional por potencia. Este último componente permite que algunas empresas generadoras se apropien de rentas hidráulicas y/o cuasirrentas originadas en beneficios extraordinarios, ya que el cálculo del cargo por potencia presenta un grado significativo de discrecionalidad, como ocurre en Argentina, Bolivia, Colombia, Guatemala y Perú. En Chile, la remuneración de potencia se basa en hipótesis acerca del riesgo de falla y, por lo tanto, no incentiva la inversión en capacidad de respaldo. En 1998-1999 esto dio origen a los graves problemas de abastecimiento ya mencionados, sin que las empresas generadoras asumieran sus consecuencias, a pesar de los sobreprecios recibidos durante períodos prolongados.

En cuarto lugar, han surgido diferentes inconvenientes relacionados con el costo de acceso a las redes de transmisión. En Argentina el Ente Regulador Eléctrico señaló en 1996 que los mecanismos establecidos para decidir la ampliación de las redes y distribuir los costos emergentes entre las empresas que las utilizan adolece de serias deficiencias que producen una asignación ineficiente de recursos. En el caso de Chile la red de transmisión del Sistema Interconectado Central es propiedad de la principal empresa generadora y no se regulan los peajes por el uso de la red. Estas características claramente atentan contra la competencia efectiva entre las empresas generadoras.

Otros problemas se derivan, en quinto lugar, del conocimiento imperfecto que tiene el regulador de los costos económicos de las empresas distribuidoras en condiciones de eficiencia productiva, hecho que impide un cálculo preciso de su rentabilidad. Tanto en Argentina como en Chile la evolución tarifaria en el segmento regulado del mercado no ha acompañado la marcada tendencia declinante de los costos mayoristas. Asimismo, se verifican problemas de interpretación de los conceptos técnicos incluidos en las disposiciones regulatorias, que suelen dar origen a fuertes controversias. Así ocurrió en Perú, por la determinación del valor nuevo de reposición y del valor agregado de distribución, culminando en un conflicto judicial en la Corte Suprema. En Argentina, la crisis originada en fallas técnicas de la empresa de distribución Edesur puso sobre el tapete la discusión de si corresponde que el ente regulador fiscalice *ex-ante* las inversiones de las empresas reguladas.

Por último, la práctica regulatoria ha tropezado con ciertas dificultades para enfrentar la variabilidad horaria de los precios en los segmentos aguas abajo de la industria. En Argentina se utilizan precios estacionales para la compra de electricidad en el mercado *spot* y un fondo de estabilización para hacer compatibles los precios del despacho en tiempo real y los que resultan de la programación estacional. Por el contrario, en Colombia no se utiliza ningún mecanismo compensador a pesar de su escasa capacidad de regulación hidráulica. Ello provoca una elevada variabilidad de los precios en el mercado *spot* y la consiguiente incertidumbre para los usuarios.

En suma, estas deficiencias señalan la necesidad de extremar los esfuerzos institucionales, así como de perfeccionar los aspectos operativos que se requieren para hacer cumplir las leyes y los reglamentos con la finalidad de superar el déficit regulatorio que existe en el subsector.

b) Reformas en la industria de hidrocarburos

Aunque el origen y las motivaciones del proceso de reformas en el sector de hidrocarburos se inscriben dentro del marco general anteriormente mencionado, se aprecian significativas diferencias entre países, que se explican básicamente por la dotación de recursos hidrocarburíferos y el tamaño de los mercados y de las empresas estatales en cuestión.

Entre los factores particulares destacan la reducción del nivel de reservas probadas y la reducción del ritmo exploratorio, la dependencia del abastecimiento importado, la dimensión del mercado interno como estímulo a la desregulación y desintegración vertical, las presiones fiscales en favor de la venta de activos y la pérdida de legitimidad de las políticas que excluían la participación de los inversionistas privados.

La regla general ha sido mantener un esquema regulado de participación contractual en los segmentos aguas arriba de la industria (exploración y explotación) y, complementariamente, desregular los segmentos aguas abajo (transporte, refinación, almacenamiento, comercialización mayorista y distribución interna).

En los segmentos aguas arriba la principal reforma fue la eliminación de las barreras de entrada que existían en algunos países de la región, con importante dotación o potencialidad para la explotación de hidrocarburos, tanto en el caso del petróleo crudo como en el gas. En ambos subsectores y hasta fines de los ochenta, con excepción de los grandes productores, predominó un régimen de contratación de terceros bajo la administración de la empresa estatal. En los años noventa se eliminaron las barreras de entrada en Brasil y Venezuela, aunque cada proceso registra diferencias contractuales muy significativas. En el primer país se estableció un contrato de licencia que se otorga por licitación, de acuerdo con el máximo beneficio aportado al Estado. En el segundo los contratos más importantes con el sector privado comprendieron un esquema de ganancias compartidas, según el cual la adjudicación corresponde a quien otorgue la máxima participación a Petróleos de Venezuela (Pdvsa), empresa contratante.

Como figura en el Cuadro 5.3, en la mayoría de los países de la región la inversión privada aguas arriba opera a través de contratos de operación, de participación a riesgo o de asociación, que sustituyeron el tradicional régimen de concesión. El elemento común de estos contratos es que el inversionista privado asume los riesgos de la exploración. Una vez producido el descubrimiento, varía la modalidad de participación del contratista (en especie o en dinero) y la disponibilidad de los hidrocarburos extraídos. Los contratos estipulan que la proporción que corresponda a los contratistas se debe vender, a precios internacionales, para garantizar el abastecimiento del mercado interno o para generar excedentes exportables, manejados por la empresa estatal.

Los principales cambios recientes tienen relación con los plazos de exploración, las obligaciones de perforar pozos y la remuneración de los contratistas. Esta última ha tendido a crecer, para hacer más atractiva su participación. Asimismo, la mayoría de los países, con excepción de México y Venezuela, eliminó los monopolios del comercio exterior. En este sentido, la tendencia ha sido suscribir nuevos convenios bajo la modalidad de licencia, en los que el contratista puede vender internamente o exportar libremente los hidrocarburos.

Las modalidades contractuales para el caso de la explotación de yacimientos gasíferos son similares a las mencionadas. Las reformas han incidido en este caso en la posibilidad de desintegrar la actividad y en los esquemas regulatorios para la distribución mayorista.

Es importante destacar que en algunos países se han producido grandes cambios institucionales en la gestión de los segmentos aguas arriba, mediante la separación de las funciones empresariales y contractuales que cumplían juntas las empresas estatales. Así en Perú se ha constituido Perupetro y en Brasil la Agencia Nacional de Petróleo, que tienen bajo su responsabilidad la negociación y suscripción de contratos con los inversionistas privados. En Argentina, hasta 1999, la Secretaría de Energía del Ministerio de Economía y Obras y Servicios Públicos negociaba los aspectos de impacto nacional, mientras que los demás temas debían tratarse con los gobiernos provinciales. Sin embargo, en la mayoría de los países con potencialidad petrolera las empresas estatales todavía cumplen funciones contractuales.

Cuadro 5.3
REGÍMENES DE CONTRATACIÓN EN HIDROCARBUROS

Modalidad coordinación	Sistemas controlados por empresas estatales			Mercado		
Modalidad contractual	Control de empresa comercial del Estado	Participación de terceros		Predominio de empresa estatal	Presencia de empresa estatal	Sin presencia de empresa estatal
		Comprador único	Disponibilidad del crudo del asociado			
Contratos de concesiones y licencias				Brasil (98 en adelante)		Argentina[d] Perú [c,d]
Contratos de participación		Cuba	Ecuador		Bolivia [c,d] Suriname [a] Trinidad y Tobago	Guatemala [b,c]
Contratos de asociación obligatoria		Chile	Colombia			
Contratos de ganancias compartidas y operación		Venezuela [a]				
Relación directa Estado/ empresa	Barbados[a] Brasil (antes 98) México					

Fuente: Organización Latinoamericana de Energía (Olade), *Resultados de la modernización y perspectivas de la integración energéticas en América Latina y el Caribe,* Quito, noviembre de 1998.
a Sin libre disponibilidad del crudo.
b Libre disponibilidad del crudo por recuperación de costos.
c Libre disponibilidad del crudo por remuneración.
d Libre disponibilidad del crudo con dominio total del contratista.

Respecto de los segmentos aguas abajo de la industria, vale señalar que casi todos los países de la región permiten actualmente la participación privada. En este sentido, el hecho destacable fue el notable giro que experimentó la política aperturista en Brasil a raíz de la reforma constitucional de 1995. En los aspectos relativos a la gestión de la industria en estas actividades, destacan las significativas inversiones que se han realizado en muchos países de la región en la distribución minorista, que generalmente se desreguló.

Sin embargo, predomina una estructura oligopólica en la refinación y mayoritariamente monopólica en el transporte y almacenamiento, debido a la existencia de economías de escala. En este sentido, el tamaño de los mercados ha condicionado la posibilidad de una desintegración vertical, opción que en la práctica ha sido factible sólo en los mercados de mayor dimensión. En el caso del transporte y el almacenamiento, cuyas estructuras de mercado corresponden a monopolios naturales en la mayoría de los casos, está vigente un esquema de libre entrada, de acuerdo con la capacidad instalada y los compromisos contraídos por las empresas.

Aparte de la supresión de las barreras de entrada y la eliminación generalizada de los monopolios estatales, el hecho más saliente en las actividades aguas abajo es la eliminación de los controles de precios y subsidios, aunque todavía persisten en algunos países. La idea central de las reformas es que los precios reflejen las paridades internacionales[10]. Por otro lado, los esquemas de estabilización de precios internos en los países importadores tuvieron dos variantes. En algunos casos, el control directo de los precios o la reducción de los márgenes de operación y, en otros como Chile, Colombia y Venezuela, la constitución de fondos de estabilización del precio del petróleo.

En el caso del gas existen nuevas legislaciones en Argentina, Chile, Colombia, México y más recientemente en Venezuela. En general éstas contemplan libertad de entrada negociada en las actividades aguas arriba, con precios en boca de pozo que se fijan en función de cotizaciones internacionales de referencia. Prevén, asimismo, el fomento de la competencia y la regulación pública de los segmentos de transporte y distribución por su condición de monopolio natural y con la calificación de actividades de servicio público. Las modalidades vigentes de coordinación en los segmentos aguas abajo se presentan en el Cuadro 5.4.

La regulación de las actividades debe compatibilizar el desarrollo de la industria con rentabilidades adecuadas para los inversionistas y la protección de los derechos de los usuarios. Con esos propósitos, se han constituido entes reguladores que aplican los siguientes principios básicos: libre acceso, obligatoriedad del servicio, eficiencia y óptima calidad, precio justo, uso racional y armonía ambiental, seguridad y continuidad del abastecimiento y cobertura del servicio. Dentro de este marco de principios, los temas sensibles a la regulación tienen relación con el acceso libre a las redes, las posibilidades de integración vertical de los operadores, el nivel de rentabilidad adecuado, el fomento de la productividad y el traslado de la eficiencia privada al usuario. En algunos casos, por ejemplo en Colombia, mediante el Fondo de Solidaridad y Garantía, se introdujeron además criterios de equidad social.

---

10. Se trata de un asunto polémico. Los países productores, con control predominante de empresas estatales, no siempre han adoptado precios internos que correspondan al costo de oportunidad de exportación (FOB en puerto de embarque). En el caso de los países predominantemente importadores, los precios internos han tendido a reflejar las paridades de importación (CIF en puerto de destino) mientras que en el caso de países exportadores e importadores, la vigencia de un esquema competitivo debería contribuir a que los precios internos se acercaran a las paridades de exportación.

Cuadro 5.4
MODALIDADES DE COORDINACIÓN EN LOS SEGMENTOS AGUAS ABAJO DE LA INDUSTRIA DEL GAS NATURAL

Carácter del país	Control central	Sistema comprador único	Mercado abierto (mayorista) y regulado (minorista)		
			Acceso negociado al transporte	Acceso regulado al transporte	
				Permiso de integración de funciones (transporte y mayorista)	Separación de funciones obligatorias
Exportador	Trinidad y Tobago				Bolivia
Productor autosuficiente sin excedente	Barbados Venezuela	Colombia		México Perú	Argentina
Importador			Brasil	Chile	

Fuente: Organización Latinoamericana de Energía (Olade), *Resultados de la modernización y perspectivas de la integración energéticas en América Latina y el Caribe*, Quito, noviembre de 1998.

En un país de mercado maduro como Argentina se eliminó el monopolio estatal y se instauró un esquema de libre comercio, acompañado de la privatización total de la industria. Este esquema incluyó, además, la desintegración de la cadena gasífera de explotación, transporte y distribución. Se establecieron concesiones de explotación, libre entrada en los gasoductos y concesiones de distribución y únicamente se regulan los segmentos de transporte y distribución. En Argentina y Colombia la ley no permite la integración vertical, en Bolivia y México sólo es posible por excepción y en Chile está sujeta a la libertad del operador[11].

La fijación de tarifas en los segmentos regulados se basa en consideraciones de eficiencia económica y de suficiencia financiera de los operadores. En este sentido las tarifas reguladas deben expresar la resultante de un modelo competitivo en el que se estiman como variables sensibles los costos de operación, los incrementos de productividad y la distribución de los incrementos de eficiencia entre operadores y usuarios. Así, los costos de una gestión ineficiente no pueden transferirse a los usuarios y los operadores no pueden apropiarse de ganancias derivadas de prácticas restrictivas. Desde el punto de vista de la suficiencia financiera, las tarifas deben garantizar la

---

11. El tema de la desintegración se ha venido cuestionando como una opción para desarrollar la industria en países de mercado incipiente, como lo revelaron las dificultades en el Perú para concretar la explotación del gas de Camisea.

recuperación de las inversiones y los gastos de operación, mantenimiento, reposición y expansión, posibilitando una tasa de rentabilidad razonable.

Para alcanzar estos propósitos, los mecanismos de fijación de precios aplican precios tope (*price cap*) en Argentina y México, regulación por tasa de retorno en Bolivia, y un esquema denominado de libertad vigilada si existe competencia y de libertad regulada en su ausencia. En este último caso, se aplica una combinación de precios tope y tasa de retorno como en Colombia.

La apertura y liberalización de la industria gasífera estimuló un dinámico proceso de integración física en el Cono Sur. Los países han formalizado diversos acuerdos destinados a crear los marcos jurídicos apropiados para favorecer el intercambio gasífero, apuntando a la masificación del consumo de gas y a la instalación de plantas eléctricas con un combustible más benigno para el medio ambiente[12]. En América Central están en estudio iniciativas para una interconexión gasífera con México. Asimismo, Colombia y Venezuela se proyectan como importantes abastecedores regionales.

c) La dinámica empresarial en el sector energético

Las reformas energéticas han permitido desarrollar una gran dinámica empresarial motivada por la presencia de nuevos actores como consecuencia de las privatizaciones y el renovado flujo de inversiones externas. En algunas situaciones los procesos de privatización del sector energético también permitieron dinamizar los mercados bursátiles regionales tanto por la emisión de nuevos instrumentos como por el considerable aumento del volumen de las transacciones. Asimismo, ha surgido un nuevo ímpetu en las empresas estatales, sobre todo en la actividad petrolera, en los casos en que no fueron privatizadas.

No existen cifras disponibles para observar los cambios que se han producido en el volumen acumulado de inversión extranjera directa en la industria eléctrica. Sin duda, éste se dinamizó más por la adquisición de activos de empresas estatales que por la realización de nuevas inversiones. A su vez, en la industria de hidrocarburos, la inversión acumulada de las empresas estadounidenses en los países de América del Sur aumentó 63% entre 1993 y 1997, pasando de 4.200 a 6.800 millones de dólares, lo que representa aproximadamente el 10% del total regional. Este acervo de inversión extranjera en hidrocarburos debe incrementarse sustantivamente, si se concretan las inversiones previstas en las aperturas venezolana y brasileña y la entrada en operación de nuevos proyectos gasíferos.

---

12. Entre Argentina y Chile se encuentran operando dos gasoductos (Gas Andes y Magallanes), entre Argentina y Bolivia aún continúa el suministro por el viejo gasoducto. Entre Bolivia y Brasil está en construcción un gasoducto de proporciones, y entre Argentina y Uruguay ya existe un consorcio ganador de la licitación que abastecerá a ese último país. Entre Argentina y Brasil ya se ha acordado la conexión con Uruguaiana y la extensión del gasoducto hasta Porto Alegre.

Si bien tampoco se dispone de cifras sectoriales de los ingresos por privatizaciones para todo el decenio, a modo ilustrativo se puede mencionar que en 1997 las privatizaciones totales sumaron más de 24.000 millones de dólares, de los cuales el 62% correspondió a empresas energéticas (14.450 millones de dólares en electricidad y 745 millones de dólares en gas).

Entre los inversionistas extranjeros destacan las empresas españolas (Endesa e Iberdrola), las francesas (EDF) y una serie de firmas pioneras de origen estadounidense (AES Corp., Houston Industries Energy Inc., Southern Electric, CEA, Dominium Energy y CMS Energy). Dada la dimensión de los recursos involucrados, la toma de control de los activos privatizados fue el resultado de la conformación de consorcios integrados por empresas extranjeras de diferentes orígenes asociadas con poderosos grupos locales.

En este sentido, un nuevo fenómeno de los años noventa radica en la constitución de alianzas estratégicas intraeuropeas y entre estas empresas y las de la región. En Argentina, las empresas de capitales europeos y latinoamericanos establecieron diversas modalidades de asociación con Electricité de France, Endesa de España, British Gas y Repsol y registran ventas anuales del orden de los 2.400 millones de dólares. A su vez, las empresas de propiedad íntegramente europea tienen ventas anuales equivalentes a 3.400 millones de dólares. En conjunto, dan cuenta de negocios anuales por unos 5.800 millones de dólares, abarcando actividades en petróleo, gas y electricidad[13]. En Colombia se produjeron también alianzas entre empresas europeas y latinoamericanas, como fueron las operaciones que inicialmente involucraron a Endesa España y a Endesa y Enersis de Chile, que significaron una inversión superior a los 2.000 millones de dólares en 1997. En Brasil confluyen, bajo diferentes modalidades de asociación, capitales latinoamericanos y europeos, que tienen gran significación en las actividades de distribución y, en menor medida, en la generación de electricidad y la distribución de gas[14].

En la industria eléctrica, donde el paradigma de la desintegración vertical fue uno de los propósitos que orientó las reformas, se están observando procesos de reconcentración empresarial. Una de las operaciones de adquisición más destacada en el mercado eléctrico regional fue la compra en 1999 de la mayoría accionaria de Endesa Chile y de Enersis por parte de Endesa España[15]. Lo mismo ocurre en la

---

13. Otro dato interesante del dinámico proceso de inversión europea en Argentina son las fusiones y adquisiciones de empresas. En 1997, por ejemplo, las adquisiciones y fusiones con participación de empresas europeas dieron cuenta de una inversión de 1.160 millones de dólares en petróleo y gas.

14. Estas asociaciones involucraron inicialmente a empresas tales como Electricidade de Portugal; Endesa España; Endesa Chile; Enersis; Edegel de Perú; Iberdrola de España; Chilectra de Chile; Electricité de France; Gas de España y Pluspetrol de Argentina. Las diversas sociedades que se han formado dieron cuenta de adquisiciones por un valor de 6.728 millones de dólares entre 1996 y 1998.

15. La compra de parte de Enersis significó una inversión del orden de los 1.179 millones de dólares y la de Endesa Chile otra de unos 1.860 millones de dólares. El control de parte de Enersis ha permitido a Endesa España participar en un *holding* cuyo valor se estima en unos 5.000 millones de dólares. A través de esta operación, los capitales españoles pueden tener una presencia importante en los mercados de Argentina, Brasil, Colombia y Perú.

industria de los hidrocarburos por motivos vinculados con el tamaño del mercado. La compra de YPF por Repsol de España fue otro de los hechos significativos a fines del decenio. La empresa española, que ya tenía intereses en la refinación de petróleo en Perú y que opera en varios países de la región, concretó la compra del 85% de YPF por un monto del orden de los 13.000 millones de dólares[16].

A diferencia de la industria eléctrica, en la que la participación de las empresas estatales se redujo considerablemente, en el caso del petróleo dichas empresas continuaron invirtiendo y desarrollaron nuevas estrategias empresariales. Esto por cierto no fue así en Argentina, Bolivia y Perú, que optaron por la privatización de la industria. Entre las nuevas estrategias de las empresas estatales en los años noventa, cabe destacar tres. Una de ellas es la internacionalización mediante alianzas estratégicas, como es el caso de Petróleos Méxicanos (Pemex), que adquirió el 3% de Repsol de España y el 50% de la refinería de Deer Park en Texas (Estados Unidos) de la empresa Shell. La segunda estrategia corresponde a la internacionalización en segmentos aguas arriba, mediante la realización de operaciones en el extranjero, como son los casos de Petrobrás y ENAP. Por último, una tercera consiste en la concertación de alianzas estratégicas regionales, como son la de YPF (Argentina), Petrobrás (Brasil) y Pdvsa (Venezuela) y también la de YPF y ENAP (Chile). Estas nuevas estrategias se agregan a la ya vigente de internacionalización con integración vertical, mediante el desarrollo de actividades en segmentos aguas abajo de la industria en el extranjero, como fue el caso de Petróleos de Venezuela (Pdvsa), involucrada en la refinación y distribución de combustibles en el mercado de los Estados Unidos (Citgo Petroleum Co., Unocal y UNO-VEN).

3. SERVICIOS DE AGUA POTABLE Y SANEAMIENTO

La provisión de los servicios de agua potable y saneamiento tradicionalmente ha convocado una amplia participación de los gobiernos, sobre la base de arreglos institucionales que difieren poco de un país a otro. En la mayoría de los casos estos arreglos todavía suponen un alto nivel de intervención gubernamental tanto en la provisión de los servicios como en el financiamiento de las inversiones.

La condición de recurso asociado biológicamente a la vida le confiere al tema del suministro de agua potable una muy alta valoración social. En cambio, debido al bajo dinamismo tecnológico, los altos requerimientos de capital y la rigidez de la demanda que caracterizan a la industria, se registran tasas de rentabilidad económica relati-

---

16. Con esta operación Repsol ha pasado a controlar, en Argentina, el 55% de las reservas petroleras, el 60% de la capacidad de refinación, el 47% de la producción de gas natural y el 48% del mercado minorista de gasolina, a lo que se sumarían los intereses que YPF tiene en América Latina y en otras partes del mundo, directamente o a través del grupo Maxus, que fue adquirido por YPF hace tres años.

vamente bajas y largos períodos de recuperación de las inversiones que, por ende, se ven muy afectadas por la incertidumbre del contexto. En la medida en que las necesidades de suministro de los servicios a la población no están resueltas, su amplia repercusión social los transforma en un asunto de fuerte sensibilidad política que, con frecuencia, privilegia intereses inmediatos por sobre los temas de largo plazo que inciden en la provisión y el financiamiento de los servicios.

No obstante, en los últimos años se observa un proceso de búsqueda de nuevos arreglos institucionales. La necesidad de incorporar recursos financieros, tecnológicos y gerenciales privados, junto con las restricciones que enfrenta el sector público en estas materias, han puesto el tema en la agenda de muchos gobiernos y, sobre todo, en la de los países de América Latina y el Caribe. Sin embargo, la transformación de los modelos de gestión ha sido lenta, en parte limitada por las condiciones de la propia industria, pero también por la necesidad de formular nuevas reglas del juego que tomen en cuenta las particularidades de estos servicios y todos los intereses involucrados. En términos generales, se trata de una industria de servicio público, prestado bajo régimen de monopolio natural y con fuertes externalidades sobre la salud pública y la contaminación ambiental.

a) Las insuficiencias de cobertura

El desarrollo de las redes de agua potable y saneamiento se llevó a cabo en la región entre las décadas de 1940 y 1980, siguiendo un modelo de gestión centralizado en el sector público. Durante ese período la prioridad fue ampliar la cobertura, aun en detrimento de la calidad y eficiencia económica de las entidades operadoras. La crisis de los años ochenta agravó la situación, aumentando el deterioro físico e institucional de ese modelo de gestión. De tal manera, al inicio de la década de 1990 el sector se caracterizaba por insuficientes niveles de inversión, mala calidad de los servicios prestados, déficit financiero y operativo de las empresas, bajos niveles de eficiencia, altos porcentajes de insumo no contabilizado y escasa cultura de pago de los usuarios.

La precariedad de los servicios en América Latina y el Caribe se aprecia a través de las cifras que se presentan en el Cuadro 5.5. Vale destacar en todos los casos el considerable rango de variación de los indicadores, que da cuenta de la diversidad de situaciones que coexisten en la región. Sin embargo, los bajos promedios resultantes también permiten inferir el amplio grado de generalización de las carencias. Sólo seis países (Chile, Costa Rica, Cuba, Guatemala, Panamá y Trinidad y Tobago) proveían acceso al agua potable a prácticamente la totalidad de su respectiva población urbana a mediados de los años noventa. A su vez, tres países (Argentina, Paraguay y Venezuela) tenían una cobertura inferior al 80% de su población urbana. La situación de acceso al agua potable en el medio rural es, en general, notablemente peor, con excepción de Costa Rica y, en menor medida, de Trinidad y Tobago, que presentan coberturas superiores al 85%. Aparte de estos dos países, sólo otros cinco (Cuba, Honduras, Panamá, República Dominicana y Venezuela) brindan acceso, como mínimo, a la mitad de su población rural. La situación tampoco es alentadora en materia de acceso a sistemas de saneamiento básico, nuevamente con la notable excepción de Costa Rica. La cobertura de estos servicios fluctúa en alrededor de dos tercios de la población de cada país, exceptuando a Haití, Paraguay y Perú, que exhiben coberturas inferiores al 50%. Por último, los porcentajes de tratamiento de las aguas servidas antes de su vertimiento al medio natural son extremadamente bajas, entre 5% y 10%, según los países (Foster, 1996).

En consecuencia, las estimaciones de la inversión necesaria en el sector son considerables. Para el conjunto de la región, el Banco Mundial estimó que entre 1991 y 2000 se requería una inversión sectorial del orden de los 12.000 millones de dólares por año para encarar las expansiones y rehabilitaciones necesarias, después de un decenio de muy bajos niveles de inversión. Dado que la inversión realizada en los años noventa estuvo muy por debajo de esas metas, todavía se requieren montos ingentes. En un trabajo reciente (Global Water Partnership, 2000) se estimó que, para subsanar las actuales carencias, con horizonte en el año 2010, sólo en los países suramericanos será preciso hacer una inversión total de 60.000 millones de dólares en el período. Para dimensionar esta estimación vale recordar que el capital total instalado en la región en el sector agua y saneamiento fue calculado en 60.000 millones de dólares en 1993 (Banco Mundial, 1995). Esto significa que en los próximos diez años sólo en América del Sur se requiere una inversión equivalente a todo el capital del sector instalado en la región.

b) Los modelos de gestión

Durante los años noventa en varios países se adoptaron distintas iniciativas para modificar el modelo de gestión pública de los servicios de agua y saneamiento. El modelo tradicional de la región presentaba al menos tres características indeseables. En primer lugar, carecía de la necesaria distinción en la asignación de responsabilidades institucionales entre las funciones de formulación de las políticas de desarrollo sectorial, la regulación y fiscalización de los servicios y la propia prestación de los mismos. En el caso de los países de mayor tamaño relativo existían, además, graves problemas jurisdiccionales entre las autoridades nacionales y los gobiernos locales. Por último, las inversiones y los gastos de operación y mantenimiento se financiaban con cargo al presupuesto general, sin una debida atención a los costos de corto y largo plazos y con una escasa recuperación de los mismos a través de las políticas de tarificación.

Cuadro 5.5
AMÉRICA LATINA Y EL CARIBE: ACCESO A LOS SERVICIOS
DE AGUA POTABLE Y SANEAMIENTO
(En porcentajes)

Países	Acceso a agua potable				Acceso a saneamiento adecuado
	Porcentaje población urbana		Porcentaje población rural		Porcentaje población total
	1982	1995	1982	1995	1994-1995
Argentina	63	71	17	24	68
Bolivia	81	88	27	43	...
Brasil	...	80	52	28	83
Chile	97	99	22	47	71
Colombia	100	90	76	32	70
Costa Rica	100	100	82	99	99
Cuba	...	98	...	72	66
Ecuador	83	81	33	10	64
El Salvador	76	82	47	24	73
Guatemala	89	97	39	48	60
Haití	59	38	32	39	24
Honduras	51	91	49	66	68
Jamaica	99	...	93	...	89
México	95	...	50	...	70
Nicaragua	77	93	13	28	60
Panamá	100	99	64	73	87
Paraguay	49	70	8	6	41
Perú	73	91	17	31	47
República Dominicana	72	88	24	55	85
Trinidad y Tobago	100	100	93	88	79
Uruguay	100	...	100	...	61
Venezuela	88	79	65	79	59

Fuente: Banco Mundial, World Development Indicators, Washington, D.C., versión en CD-ROM, 1999; y Cepal, *La brecha de la equidad: América Latina, el Caribe y la Cumbre Social* (LC/G.1954/Rev.1-P), Santiago de Chile, diciembre de 1997. Publicación de las Naciones Unidas, N° de venta: S.97.II.G.11.

Los esfuerzos regionales se orientaron a resolver, en distinta medida, algunos de estos problemas. Así, Brasil y México están buscando racionalizar el sistema público de prestaciones mediante políticas de descentralización regional y concentración de las prestaciones municipales, a fin de aprovechar las economías de escala de los servicios[17] y las ventajas derivadas de la integración vertical y desagregación hori-

17. Algunos estudios muestran que en casos latinoamericanos el costo por metro cúbico de agua suministrada disminuye enormemente a medida que aumenta el número de usuarios y que la factibilidad financiera de la operación sólo se logra para unidades operativas que abastezcan ciudades mayores de 40 o 50.000 habitantes (Yépez, 1990). Además, las diferencias de costo son considerables según el tamaño de los sistemas. Así, el costo de provisión para grupos de tres personas es de 1.600 dólares en sistemas de tamaño reducido y de 200 dólares en sistemas grandes.

zontal de las unidades de prestación[18]. Asimismo, se ha progresado en el establecimiento de instancias regulatorias federales con funciones mejor definidas y mayores grados de autonomía de los órganos de formulación de políticas y de las empresas operadoras. En Colombia se apuntó a la constitución de empresas mixtas de base regional, al establecimiento de nuevas metodologías tarifarias y a combinaciones novedosas de subsidios cruzados y fondos de solidaridad (Fainboim y Rodríguez Restrepo, 2000).

Una de las transformaciones más amplias y exitosas se inició en Chile a fines de la década de 1980. Este nuevo modelo de gestión se construyó progresivamente durante los años noventa sobre las siguientes bases: i) separación de las funciones normativas y fiscalizadoras (a cargo del gobierno central), de la regulación sectorial (bajo la responsabilidad de la Superintendencia de Servicios Sanitarios) y de la operación de los servicios; ii) otorgamiento de concesiones a 13 empresas públicas regionales organizadas como sociedades anónimas bajo un régimen legal que equipara a los prestadores públicos y privados; iii) establecimiento de un sistema tarifario orientado a incentivar la eficiencia de las empresas y proporcionar señales claras a los consumidores respecto del valor de las prestaciones, y iv) instrumentación de un régimen de subsidios dirigidos a los usuarios de menores recursos, financiado mediante aportes del presupuesto nacional. En la primera mitad del decenio las inversiones en el sector se cuadruplicaron y se produjo un gran avance en materia de calidad y cobertura de los servicios, con excepción del tratamiento de aguas residuales (Corrales, 1996). En 1999, con la finalidad de movilizar recursos privados, sobre todo para el tratamiento de aguas residuales, se procedió a vender al sector privado la mayoría del capital accionario de la empresas regionales de Santiago (EMOS) y de Valparaíso (Esval) y están en procesos similares otras empresas regionales (Essel y Essal).

Un enfoque opuesto se adoptó en Argentina, cuando el gobierno otorgó una concesión del sistema de agua potable y alcantarillado de Buenos Aires a la empresa privada Aguas Argentinas, liderada por Lyonnaise des Eaux-Dumez, a través de una licitación internacional que buscó generar competencia por el mercado. El contrato de concesión fue renegociado en 1997, provocando numerosas críticas respecto de las condiciones de la licitación original y del marco regulatorio que posibilitó varios episodios de comportamiento oportunista de la empresa ante el poder político (Alcázar, Abdala y Shirley, 2000). Posteriormente, el mismo modelo se hizo extensivo a varias empresas provinciales en paralelo con la promulgación de los marcos

---

18. La tendencia reciente es propiciar la integración de todas las actividades asociadas a la prestación de los servicios para reducir los importantes costos de transacción involucrados. En contraste, la naturaleza local del servicio y la fuerte participación de los gobiernos locales han contribuido a una desagregación horizontal excesiva, produciéndose un 'minimalismo operativo' (Lorraín, 1995) que impide la consolidación de estructuras operativas eficientes, como ocurría en la Ciudad de México antes de la reforma (Casasús, 1994).

regulatorios para cada caso. Este proceder convirtió a la autoridad regulatoria correspondiente en una entidad responsable del seguimiento y control del respectivo contrato de la empresa operadora y aumentó el riesgo de su captura (Corrales, 1998).

En realidad esta experiencia puso de manifiesto varias características de la industria que dificultan una participación privada beneficiosa para el interés general. Cabe destacar entre ellas: i) la baja rentabilidad relativa del sector[19]; ii) los elevados riesgos derivados de la complejidad social y política de los servicios[20]; iii) las dificultades aun para simular competencia debido a la concentración internacional de los operadores[21]; iv) las fuertes asimetrías de información que entorpecen una adecuada regulación de los servicios[22], y v) la posible contradicción entre el objetivo de obtener recursos para el fisco y el de asegurar la sostenibilidad del servicio sobre la base de tarifas razonables para los usuarios[23].

En atención a estas restricciones, en la región se ha recurrido a diversas modalidades de participación privada, según se aprecia en el Cuadro 5.6. La experiencia acumulada indica que la mayor parte de las inversiones realizadas se han financiado mediante incrementos tarifarios y que los operadores privados han restringido su esfuerzo de inversión, sobre la base de recursos propios y endeudamiento, sólo en áreas puntuales y con alta rentabilidad de corto plazo (Rivera, 1997).

En consecuencia, a fines del decenio quedan todavía por resolver grandes desafíos a fin de movilizar los recursos financieros necesarios para ampliar la cantidad y mejorar la calidad de los servicios y, por otro lado, superar el considerable déficit regulatorio que actualmente se verifica en el sector[24]. Cabe destacar que en los siste-

---

19. El monto de los activos requeridos para generar una unidad anual de ingresos en agua y saneamiento es 10-12, mientras que en telecomunicaciones es 3, en el sector eléctrico es 3-4 y en la concesión de autopistas por peaje es 7 (Haarmeyer, 1994).

20. En algunos casos, como Cochabamba en Bolivia, los servicios se han visto afectados por conflictos sociales debido a cuestiones tarifarias y a la utilización de fuentes de agua después de su privatización. Este caso ha inducido a que algunos expertos propugnen agregar, a las tradicionales nociones de riesgos asociados a la inversión privada, el riesgo de los disturbios sociales derivados de marcos regulatorios y contractuales y de prácticas empresarias con insuficiente consenso en el medio de aplicación.

21. El número de empresas internacionales interesadas en participar en las licitaciones que se han abierto en América Latina no supera las seis, muchas de ellas interrelacionadas, y los competidores se repiten constantemente de un caso a otro (Corrales, 1998).

22. Una de las mayores dificultades para lograr la apropiada regulación se origina en las asimetrías de información, determinantes en el sector. Así, se ha especulado que en Chile habrá que hacer profundos cambios regulatorios para llevar a cabo la priorización, las empresas privadas, a diferencia de las públicas, tendrán mayores incentivos para comportarse de manera oportunista y explotar las debilidades actuales de la Superintendencia de Servicios Sanitarios (Shirley, Xu y Zuluaga, 2000). Por otra parte, se ha sostenido que las asimetrías de información pueden servir para hacer menos visibles los beneficios de la empresa operadora.

23. Cabe mencionar que el Tribunal de Cuentas de Francia recientemente prohibió adjudicar contratos en la industria del agua sobre la base de pagos al poder concedente. El fundamento de esta medida es que si bien dicho procedimiento aporta a las finanzas públicas, también perjudica a los usuarios, ya que el pago se recupera a través de mayores tarifas (Tribunal de Cuentas de Francia, 1997).

24. Véase un examen de estos problemas en Cepal (2000a, capítulo 12).

Cuadro 5.6
AMÉRICA LATINA Y EL CARIBE: PARTICIPACIÓN DEL SECTOR PRIVADO EN AGUA
Y SANEAMIENTO Y ASIGNACIÓN DE RESPONSABILIDADES

Opción	Propie-dad activos	Operación y mante-nimiento	Inver-sión de capital	Riesgo comer-cial	Dura-ción contrato	Ejemplos
Contrato de servicios	Pública	Pública y privada	Pública	Público	1-2 años	Chile (Santiago) medidores y facturación
Contrato de gestión	Pública	Privada	Pública	Público	3-5 años	
Contrato de arrendamiento	Pública	Privada	Pública	Compar-tido	8-15 años	Trinidad y Tobago Venezuela (Monagas e Hidrolara)
Arreglo tipo BOT	Pública	Privada	Privada	Privado	20-30 años	Colombia (Tibitoc)
Concesión de obra pública	Pública	Privada	Privada	Privado	25-30 años	Argentina (Mendoza, planta depuradora)
Empresa mixta	Compar-tida	Privada	Privada	Compar-tido	Indefi-nida	Colombia (Bogotá, tratamiento aguas residuales)
Empresa privada	Privada	Privada	Privada	Privado	Indefi-nida	Argentina (Buenos Aires y varias provincias)
						Colombia (Barranquilla, Cartagena, Montería)
						Chile (Santiago y Valparaíso)

Fuente: Penelope J. Brooke Cowen, "The private sector and water sanitation. How to get started?", *Public Policy for the Private Sector*, N° 126, Washington, D.C., Banco Mundial, 2000.

mas maduros de regulación con tradición en la prestación de servicios públicos a cargo del sector privado (Estados Unidos, Francia y Reino Unido) se admite legislación y decisiones *ex-post* con el objeto de subsanar lagunas y defectos regulatorios, siempre que se respete el criterio de la ganancia razonable. Por ello el mejoramiento de los marcos regulatorios en los países de la región es una tarea que los gobiernos pueden encarar en el futuro inmediato[25].

---

25. En el caso Maruba (99.694), la Suprema Corte de Justicia de Argentina resolvió, en 1998, que la responsabilidad del Estado concedente no termina al otorgar la concesión, por lo que resulta ilegítima la pretensión de que el Estado renuncie a su deber de controlar la evolución de las tarifas.

4. Transportes

En el último cuarto de siglo se ha producido una transformación notable en el transporte de muchos países de América Latina y el Caribe, aunque los cambios más salientes se concentraron en los años noventa. Si bien han sido considerables las innovaciones tecnológicas, las más significativas se han verificado en el plano institucional. Cabe destacar, en particular, la marcada disminución del papel del Estado como operador de servicios y de la infraestructura de transporte, la menor protección a las empresas operadoras ya establecidas y la introducción de una nueva generación de mecanismos de regulación económica destinada a defender los intereses de los consumidores y la competitividad de los mercados.

a) Concesiones de carreteras

La concesión de carreteras interurbanas es un fenómeno destacado de los años noventa. En tal sentido, se han concretado importantes programas en varios países de la región. Sin embargo, vale recalcar que el cobro directo por el uso de la infraestructura vial mediante un sistema de peaje sólo es posible para magnitudes de flujos de tránsito relativamente elevados. En consecuencia, aunque la participación privada constituye un aporte indudable para el desarrollo de la infraestructura vial, la inversión pública continúa siendo de primordial importancia en este subsector.

La incorporación de la gestión privada en la infraestructura vial por medio del sistema de concesiones modificó sustancialmente la dinámica del sector. Por un lado, implicó un cambio en el papel del sector privado, que pasó de ser el tradicional contratista de obra pública al de concesionario de un servicio público y, por otro, permitió captar cuantiosos montos de recursos para la inversión vial. Sin embargo, el proceso no ha estado exento de escollos, derivados en buena medida de las dificultades para mensurar y asignar los diferentes tipos de riesgo de las obras entre los agentes intervinientes, de las debilidades iniciales de los marcos normativos y de las instituciones públicas de regulación. Estas insuficiencias dieron origen a grandes pasivos contingentes del sector público que, en varios casos, se debieron hacer efectivos. Una revisión de lo ocurrido en el decenio permite constatar un considerable aprendizaje institucional que va introduciendo mejoras progresivas en la delimitación de las responsabilidades de los agentes y en la transparencia pública del proceso.

La red vial en Argentina totaliza casi 500.000 kilómetros, de los cuales 38.800 corresponden a la red nacional, 181.000 a la provincial y 280.000 a la red a cargo de los municipios. A principios de los años noventa casi la mitad de la red caminera estaba en mal estado y sólo un 25% se encontraba en buenas condiciones de transitabilidad. A fines de la década de 1980 la red nacional fue abierta a la participación privada según diferentes modalidades. Del total de esta red 29.500 kilómetros de caminos pasaron a ser mantenidos mediante diferentes sistemas de concesión sin peaje financiados con fondos públicos[26] y el resto, 9.300, a través de concesiones con peaje. Para la licitación de las concesiones la red se desagregó en 20 corredores viales. Las concesiones se otorgaron en 1989-1990 por un período fijo de 12 años, con sistema de peaje abierto (cargo uniforme) de 1.5 dólares/100 km indizado, en algunos corredores con canon pagado al fisco, sin garantías de tránsito mínimo o avales del Estado. Las concesiones estuvieron orientadas básicamente a tareas de rehabilitación y mantenimiento, sin ampliación de la capacidad de las vías. Este sistema se modificó en 1991, al alargarse un año el plazo de concesión, se adecuaron los planes de inversión comprometidos por las empresas, se redujo la tarifa básica a 1 dólar/100 km sin indización, se suprimió el canon y se estableció un subsidio estatal mensual por corredor vial. Esta renegociación global de los contratos generó obligaciones de inversión privada del orden de los 2.000 millones de dólares en el período de la concesión y el Estado asumió el compromiso de subsidios operativos por 925 millones de dólares, renunciando a ingresos por canon de 475 millones de dólares. Los ingresos previstos por peaje fueron del orden de los 3.600 millones de dólares durante el plazo de concesión. Posteriormente los contratos estuvieron sujetos a varias rondas de negociaciones, las últimas en 1998-1999, sin acuerdos definitivos todavía. El concepto básico que prevalece en las concesiones interurbanas de acuerdo con la legislación vigente es el de riesgo privado, sin garantía pública. No obstante, su cumplimiento en la práctica ha sido sólo parcial, ya que a partir de 1991 se otorga un subsidio fiscal anual en compensación por los cambios introducidos en el reajuste de los peajes (Delgado, 2000).

En Chile la red vial es de casi 80.000 kilómetros. En 1990 sólo un 15% de los caminos se encontraba en buen estado dado que en la década de 1980 se invirtió apenas un tercio de las necesidades de mantenimiento. Por otro lado, la demanda por viajes se duplicó entre 1984 y 1994, según lo indicado en diversos estudios. En consecuencia, el déficit de inversión interurbana se estimó en 4.250 millones de dólares para la segunda mitad de los años noventa. Para afrontar este déficit, se amplió el presupuesto público destinado a este fin de 300 millones de dólares anuales en 1990 a 800 millones de dólares en 1999 y, principalmente, se apeló a la inversión privada a través del programa de concesiones viales. Este programa logró movilizar en el decenio más de 3.000 millones de dólares, considerando las obras ya realizadas y aquellas en ejecución en aproximadamente 2.500 kilómetros de carreteras. El programa optó por la rehabilitación, el mantenimiento y la ampliación de las vías exis-

---

26. Estas modalidades son las siguientes: 2.210 km son mantenidos mediante contratos de concesión de obra pública con aporte estatal; 12.827 km están acogidos a contratos de rehabilitación y mantenimiento (CreMa) financiados por el Banco Mundial y el gobierno, y 14.463 km se rigen bajo diferentes esquemas de obra pública administrados por Vialidad Nacional y financiados por el presupuesto público (Delgado, 1998).

tentes, antes que por la construcción de nuevos caminos. La principal concesión correspondió a la ruta longitudinal, verdadera columna vertebral de la red vial, que fue dividida para su licitación en ocho tramos. Aunque cada tramo es un proyecto independiente, el proceso licitatorio fue diseñado de manera de obtener tarifas homogéneas entre los tramos, a razón de 2 dólares/100 km para los peajes troncales y de 0.5 dólares para los laterales de menos de 100 km. Para homogeneizar las tarifas se utilizaron diferentes plazos de concesión, canon al Estado por el uso de la infraestructura preexistente y subsidios públicos para los tramos menos rentables. El gobierno aseguró la rentabilidad mínima de cada proyecto sobre la base de los costos oportunamente analizados por el poder concedente. Normalmente se garantiza hasta un 70% del monto de las inversiones más los costos de operación y mantenimiento y se establecen seguros de cambio para facilitar el financiamiento externo. Esta experiencia de asociación pública y privada experimentó refinamientos sucesivos. Aunque ha habido renegociaciones de algunos contratos, éstas fueron transparentes y se dieron en un marco dominado por la confianza recíproca entre todos los actores intervinientes (Rufián, 2000a).

En Colombia también el panorama de la red vial a comienzos de los años noventa era poco alentador. El promedio de inversión en el decenio anterior se situó en 0,8% del PIB cuando la inversión anual necesaria se estimaba entre 2 y 3 puntos porcentuales del producto. En 1992 se dio inicio al programa de concesiones viales como complemento del ambicioso Plan Vial de Apertura. En los tres primeros años del programa se abrieron 13 licitaciones por un total de 1.417 kilómetros y con un valor de casi 750 millones de dólares, mediante concesiones para la operación y el mantenimiento de las vías. Sin embargo, la premura con que se encaró el programa y se adjudicaron las concesiones impidió que se contara con buenos estudios sobre las demandas esperadas y las inversiones requeridas. En consecuencia, el Instituto Nacional de Vías debió otorgar garantías gubernamentales para minimizar el riesgo de los licitantes, que se tradujeron en importantes desembolsos fiscales como consecuencia de sobrecostos de construcción y de demandas de tráfico reales inferiores a las previstas. A partir del Plan Nacional de Desarrollo 1994-1998 se definieron nuevas orientaciones para ordenar y hacer más transparente la participación privada en estas obras y para explicitar y acotar las garantías otorgadas por el Estado, sobre la base del perfeccionamiento del marco normativo e institucional[27]. Esta nueva orientación naturalmente obligó a una renegociación de contratos, con redefinición de las obras y de sus calendarios de ejecución. Hacia fines del decenio, el nuevo programa de con-

---

27. En el marco de la Constitución de 1991, se promulgaron tres leyes de particular significación: el Estatuto de la Contratación Pública (Ley 80/1993), la Ley de Transporte (ley 105/1993) y la Ley de Endeudamiento (Ley 185/1995). Asimismo, se creó y puso en funciones el Comité Interministerial de Participación Privada en Infraestructura.

cesiones se basa en el concepto de corredores viales que enlazan los principales centros de producción y consumo con los puertos marítimos ubicados en las costas atlántica y pacífica. Se trata en total de cinco proyectos que incluyen 671 kilómetros de nuevas construcciones, así como 1.900 kilómetros de rehabilitación y 2.600 kilómetros de mantenimiento de caminos existentes, los cuales serán licitados a partir del año 2000 (Rufián, 2000b).

En México hasta 1987 el Gobierno Federal era el responsable exclusivo de las carreteras federales. Dado que el presupuesto público para el desarrollo de dicha infraestructura era limitado, a partir de 1988 se invitó al sector privado a participar en el mejoramiento del sistema vial. A tal fin se definieron nueve ejes troncales de autopistas de cuota (peaje) para configurar la columna vertebral del sistema carretero. Entre 1987 y 1994, el Gobierno Federal otorgó 52 concesiones para la construcción y modernización de 5.316 kilómetros de vías de altas especificaciones. De este total, 29 concesiones fueron al sector privado (3.364 kilómetros), otras 19 a gobiernos estaduales (1.538 kilómetros) y 4 a instituciones financieras del sector público (414 kilómetros). Se consideraron diversos factores para la adjudicación de las concesiones, aunque el criterio decisivo fue el plazo requerido para recuperar las inversiones. Asimismo, se previó que en el caso de no cumplirse los supuestos consignados en los títulos de concesión, el Gobierno Federal extendería el plazo de la misma hasta el máximo estipulado por la ley (30 años). Durante su ejecución el programa enfrentó problemas derivados de la aplicación práctica de las condiciones iniciales estipuladas y, por otra parte, de la crisis económica de fines de 1994. Entre los primeros, vale destacar los sobrecostos que en promedio alcanzaron un 42%, la menor demanda por el uso de las vías, que se situó en dos tercios de lo previsto, y los cambios en la estructura financiera del programa, que obligaron a recurrir al endeudamiento de corto plazo. Así, entre 1993 y 1994 fue preciso hacer una primera restructuración en 10 de las concesiones iniciales. La crisis de 1994 tuvo consecuencias devastadoras sobre el programa, ya que sus pasivos crecieron a tasas reales muy elevadas. Después de algunas primeras medidas[28] se adoptó el Programa de Rescate Carretero, mediante el cual se extinguieron anticipadamente 23 de las concesiones otorgadas, con un valor total de inversión de 11.154 millones de dólares. El monto de las indemnizaciones ascendió a 7.590 millones de dólares y el resto fue pérdida de capital de las empresas concesionarias. Dado que los bienes afectos a las concesiones pasaron nuevamente a estar en poder del Gobierno Federal y existía una obligación de pago por concepto de indemnizaciones, se creó un vehículo financiero (fideicomiso del Banco Nacional de Obras y Servicios Públicos) a fin de que los ingresos provenientes de la infraestructura rescatada se destinaran al pago de los pasivos contraí-

---

28. A mediados de 1995 se puso en marcha el programa de unidades de inversión (UDI) carreteras, que amplió el plazo de concesión a 30 años y redocumentó los créditos bancarios.

dos. Además de recibir estos ingresos, el fideicomiso emitió títulos de crédito avalados por el Gobierno Federal por 3.650 millones de dólares y, por otra parte, celebró convenios de cesión de deuda con los bancos y los concesionarios por 3.940 millones de dólares. Esta deuda tiene carácter contingente para el Gobierno Federal, requiriéndose aportes presupuestarios sólo cuando los flujos generados por los proyectos sean insuficientes para servir las obligaciones de pago del fideicomiso. Se estima que los ingresos provenientes de las autopistas bastan para cubrir los gastos de operación y mantenimiento durante los primeros años, así como los gastos financieros derivados del rescate. Para el año 2001 se prevén insuficiencias de recursos, que serán cubiertas con cargo al erario público. El costo fiscal del rescate se estimó, en 1997, en 2.410 millones de dólares (Corta Fernández, 1999)[29].

En el período también se ha procedido a otorgar concesiones de vías intraurbanas, aunque en menor medida. En Argentina a partir de 1994 se iniciaron los trabajos en cuatro autopistas concesionadas de acceso urbano a la ciudad de Buenos Aires con inversiones a la fecha de 1.481 millones de dólares. Las diferencias conceptuales con el esquema de las concesiones interurbanas son varias y se fundamentan en niveles de tránsito diarios considerablemente más elevados (Delgado, 2000). En Chile están en proceso de licitación cuatro grandes proyectos urbanos en la ciudad de Santiago, uno de los cuales fue recientemente adjudicado. En conjunto estos proyectos representan inversiones superiores a los 1.000 millones de dólares (Rufián, 2000a).

b) Concesión de servicios ferroviarios

Tradicionalmente no todos los países han demostrado similar entusiasmo por la administración privada de los ferrocarriles. En muchos casos de la región éstos surgieron como iniciativas privadas, normalmente amparadas por concesiones gubernamentales. Sin embargo, en la posguerra la mayoría de ellos fueron nacionalizados, al punto que en 1990 había sólo un ferrocarril de uso público y propiedad privada en América Latina y ninguno en el Caribe[30].

Esta situación cambió drásticamente durante los años noventa, ya que hacia fines del decenio existían 24 empresas ferroviarias privadas que operaban en la región y, en el futuro inmediato, están previstas 7 empresas más. En contrapartida, las restricciones fiscales amenazan a los ferrocarriles que no se privatizan con un acentuado

---

29. Esta evaluación se realizó con un horizonte de 50 años y sobre la base de supuestos conservadores: 3% de crecimiento de los ingresos, una tasa de descuento del 5,5% real y una mínima recuperación del aforo en los primeros meses. Este costo podría reducirse si el tránsito responde favorablemente a la nueva política tarifaria, con descuentos de 17% en automóviles, 32% en autobuses y 35% a 40% en camiones.

30. Este caso singular era el de Antofagasta (Chile) y Bolivia Railway Co. Ltd., cuyas acciones se negociaron en la bolsa de Londres, y que mantenía importancia estratégica por su calidad de transportador del cobre de Chuquicamata y de una parte significativa del comercio exterior de Bolivia.

rezago e incluso con su virtual abandono, como parece estar aconteciendo con las redes nacionales de varios países de la región (Costa Rica, Ecuador, El Salvador, Nicaragua, Paraguay y Trinidad y Tobago).

El cambio hacia una gestión privada de los ferrocarriles se asentó sobre dos modelos principales. El primero separa la administración de las vías de la operación de los trenes y el segundo otorga una concesión integral de infraestructura y servicios. En la aplicación del primer modelo la experiencia de Colombia fue pionera. En 1989 mantuvo la administración de la infraestructura en la empresa estatal Ferrovías y asignó la operación de los trenes a la empresa mixta (capitales públicos y privados) Sociedad Colombiana de Transporte Ferroviario. Como los resultados no fueron buenos, posteriormente se dividió la red en una del Atlántico y otra del Pacífico, otorgando por licitación concesiones integrales y contemplando también la operación por parte de terceros. Sin embargo, aún no ha resurgido el transporte ferroviario en Colombia, con excepción de los trenes operados por la Drummond Mining Corporation (minería de carbón) en el norte del país y la operación turística de un tren a vapor en Bogotá.

En Perú se aplicó una variante de este modelo, que consiste en licitar las diferentes líneas a empresas operadoras, las que además, en conjunto, integran un consorcio que administra la infraestructura. Otra variante del mismo modelo se aplicó en la región centro/sur de Chile, donde la Empresa Ferrocarriles del Estado opera trenes de pasajeros y vende derechos de uso de las vías principales a la empresa privada de carga Ferrocarril del Pacífico. La variante es que esta última empresa ha recibido en concesión integral algunos ramales secundarios.

El segundo modelo, concesión integral, es actualmente el más generalizado en los países de la región. Se han llevado a cabo modalidades de este tipo de privatización en Argentina, Bolivia, Brasil, Colombia (en segunda instancia), Guatemala y México (excepto en Tehuantepec y en el Valle de México). El modelo consiste en la licitación de una concesión para la administración de la infraestructura y la operación de los servicios por períodos de entre 30 y 50 años. Una variante de este modelo es la venta del ferrocarril, como ocurrió en la región norte de Chile con la empresa Ferronor.

Cabe preguntarse si la privatización ferroviaria ha tenido éxito. La respuesta es probablemente positiva, aunque los logros han sido sólo parciales (Cepal, 1997a y 2000c). En general, los volúmenes de tráfico han aumentado, aunque con amplia variación de un caso a otro, las subvenciones gubernamentales han disminuido y los índices de productividad laboral se han elevado. Sin embargo, el éxito no ha sido total debido al entorno del sector transporte, dentro del cual los ferrocarriles enfrentan una competencia desigual con el transporte de carga por camión y de pasajeros por autobuses, sobre todo en la imputación de los verdaderos costos de la infraestructura que respectivamente utilizan. Por otra parte, las empresas privadas no siempre cumplen a plenitud los acuerdos que firman con los gobiernos, como ha ocurrido en

Argentina y Chile. En la mayoría de los casos las autoridades prefieren renegociar con las empresas para evitar volver a licitar las concesiones o retomar la operación de los trenes.

c) Las reformas en el sistema de transporte urbano

Las reformas en este ámbito estuvieron orientadas a aumentar la cantidad y mejorar la calidad del transporte público con el objeto de paliar la congestión de tránsito originada en el rápido crecimiento de la propiedad y el uso de los automóviles particulares. Si bien no se trata de un fenómeno propio de los años noventa, no cabe duda de que se ha agravado recientemente por varias razones. Entre ellas, la reducción de los aranceles de importación, las deficiencias de infraestructura y la lenta reacción de las autoridades locales y nacionales frente a la brusca expansión del parque automotor.

En varios países de la región numerosas familias de la clase media, y algunas de la clase obrera, pudieron acceder por primera vez a la compra de automóviles, normalmente de segunda mano. Las mejores situaciones económicas, las rebajas arancelarias y algunas reducciones tributarias favorecieron esa posibilidad. Asimismo, el incremento de los ingresos de las familias se tradujo en un aumento de la cantidad y calidad de sus automóviles. La suma de ambos hechos contribuyó a una verdadera explosión del parque automotor[31].

A tal efecto, varios países procedieron a desreglamentar el transporte público y privatizar los servicios. A fines de los años ochenta, la operación de importantes segmentos de servicios de transporte público urbano en algunos países estaba en manos de los gobiernos, nacionales o municipales. Diez años más tarde, la operación de casi todos los servicios de autobuses está a cargo de empresas privadas. Asimismo, la privatización de la operación de trenes suburbanos y subterráneos comenzó en Buenos Aires (Argentina) a mediados del decenio y en Rio de Janeiro (Brasil) hacia el final. En el primer caso, la privatización aportó mejoras de la calidad y un aumento de la demanda de los servicios. Aunque desde el punto de vista social la experiencia ha sido exitosa, el subsidio concedido al servicio por el gobierno siguió en niveles similares a los que se daban cuando la operación de trenes estaba a cargo del Estado[32].

En los servicios de autobuses queda poco por privatizar. A principios del decenio, la Empresa Nacional de Transportes Urbanos (Enatru), que había prestado servicios en cuatro ciudades del Perú, transfirió sus activos a empresas privadas, conformadas generalmente por sus empleados. En São Paulo (Brasil), la Companhia Municipal de

---

31. Así, por ejemplo, en Santiago de Chile, el aumento del número de autos por familia derivado de un incremento del 1% de sus respectivos ingresos es 0.0039 en Vitacura (comuna de altos ingresos); 0.0033 en Santiago (comuna de ingresos medios); y 0.0017 en La Pintana (comuna de bajos ingresos). Véase Cepal (1997b).
32. Alrededor de 1 millón de dólares por día. Véase Jane's Information Group Ltd. (1999).

Transportes Coletivos licitó todos los servicios que había operado por cuenta directa, adjudicándolos a empresas privadas. Hacia fines del decenio, en el Distrito Federal de México, se retiró la empresa estatal Ruta 100, regresando al sector privado todos los servicios de transporte público no eléctricos. En general, la privatización de los servicios de transporte colectivo urbano fue exitosa en términos de la eficiencia técnica y productividad de los recursos empleados.

Las tarifas, sin embargo, han aumentado. A fines de los años ochenta en ciudades como Buenos Aires, Lima, México y São Paulo, el valor del pasaje se situaba entre 0.07 y 0.15 dólares, diez años más tarde la tarifa cuesta entre 0.30 y 0.60 dólares. Habitualmente, las empresas estatales recibían subsidios cuyo propósito era beneficiar a los sectores de menores ingresos, pero que muchas veces sufragaban los costos de su propia ineficiencia. A fines de los años ochenta, por ejemplo, la empresa Ruta 100 no lograba operar más de un 42% de los autobuses que poseía (Cepal, 1992). El alza de tarifas se debió a mayores costos de operación, al uso de vehículos apropiados pero más caros, a la prolongación de las líneas, a controles más estrictos sobre las condiciones de trabajo de los choferes y a la menor productividad de conductores y autobuses a raíz de la mayor congestión de tránsito.

La desreglamentación del transporte colectivo en Perú produjo un notable aumento del parque de vehículos, de aproximadamente 10.000 en 1989 a una cantidad situada entre 48.000 y 60.000 en 1999. Chile, que había desreglamentado diez años antes, experimentó un proceso similar. Aunque en ningún momento operaron en Santiago más de 15.000 unidades, las autoridades decidieron en 1990 regular el transporte en la ciudad y licitaron competitivamente una red de recorridos. Con esta medida, el parque de autobuses se modernizó y disminuyó a unas 9.000 unidades y las tarifas sufrieron incrementos moderados.

En Lima (Perú) también se intentó regular el servicio de buses, aunque no de manera tan generalizada como en Santiago. Sin embargo, en las ciudades intermedias de Chile y de Perú la desreglamentación no fue acompañada de una posterior regulación, hecho que reconoce implícitamente que la desreglamentación fue más exitosa.

En los años noventa también se desreglamentó el transporte interurbano de pasajeros en algunos países. En Argentina, con resultados relativamente buenos y, en Perú, debido al menor nivel de profesionalización empresarial, los resultados no han sido auspiciosos, sobre todo en materia de seguridad. En varios países, especialmente Brasil, la actividad continúa muy reglamentada.

d) Los puertos y el transporte marítimo

Hasta los años ochenta los puertos de la región fueron típicamente administrados por el sector público y sus trabajadores contratados directamente por la administración del puerto. En Chile, a partir de principios de los años ochenta los servicios de estiba fueron proporcionados por empresas privadas que competían entre sí, logrando notables mejoras en eficiencia y en economías de la inversión necesaria en maquinaria y equipamiento, pero éste fue un caso excepcional (Burkhalter, 1999 y Cepal, 1998a).

A mediados del decenio, se privatizaron puertos importantes en Argentina y en Panamá, con notables mejoras de productividad. El puerto de Buenos Aires (Argentina) logró así desplazar al de Santos (Brasil), en ese momento todavía administrado por el Estado, como el mayor movilizador de contenedores de América del Sur, según se aprecia en el Gráfico 5.2. Antes de culminar el decenio, se habían privatizado importantes puertos en Bahamas, Brasil, Chile, Colombia, Jamaica y México y estaba comenzando el proceso en Perú.

Para mantener un adecuado nivel de competitividad en el caso de puertos grandes es normal licitar por separado la operación de las distintas terminales, tratando de asegurar que la competencia logre traspasar a importadores y exportadores las reducciones de costos derivadas de una mayor productividad. La propia infraestructura sigue siendo estatal, aunque en algunos casos importantes estos puertos de servicios privatizados compiten con otros construidos por empresas privadas (Hoffmann, 1999).

En un lapso de apenas diez años los puertos latinoamericanos han dejado de ser citados como ejemplo de ineficiencia portuaria e incluso algunos se han convertido en modelos de eficiencia. Destaca el caso del puerto de Buenos Aires, donde el costo por tonelada de las importaciones en contenedores bajó 73%, la estadía media de los barcos se redujo 40%, la carga movilizada subió 50%, el número de unidades de contenedores aumentó 80% y la productividad laboral creció 275% entre 1991 y 1995.

En el transporte marítimo de líneas regulares se mantuvo la tendencia hacia la liquidación de las empresas nacionales, las fusiones con otras empresas y las compras por parte de empresas multinacionales. Esta reducción del número de empresas latinoamericanas fue más que compensada por el aumento del número de las extranjeras activas en la región, a tal punto que el número de líneas navieras activas en América Latina y el Caribe experimentó un ligero aumento (Cepal, 1998b). Hubo un menor uso de las líneas navieras regionales, pero una notable reducción del costo de los fletes, favorecida por el aumento de la actividad económica y el mayor dinamismo de la integración económica regional. La competencia entre líneas navieras aseguró que las disminuciones de costos sirvieran para reducir también los fletes.

En decenios anteriores la meta de los gobiernos fue maximizar la proporción del mercado de fletes atendida por las empresas nacionales, mediante reservas de carga para buques de bandera de los países exportador e importador. Los sucesos de la década de 1990 demuestran que el objetivo primordial de los gobiernos ahora es reducir costos y mejorar la eficiencia.

Gráfico 5.2
MOVIMIENTO DE CONTENEDORES

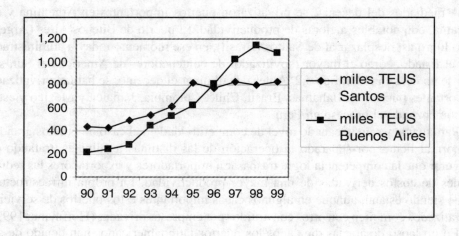

Fuente: Datos hasta 1996 proporcionados por Martin Sgut, consultor. Datos de 1997 a 1999 extraídos de Cepal, "Perfil marítimo de América Latina y el Caribe" (LC/W.001)
(www.eclac.cl/espanol/investigación/transporte/perfel), 24 de agosto de 2000.
Nota: Santos incluye Compañía Siderúrgica Paulista (Cosipa); Buenos Aires incluye Exolgán S.A.
TEU: Unidades equivalentes al contenedor de veinte pies.

e) Aspectos institucionales

En las primeras experiencias de reforma del sector, los mercados fueron desregla-
mentados y las empresas estatales privatizadas, sin prestar suficiente atención a la
competitividad, a las necesidades de los sectores sociales menos privilegiados y a las
externalidades.

En los años noventa, por el contrario, se ha puesto mayor hincapié en estas materias. Los propios modelos de privatización utilizados tratan de preservar la competencia como, por ejemplo, en los ferrocarriles de Perú. El modelo inicialmente propuesto habría obligado a las empresas mineras a usar los servicios de una única empresa
ferroviaria, o a enviar su producto a puerto en camiones. El modelo finalmente aplicado permite a esas empresas operar sus propios trenes, si consideran excesivos los
fletes cobrados por la empresa ferroviaria.

La creación de entidades dedicadas a la regulación en el sector transporte para
reforzar las leyes antimonopolios apunta en la misma dirección. Un esfuerzo pionero
fue la Comisión Nacional de Transporte Automotor, creada en Argentina en 1993,
después transformada en la Comisión Nacional de Regulación de Transporte. Poste-

riormente, se crearon entidades similares en Bolivia, Guatemala, Perú y otros países. Estas entidades han logrado, en algunas instancias, enfrentar con éxito conductas contrarias a la competencia. En Bolivia, por ejemplo, la insistencia de la Superintendencia de Transportes logró que la Empresa Ferroviaria Oriental rebajara los fletes que cobraba al transporte de la soya.

Otro campo de importantes iniciativas institucionales corresponde al desarrollo del transporte multimodal. Entre 1992 y 1994 se adoptaron tres convenios internacionales sobre esta materia. El primero en la Comunidad Andina, otro posterior en el Mercosur y el último suscrito por los diez países de la Conferencia de Ministros de Transporte, Comunicaciones y Obras Públicas de América del Sur. En el contexto de la Cumbre de las Américas, la Iniciativa de Transporte del Hemisferio Occidental marca el inicio de una aproximación continental al desarrollo de los sistemas intermodales. Los sectores empresariales han respondido impulsando la oferta de servicios integrados, mediante la incorporación de modernos sistemas de gestión de las operaciones o considerables inversiones en terminales de contenedores en los puertos y estaciones interiores de transferencia de carga.

Cuadro 5.7

ÍNDICES DE LOS CAMBIOS EN EL CONSUMO DE SERVICIOS DE TRANSPORTE Y SUS PRECIOS REALES EN PAÍSES SELECCIONADOS, 1989 A 1997

País	Crecimiento del PIB, 1989-1997	Crecimiento del consumo de servicios de transporte, 1989-1997	Cambio real en los precios de mercado de los servicios de transporte, 1989-1997
Bolivia	+ 45%	+ 73%	- 12%
Chile[a]	+ 63%	+ 80%	- 8%
Colombia[b]	+ 33%	+ 36%	+ 19%
Costa Rica	+ 34%	+ 76%	- 6%
Guyana	+ 57%	+ 60%	- 5%
México	+ 21%	+ 38%	+ 5%
Perú	+ 36%	+ 41%	- 20%
Uruguay[c]	+ 33%	+ 86%	- 20%

Fuente: Elaboración propia sobre la base de cifras nacionales publicadas en el *Anuario estadístico de América Latina y el Caribe*. Edición 1998 (LC/G.2043-P), Santiago de Chile, 1999. Publicación de las Naciones Unidas, N° de venta: S.99.II.G.1.
Nota: Nótese que los cambios porcentuales se refieren al sector transportes, almacenaje y comunicaciones.
a Desde 1990 a 1996.
b Desde 1989 a 1996.
c Desde 1990 a 1997.

Aunque todavía no se ha hecho una evaluación cabal y comprensiva, las cifras que se presentan en el Cuadro 5.5 señalan que en la mayoría de los países los precios del conjunto de los servicios de transporte se han reducido, mientras que ha subido su consumo como proporción del producto. Los factores que explican estas tendencias incluyen, sin duda, cambios tecnológicos y en algunos casos la reducción de subsidios. Sin embargo, las mejoras de productividad introducidas también han contribuido a la reducción de costos y a la expansión del consumo de los servicios que produce el sector, en el agregado de sus diversos modos y tipos.

Capítulo 6
DESEMPEÑO EN LOS SECTORES SOCIALES

El desarrollo social en los años noventa se caracterizó por la consolidación de la transición demográfica y el progresivo envejecimiento de la población, el insuficiente dinamismo de la generación de empleo, la reducción moderada de la pobreza y el aumento de la desigualdad en varios países, los avances en materia de equidad de género y la mayor participación de la mujer en el mercado de trabajo, la recuperación de la inversión social, y la realización de importantes reformas en las políticas y sectores sociales.

Con respecto a la estructura demográfica de la región, siguió consolidándose el proceso de transición demográfica, en un contexto de heterogeneidad entre países y dentro de ellos según estratos sociales. En general, se destacan el crecimiento de la población tanto de adultos mayores como en edad de trabajar, la reducción de la fecundidad y el descenso de las tasas de dependencia económica, estos dos últimos fenómenos reforzados por el incremento de la participación laboral de la mujer. Tales hechos han ido acompañados de aumentos de la expectativa de vida y disminución de la mortalidad infantil. El "bono" demográfico, producto del crecimiento de la población en edad de trabajar y la económicamente activa a mayores tasas que la población total, no ha sido aprovechado en la región, fundamentalmente por la escasa generación de empleo, en particular de aquel con altos niveles de productividad. Las repercusiones de esta dinámica son muy relevantes para el futuro de las políticas sociales debido a las transformaciones que experimentarán las demandas de servicios de salud y de seguridad social, así como las exigencias de generación de empleo.

La recuperación del crecimiento económico permitió un aumento del empleo que, sin embargo, no tuvo la intensidad necesaria para absorber a la creciente población económicamente activa, lo que se tradujo en incrementos del desempleo y la informalidad laboral en la región. Este comportamiento, con diferencias entre países, fue especialmente crítico en el caso de los suramericanos (con excepción de Chile). La demanda de trabajo favoreció a quienes contaban con formación universitaria, cuyos salarios se incrementaron relativamente, lo que no propició una tendencia positiva en la distribución del ingreso y ha redundado en el mantenimiento de niveles de desigualdad económica extremadamente altos en la mayor parte de los países. Dicho sesgo también impidió una reducción importante de los niveles de pobreza.

Entre 1990 y 1997 se logró disminuir la pobreza hasta niveles ligeramente superiores a los que presentaba la región en los comienzos de los años ochenta (36%), sin que el número de pobres haya decrecido, a causa del incremento demográfico. La expansión económica no fue suficiente para generar una dinámica más positiva en términos de los ingresos de los más pobres, las exigencias educativas se elevaron y el aumento generalizado de la inversión social en la región, por su lento proceso de maduración, todavía no se traduce en mayor igualdad de oportunidades. Los sistemas de protección social frente a las crisis y las transferencias directas a los pobres no son aún políticas generalizadas. Aunque la reducción de los niveles de pobreza se registró en las zonas tanto rurales como urbanas, el número de pobres se mantuvo prácticamente invariable en las primeras y se incrementó en las segundas. El avance en el control de la inflación y, en particular, de la hiperinflación, constituyó un elemento favorable para la reducción de la pobreza. La estructura de los principales factores determinantes de la pobreza (educación, empleo, patrimonio y tamaño de los hogares) y su distribución no variaron significativamente, lo que implica que la región aún no escapa de los esquemas de reproducción intergeneracional de la pobreza. Además, durante la crisis reciente, el proceso de reducción de la pobreza se interrumpió, especialmente en Suramérica, con lo cual la población pobre aumentó en 20 millones de personas, aproximadamente.

En la región se lograron progresos importantes en cuanto a la equidad de género. Por una parte, se destaca la mayor equidad en el acceso al sistema educativo y a los servicios de salud, así como el incremento de la participación laboral de las mujeres. Por otra parte, en todos los países se registraron significativos avances en la institucionalidad a cargo de las políticas y programas en favor de la mujer, así como en la legislación para la protección de sus derechos y la promoción de su reconocimiento y participación en la vida social. Estos progresos son todavía insuficientes, en particular para las mujeres en situación de pobreza, y para aquéllas que participan en niveles con capacidad de decisión sobre las políticas públicas.

Durante el decenio, el gasto público social tuvo una dinámica muy favorable, que se concretó en un aumento de 2,3 puntos porcentuales del PIB, superando así en muchos casos los niveles de principios de los años ochenta. Prácticamente en todos los países de la región se realizaron esfuerzos notorios para acrecentar la participación de este gasto como porcentaje del producto. Con diferencias entre países, ese aumento fue inducido tanto por la recuperación de los ingresos públicos a raíz del mayor crecimiento, como por la prioridad otorgada al gasto social en el presupuesto público. Estos incrementos fueron particularmente marcados en países con niveles medios de ingreso por habitante. También resultó notable el ascenso de la participación del gasto social en educación y en salud, actividades fundamentales para el desarrollo del capital humano y el logro de los objetivos de reducir la pobreza y mejorar la equidad.

Finalmente, la década de 1990 estuvo marcada por un intenso proceso de reformas de las políticas sociales y de la organización de sus sectores. Las reformas se desarrollaron con particular profundidad y amplitud en los sectores de la salud y de las pensiones, e incluyeron también los sectores de la educación, la vivienda y la asistencia social. En general, el objetivo de las transformaciones fue mejorar la eficiencia del gasto público mediante instrumentos para la selección de beneficiarios, subsidios a la demanda, descentralización de la gestión pública, introducción de mecanismos de competencia y regulación, separación y delimitación de las diversas funciones de la administración pública (financiamiento, gestión, provisión, control), y participación de agentes privados en la administración y provisión de servicios. Los progresos en materia de cobertura, calidad e integralidad de las protecciones sociales todavía no son generalizados, aunque el aumento del gasto y los avances de la gestión en este ámbito así permiten esperarlo.

1. Transición demográfica generalizada y desaprovechamiento del bono demográfico

Los cambios demográficos ocurridos en los países latinoamericanos y caribeños durante la segunda mitad del siglo XX, en consonancia con las transformaciones económicas, sociales y culturales experimentadas por la región, se han expresado en una transición[1] hacia niveles cada vez más reducidos de fecundidad y mortalidad. Este proceso ha seguido su curso durante los años noventa y se ha generalizado a todos los países.

En el conjunto de la región, el número medio de hijos por mujer ha disminuido de 3.4 a 2.7, la esperanza de vida al nacer aumentó de 66 a 69 años, la tasa de mortalidad infantil descendió de 48 a 36 por mil y la tasa de crecimiento demográfico total de 2% a 1,6% (Naciones Unidas, 1999b). Si bien estas tendencias son compartidas por todos los países, la trayectoria de la transición demográfica presenta especificidades nacionales, determinadas por el momento en que se inició el proceso, la velocidad de los cambios de las variables biodemográficas y la incidencia de factores socioeconómicos y culturales (véase el Cuadro 6.1). Tales especificidades se reflejan en diferentes ritmos de crecimiento demográfico y en distintas configuraciones de la estructura por edades de la población. Así, en el quinquenio 1995-2000, la fecundidad se ha mantenido elevada en siete países (con un promedio de 4 a 5 hijos por

---

1. La transición demográfica se define como un proceso durante el cual la población "transita" de altos a bajos niveles de fecundidad y mortalidad.

mujer), en tanto que en otros tres se sitúa por debajo del nivel de remplazo de la población (2.1 hijos por mujer); el resto muestra patrones similares al promedio regional.

Si se cumplen los supuestos actuales sobre el futuro de la fecundidad en América Latina y el Caribe, es previsible que en la mayoría de los países ésta alcance el nivel de remplazo, o se aproxime a él, en el quinquenio 2020-2025. Cabe destacar, sin embargo, que aquellos países con una elevada esperanza de vida al nacer y un nivel bajo de fecundidad registran todavía tasas de crecimiento demográfico medio anual que son altas en comparación con los países desarrollados que muestran parámetros demográficos similares[2].

En la región, las diferencias entre países en cuanto al estado de la transición demográfica en la década de 1990 pueden representarse mediante la definición de cuatro grandes categorías: i) incipiente, que alude a la persistencia de niveles relativamente altos de natalidad y mortalidad, cuyo resultado son tasas de crecimiento natural algo superiores a 2% anual (Bolivia y Haití); ii) moderada, que se distingue por una mortalidad en claro descenso y una natalidad aún relativamente elevada, combinación que origina las mayores tasas de crecimiento vegetativo en la región, en general superiores a 2,5% anual (Belice, El Salvador, Guatemala, Honduras, Nicaragua y Paraguay); iii) plena, caracterizada por una natalidad en notoria declinación y una mortalidad relativamente baja, lo que se traduce en tasas de crecimiento natural próximas a 2% anual (Brasil, Colombia, Costa Rica, Dominica, Ecuador, Granada, Guyana, México, Panamá, Perú, República Dominicana, San Kitts y Nevis, San Vicente y las Granadinas, Santa Lucía, Suriname y Venezuela); y iv) avanzada, que implica tasas de natalidad y mortalidad reducidas y tasas de crecimiento natural cercanas a 1% anual (Antigua y Barbuda, Antillas Neerlandesas, Argentina, Bahamas, Barbados, Chile, Cuba, Guadalupe, Islas Vírgenes Británicas, Jamaica, Martinica, Montserrat, Puerto Rico, Trinidad y Tobago y Uruguay) (Cepal/Celade, 1996).

Aun cuando las diferencias de los niveles de fecundidad y mortalidad entre grupos de países, unidas al disímil peso de la migración internacional, determinan distintos perfiles de la composición etaria de la población, un rasgo común a todos ellos es la tendencia al envejecimiento. Esto obedece al aumento de la esperanza de vida, tanto al nacer como después de los 60 años de edad, y principalmente a la disminu-

2.   Si bien ha disminuido la tasa de crecimiento demográfico de los países que registran una elevada esperanza de vida al nacer y una baja fecundidad, el ritmo de expansión de la población es notoriamente superior al observado en las naciones desarrolladas que presentan similares parámetros demográficos. Esta aparente paradoja obedece a la "inercia demográfica", que alude al efecto que ejerce sobre el crecimiento de la población la distribución por edades al momento de comenzar el descenso sostenido de la fecundidad. De allí que la evolución de la población a partir de un momento determinado –además de estar influenciada por las modificaciones de la fecundidad, la mortalidad y la migración– dependa también de la estructura etaria de dicha población al iniciarse los cambios.

Cuadro 6.1
AMÉRICA LATINA Y EL CARIBE: INDICADORES DE POBLACIÓN SEGÚN ETAPAS DE LA TRANSICIÓN DEMOGRÁFICA

Períodos e indicadores	América Latina y el Caribe	Etapa de transición demográfica			
		Inci- piente[a]	Mode- rada[b]	Plena [c]	Avan- zada [d]
1990-1995					
Nacimientos anuales (en miles)	11 572	493	1 037	8 628	1 390
Tasa global de fecundidad (hijos por mujer)	3.0	4.8	4.8	2.9	2.6
Esperanza de vida al nacer (en años)	68.1	56.4	65.7	68.1	73.1
Tasa de mortalidad infantil (por mil)	40.0	75.0	46.0	40.6	19.2
Tasa de crecimiento total (por cien)	1.7	2.1	2.6	1.7	1.2
Tasa de crecimiento de la PET[e] (por cien)	2.4	2.4	3.1	2.5	1.5
Tasa de crecimiento de la PEA [f] (por cien)	2.7	2.6	3.5	2.7	2.0
1995-2000					
Nacimientos anuales (en miles)	11 554	514	1 101	8 540	1 374
Tasa global de fecundidad (hijos por mujer)	2.7	4.4	4.3	2.6	2.4
Esperanza de vida al nacer (en años)	69.2	57.5	67.4	69.3	74.0
Tasa de mortalidad infantil (por mil)	36.0	67.0	40.3	35.9	17.8
Tasa de crecimiento total (por cien)	1.6	2.0	2.6	1.6	1.1
Tasa de crecimiento de la PET[e] (por cien)	2.1	2.6	3.2	2.2	0.9
Tasa de crecimiento de la PEA (por cien)	2.5	2.8	3.5	2.6	1.8

Fuente: Cepal, División de Población - Centro Latinoamericano y Caribeño de Demografía (Celade), estimaciones y proyecciones de población vigentes; Naciones Unidas, *World Population Prospects. The 1998 Revision. Volume I Comprehensive Tables* (ST/ESA/SER.A/177), Nueva York, 1999. Publicación de las Naciones Unidas, N° de venta: E.99.XIII.9.
a Incluye Bolivia y Haití.
b Incluye Belice, El Salvador, Guatemala, Honduras, Nicaragua y Paraguay.
c Incluye Brasil, Colombia, Costa Rica, Ecuador, Guyana, México, Panamá, Perú, República Dominicana, Suriname y Venezuela.
d Incluye Antillas Neerlandesas, Antillas Francesas, Argentina, Bahamas, Barbados, Chile, Cuba, Jamaica, Puerto Rico, Trinidad y Tobago y Uruguay.
e Población en edad de trabajar (15 a 59 años de edad).
f Población económicamente activa de 10 años de edad y más (sólo América Latina).

ción del número de hijos. Durante el decenio se ha manifestado en una relativa estabilización del número de nacimientos, con un promedio anual de 11.6 millones; una
disminución de las tasas de crecimiento de la población menor de 15 años y de aque-
lla en edad de trabajar (0,4% y 2,2%, respectivamente, en comparación con 1% y
2,5% en los años ochenta); y un aumento de la tasa de crecimiento de la población de
60 años de edad y más, que alcanza un valor (2,8%) que casi duplica el de la población total (1,6%), supera en siete veces el de la población menor de 15 años y es
mayor que el registrado en el decenio anterior (2,5%). Si bien esta tendencia al envejecimiento de la población se advierte en toda la región, es más fuerte en los países en
la etapa de transición avanzada, en los que las personas menores de 15 años constituyen menos de 30% de la población total y los mayores de 60 años alcanzan a 13%; en
los países en transición incipiente y moderada, en cambio, el grupo de edades inferiores reúne a más de 40% de la población y los adultos mayores no superan 7% (véase
el Cuadro 6.2). El rasgo distintivo de los años noventa es el aumento del número de
ancianos no activos en relación con las personas activas, tendencia que, según se
prevé, se acelerará. En la medida en que el gasto en salud durante la vejez aumenta
considerablemente, al igual que el ingreso requerido para subsistir un mayor número
de años después del retiro de la actividad económica, esta tendencia impone un enorme desafío a los sistemas de seguridad y asistencia sociales.

Otro rasgo importante de la dinámica de la población regional en la década de
1990 ha sido la persistencia de agudas desigualdades en el comportamiento
sociodemográfico de los distintos estratos sociales, que son tal vez más acentuadas
que las que se observan entre países. Los grupos más pobres de la sociedad registran
un promedio mayor de hijos y una mortalidad infantil más elevada que los grupos no
pobres[3]. Además, los estratos pobres están más lejos de enfrentar problemas serios de
envejecimiento, pero son también los más vulnerables a la informalidad y, por ende,
no contribuyen a la seguridad social y sólo se benefician de esquemas asistenciales.
Son también marcadas las disparidades según las zonas de residencia de la población. Así, los niveles más altos de fecundidad y mortalidad se registran en las zonas
rurales, donde suelen concentrarse poblaciones campesinas y grupos étnicos en clara
situación de desventaja social. De 12 países para los que se dispone de información
comparable, la diferencia más estrecha entre las tasas globales de fecundidad de las
áreas urbanas y rurales corresponde a Costa Rica, donde alcanza a 35%; en todos los
demás casos esa disparidad es superior a 50% (Cepal, 1998d).

---

3. Así, por ejemplo, las tasas de fecundidad de las mujeres sin educación duplican ampliamente las de aquéllas
    con enseñanza secundaria o superior: el número medio de hijos es de 6.5 y 2.7, respectivamente, en
    Bolivia, de 7.1 y 1.8 en Guatemala, de 6.2 y 2.1 en Ecuador, de 4.1 y 2.4 en México y de 5.0 y 1.5 en
    Brasil. Estas diferencias también se manifiestan en la mortalidad infantil, pues los valores asociados a las
    mujeres de los dos grupos antes indicados son: 122 y 38 por mil en Bolivia, 70 y 23 en Guatemala, 79 y 11 en
    Ecuador, 48 y 20 en México y 93 y 28 en Brasil (Cepal-Celade, 1998b).

Cuadro 6.2

AMÉRICA LATINA Y EL CARIBE: INDICADORES DE ESTRUCTURA ETARIA,
SEGÚN ETAPAS DE LA TRANSICIÓN DEMOGRÁFICA

Años e indicadores de la década	América Latina y el Caribe		Etapa de transición demográfica							
			Incipiente [a]		Moderada [b]		Plena [c]		Avanzada [d]	
	Miles de personas	%	Miles de personas	%	Miles de personas	%	Miles de personas	%	Miles de personas	%
1990										
Población total	439.607	100,0	13.489	100,0	26.971	100,0	331.224	100,0	67.923	100,0
0-14 años	158.358	36,0	5.779	42,8	11.941	44,3	120.891	36,5	19.747	29,1
15-59 años	250.036	56,9	6.928	51,4	13.624	50,5	189.412	57,2	40.072	59,0
60 años y más	31.213	7,1	782	5,8	1.406	5,2	20.921	6,3	8.104	11,9
PEA [e]	167.485	38,1	5.020	37,2	8.742	32,4	130.082	39,3	23.641	34,8
IDD [f]	75.8		94.7		98.0		74.9		69.5	
1995										
Población total	479.019	100,0	14.974	100,0	30.766	100,0	361.116	100,0	72.163	100,0
0-14 años	161.569	33,7	6.276	41,9	13.185	42,9	122.077	33,8	20.031	27,8
15-59 años	281.811	58,8	7.830	52,3	15.921	51,7	214.823	59,5	43.237	59,9
60 años y más	35.639	7,4	868	5,8	1.660	5,4	24.216	6,7	8.895	12,3
PEA [e]	191.513	40,0	5.731	38,3	10.395	33,8	149.243	41,3	26.144	36,2
IDD [f]	70.0		91.2		93.2		68.1		66.9	
2000										
Población total	518.128	100,0	16.552	100,0	34.957	100,0	390.446	100,0	76.173	100,0
0-14 años	164.417	31,7	6.645	40,1	14.335	41,0	122.141	31,3	21.296	28,0
15-59 años	312.584	60,3	8.938	54,0	18.685	53,5	239.779	61,4	45.182	59,3
60 años y más	41.127	7,9	969	5,9	1.937	5,5	28.526	7,3	9.695	12,7
PEA [e]	217.240	41,9	6.604	39,9	12.413	35,5	169.653	43,5	28.570	37,5
IDD [f]	65.8		85.2		87.1		62.8		68.6	

Fuente: Cepal, División de Población - Centro Latinoamericano y Caribeño de Demografía (Celade), estimaciones y proyecciones de población vigentes; Naciones Unidas, *World Population Prospects. The 1998 Revision. Volume I Comprehensive Tables* (ST/ESA/SER.A/177), Nueva York, 1999. Publicación de las Naciones Unidas, N° de venta: E.99.XIII.9.

a Incluye Bolivia y Haití.   b Incluye Belice, El Salvador, Guatemala, Honduras, Nicaragua y Paraguay.   c Incluye Brasil, Colombia, Costa Rica, Ecuador, Guyana, México, Panamá, Perú, República Dominicana, Suriname y Venezuela.   d Incluye Antillas Neerlandesas, Antillas Francesas, Argentina, Bahamas, Barbados, Chile, Cuba, Jamaica, Puerto Rico, Trinidad y Tobago y Uruguay.   e Población económicamente activa de 10 años de edad y más (sólo América Latina).   f Índice de dependencia demográfica.

El descenso de la fecundidad y, en forma consecuente y posterior, del ritmo de crecimiento de la población en edad de trabajar, que desemboca en la consolidación generalizada del proceso de transición demográfica en la región, se manifiesta en la reducción de la tasa de dependencia económica, tendencia que se ve reforzada por la mayor participación de las mujeres en la actividad económica. Este hecho abre a los países de la región la posibilidad de aprovechar un potencial "bono", que les permitiría ampliar su capacidad productiva y, con ello, mejorar las condiciones de vida de las generaciones actuales y futuras. El efecto del bono demográfico sobre el crecimiento efectivo de la oferta de trabajo depende de la tasa de participación en la actividad económica de quienes están en edad de trabajar, especialmente las mujeres. En los años noventa, la escasa generación de empleo y su concentración en trabajos de baja productividad contribuyeron a la insatisfactoria evolución de la productividad. Este hecho, ya grave de por sí, significa también la pérdida de una oportunidad. En efecto, se desaprovechó la ventaja que brinda la actual etapa de transición demográfica, caracterizada por un mayor crecimiento (si bien a tasas decrecientes) de la población en edad de trabajar (PET) respecto de la población total, así como por la reducción de las tasas de dependencia. Mientras el crecimiento demográfico disminuyó de 2,7% anual en el período 1950-1980 a 1,7% en la década de 1990, el de la población económicamente activa se mantuvo en 2,6% (véase el Cuadro 6.3). La escasez y la precariedad de los empleos generados impidieron capturar este bono demográfico.

Cabe destacar igualmente el descenso generalizado de la participación laboral de la población joven menor de 20 años, especialmente masculina, lo que puede ser un buen indicio que denote la ampliación de los sistemas escolares gracias a que los jóvenes permanecen por más tiempo en ellos (Cepal/Celade, 1999b).

Finalmente, la respuesta de las personas a factores socioeconómicos por la vía de la migración incide en la dinámica de las estructuras demográfica y de participación laboral entre áreas urbanas y rurales. Entre comienzos y finales del decenio, el crecimiento de la PEA urbana se ha reducido de 3,5% a tasas cercanas a 3% anual. La evolución de la PEA rural, en cambio, ha sido a una tasa promedio mucho más baja (inferior a 1% anual). En ambos ámbitos, el descenso de los ritmos de expansión de la PEA habría sido mayor si no se hubiera incrementado la participación de las mujeres en actividades económicas fuera del hogar, fenómeno paralelo al descenso en su fecundidad. De hecho, se observan procesos simultáneos y seculares de envejecimiento y de creciente participación femenina en la composición de la PEA, que son más acentuados en las áreas urbanas que en las rurales (Cepal-Celade, 1999b).

Según se ha señalado, en los años noventa la PET creció a tasas descendentes debido a las tendencias demográficas mencionadas. Sin embargo, la oferta laboral ha seguido aumentando a mayor ritmo que la PET, debido a que la tasa global de participación mantuvo el mismo nivel que en la década de 1980, es decir, 0.2 puntos porcentuales por año. Así, a nivel regional, la población económicamente activa creció anualmente en 2,6%, ritmo levemente inferior al 2,8% del decenio precedente.

Cuadro 6.3
DESCRIPCIÓN DEL BONO DEMOGRÁFICO: CRECIMIENTO DE LA POBLACIÓN POR GRUPOS DE EDAD

Grupo de población	1950-1980	1980-1990	1990-2000	2000-2010
Población total	2.67	2.01	1.67	1.39
Población en edad de trabajar	2.69	2.59	2.29	1.82
PEA	2.60	2.80	2.60	2.20
Población dependiente	2.68	1.22	0.69	0.61
Población de más de 15 años	2.58	1.06	0.34	0.11
Población de menos de 65 años	3.59	2.57	3.08	3.11

Fuente: Cepal, estimaciones de la División de Población - Centro Latinoamericano y Caribeño de Demografía (Celade).

2. Empleo: escaso crecimiento, terciarización y aumento de la informalidad

Durante el decenio no se generó el número de empleos necesario para absorber el aumento de la PEA, lo que dio origen a un incremento del desempleo abierto, sumado a cambios en la composición sectorial del empleo y a un aumento relativo del trabajo precario.

La causa principal del ascenso de la tasa de participación fue la creciente incorporación de las mujeres al mercado de trabajo. Entre 1991 y 1998, la tasa de participación de los hombres se mantuvo estable en torno de 73%, mientras que la correspondiente a las mujeres subió 4 puntos porcentuales y superó 41%. Sin embargo, como las posibilidades de acceso al mercado laboral son muy desiguales según el estrato socioeconómico, la proporción de mujeres ocupadas de los hogares más pobres es sustancialmente inferior a la de mujeres de los hogares más ricos (véase el Cuadro 6.4). Las de los estratos de menores ingresos enfrentan mayores limitaciones para incorporarse a este mercado: más altos costos de oportunidad (cuidado de los niños y las tareas del hogar), menos beneficios (salarios inferiores) y mayores restricciones (cuidado de la vivienda). La falta de facilidades para compatibilizar sus papeles en el hogar y en el mercado de trabajo (guarderías, jardines infantiles, escuelas y seguridad ciudadana) se refleja en una baja incorporación de las mujeres de estos hogares al mercado de trabajo, especialmente el formal. La inexistencia de una red de servicios de apoyo impide los avances en materia de equidad de género, contribuye a diferenciar el ingreso entre los hogares de distintos estratos sociales y también a marginar a amplios sectores de población de la modernización de la política social, ya que terminan por no participar en los regímenes de seguridad social y, por ende, permanecen dependientes de los esquemas públicos de asistencia social.

Cuadro 6.4
AMÉRICA LATINA (12 PAÍSES): MUJERES EN EDAD ACTIVA OCUPADAS SEGÚN
NIVELES DE INGRESO DEL HOGAR, ZONAS URBANAS, 1990 Y 1997

Cuartil	Argentina		Bolivia		Brasil		Chile		Colombia		Costa Rica	
	1990	1997	1990	1997	1990	1997	1990	1997	1990	1997	1990	1997
Total	35.5	36.6	40.6	46.0	44.5	44.5	28.0	35.2	37.7	41.2	36.4	38.5
I	17.4	19.6	24.2	35.1	32.9	35.6	16.7	19.2	25.6	26.5	21.6	25.7
II	27.3	29.1	40.3	45.7	41.1	44.1	27.2	32.3	35.0	38.7	31.9	32.4
VI	42.7	43.1	46.9	49.7	46.5	47.9	36.2	40.6	41.1	46.3	43.8	43.4
IV	57.8	58.3	51.4	54.3	50.1	51.6	44.1	50.5	50.1	55.6	49.3	54.8
IV / I	3.24	2.98	2.12	1.55	1.52	1.45	2.63	2.63	1.96	2.10	2.28	2.13

Cuartil	Ecuador		Honduras		México		Panamá		Uruguay		Venezuela	
	1990	1997	1990	1997	1990	1997	1990	1997	1990	1997	1990	1997
Total	38.1	41.6	40.8	46.9	34.7	39.0	31.8	37.6	38.4	39.5	31.4	39.6
I	24.0	28.6	31.1	37.9	25.1	30.5	16.0	20.7	30.1	32.7	15.2	23.3
II	33.9	37.2	37.1	44.0	33.2	34.9	25.3	32.2	38.0	38.8	24.9	36.8
VI	42.6	45.1	38.8	49.5	40.9	44.4	39.8	44.3	43.0	42.1	37.0	45.7
IV	53.8	59.2	55.5	56.9	40.8	49.3	49.4	55.7	44.0	46.8	51.9	54.3
IV / I	2.24	2.07	1.78	1.50	1.63	1.62	3.09	2.69	1.46	1.43	3.41	2.33

Fuente: Cepal, sobre la base de datos oficiales de los países.

Por otra parte, entre 1990 y 1998 el promedio simple de la tasa de ocupación de 12 países creció también casi 0.2 puntos porcentuales por año; sin embargo, la debilidad de la generación de empleo en Brasil indujo una leve caída del promedio ponderado. Esta evolución del nivel relativo de la ocupación, que determinó que el número de ocupados aumentara ligeramente por encima de 2% anual en promedio y, por lo tanto, menos que la población económicamente activa, llevó a que el desempleo se incrementara a nivel regional, sobre todo a partir de mediados de la década de 1990. A ello contribuyó el ascenso de la tasa de desocupación, primero en Argentina y México y, hacia el fin del decenio, en Brasil.

Por su parte, el aumento anual del producto de la región durante la década (3,2%) superó la expansión de la PEA (2,5%), y el incremento de los empleos a menor tasa (2,2%) se tradujo en una subida del nivel de desempleo abierto. Esta dinámica presenta una gran heterogeneidad regional, asociada al papel que le correspondió al sector informal en el ajuste del mercado de trabajo (véanse los gráficos 6.1 y 6.2).

En la generación de empleo por categorías de ocupación, el asalariado creció a tasas similares a las del empleo total, aunque están más cercanos los promedios ponderados que las medianas de las tasas respectivas (véase el Cuadro 6.5). El hecho de que la participación del empleo asalariado en el total no haya aumentado subraya la debilidad de la demanda laboral. El empleo público creció poco, debido a los procesos de privatización y a las políticas fiscales restrictivas, mientras que el trabajo asalariado privado se incrementó más rápidamente en las microempresas que en el resto del sector (OIT, 1999).

Gráfico 6.1
AMÉRICA LATINA: CRECIMIENTO DEL PIB *PER CÁPITA* Y
DISMINUCIÓN DEL DESEMPLEO, 1990-1998

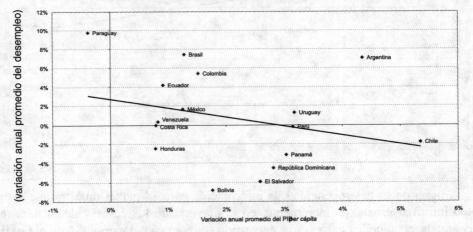

Fuente: Cepal, sobre la base de datos oficiales de los países.

En promedio, 7 de cada 10 puestos de trabajo no agrícola se generaron en el sector informal. El número de trabajadores por cuenta propia se expandió a tasas más altas que el empleo total, particularmente en el ámbito urbano. De esta manera, entre 1990 y 1998, la participación de estos trabajadores, excluidos administrativos, profesionales y técnicos, y de los familiares no remunerados subió de 22,3% a 25,0% del empleo no agrícola. Si se considera que durante el mismo período la participación de las microempresas se elevó de 14,5% a 15,4% y la del servicio doméstico, de 5,3% a 6,3%, la participación del sector informal[4] en el empleo no agrícola tuvo un aumento de 42,1% a 46,7%.

---

4. El sector informal se define como el conjunto de los trabajadores por cuenta propia (excluidos administrativos, profesionales y técnicos), los trabajadores no remunerados, el servicio doméstico y los ocupados en establecimientos que cuentan con menos de 5 empleados.

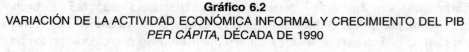

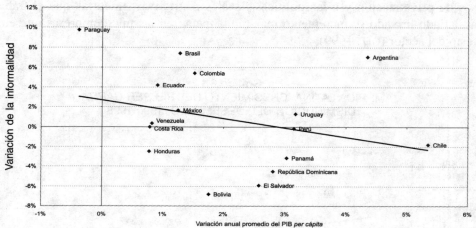

Fuente: Cepal, sobre la base de datos oficiales de los países.

A pesar de su heterogeneidad, la información para 14 países muestra que el empleo informal urbano se incrementó, en la mayoría de los casos y de manera más acentuada, en aquellos países cuya expansión económica fue menor (véase el Gráfico 6.2). En Argentina, la participación del sector informal disminuyó cuando la economía crecía a tasas superiores a 5,5%, mientras el mercado de trabajo se ajustaba a través de un mayor desempleo abierto, cuyas tasas no han bajado de 13% desde 1995. A juzgar por el patrón regional durante el decenio, el nivel de informalidad observado no podrá reducirse con ritmos de crecimiento del producto por habitante inferiores a 3,5% anual.

En el marco de las políticas de flexibilización laboral se han favorecido las contrataciones de corta duración (temporal, estacional o a tiempo parcial), la ampliación de las causales de término de contrato y la reducción de las indemnizaciones por despido (OIT, 1999). En particular, la proporción de trabajadores asalariados en ocupaciones de carácter temporal (no permanente) ha aumentado de manera significativa y en 1997 superaba 15% en seis de los siete países considerados. Por otra parte, hacia 1996 se registraban elevados porcentajes de asalariados urbanos sin contrato. Ese año dicha situación afectaba a más de 30% del total de asalariados en seis de los siete países que se analizaron. A su vez, las tendencias de la década de 1990 muestran que en estos países la proporción de asalariados sin contrato ha ido en ascenso, con la excepción de Colombia donde habría disminuido en cerca de 7 puntos entre 1989 y 1996 (Cepal, 2000a).

Cuadro 6.5
AMÉRICA LATINA (17 PAÍSES): GENERACIÓN DE EMPLEO
POR CATEGORÍAS DE OCUPACIÓN, DÉCADA DE 1990
(Crecimiento anual acumulado)

Sector (número de países)	Promedio ponderado	Mediana
Asalariados		
– Total (17)	2.2	2.7
– Privados (13)	2.2	3.2
– Públicos (13)	0.7	0.6
Trabajadores por cuenta propia (17)	2.8	3.1
Servicio doméstico (13)	3.9	3.5
Trabajadores no remunerados (15)	0.4	-1.9
Otras categorías (17)	0.4	0.5
Total (17)	**2.2**	**3.4**

Fuente: Cepal, sobre la base de datos oficiales de los países.

En términos sectoriales, durante los años noventa se mantuvo la tendencia de largo plazo hacia un descenso de la participación del empleo en el sector primario y una expansión en el caso del terciario, mientras que en el sector secundario el aumento de dicha participación, que se había interrumpido a comienzos de los años ochenta para luego reactivarse hacia finales de ese decenio, aparentemente ha llegado a su fin (véase el Cuadro 6.6).

Este cambio es estructural, ya que el empleo manufacturero se ha reducido no sólo en general, sino que esta tendencia ha sido más acentuada en los países con mayor ingreso *per cápita*. De hecho, la relación positiva entre empleo manufacturero y nivel del producto por habitante se invirtió y, hacia el fin del decenio se tornó negativa, mientras que ocurría lo contrario con la participación del empleo en el comercio y los servicios (véase el Gráfico 6.3).

En la década de 1980, tanto el salario real como el mínimo sufrieron importantes caídas en la mayoría de los países de la región, tendencia que se invirtió parcialmente en los años noventa. Para la región en su conjunto, los salarios reales en el sector formal subieron ya que, en 1998, la mediana de las tasas superaba en casi 20% el valor alcanzado a fines del decenio anterior. Sin embargo, como consecuencia de las caídas registradas en Brasil al iniciarse el decenio, y en México a mediados de los años noventa, este incremento del salario real resulta mucho menor (5%), si se utiliza el promedio ponderado de las tasas. La situación es peor en el caso de los salarios mínimos, que tuvieron un fuerte descenso a principios del decenio. El valor regional a finales de la década de 1990, considerando la mediana de los salarios mínimos reales, se situaba claramente por debajo de su nivel de 1989. En cambio el promedio ponderado, que experimentó una mayor caída inicial, está recuperando su valor de fines de los años ochenta (véase el Gráfico 6.4).

Cuadro 6.6
AMÉRICA LATINA (15 PAÍSES): GENERACIÓN DE EMPLEO
POR RAMAS DE ACTIVIDAD, DÉCADA DE 1990
(Crecimiento anual acumulado)

Sector (número de países)	Promedio ponderado	Mediana
Agricultura (13)	-0.6	-1.2
Industria manufacturera (17)	1.3	1.3
Construcción (17)	3.0	4.2
Comercio, restaurantes y hoteles (17)	4.0	5.7
Servicios financieros[a] (15)	6.6	7.8
Servicios básicos[b] (17)	4.8	4.8
Servicios sociales, comunales y personales (17)	2.9	2.8
Total (17)	2.2	3.4

Fuente: Cepal, sobre la base de datos oficiales de los países.
a Incluye seguros, servicios a empresas y bienes raíces.
b Incluye electricidad, gas y agua, así como comunicaciones, transporte y almacenamiento.

Las diferencias señaladas en el comportamiento de los promedios regionales en materia de empleo, salarios y productividad, según se midan por la mediana o de manera ponderada, son reveladoras del grado de heterogeneidad que muestran los países, a lo que deben agregarse las disparidades en cada uno de ellos. En efecto, si se toma en cuenta el comportamiento de las variables laborales (tasa de desempleo, nivel de ocupación, generación de empleo asalariado, productividad laboral media y salario medio real), el desempeño de los países en este plano difiere sustancialmente. El factor preponderante ha sido el crecimiento económico, ya que tasas de crecimiento altas y prolongadas permitieron a algunos países, como Chile, El Salvador, Panamá y República Dominicana, mejorar muchas de estas variables o todas ellas. Otros, en cambio, como Ecuador, Jamaica, Paraguay y Venezuela, lograron sólo un modesto crecimiento económico a lo largo del decenio, lo que incidió negativamente en el desempeño laboral. En algunos casos –los de Bolivia y Honduras, por ejemplo– se observaron importantes aumentos del empleo, pero esto se debió más a la presión generada por la oferta laboral que a una dinámica demanda por parte de las empresas, lo que determinó que los nuevos puestos de trabajo se concentraran en gran medida en el sector informal. Finalmente, algunos países –Argentina, Brasil, Colombia y Perú– en el primer quinquenio de los noventa introdujeron importantes reformas económicas que tendieron a reducir la intensidad laboral del crecimiento económico e indujeron un desempeño negativo en este ámbito (Weller, 2000).

Gráfico 6.3a
AMÉRICA LATINA: PIB Y EMPLEO MANUFACTURERO

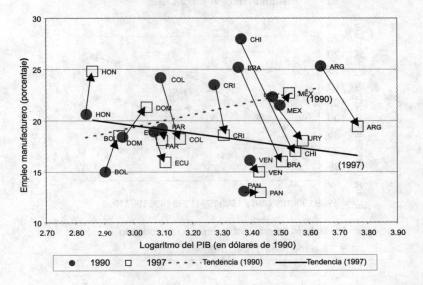

Gráfico 6.3b
AMÉRICA LATINA: PIB Y EMPLEO EN COMERCIO Y SERVICIOS

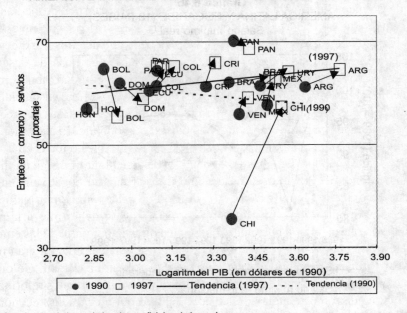

Fuente: Cepal, sobre la base de los datos oficiales de los países.

Gráfico 6.4a
AMÉRICA LATINA Y EL CARIBE (14 PAÍSES)
Remuneración media real

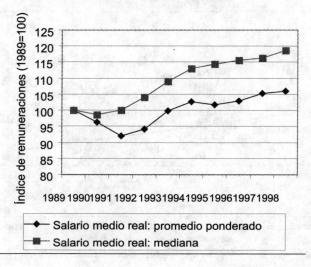

Gráfico 6.4b
AMÉRICA LATINA Y EL CARIBE (18 PAÍSES)
Salario mínimo real

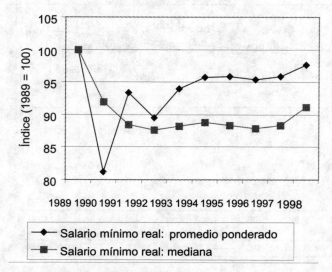

Fuente: Cepal, sobre la base de datos oficiales de los países.

En suma, durante los años noventa la generación de nuevos puestos de trabajo ha sido débil y concentrada en el sector informal. Los salarios reales, aunque subieron ligeramente, sólo lograron recuperarse de las pérdidas previas en forma parcial y con lentitud.

3. Persistencia de la pobreza y la desigualdad

En materia de pobreza[5] se ha logrado una gradual reducción de los elevados niveles heredados de la "década perdida", cuando la proporción de hogares pobres pasó de 35% a 41% en la región y el número de personas en situación de pobreza, de 136 millones a 200 millones. Durante los siete primeros años del decenio, los hogares en situación de pobreza bajaron cinco puntos porcentuales, situándose en 36%, nivel cercano al de 1980. Sin embargo, debido al crecimiento demográfico y al mayor tamaño de los hogares pobres, en 1997 el número de personas pobres aumentó a 204 millones (véase el Cuadro 6.7). A raíz de las crisis vividas en los últimos años de la década, se estima que 20 millones de personas cayeron en la pobreza. Estas cifras llevan a evaluar con cautela los signos favorables en cuanto a la evolución de la pobreza e indigencia durante los años noventa, ya que sólo en 1997 la región consiguió retornar a niveles relativos ligeramente superiores a los de 1980, sin que se redujera el número absoluto de pobres e indigentes, y la situación experimentó un nuevo deterioro durante la crisis reciente.

La distribución de la población pobre se ha transformado profundamente y ahora presenta una mayor concentración urbana. Mientras en 1980 había menos pobres en las áreas urbanas que en las rurales, la situación se invirtió en 1990 debido a las migraciones y el aumento de la pobreza en las ciudades. Hacia 1997, el número de pobres urbanos superaba en 60% el de los rurales y el aumento de las personas pobres durante la década de 1990 se generó totalmente en las zonas urbanas. Este considerable incremento contribuye a explicar el descenso de la calidad de vida en muchas ciudades de la región durante los últimos 20 años.

La evolución de la indigencia ofrece un panorama sólo ligeramente diferente: en 1980 había un 15% de hogares indigentes, proporción que aumentó a 18% en 1990, para disminuir nuevamente a 15% en 1997; el número de personas en condiciones de indigencia pasó de 62 millones a 93 millones durante los años ochenta, y se redujo a 90 millones en 1997. En 1980, los indigentes en zonas rurales superaban en 77% a los urbanos, en 8% en 1990 y en 10% en 1997. En términos generales, la estructura de la indigencia tuvo grandes transformaciones durante la última década y su peso

---

5. En esta sección se hace referencia a la pobreza medida según las líneas de pobreza o umbrales de ingresos elaborados por la Cepal para cada uno de los países de la región.

siguió siendo tres veces mayor en las zonas rurales que en las urbanas (31% y 10%, respectivamente).

Cuadro 6.7
AMÉRICA LATINA: MAGNITUD DE LA POBREZA E INDIGENCIA[a], 1980-1997

	Porcentaje de hogares					
	Pobres [b]			Indigentes [c]		
	Total	Urbana	Rural	Total	Urbana	Rural
1990	35	25	54	15	9	28
1994	41	35	58	18	12	34
1997	38	32	56	16	11	34
	36	30	54	15	10	31

	Porcentaje de hogares					
	Pobres [b]			Indigentes		
	Total	Urbana	Rural	Total	Urbana	Rural
1990	48	41	65	23	15	40
1994	46	39	65	21	14	41
1997	44	37	63	19	12	38

	Volumen de población (en miles)					
	Pobres [d]			Indigentes [e]		
	Total	Urbana	Rural	Total	Urbana	Rural
1980	135.9	62.9	73.0	62.4	22.5	39.9
1990	200.2	121.7	78.5	93.4	45.0	48.4
1994	201.5	125.9	75.6	91.6	44.3	47.4
1997	204.0	125.8	78.2	89.8	42.7	47.0

Fuente: Cepal, sobre la base de tabulaciones especiales de las encuestas de hogares de los respectivos países.
a Estimación correspondiente a 19 países de la región.
b Porcentaje de hogares con ingresos inferiores a la línea de pobreza. Incluye a los hogares que se encuentran en situación de indigencia.
c Porcentaje de hogares con ingresos inferiores a la línea de indigencia.
d Personas en hogares en situación de pobreza. Incluye a la población en situación de indigencia.
e Personas en hogares en situación de indigencia.

La evolución de la pobreza y la indigencia también ha sido heterogénea en la región. En algunos países (Brasil, Chile, Panamá y Uruguay), ambos índices exhibieron una caída pronunciada entre 1990 y 1997; en otros (Argentina, Bolivia, Colombia, Costa Rica, Ecuador, México y Perú) se redujeron moderadamente; también hubo algunos casos (Paraguay y Venezuela) en que empeoraron durante este período[6]. Según datos más recientes, en Chile la tendencia decreciente de la pobreza se mantuvo, aunque mostró menor dinamismo, mientras que México logró en 1998 un registro

---

6. La información corresponde al período 1990-1997 para Uruguay, Argentina, Costa Rica, Bolivia, Ecuador y Venezuela; al período 1990-1996 para Brasil y Paraguay; al período 1991-1997 para Colombia y Panamá; al período 1990-1998 para Chile; al período 1989-1998 para México y al período 1995-1997 para Perú.

inferior al de 1989. Resulta muy revelador el hecho de que durante el decenio los países con menor incidencia de la pobreza hayan logrado avances más homogéneos, mientras que aquéllos con niveles de incidencia intermedios obtuvieron resultados muy heterogéneos y el conjunto de los países con incidencia elevada sólo logró progresos menos auspiciosos. Esto acusa la reproducción de las estructuras de pobreza y las dificultades para superar tal fenómeno (véase el Gráfico 6.5).

Las causas subyacentes de estos desempeños nacionales tan disímiles son muy variadas. Sin duda, al crecimiento económico cumplió un papel muy importante en la evolución de la pobreza, ya que existe una clara relación entre su trayectoria y la del ingreso por habitante durante el decenio (véase el Gráfico 6.6). Sin embargo, la relación entre ambas no es homogénea, puesto que una misma tasa de crecimiento económico puede tener efectos muy diferentes según su composición. En especial por el impacto sobre la creación dinámica de empleo de calidad, pero también debido a otros factores que influyen de manera importante sobre la pobreza (servicios sociales, transferencias, inflación). Así, por ejemplo, mientras el ritmo de crecimiento anual del ingreso por habitante de Argentina duplicó con creces el de Costa Rica durante el período 1990-1997, el impacto en términos de reducción porcentual anual de la pobreza fue similar en ambos países. A su vez, Brasil y Costa Rica presentaron niveles comparables de crecimiento económico por habitante, pero en el primero se logró una mayor reducción de la pobreza. Por otra parte, una regresión lineal para el comportamiento de ambas variables durante el decenio permite afirmar que los niveles de pobreza se elevan cuando el aumento del ingreso por habitante es inferior a 1% anual y que, por cada punto adicional de crecimiento, se puede reducir la pobreza en 1.58 puntos porcentuales. Así, al ritmo que ha evolucionado el producto por habitante en la región durante el decenio, se tardaría más de un cuarto de siglo en reducir a la mitad los actuales niveles de pobreza.

Es necesario destacar que en América Latina y el Caribe se observa tanto un creciente grado de informalidad laboral como una tendencia ascendente del desempleo, que repercuten negativamente en la pobreza y generan desaliento entre los adultos que, queriendo ocuparse, no pueden hacerlo por falta de oportunidades. Al respecto se pueden señalar algunas situaciones típicas, en un contexto de comportamientos y resultados heterogéneos respecto de la evolución de la pobreza y las oportunidades de empleo para los hogares y trabajadores pobres. En primer lugar, durante la década de 1990 se detectó una tendencia generalizada hacia una mayor participación laboral de los miembros de familias pobres, con las únicas excepciones de Argentina y Paraguay. En segundo lugar, en todos los países en que aumentó la pobreza, también se elevó el nivel de desempleo entre los trabajadores pertenecientes a hogares pobres, si bien esto no significa que un mayor desempleo entre estos trabajadores conlleve un incremento de la pobreza. La situación final dependerá de los ingresos que los hogares reciben por la vía de mecanismos de protección social. Así ha sucedido en Brasil,

Gráfico 6.5
AMÉRICA LATINA (17 PAÍSES): POBREZA E INDIGENCIA
URBANA, 1990-1997

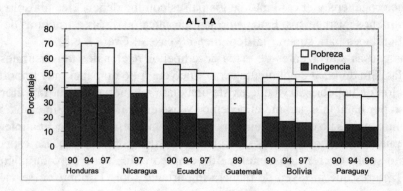

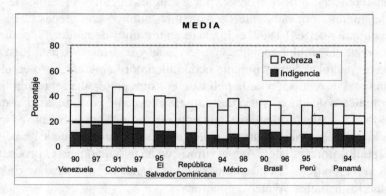

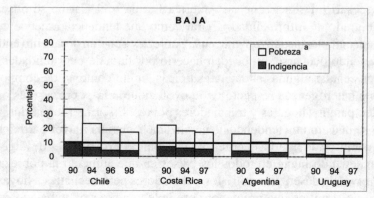

Fuente: Cepal, sobre la base de tabulaciones especiales de las encuestas de hogares de los respectivos países.
a Incluye los hogares en situación de indigencia.

Costa Rica y Uruguay, donde ha aumentado el desempleo entre los trabajadores pobres, pero se ha reducido la pobreza, gracias a incrementos importantes de las transferencias de ingresos públicos hacia esos hogares. En tercer lugar, en todos los países en que la tasa de desempleo de los pobres descendió, también hubo una disminución de la pobreza. Hay tres situaciones favorables, caracterizadas por la reducción de la pobreza y del desempleo entre los pobres y por el aumento o estabilidad de la participación laboral de estos hogares; son los casos de Chile, Colombia y Panamá en el período 1990-1997. Cabe destacar la situación de Argentina, donde se ha logrado un decrecimiento moderado de la pobreza y también una reducción del desempleo de los hogares pobres, pero se ha generado desaliento respecto de la participación laboral de estos hogares, que de hecho es la más baja entre los países analizados (véase el Cuadro 6.8). Así, para reducir la pobreza, no sólo es fundamental generar empleo para los trabajadores de hogares pobres, sino que además es indispensable establecer programas de protección social y de transferencias monetarias del sector público hacia esos hogares.

Asimismo, durante la década de 1990 ha sido notorio el impacto favorable sobre la pobreza que ejerce el control de los procesos de alta inflación, porque ésta afecta más que proporcionalmente a la población de menores ingresos. El caso más destacado es el de Brasil, donde la combinación de control inflacionario con programas de transferencias monetarias propició una caída de la pobreza en 12 puntos porcentuales entre 1990 y 1996; en Argentina y Perú, aunque en menor medida, se dieron procesos similares.

Las estructuras de la pobreza son reforzadas por varios mecanismos que favorecen su reproducción. En esos estratos no sólo es mayor el número de hijos, sino que también carecen de buenas oportunidades de acceso al empleo productivo, a los servicios de salud, a la educación y, en general, a los frutos del progreso económico. También son habituales el trabajo infantil y la maternidad temprana, situaciones que, por lo general, interrumpen la trayectoria educacional de niños, niñas y adolescentes e influyen sobre su desarrollo personal así como sobre las posibilidades de desarrollo de sus hijos. De ahí que los hijos de padres pobres tengan una mayor probabilidad de seguir siendo pobres una vez que lleguen a adultos, al reforzarse los obstáculos para una apropiada inserción económica y ampliarse el riesgo de transmisión intergeneracional de la pobreza.

Otra dimensión de la pobreza, evaluada según el Índice de Pobreza Humana[7] utilizado por el Programa de las Naciones Unidas para el Desarrollo (PNUD, 1997 y 1999), muestra tendencias favorables, aunque no necesariamente similares a las de la pobreza por ingresos, dado su carácter menos coyuntural. La evolución del Índice de

---

7. Este índice se basa en un conjunto de indicadores de las condiciones de vida y de ciertas variables particulares (longevidad, educación básica, desnutrición y acceso a servicios básicos).

Cuadro 6.8
AMÉRICA LATINA: DESEMPLEO, DENSIDAD OCUPACIONAL E
IMPORTANCIA DE LAS TRANSFERENCIAS EN EL INGRESO DE
LOS HOGARES EN TORNO DE LA LÍNEA DE POBREZA, 1990-1997

País	Año	Hogares en torno de la línea de pobreza			
		Densidad ocupa-cional[a]	Tasa de desem-pleo	Importancia de las transferencias en el ingreso familiar	
				Rural	Urbana
Se reduce marcadamente la pobreza					
Brasil	1990	0.45	4.0	11.1	8.6
	1996	0.49	6.9	15.1	24.8
Chile	1990	0.31	10.5	12.4	12.8
	1996	0.34	7.2	12.6	15.8
Panamá	1991	0.30	19.6	12.7	19.7
	1997	0.34	16.4	17.5	23.0
Uruguay	1990	0.31	14.1	20.2	-
	1997	0.34	17.8	21.1	-
Se reduce ligeramente la pobreza					
Argentina	1990	0.23	31.0	16.2	-
	1997	0.19	28.8	24.9	-
Costa Rica	1990	0.28	7.0	8.1	4.3
	1997	0.30	7.2	11.5	8.7
Colombia	1990	0.35	13.5	11.1	-
	1997	0.35	11.2	11.3	6.1
Ecuador	1990	0.42	5.4	4.1	-
	1997	0.47	7.7	5.0	-
Aumenta la pobreza					
México	1989	0.33	3.4	9.1	8.7
	1996	0.38	4.0	10.7	17.4
Paraguay	1990	0.40	7.1	6.9	-
	1996	0.38	9.4	9.9	-
Venezuela	1990	0.27	10.0	5.4	-
	1997	0.35	12.6	8.5	-

Fuente: Cepal, sobre la base de tabulaciones especiales de las encuestas de hogares de los respectivos países.
a Coeficiente de ocupados respecto del total de miembros del hogar.

Pobreza Humana presenta avances (o retrocesos) relativos con respecto al índice de pobreza por ingresos en los distintos países (véase el Gráfico 6.7), aunque son excepcionales los casos en que ambas dimensiones de la pobreza presentan tendencias opuestas.

Respecto de la distribución del ingreso no ha habido avances importantes en la región durante el decenio (véase el capítulo 1). En efecto, la recuperación del dinamismo económico, la reducción de la inflación y el aumento del gasto público social no han sido suficientes para mejorar este indicador de manera significativa. En una muestra de 13 países, sólo en cuatro, Bolivia, Honduras, México y Uruguay, se observaron progresos en cuanto a la distribución del ingreso en las áreas urbanas; los dos últimos casos son destacables porque las mejorías entre 1989 y 1996 se lograron en un contexto de magro crecimiento económico (véase el Gráfico 6.8). En el resto de los países, la distribución del ingreso se mantuvo inalterada o se deterioró en distintos grados (Argentina, Brasil, Chile, Colombia, Costa Rica, Ecuador, Panamá, Paraguay y Venezuela). Resaltan casos como el de Brasil, donde el empeoramiento distributivo se dio a la par con importantes avances en la reducción de la pobreza; el de Chile, que mostró un mal desempeño en este plano, pese a su vigoroso proceso de crecimiento económico y al significativo aumento del gasto social durante el período; y el de Argentina, cuya expansión económica fue acompañada de un deterioro en la distribución del ingreso. En Venezuela, el país con el peor desempeño económico, la concentración del ingreso experimentó un ostensible aumento.

Gráfico 6.6
DISMINUCIÓN DE LA POBREZA E INGRESO NACIONAL BRUTO
REAL POR HABITANTE, 1990-1997
(Tasa media anual de variación, en porcentajes)

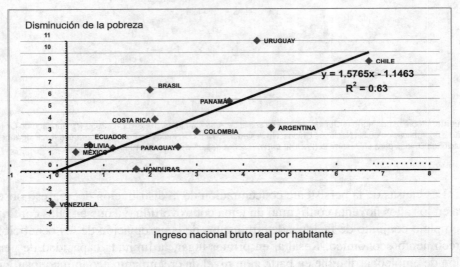

Fuente: Cepal, sobre la base de información oficial suministrada por los países y de tabulaciones especiales de las respectivas encuestas de hogares.

La distribución del ingreso en las áreas rurales entre 1990 y 1997 revela situaciones diversas, no siempre coincidentes con su evolución en las áreas urbanas. En Colombia se aprecia una significativa desconcentración del ingreso rural y en Brasil cierta estabilidad, mientras que en Chile hubo una importante mejoría, luego del fuerte deterioro sufrido entre 1987 y 1990. En Costa Rica y Panamá se produjo un ligero aumento de la concentración, en tanto que ésta disminuyó levemente en Honduras y México. Por último, en Venezuela se registró un marcado deterioro, incluso superior al sufrido en las áreas urbanas entre 1990 y 1994.

Gráfico 6.7
EVOLUCIÓN DE INDICADORES DE POBREZA, DÉCADA DE 1990

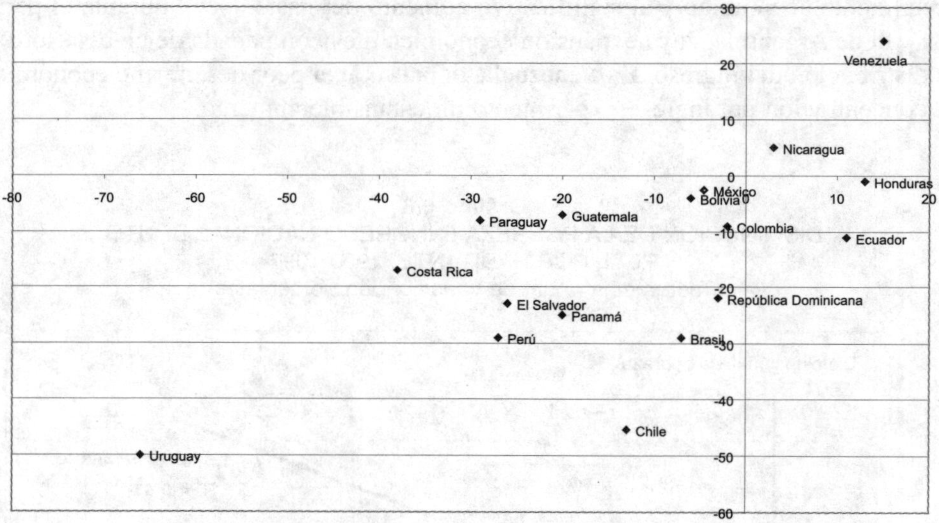

Fuente: Pobreza por ingreso: Cepal, *Panorama social de América Latina, 1998* (LC/G.2050-P), Santiago de Chile, abril de 1999. Publicación de las Naciones Unidas, No de venta: S.99.II.G.4; Índice de Pobreza Humana (IPH): Programa de las Naciones Unidas para el Desarrollo (PNUD), *Informe sobre desarrollo humano*, 1999, Nueva York, 1999.

Las causas de la persistente concentración de la distribución del ingreso observada en los años noventa configuran un tema controvertido, ya que en ellas confluye el complejo conjunto de factores determinantes de la apropiación de los beneficios del crecimiento económico. Resalta, en primer lugar, la limitada capacidad de generación de empleo, atribuible en parte a un nivel de crecimiento económico insuficiente y también a una estructura que poco favoreció a los sectores de la producción con uso intensivo de trabajo directo. En segundo lugar vendría la persistente concentración del capital humano, particularmente educativo y patrimonial. La mala distribución de los ingresos y las oportunidades refleja, asimismo, importantes problemas de estratificación y exclusión social, que siguen transmitiéndose de generación en generación, y que el actual modelo de desarrollo tampoco ha permitido resolver.

Gráfico 6.8
AMÉRICA LATINA (14 PAÍSES): CAMBIOS EN LA CONCENTRACIÓN DEL INGRESO,[a] 1990-1997

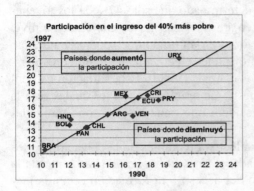

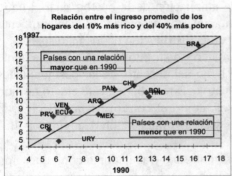

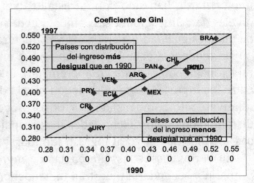

Fuente: Cepal, sobre la base de tabulaciones especiales de las encuestas de hogares de los respectivos países.
a Calculada a partir de la distribución de los hogares ordenados según el ingreso *per cápita*, por grupos decílicos. En el caso de Venezuela, los datos corresponden al total del país.

En materia educativa, los avances logrados por los sectores de más bajos ingresos han sido insuficientes en cantidad y calidad como para homologarse con los estratos de más altos ingresos. En efecto, durante la década de 1990 el número promedio de años de estudio, tanto de los jefes como del conjunto de los miembros ocupados del hogar, ha tendido a igualarse entre los pertenecientes a los seis o siete deciles de menores ingresos *per cápita*, pero a la vez se percibe una ampliación de la distancia respecto de los deciles superiores. Mientras el promedio general se sitúa en torno de los ocho años de estudio, el decil inferior muestra dos años menos, en tanto que el decil superior supera dicho promedio en cuatro años como mínimo (12 años o más).

De este modo, los esfuerzos por elevar los niveles educacionales de las nuevas generaciones, que permitieron aumentar en alrededor de tres años de estudio el promedio alcanzado por los jóvenes con respecto a sus padres, no se han traducido en una mejoría significativa de la distribución del capital educativo y del ingreso. Las asimetrías señaladas, junto con el rendimiento decreciente de la educación desde el punto de vista del mercado de trabajo, han determinado que sólo 47% de los jóvenes de zonas urbanas, y 28% de los residentes en áreas rurales, hayan mejorado su nivel educativo, en comparación con el de sus padres, en un grado que supere el aumento de las exigencias del mercado laboral, para disponer efectivamente de mejores perspectivas ocupacionales que sus progenitores (Cepal, 1998d). Esta situación es consistente con los resultados de diversas encuestas de opinión, según los cuales sólo la mitad de los jóvenes latinoamericanos considera que tiene mejores oportunidades que sus padres.

Desde el punto de vista distributivo, los efectos favorables de la elevación de los niveles educacionales medios de los trabajadores, fruto de la ampliación tanto de la cobertura de los sistemas educativos como del acceso a la formación secundaria y universitaria, han sido contrarrestados por la ampliación de la brecha salarial entre niveles de calificación. Esta conjunción de fenómenos ha propiciado el mantenimiento de una desigualdad generalizada y estructural en la distribución de los ingresos.

La tendencia estable o desfavorable en materia distributiva está estrechamente relacionada con el evidente incremento, a lo largo del decenio, de las desigualdades entre los ingresos percibidos según nivel educativo. Sin embargo, este efecto ha sido relativamente compensado por otros procesos, como el control de la inflación, la disminución de las disparidades intragrupales y la instrumentación de algunas políticas sociales de apoyo al ingreso familiar.

En varios países las diferencias de ingreso entre los trabajadores con educación primaria y secundaria muestran un tendencia decreciente, lo que incide positivamente en las medidas tradicionales de distribución del ingreso. No obstante, esta mejoría es contrarrestada por la ampliación de las distancias entre las remuneraciones que perciben los trabajadores más calificados y los con menor calificación, en particular entre aquellos con educación universitaria y sin ella. Esto se refleja en un ensanchamiento particularmente notorio y generalizado de la brecha salarial entre profesionales y técnicos y quienes no lo son, en los sectores tanto formal como informal (véase el Cuadro 6.9).

En el mismo sentido, pero en menor grado y con mayores diferencias entre países, se ha detectado un incremento de la brecha salarial entre el conjunto de los trabajadores del sector formal de la economía y los del sector informal. Dado que en este último, como ya se señaló, se ha creado la mayor proporción de los nuevos empleos, ello ha contribuido al empeoramiento de la situación distributiva. La ampliación de esta diferencia, además de obedecer a razones de productividad, es reforzada por la falta de organización y capacidad de negociación de salarios y condiciones laborales.

Cuadro 6.9
AMÉRICA LATINA Y EL CARIBE (16 PAÍSES): DISPARIDADES[a]
DE INGRESO EN ZONAS URBANAS, 1990-1997

País	Año	Disparidad salarial entre profesionales y técnicos y asalariados privados del sector formal	Disparidad salarial entre profesionales y técnicos y asalariados privados del sector informal [b]	Disparidad salarial entre asalariados privados del sector formal e informal [b]	Disparidad de remuneración media entre sector formal e informal	Disparidad salarial entre hombres y mujeres	Disparidad salarial entre hombres y mujeres con más de 12 años de educación
Argentina	1990	...	...	...	129	132	161
	1997	...	...	...	124	127	156
Bolivia	1989	195	281	144	151	167	204
	1997	275	400	145	273	145	167
Brasil	1990	240	336	140	229	154	192
	1996	282	446	158	219	147	179
Chile	1990	189	287	152	142	152	182
	1996	233	385	165	161	137	167
Colombia	1990	255	...	...		125	154
	1997	256	...	...	187	130	149
Costa Rica	1990	156	220	141	221	135	152
	1997	188	281	150	230	115	130
Ecuador	1990	207	261	126	212	149	179
	1997	197	317	161	209	120	139
El Salvador	1995	246	345	140	...	...	...
	1997	236	339	143	253	114	141
Honduras	1990	241	406	169	283	128	159
	1997	233	382	164	256	130	169
México	1989	162	289	179	164	137	159
	1996	229	376	165	282	137	159
Nicaragua	1997	...	...	...	270	152	169
Panamá	1991	171	273	160	295	125	132
	1997	244	385	158	246	132	159
Paraguay	1990	136	215	159	182	159	172
	1996	210	283	135	229	132	143
Rep.Dominicana	1997	...	...	..	148	111	133
Uruguay	1990	150	239	160	190	156	175
	1997	213	327	153	199	149	175
Venezuela	1990	106	170	160	139	127	141
	1997	242	341	141	125	120	143
América Latina[c]	1990	189	277	152	195	141	164
	1997	233	355	153	213	130	153

Fuente: Cepal, sobre la base de tabulaciones especiales de las encuestas de hogares de los respectivos países.
a Las disparidades son cuocientes entre el ingreso promedio de la categoría de mayor ingreso respecto de la de menor ingreso, multiplicado por 100.
b Excluye empleo doméstico.
c Promedio simple de los países.

Entre 1990 y 1997 las disparidades salariales entre trabajadores más y menos calificados se acentuaron más en el sector informal que en el formal. Probablemente, esto se relaciona con el cambio tecnológico, que habría conllevado un sesgo favorable a la demanda de empleo con mayor calificación en el sector formal, induciendo un aumento excesivo de la oferta relativa de trabajo no calificado. Esta oferta parece haber sido absorbida, con remuneraciones más bajas, por el sector informal. A la vez, se habría producido un desplazamiento de trabajadores calificados hacia actividades informales o en pequeña escala, a causa de la racionalización de los procesos productivos y administrativos en las grandes empresas y la restructuración del sector público.

El nivel de las remuneraciones medias en términos de líneas de pobreza para las diferentes categorías ocupacionales es sensible al grado de informalidad urbana. Se observan al respecto varios fenómenos muy marcados (véase el Gráfico 6.9). Primero, independientemente del grado de informalidad, existen diferencias entre las remuneraciones de las distintas categorías de ocupación. Segundo, los ingresos medios aumentan para todas las categorías ocupacionales a medida que se reduce la informalidad. Tercero, cuando disminuye la informalidad mejoran primero las remuneraciones de las categorías más calificadas, especialmente en el sector formal, por lo que la formalización laboral pareciera pasar por un deterioro de la distribución del ingreso.

Gráfico 6.9
AMÉRICA LATINA: INGRESO MEDIO EN NÚMERO DE LÍNEA DE POBREZA Y PARTICIPACIÓN DEL SECTOR INFORMAL EN LA PEA, SEGÚN CATEGORÍAS OCUPACIONALES [a]

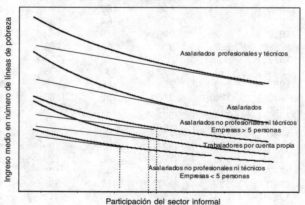

Fuente: Cepal, Panorama social de América Latina, 1998 (LC/G.2050-P), Santiago de Chile, abril de 1999. Publicación de las Naciones Unidas, N° de venta: S.99 II.G.4 (Cuadros 4 y 6).
a Regresiones de datos combinados (*pooled*) de 17 países, con 1 a 5 datos entre los años 1981 y 1997 (un total de 38 observaciones) para las variables ingreso medio (en número de líneas de pobreza) de cada categoría ocupacional y la participación del sector informal en la PEA. El sector informal comprende a los asalariados privados no profesionales ni técnicos en establecimientos que emplean hasta a 5 personas y a los trabajadores por cuenta propia y familiares no remunerados no profesionales ni técnicos.

Finalmente, el desempleo continuó incidiendo negativamente en las posibilidades distributivas. En efecto, las tasas de desempleo han sido mucho más elevadas entre los grupos de menores ingresos, en comparación con los estratos más pudientes. Las tasas de desempleo de los hogares más pobres han duplicado y, en ciertos casos, triplicado la tasa promedio, lo que acusa una aguda inequidad. En estas condiciones, los beneficios del crecimiento, bajo la forma de más altos niveles de empleo y de salario, se concentran en los estratos socioeconómicos más acomodados (Cepal, 1999d).

4. EQUIDAD DE GÉNERO

El balance de lo ocurrido en la década de 1990 con las mujeres de América Latina y el Caribe muestra avances, contradicciones y ambigüedades. Por una parte, en la mayoría de los países los cambios estructurales que acompañaron los procesos de modernización posibilitaron el decidido ingreso de las mujeres al mercado laboral y su más generalizado acceso a los distintos niveles de educación, así como a los servicios de salud y de planificación familiar. Por otra parte, esos cambios estructurales estuvieron condicionados por una serie de factores. Primero, la crisis económica de la década de 1980, que obligó a las mujeres a buscar trabajo remunerado para contribuir al presupuesto familiar. Segundo, el movimiento social de las mujeres y los organismos internacionales, que crearon opinión en favor de la igualdad de género e incorporaron al debate público temas que eran considerados de interés y dominio privado, como la violencia doméstica. Por último, la creación de entidades gubernamentales para el adelanto de las mujeres, que realizaron actividades con tal objeto, como la incorporación en la agenda pública de la preocupación por la equidad de género.

Sin embargo, estos avances en cuanto al acceso de las mujeres a los distintos ámbitos de la vida social han hecho más visibles las brechas entre su situación y la de los varones. Además, se han mantenido importantes desigualdades respecto de la participación de hombres y mujeres en los procesos de adopción de decisiones a todos los niveles, así como también en la articulación equilibrada de la vida familiar con las actividades en el ámbito público, y de sus posibilidades y opciones de desarrollar las propias capacidades y la autonomía necesarias para ampliar el ejercicio de su ciudadanía.

En el último decenio se han consolidado progresos en cuanto a la situación educacional de las mujeres, tanto por la mejoría general del nivel de educación como por el aumento de la matrícula femenina en relación con la de los varones. Las diferencias en favor de las niñas entre los logros educacionales durante el ciclo primario se han traducido en una prolongación de su permanencia en el sistema escolar. Las mujeres están alcanzando así a los niveles medio y superior, lo que ha influido positivamente en su creciente incorporación al mercado laboral. Sin embargo, a fines de los años noventa subsistían importantes rezagos en el nivel de formación general de las mujeres mayores (Cepal, 1999d).

Los logros en cuanto al acceso a la educación no han ido acompañados de la superación de importantes problemas relativos a la calidad de ésta, lo que repercute en la equidad y en la formación de valores que conduzcan a una sociedad menos discriminatoria. Subsisten en la cultura académica la sobrevaloración de lo masculino y el silenciamiento y subvaloración de lo femenino, que se expresan en contenidos didácticos estereotipados, falta de atención a las alumnas en las aulas, insuficiente orientación hacia la ciencia y la tecnología y oportunidades vocacionales truncadas. Si bien las políticas educacionales y las reformas del sector han buscado corregir esta situación mediante diversos esfuerzos, como la elaboración de nuevos planes de estudio, libros de texto sin estereotipos y programas de capacitación para que los educadores promuevan la comprensión de la equidad de género, aún es mucho lo que se precisa hacer al respecto.

La mayor educación de las mujeres ha tenido consecuencias positivas para la sociedad en su conjunto, especialmente por el mejoramiento del clima educacional de los hogares. También ha incidido positivamente en la salud y la mortalidad infantil, y ha elevado la calidad de los recursos humanos para el desarrollo. Sin embargo, no ha tenido los mismos efectos sobre la discriminación de género en los espacios económico, social, cultural y político.

En la región, la evolución durante el decenio de la participación femenina en el mercado laboral y de las desigualdades salariales determinadas por el género ha mostrado que las tendencias responden a procesos comunes y las variaciones a factores de excepción. La participación laboral femenina se ha incrementado, especialmente en el caso de las mujeres de 25 a 45 años de edad y casadas, en todos los estratos de ingreso, tanto en áreas urbanas como rurales. Las únicas excepciones son El Salvador y República Dominicana, donde este indicador empezó a disminuir después de haber superado 50% de la población femenina a comienzos del decenio (Cepal, 1999d). Ahora bien, el incremento de la tasa de participación laboral de las mujeres de hogares de altos ingresos es superior en todos los casos al de las mujeres de hogares pobres. Es particularmente interesante observar que, al contrario de lo ocurrido en el caso de la población activa masculina, existe una estrecha relación entre el grado de instrucción de las mujeres y su tasa de participación laboral, que llega a superar 70% entre las mujeres con 13 años y más de escolaridad en Argentina, Brasil, Colombia, Ecuador, Guatemala y Panamá.

Simultáneamente con este ingreso masivo de las mujeres a la fuerza de trabajo, se observa un proceso de terciarización de la población activa femenina y de precarización de sus empleos, una segmentación laboral vertical y horizontal según el género, un nivel de remuneraciones notablemente inferior al de los hombres y una participación mayoritaria de las mujeres en el sector informal (Arriagada, 1997). Esto es particularmente preocupante, dado que el mercado laboral de la región en los años noventa se ha caracterizado por una escasa generación de empleo formal y un consiguiente deterioro de la calidad de las ocupaciones, con el agravante de la creciente disparidad entre las remuneraciones de los trabajadores según niveles de calificación (Cepal, 1997c).

Al comparar las condiciones de trabajo de las mujeres con las de los varones, las primeras muestran una mayor vulnerabilidad, plano en el que se destaca una importante disparidad según género entre las remuneraciones por trabajo equivalente en todos los niveles de educación, especialmente en los más altos (Cepal, 1999d). Asimismo, la discriminación que afecta a los ingresos de las trabajadoras se perpetúa en el monto de sus jubilaciones. Sin embargo, y con la única excepción de Panamá, esta brecha ha tenido una tendencia favorable en términos de equidad, tanto en general como en los niveles educativos profesionales (véase el Cuadro 6.9).

En el ámbito de la salud, cabe resaltar como principal avance en la región el creciente reconocimiento de la importancia de la salud integral y la mayor preocupación por las condiciones de salud de las mujeres en su lugar de trabajo[8]. Sin embargo, los factores relacionados con el embarazo y el parto continúan figurando entre las primeras causas de muerte de las mujeres en edad reproductiva, lo que constituye una evidencia indiscutible de inequidad, si se considera que dichas muertes son esencialmente prevenibles y que se cuenta con el conocimiento científico y las tecnologías sencillas para impedirlas[9]. Además, mientras en algunos países el acceso a la planificación familiar presenta diferencias leves entre estratos sociales (aunque siempre desfavorables a los grupos más pobres), en otros las disparidades son abismales. Por ejemplo, la proporción de mujeres con bajo nivel educacional integrantes de uniones consensuales que no logra satisfacer sus requerimientos de planificación familiar es entre 4 y 10 veces superior (dependiendo del país) a la de mujeres con educación superior en tal situación (Cepal-Celade, 1998a).

En lo que respecta al acceso a los beneficios en el sector de la salud y la calidad de éstos, la desigualdad entre hombres y mujeres, sobre todo para las que están en edad reproductiva, son de la tercera edad, no trabajan remuneradamente o se desempeñan

---

8. Existe insuficiente información para evaluar de manera completa los avances en materia de salud femenina integral. El tema más estudiado ha sido el de la reproducción y las posibilidades de las mujeres de controlar su propia fertilidad, probablemente debido al fuerte crecimiento demográfico en la región, mientras que el avance ha sido menor en áreas como nutrición, salud mental, salud ocupacional y violencia sexual e intradoméstica.

9. Alrededor de 1990, la tasa de mortalidad materna era de menos de 90 muertes por 100.000 nacidos vivos en Argentina, Bahamas, Barbados, Chile, Costa Rica, Cuba, México, Panamá, República Dominicana, Trinidad y Tobago, Uruguay y Venezuela; entre 115 y 150 muertes en Belice, Brasil, Colombia, Ecuador, El Salvador, Jamaica y Nicaragua; y de más de 220 muertes en Bolivia, Guatemala, Haití, Honduras, Paraguay y Perú (Cepal, 1999b).

en el sector informal, se expresa también en los problemas de cobertura de la seguridad social. Gran parte de las mujeres dedicadas al trabajo doméstico como actividad principal tienen acceso limitado al sistema previsional de salud. A su vez, los esquemas de seguridad social tienden a reforzar la distribución desigual de los costos de la crianza de los hijos entre hombres y mujeres y de los beneficios entre quienes trabajan en los sectores formal e informal.

Con la incorporación de la mujer al mundo del trabajo y las nuevas pautas culturales de igualdad de oportunidades que se están enunciando en el discurso social y en las políticas públicas, en la década de 1990 se ha perfilado una incipiente flexibilización de la segregación de papeles según género. La rígida división sexual del trabajo y la consiguiente asignación del trabajo doméstico en forma casi exclusiva a las mujeres, a lo que se suma la virtual inexistencia de una red de servicios de apoyo para los quehaceres domésticos, incluyendo el cuidado de niños y enfermos, siguen figurando entre los mayores obstáculos para que las mujeres ejerzan su ciudadanía en forma amplia y equitativa. A esto se agregan la falta de valoración social del trabajo doméstico, que mantiene las tareas de reproducción fuera de los ámbitos considerados "importantes", y la extensa jornada de trabajo de las mujeres que participan en el mercado laboral y asumen las responsabilidades domésticas[10].

En el ámbito jurídico se observan importantes avances institucionales hacia la adaptación de las legislaciones nacionales a la Convención sobre la eliminación de todas las formas de discriminación contra la mujer –instrumento ratificado por todos los países de la región–, lo que ha llevado paulatinamente a la supresión de expresiones discriminatorias, a la incorporación del principio de no discriminación y a la promulgación de leyes que protegen y garantizan los derechos de las mujeres, como las relativas a la violencia doméstica y al acoso sexual (Binstock, 1998). Sin embargo, persisten importantes dificultades en la aplicación de estas normas, lo cual remite al sistema jurídico como un todo, ya que se percibe una brecha importante entre la igualdad legal y la igualdad de hecho.

Por otra parte, en América Latina y el Caribe la tarea de ampliar la participación de las mujeres en los procesos de adopción de decisiones en el espacio público ha sido ardua, y continuó siéndolo en los años noventa, durante los cuales se registró un avance sostenido, aunque aún muy limitado. Esto se verifica particularmente en los Parlamentos y en los cargos de nivel intermedio en instituciones del poder ejecutivo.

---

10. Es necesario resolver los problemas teóricos y metodológicos que obstaculizan la integración del trabajo no remunerado en el cálculo del producto nacional. La exclusión del trabajo no remunerado del Sistema de Cuentas Nacionales afecta negativamente a la percepción de la productividad de las mujeres, aun cuando en casi todos los países trabajan en realidad más horas que los hombres (PNUD, 1995). En este sentido, cuantificar la contribución económica del trabajo no remunerado de las mujeres en el hogar representaría un avance para superar la desvinculación entre los ámbitos público (productivo) y privado (reproductivo) en la organización social, considerando el valor incorporado en el cuidado de la familia y del hogar.

En efecto, de los tres poderes del Estado, el legislativo es el ámbito en que los progresos de la participación femenina han sido más notorios en todos los países de la región. No obstante, siguen existiendo marcadas diferencias entre los logros alcanzados, que van desde 2,5% de representación femenina en la Cámara de Diputados de la República del Paraguay (1998) hasta 27,6% en Cuba y Argentina, país este último en que se aprobó una Ley de Cupos Femeninos (1991). A nivel del poder ejecutivo central, en la década de 1990 se observó en la región un notorio incremento del número de mujeres. Por su parte, el poder judicial se ha mantenido prácticamente infranqueable para las mujeres, que están completamente ausentes de las cortes supremas de justicia en 8 de los 20 países para los cuales se tiene información; en los demás, su participación es claramente minoritaria.

Esta escasa participación femenina activa en los procesos de decisión de las políticas de desarrollo está asociada a las dificultades que enfrentan las mujeres para que sus problemas y necesidades se expresen en la elaboración de políticas públicas, en la asignación de recursos del Estado para instrumentar políticas dirigidas a mejorar su actual situación y también en el ejercicio amplio de su ciudadanía.

Respecto de la institucionalidad de las políticas en favor de la equidad de género, en 1976 se crearon las primeras oficinas gubernamentales encargadas de la ejecución de políticas y programas para el adelanto de las mujeres, proceso que siguió adelante paulatinamente en los años ochenta. En la actualidad, todos los países de la región han incorporado a la estructura estatal un organismo con este mandato. Si bien a comienzos de la década de 1990 las oficinas de la mujer se ubicaban en su gran mayoría en niveles medios y bajos de la jerarquía del Estado y contaban con una capacidad ejecutiva muy limitada, a mediados del decenio recibieron un fuerte impulso, coincidente con la adopción del Programa de Acción Regional para las Mujeres de América Latina y el Caribe, 1995-2001 (Cepal, 1995b) y la Plataforma de Acción emanada de la cuarta Conferencia Mundial sobre la Mujer (Beijing, 1995), lo que condujo a la inserción de 16 de estos 33 organismos en los niveles medio y alto del aparato estatal, la obtención de mayores recursos y el fortalecimiento de su mandato legal y su capacidad de operación y coordinación.

El desarrollo y reforzamiento de estas instituciones implicó avances en términos de diseño y formulación de políticas y programas acordes con un enfoque integrado del desarrollo y la transversalidad de la perspectiva de género. En consecuencia, el interés en elaborar instrumentos de planificación y seguimiento de las políticas gubernamentales llevó a la creación de una amplia gama de mecanismos sectoriales, territoriales y de coordinación, configurando así una red que integra los programas y políticas para las mujeres a distintos niveles[11].

---

11. Estos mecanismos han tenido un importante papel en la elaboración de diagnósticos sobre la situación de las mujeres, en el mejoramiento de las estadísticas desagregadas por sexo, en el desarrollo de campañas de sensibilización y de programas de capacitación, y en la operacionalización de programas y proyectos dirigidos a grupos en situación de mayor vulnerabilidad.

Sin embargo, las oficinas de la mujer enfrentan importantes riesgos, tales como la discontinuidad de sus equipos técnicos, la escasez de recursos para sus tareas y su fragilidad institucional en el interior del aparato estatal. Por otra parte se han encontrado dificultades para la puesta en marcha, seguimiento y evaluación de políticas, y la relación con las organizaciones de la sociedad civil no ha sido siempre fructífera. Además, la adopción y ejecución exitosa de políticas de género exige superar retos como la resistencia ideológica al cambio, la complejidad conceptual, metodológica y de los actores sociales y políticos participantes, los conflictos de intereses y los problemas institucionales derivados de la propia gestión pública.

5. EL GASTO PÚBLICO Y LAS REFORMAS EN LOS SECTORES SOCIALES

a) Gasto público social: recuperación y reasignación

El leve incremento del ingreso y la mayor prioridad asignada a la satisfacción de las necesidades sociales permitieron que el gasto público social (GPS) aumentara en casi todos los países. Sin embargo, el efecto de este progreso sobre las desigualdades es de lenta maduración. Para el conjunto de América Latina se estima que el gasto público social se elevó de 10,1% a 12,4% del PIB, con aumentos más significativos en aquellos países cuyos niveles de gasto social *per cápita* eran más reducidos a comienzos de la década de 1990. Se destacan los casos de Colombia, con un incremento de 7.2 puntos porcentuales del producto, Bolivia con 6 puntos, Paraguay con 4.9 puntos, Uruguay con 3.8 puntos, Perú con 3.5 puntos y Panamá con 3.3 puntos. En el bienio 1996-1997, Argentina, Brasil, Colombia, Costa Rica, Panamá y Uruguay presentaron niveles de GPS en relación con el PIB ubicados entre 15% y 23%, valores muy cercanos, y en algunos casos superiores, a los de varios países desarrollados.

La comparación de los niveles regionales de gasto social *per cápita* entre el comienzo y el fin del decenio indica que el GPS ha retornado a los valores previos a la crisis de la deuda. Su promedio aumentó a 457 dólares, cifra bastante superior a los 331 dólares (de 1997) registrados en el bienio 1990-1991, lo que refleja una tasa anual de crecimiento de 5,5% (véase el Gráfico 6.10). Sin embargo, en los años 1996 y 1997 ese ritmo se desaceleró notablemente, hasta llegar a una tasa promedio anual de 3,3%, casi la mitad del 6,4% alcanzado en el período 1990-1995.

En términos *per cápita*, los casos de Bolivia, Colombia, Paraguay y Perú son destacables por el crecimiento relativo del gasto social por habitante, que se duplicó con creces entre 1990-1991 y 1996-1997. En Chile, El Salvador y República Dominicana se incrementó entre 60% y 70%, y en Uruguay en cerca de 50%. En los restantes seis países en que se elevó el nivel del gasto social por habitante (Argentina, Brasil, Costa Rica, Guatemala, México y Panamá), los aumentos fluctuaron entre 15% y

40%. En Honduras y Nicaragua se mantuvo prácticamente el mismo nivel durante el período y en Venezuela se redujo en 6%. Los incrementos de gasto social por habitante a lo largo de la década de 1990 estuvieron asociados, según el país, al mayor crecimiento económico (Argentina, Brasil, Chile y Uruguay), a la expansión del gasto público (Costa Rica, Paraguay y República Dominicana), a la mayor prioridad asignada al gasto social dentro del gasto público (Bolivia, Guatemala, México y Perú), o a efectos combinados de los anteriores factores (Colombia, El Salvador y Panamá) (Cepal, 1999d).

Gráfico 6.10
AMÉRICA LATINA (17 PAÍSES): EVOLUCIÓN DEL GASTO
SOCIAL, 1990-1991/1996-1997

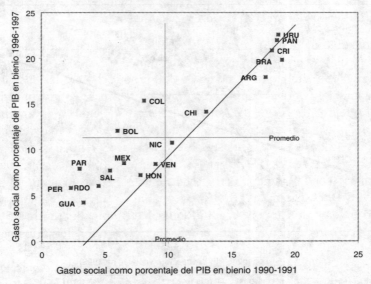

Fuente: Cepal, a partir de información contenida en la base de datos sobre gasto social.

El ritmo de aumento del gasto social en los países en que éste era relativamente más bajo fue, en promedio, de 10,7% anual, tasa que duplica la correspondiente a los países con mayor GPS por habitante. Sin embargo, las diferencias entre los niveles de ingreso de los países son tan grandes que aún persisten importantes disparidades (véase el Gráfico 6.11).

Visto como un todo, el gasto público social tiene las características de un "bien superior", debido a que la seguridad social tiene un peso relativo que crece a medida que aumenta el ingreso por habitante. El gasto en capital humano (educación y salud), como proporción del producto, más que estar asociado al ingreso por habitante, refleja la prioridad que le otorgan los países. Existen, en cualquier caso, amplias diferencias entre el gasto de cada país y el patrón medio regional. Dados sus niveles de ingreso, Bolivia, Colombia, Costa Rica, Nicaragua, Panamá y Uruguay se sitúan en niveles proporcionales de gasto social alto, expresado con relación al PIB por habitante. Por el contrario, hay un grupo importante de países cuyo gasto social por habitante resulta inferior –y, en algunos casos, significativamente inferior– al patrón regional.

Gráfico 6.11
COMPARACIÓN ENTRE PRODUCTO INTERNO BRUTO
PER CÁPITA Y GASTO SOCIAL

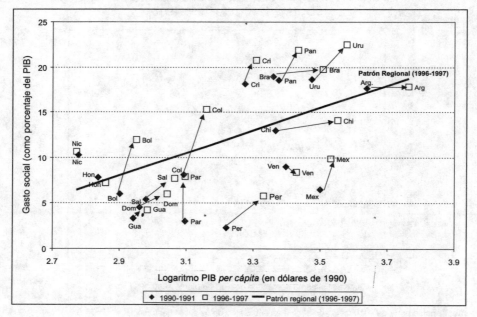

La composición del aumento del GPS ha mostrado claras reorientaciones (véase el Cuadro 6.10). Así, 44% del incremento se destinó a educación y salud (25% y 19%, respectivamente), áreas de gasto con efectos más progresivos (véase más adelante), y 41% a seguridad social, cuya repercusión sobre la equidad es más ambigua. El énfasis en los sectores de la salud y la educación fue más marcado en los países con niveles relativos de gasto medio y bajo, ya que en ambos casos 61% del aumento se concentró en esas áreas. Sin embargo, en los países con menor ingreso por habitante, la elevación del gasto en capital humano fue relativamente más importante, en tanto que, en promedio, la del destinado a la seguridad social resultó más considerable en los países con mayor ingreso *per cápita*, si bien con grandes diferencias entre ellos.

Cuadro 6.10

AMÉRICA LATINA Y EL CARIBE (17 PAÍSES): EVOLUCIÓN DE LA RELACIÓN ENTRE
GASTO SOCIAL Y PRODUCTO INTERNO BRUTO, POR SECTORES

	Gasto social / PIB		Gasto social / PIB Educación		Gasto social / PIB Salud		Gasto social / PIB Seguridad social[a]		Gasto social / PIB Vivienda y asistencia social	
	1990-1991	1996-1997	1990-1991	1996-1997	1990-1991	1996-1997	1990-1991	1996-1997	1990-1991	1996-1997
Argentina	17.7	17.9	3.3	3.8	4	4.1	8.3	8	2.1	1.9
Bolivia	6	12	3.1	5.9	1.2	1.4	1	2.7	0.7	2
Brasil	19	19.8	3.7	3.4	3.6	2.9	8.1	10.1	3.5	3.4
Chile	13	14.1	2.6	3.3	2.1	2.5	7	6.7	1.4	1.7
Colombia	8.1	15.3	3.1	4.4	1.2	3.7	3	5.4	0.8	1.8
Costa Rica	18.2	20.8	4.7	5.8	7.1	7.3	4.4	5.5	2	2.2
El Salvador	5.4	7.7	2.1	2.6	1.8	2.8	1.4	2	0.2	0.2
Guatemala	3.3	4.2	1.6	1.7	0.9	0.9	0.7	0.7	0.1	0.9
Honduras	7.8	7.2								
México	6.5	8.5	2.6	3.7			3.1	3.6	0.8	1.2
Nicaragua	10.3	10.7	4.9	4.3	4.2	4.4			1.2	1.9
Panamá	18.6	21.9	4.7	5.5	6.1	6.8	5.8	6.6	2	3.1
Paraguay	3	7.9	1.2	3.9	0.3	1.2	1.1	2.6	0.4	0.2
Perú	2.3	5.8								
República Dominicana	4.5	6	1.2	2.3	1	1.4	0.4	0.7	2	1.7
Uruguay	18.7	22.5	2.7	3	3.2	3.7	12.4	15.3	0.3	0.5
Venezuela	9	8.4	3.4	3.1	1.5	1.1	2.4	2.9	1.6	1.2
Promedio simple	10.1	12.4	3.0	3.8	2.7	3.2	4.2	5.2	1.3	1.6

Fuente: Cepal, a partir de información contenida en la base de datos sobre gasto social.
a La cifra correspondiente a seguridad social incluye salud. La cifra de vivienda y asistencia social incluye los programas laborales, abasto, asistencia social, desarrollo regional y urbano.

Vale destacar la evolución del gasto en educación, que entre los períodos 1990-1991 y 1996-1997 aumentó de 3% a 3,8% del PIB y, en valores absolutos, tuvo una expansión de casi 40%. El notable incremento del gasto público en este sector se orientó, en gran parte, a sustentar el esfuerzo emprendido por varios gobiernos con vistas a reducir la brecha entre las remuneraciones de los maestros y las de otros trabajadores calificados del sector público. Así, durante el período 1990-1997, la remuneración de los docentes creció a un ritmo anual entre 3% y 9%, según el país, lo que representa entre 70% y 80% del incremento del gasto en educación[12].

---

12. Los incrementos fueron notables en Paraguay, Bolivia, Chile y Brasil, países en los que el salario por hora aumentó entre 1990 y 1997 a ritmos anuales de 9,5%, 7,8%, 7,8% y 4,0%, respectivamente. En Uruguay, Costa Rica y Ecuador los incrementos reales fueron menores: 2,8%, 1,7% y 0,4% por año, respectivamente.

En su conjunto, durante la década de 1990 las asignaciones más progresivas, cuyos beneficios se concentraron proporcionalmente más en los hogares de menores ingresos, fueron las destinadas a educación primaria y secundaria, y a salud y nutrición. En relación con decenios anteriores, la principal diferencia ha sido el alto grado de progresividad que registra actualmente el gasto en educación secundaria. Este hecho demuestra la alta progresividad marginal de todo tipo de gasto a medida que se amplía la cobertura de los servicios correspondientes. Por su parte, los gastos menos progresivos han sido los efectuados en seguridad social y educación universitaria, hecho que refleja la todavía limitada cobertura de estos servicios en la región.

b) Las orientaciones de las reformas

Durante los años noventa, los sistemas de protección y desarrollo sociales de los países de la región fueron objeto de una gran oleada de transformaciones. Las exigencias generadas por el deterioro institucional y social sufrido durante el decenio precedente, la penetración de nuevas orientaciones para la gestión pública y la necesidad de avanzar con mayor ímpetu e impacto en materia social llevaron a replantear aspectos esenciales de la administración y la organización centradas en los objetivos sociales del desarrollo.

En un número importante de países se realizaron procesos de reforma de los sistemas de desarrollo, protección, seguridad y asistencia sociales, principalmente en los ámbitos de las pensiones y la salud, así como en los de la educación, la vivienda y la asistencia social. En general, el objetivo de las reformas fue transformar estos sistemas para así superar problemas de falta de eficiencia e impacto de la gestión y el gasto públicos. Aspectos como las insuficiencias de cobertura, la segmentación inequitativa en subsistemas[13], la inflexibilidad de las asignaciones y la burocratización de la gestión y de las decisiones fueron vistos como barreras que hacían muy difícil y costoso expandir los programas sociales.

El eje fundamental de las reformas fue la búsqueda tanto de mayor eficiencia y efectividad en la gestión y el gasto público social, como de solución a problemas de acceso y cobertura social de una parte importante de la población. Con este propósito, la mayoría de las reformas introdujo esquemas de participación privada en la provisión y el financiamiento de los servicios sociales, en algunos casos asociados a la aplicación del criterio de equivalencia entre el pago de contribuciones y los bene-

---

13. Una de las mayores dificultades para lograr mayores grados de solidaridad ha sido la cobertura parcial y segmentada de los sistemas tradicionales y la proliferación de esquemas especiales que benefician a determinados grupos de la población. La mayor parte de los esquemas preferenciales (regímenes de jubilaciones y protección de la salud financiados con fondos públicos generales, financiación de vivienda, servicios educativos especiales) tienen un costo fiscal elevado y muy superior al promedio de los servicios que se brindan al conjunto de la población.

ficios recibidos. Estos mecanismos, favorables a la eficiencia económica y a la transparencia financiera, en particular cuando se conciben a nivel individual, no son enteramente compatibles con avances en materia de solidaridad. En forma congruente, se impulsó una mayor autonomía de los usuarios o beneficiarios mediante subsidios a la demanda, en gran parte de los casos asociados a la implantación de instrumentos analíticos y operativos para la selección de beneficiarios, a fin de priorizar el acceso de los más pobres a los servicios.

En el mismo contexto de búsqueda de mayor eficiencia y transparencia en la acción y los beneficios públicos, se amplió la descentralización administrativa y fiscal de la gestión pública, proceso que debía hacer posible reducir filtraciones en el gasto público, lograr mayor control social y aproximar a los beneficiarios a los centros de decisión. Igualmente, se transformó la organización institucional, mediante la separación de funciones y responsabilidades en el financiamiento, la provisión de servicios y la regulación de los sistemas.

Además, en algunas reformas se contempló la restructuración de los sistemas de asignación de montos y de financiamiento de los servicios sociales, por la vía de incorporar en el gasto público la fijación de cuotas, así como recursos locales, fuentes específicas e incrementos de las contribuciones, todo esto en el marco de un proceso simultáneo de racionalización y aumento del gasto.

En algunos casos, las reformas incluyeron la participación social entre sus componentes, mediante el establecimiento de instancias de negociación, concertación y control, así como de mecanismos de búsqueda colectiva de consensos, tanto con el fin de lograr un mayor compromiso ciudadano con los programas establecidos, como de construir una cultura ciudadana moderna y con vocación democrática, mediante el diálogo público y el procesamiento informado de demandas generales y particulares.

c) Aspectos importantes de las reformas sectoriales

En varios países de la región, los procesos de reforma de los sectores sociales fueron particularmente intensos durante el decenio de 1990, tema que se ha examinado en detalle en otro documento de la Cepal (2000a). En general, cabe destacar que pese a la orientación común de las reformas, los modelos y nuevos esquemas adoptados por los países están lejos de ser homogéneos.

Las reformas de los sistemas de educación han combinado aspectos financieros, organizativos, de gestión, calidad e integración con las esferas pública y social. Un primer aspecto ha sido el replanteamiento del papel del gobierno central, con el propósito de potenciar sus funciones en materia de orientación estratégica, regulación general y evaluación de los resultados del sistema. Además, se ha avanzado en el proceso de descentralizar la administración del sistema hacia los gobiernos locales y los establecimientos educativos, en ciertos casos con una activa participación de la comunidad. En algunos países se ha impulsado también la creación de nuevos mecanismos de participación para que agentes privados brinden la educación obligatoria a estudiantes pobres, marco en el que la oferta educativa pública se complementa con subsidios individuales a la demanda o a los establecimientos privados que atiendan a la población pobre seleccionada. Los sistemas de selección de beneficiarios y los programas de apoyo complementario (como los de complementación alimentaria y suministro de materiales pedagógicos y útiles a los escolares) han favorecido la inserción y la permanencia de la población más pobre en el sistema educacional, potenciando la solidaridad del gasto público en el sector.

Con el fin de incrementar los logros educativos, los esfuerzos y las reformas se han orientado al desarrollo de mecanismos de evaluación, el rediseño curricular, el suministro de materiales educativos, la ampliación de las jornadas escolares, la capacitación de los docentes, la introducción de la informática y el mejoramiento de la infraestructura. En este contexto, algunas reformas han buscado revalorizar económica y culturalmente la profesión docente, mediante la transformación de los regímenes de salarios y méritos del magisterio.

Tanto en su concepción como en su instrumentación, las reformas no han logrado avances suficientes hacia la integración del sector educacional, sus actividades y sus fines, con otros aspectos fundamentales de la vida económica, social y cultural. En este sentido, la articulación entre la educación básica y los sistemas de formación profesional y de investigación, y la de éstos con el aparato productivo y empresarial, sigue siendo un reto insoslayable. Así, en la región continúa pendiente la tarea de desarrollar un sistema de educación superior y profesional con mayor cobertura, diversidad e impacto económico, estrechamente vinculado al sistema de investigación e innovación científica y tecnológica, y con capacidad para generar los nuevos conocimientos que exige la competitividad.

Las reformas de los sistemas de salud, en general, han permitido ampliar la afiliación a los regímenes contributivos al establecer la cobertura familiar e integrar múltiples esquemas de protección, particularmente dispersos en el caso de los trabajadores del sector público. Por otra parte, han modificado las reglas respecto de los beneficios mediante la incorporación de mecanismos de seguros de riesgo que vinculan las cotizaciones a indicadores de riesgo individuales o grupales. Las contribuciones obligatorias en función de los ingresos de los afiliados se han mantenido. Las diversas reformas nacionales pueden tipificarse según tres modelos, que contemplan distintas combinaciones de seguros públicos solidarios y seguros privados y, por consiguiente, difieren en sus estructuras de financiamiento, condiciones de acceso y beneficios.

Un primer modelo se caracteriza por introducir la modalidad de seguros de riesgo privados con equivalencia a nivel individual, la competencia en el aseguramiento y la segmentación de la estructura, como en el caso de la reforma efectuada en Chile en

1981. En este esquema, el régimen contributivo privado no contempla la solidaridad intrasistema –subsidios cruzados–, la que sólo existe entre quienes se acogen al seguro que ofrece el sector público, o como resultado de las asignaciones de presupuesto público (extrasistema). El segundo modelo se distingue por la equivalencia a nivel colectivo, el seguro universal, la competencia entre administradores del seguro único elegido por los afiliados y la integración progresiva de estructuras segmentadas. Un ejemplo sería la reforma aprobada en Colombia en 1993. El fondo nacional único y la prima *per cápita*[14] permiten introducir el componente solidario. Para los grupos pobres e informales se establece un sistema de seguro único, subsidiado con recursos públicos y transferencias de los afiliados al sistema contributivo. El tercer modelo, ilustrado por la reforma realizada en Costa Rica en 1996, presenta equivalencia a nivel colectivo y seguro universal, con un fondo y una administración únicos, sin modificaciones de la estructura de financiamiento (cotizaciones tripartitas obligatorias). En este caso se ha promovido la constitución de cuasimercados al separar internamente las funciones de recaudación, financiamiento, compra y provisión de servicios; la prestación privada de servicios opera en pocos casos.

Los sistemas de pensiones han sido reformados en ocho países de la región. En forma generalizada se han establecido regímenes de capitalización individual (CPI), con cuentas de ahorro que permiten vincular directamente los beneficios a las contribuciones de cada aportante. Los ahorros alimentan fondos de pensiones, cuya gestión está a cargo de administradores privados. Este régimen hace que los beneficios (rentas pensionales) se determinen en función de los montos ahorrados y de los rendimientos financieros obtenidos durante los períodos de cotización. Con el objetivo de lograr un mayor equilibrio financiero, las reformas han aumentado las exigencias respecto de montos, períodos de cotización y edad mínima para el retiro. Sin embargo, la transición entre sistemas y la estructura de éstos en su conjunto no son homogéneas y pueden agruparse según tres modelos. En todos los casos, el Estado administra los componentes públicos, financia los complementos a quienes no alcanzan a completar el capital necesario para una pensión mínima, y las pensiones asistenciales en casos de indigencia. También se encarga de la regulación y supervisión del sistema privado.

El primer modelo (sustitutivo) elimina el antiguo programa público de pensiones, que es completamente remplazado por un nuevo régimen de CPI; ésta es la modalidad característica de la reforma pionera introducida en Chile (1981), que ha sido adaptada y puesta en práctica por Bolivia (1997), México (1997) y El Salvador (1998). El

---

14. La Unidad de Pago por Capitación (UPC) es la prima o monto que perciben los administradores, y varía según edad, sexo y lugar de residencia del afiliado con el fin de compensar las diferencias entre riesgos individuales; este monto es independiente del que aporta cada cotizante, una proporción fija del salario que pagan empresarios (dos tercios) y trabajadores (un tercio).

segundo modelo (paralelo o dual) no suprime el programa público, pero éste deja de ser exclusivo: tiene como alternativa un régimen de CPI, y los cotizantes pueden elegir entre ambos; Perú (1993) y Colombia (1993) han optado por este esquema. El tercer modelo (mixto) se caracteriza por mantener un programa público uniformado y perfeccionado, que garantiza una pensión básica y universal, combinado con un nuevo régimen de CPI, que provee una pensión complementaria. Con un enfoque de este tipo se realizaron las reformas en Argentina (1994) y Uruguay (1996).

En el área de la vivienda social, las reformas se han orientado a transformar la función pública tradicional, según la cual el Estado se responsabilizaba directamente de la financiación, construcción y autorregulación de viviendas para los sectores pobres. En este caso se implantaron esquemas de reforma urbana y de subsidio a la demanda, así como algunos incentivos necesarios para que los mecanismos de mercado pudieran operar en este segmento, mientras que los subsidios al crédito tendieron a desaparecer. A pesar de que los recursos con este destino se incrementaron en proporción similar a la del gasto social total y de que en algunos países de la región la producción anual de viviendas superó el crecimiento de la demanda, el déficit habitacional no se redujo durante la década de 1990. Sin embargo, el mayor impacto ha sido producto del mejoramiento de la cobertura y la calidad de los servicios públicos, particularmente de agua potable.

En el ámbito de las redes de protección social, cuya finalidad es amparar a los pobres en períodos o situaciones de crisis, el decenio se caracterizó por la transformación de los fondos de inversión y emergencia social en estructuras más permanentes, aunque su falta de especificidad los ha vuelto vulnerables a los ajustes presupuestarios. Es importante resaltar el relativo desarrollo que han tenido las dependencias públicas encargadas de prevenir los desastres y remediar sus efectos, lo que ha reforzado su capacidad de atención y reacción.

d) Lecciones para la continuación de las reformas

Si bien la mayoría de las reformas son relativamente recientes y sus procesos de maduración tienden a ser lentos, es posible extraer lecciones relevantes, a la vez que se debe reconocer que aún queda mucho camino por andar. Las reformas realizadas son promisorias en lo que respecta a la búsqueda de eficiencia en la prestación de servicios sociales, ya que han propiciado una mejor gestión de los recursos en los ámbitos público y privado, una más estrecha dependencia entre asignación de recursos y criterios de desempeño y la creación de mecanismos de cuasimercados en las estructuras del sector público.

En general se ha reconocido la necesidad de expandir las coberturas, que en algunos sectores sociales y en la mayoría de los países son aún insuficientes. El objetivo es avanzar hacia sistemas universales, que permitan amparar a los hogares pobres y a quienes obtienen sus ingresos del trabajo informal. En este marco, ha sido crucial el establecimiento de mecanismos alternativos para que el acceso y la continuidad de los servicios y protecciones no dependan de la vinculación a un empleo asalariado, ni se suspendan en casos de ausencia temporal de ingresos.

Aunque los requerimientos fiscales varían según las estructuras de financiamiento, los grados de solidaridad, los niveles de ingreso y el perfil de riesgos y carencias, las reformas difícilmente disminuyen las presiones sobre el gasto público en términos absolutos. Ello se debe al carácter todavía creciente de las necesidades de protección, tanto en cantidad como en calidad; a la profunda separación entre estructuras públicas y privadas, que limita la solidaridad económica de los sectores con mayores niveles de ingreso; y al aumento de los costos de los servicios sociales, asociado a las exigencias de mayor calidad y complejidad.

Por otra parte, es indudable que los requerimientos de mayor cobertura y calidad, así como el reconocimiento del conjunto de los derechos sociales, de particular importancia en los países más pobres, demandan un incremento adicional de recursos. Así, por ejemplo, imponen mayores exigencias económicas el aumento de la demanda de seguridad social en materia de salud y pensiones, producto de las transiciones demográfica y epidemiológica, o las necesidades de expansión de la educación superior. Por ello resulta indispensable mejorar la gestión para lograr mayores ganancias de eficiencia.

Las políticas de subsidios y selección de beneficiarios han avanzado en sus propósitos de garantizar la progresividad y la equidad en el acceso a los servicios sociales, así como de generar mayor confianza y credibilidad, aunque se debe reconocer que no siempre han sido razonablemente adecuadas a las escalas de los programas y a las exigencias de suficiente oferta e información y de mayor transparencia.

Dada la estructura de los mercados de trabajo y los niveles de ingreso *per cápita* de la región, la necesidad de mantener y fortalecer los mecanismos de solidaridad en el financiamiento de las protecciones sociales ha sido un desafío central. Las ganancias de eficiencia no siempre se han logrado sin perjuicio de los grados de solidaridad. Para evitar ese efecto habría que reforzar la definición explícita de las fuentes de financiamiento, en particular las combinaciones de impuestos generales y específicos.

La protección de la población en épocas de crisis ha exigido que los países cuenten con mecanismos, planes y recursos que puedan entrar oportunamente en operación ante circunstancias imprevistas. En este campo es evidente que se precisa desarrollar instrumentos de previsión, acción y ahorro que refuercen la capacidad de respuesta ante esas coyunturas.

Además, es necesario fortalecer marcos regulatorios que impidan que la participación privada redunde en la exclusión de la población de menores ingresos, empleada en el sector informal o con mayores niveles de riesgo. En el diseño de la combinación público-privada se debe definir el papel de cada sector en el financiamiento, provisión y regulación. La experiencia señala que una mala combinación público-privada tiene efectos negativos para la equidad y la eficiencia. Así, por ejemplo, uno de los resultados puede ser la selección de riesgos o "descreme del mercado", que repercute negativamente sobre la equidad, sin reducir la demanda efectiva de recursos a la que debe responder el sector público.

En general, todas las reformas han dejado en claro la necesidad de profundizar en la formulación y gestión de la regulación y la supervisión, particularmente en lo que respecta a prácticas de competencia y acceso, niveles y grados de protección, aseguramiento de la calidad, información pública y resolución de conflictos, un campo de desarrollo aún incipiente en el que se requieren enormes avances hacia el fortalecimiento de la capacidad real e institucional.

En materia de vivienda social, la experiencia indica que la política pertinente debe complementarse con diversas medidas: diseño de incentivos para el desarrollo de una industria privada y competitiva de viviendas de interés social, sujeta a adecuados estándares de calidad (área, distribución, materiales de construcción y condiciones de urbanización); decisiones públicas que permitan reducir la plusvalía de los suelos urbanos y la especulación con ellos, principal factor de encarecimiento de la vivienda en las ciudades, y asegurar la disponibilidad de la infraestructura y los servicios mínimos; integración de mecanismos financieros que combinen adecuada y oportunamente los subsidios públicos, los ahorros familiares y el crédito hipotecario; y el estímulo a los procesos de autoconstrucción y mejoramiento progresivo de las viviendas, dada la magnitud de los déficit cualitativos y las mayores posibilidades financieras de los beneficiarios para acceder a esas modalidades. Incluso, se podría contemplar un subsidio por el valor total de la vivienda en el caso de los hogares en extrema pobreza.

Dadas la envergadura y diversidad de las lecciones y los retos que deja la década de 1990, las reformas requieren amplios y renovados consensos nacionales, que incluyan a la gran mayoría de los actores económicos, políticos y sociales, y que permitan generar acuerdos básicos en torno de la agenda social. En los países de la región no ha sido fácil llegar a estos consensos, pero en los últimos años se han ido construyendo, si bien lentamente y con altibajos[15]. El compromiso de los ciudadanos con una nueva estrategia de desarrollo social acrecienta la posibilidad de que participen activamente en la solución de los problemas y en el logro de los objetivos perseguidos, lo que los llevaría a valorar los servicios sociales como el resultado del esfuerzo propio.

---

15. El contenido y el ritmo de las reformas dependen de los perfiles sociales, políticos y económicos de cada país. Esto se refiere no sólo a niveles de carencia y problemas de calidad, que varían enormemente entre los países de la región, sino también a la capacidad, infraestructura física acumulada y grado de compromiso.

Capítulo 7
LA APERTURA DE ESPACIOS PARA EL DESARROLLO SOSTENIBLE

La apertura de espacios para el desarrollo sostenible está estrechamente vinculada a la forma en que han evolucionado la situación, la agenda y los desafíos ambientales de América Latina y el Caribe en la década de 1990, así como a los profundos cambios que la humanidad ha experimentado, particularmente a partir del proceso de globalización.

La creciente conciencia internacional respecto de los aspectos ambientales del desarrollo ha penetrado gradualmente en las políticas públicas de la región y se ha ido traduciendo en el establecimiento de instituciones y la formulación de estrategias y políticas gubernamentales para la protección del medio ambiente a nivel nacional y local y en iniciativas subregionales y regionales de cooperación. Este proceso se ha caracterizado, además, por una creciente apertura de espacios para que la sociedad civil participe en el tratamiento de los temas vinculados a la sostenibilidad del desarrollo.

Sin embargo, a pesar de los esfuerzos realizados, la información sobre el estado del medio ambiente en América Latina y el Caribe muestra que el proceso de degradación ha seguido avanzando en los últimos años. Esto compromete el desarrollo futuro de los países de la región, cuyas economías dependen en gran medida del mantenimiento en el largo plazo de la capacidad productiva de los ecosistemas.

1. EL CONTEXTO INTERNACIONAL DEL DECENIO EN MATERIA DE MEDIO AMBIENTE

A principios de los años noventa, la combinación de signos positivos y negativos en los escenarios regional y global agudizaron las insuficiencias de los estilos de desarrollo entonces vigentes para responder a los nuevos retos. A los problemas tradicionales de pobreza y desigualdad se añadieron los límites y requisitos ecológicos y ambientales para lograr un crecimiento sostenible en un complejo contexto de globalización económica.

Entre los tiempos de "Una sola Tierra" (Conferencia de las Naciones Unidas sobre el Medio Humano, Estocolmo, 1972) y la actualidad, el concepto de desarrollo sostenible ha cambiado inexorablemente la percepción de los problemas del medio ambiente. En Estocolmo se puso el énfasis en los aspectos técnicos de la contaminación que provocaban la industrialización acelerada, la expansión demográfica y la intensificación del proceso de crecimiento urbano. Bajo este enfoque excesivamente tecnocrático se suponía que los problemas de la contaminación serían resueltos por el progreso tecnológico. La noción de desarrollo sostenible se popularizó a partir de 1987, con la publicación de "Nuestro futuro común" (también conocido como Informe Brundtland) y, sobre todo, tras la Conferencia de las Naciones Unidas sobre el Medio Ambiente y el Desarrollo celebrada en 1992 (Conferencia de Rio).

La década de 1990, cuyo comienzo fue acompañado de profundas transformaciones, nació también con signos esperanzadores que denotaban importantes cambios en la agenda ambiental internacional. La Conferencia de Rio representó un avance en muchos aspectos. Se consolidaron las bases del desarrollo sostenible a partir de una nueva visión de los temas ambientales globales que, a medida que avanzaba el decenio, se fue entretejiendo con el proceso de globalización, hasta entonces restringido a aspectos económicos. Se logró insertar el concepto de desarrollo sostenible en la agenda internacional no sólo en lo que respecta al tratamiento de materias ambientales por parte de la comunidad de naciones, sino también de otros temas, como pobreza, mujer, población y asentamientos humanos (véase el capítulo 1). Simultáneamente, se abrieron nuevos espacios para la participación de los actores no estatales, entre los que tendrían especial gravitación la comunidad científica y el sector privado, y se fortaleció el papel de las organizaciones no gubernamentales y la sociedad civil. Los 184 fefes de Estado y de gobierno reunidos en Rio de Janeiro reconocieron el carácter global de los problemas ambientales y su indisoluble vinculación con problemas clave del desarrollo. Por ejemplo, si bien la producción y el consumo de combustibles fósiles puede tener consecuencias bastante localizadas, nadie puede permanecer inmune a los efectos del cambio climático. Por ende, una de las ideas fuerza surgidas en esa ocasión para enfrentar con éxito la problemática ambiental internacional fue que era necesario pensar globalmente y actuar a nivel local.

En la Conferencia de Rio se consolidó un régimen ambiental internacional emergente, plasmado en una nueva generación de acuerdos y convenciones globales, así como en el diseño de un programa de acción (el Programa 21, también conocido como Agenda 21), para orientar el tránsito hacia un estilo sostenible de desarrollo. Entre los pilares de ese nuevo régimen internacional destaca el llamado "principio precautorio", que representa una verdadera revolución en materia de derecho y de políticas públicas. Por primera vez se reconoce que cuando el medio ambiente esté en peligro de sufrir daños o impactos irreversibles, la ausencia de certidumbre científica no puede impedir que se adopten acciones correctivas ni justificar el hecho de no hacerlo. Del mismo modo, con respecto a las externalidades negativas globales producto de la trayectoria de industrialización de los países desarrollados, se reconoció que, ante los países en desarrollo, su responsabilidad de remediarlas era de carácter diferenciado (principio de responsabilidades comunes, pero diferenciadas). Así se estableció que las respuestas inmediatas para revertir los procesos de deterioro debían provenir de los países industrializados y sustentarse sobre bases más equitativas de cooperación internacional[1]. El principio de responsabilidades comunes, pero diferenciadas, puede considerarse como una versión internacional de otro, conocido como "el que contamina paga" y ampliamente incorporado en la regulación ambiental de un gran número de países, que asigna al agente causante de la contaminación responsabilidad legal por la compensación de los daños producidos.

A pesar de estos avances en el ámbito del derecho internacional, así como del importante esfuerzo de negociación y consolidación de la agenda ambiental multilateral, el proceso de institucionalización, su avance operativo y la traducción en políticas concretas en procura del objetivo de la sostenibilidad siguen exhibiendo grandes rezagos. Esto es particularmente notorio en lo que respecta a los montos de inversión que sería necesario movilizar para llevar adelante el Programa 21, estimados en 600.000 millones de dólares anuales. La magnitud de esta cifra demuestra que la transición de los países en desarrollo hacia trayectorias de sostenibilidad plantea un enorme desafío en términos de inversión. Sin embargo, en los años noventa el entorno macroeconómico internacional impidió movilizar los recursos necesarios.

Otro tema que entró con fuerza en la agenda internacional es el de los posibles conflictos ocasionados por la interacción de las regulaciones ambientales a nivel nacional con las disciplinas multilaterales de libre comercio administradas por la Organización Mundial del Comercio (OMC). Así, las normativas ambientales adoptadas por los países (reglamentos fitosanitarios, etiquetado ecológico, estándares sobre tecnologías y procesos específicos, entre otros) pueden constituirse en barreras no arancelarias y ser manipuladas con fines proteccionistas. Las regulaciones ambientales de los países industrializados pueden entrar en conflicto de varias maneras con las vigentes en los países en desarrollo. En el Cuadro 7.1 se presentan algunos de los aspectos de la agenda común de comercio y medio ambiente que han sido objeto de estudio por parte de la OMC.

---

1.   En 1991 se creó el Fondo Mundial para el Medio Ambiente (Global Environmental Facility, más conocido como GEF) para que los países en desarrollo pudieran sufragar los gastos adicionales en que deban incurrir para abordar problemas ambientales de alcance mundial (pérdida de biodiversidad, cambio climático, agotamiento de la capa de ozono y otros relacionados con aguas internacionales y desertificación). Hasta 1998, la contribución financiera del GEF ascendía a más de 2.000 millones de dólares, de los cuales se emplearon alrededor de 400 millones para financiar proyectos en América Latina y el Caribe. Los organismos ejecutores de este Fondo son el Banco Mundial, el PNUD y el Pnuma; la mayor parte de su financiamiento proviene de los países desarrollados.

Cuadro 7.1
TEMAS INCLUIDOS EN EL PROGRAMA DE TRABAJO DEL COMITÉ DE COMERCIO Y
MEDIO AMBIENTE DE LA ORGANIZACIÓN MUNDIAL DEL COMERCIO (OMC)

Temas	Comentario
1. Medidas comerciales con fines ambientales (TREMs)	La relación entre las reglas del sistema multilateral de comercio y las medidas comerciales con fines ambientales (TREMs), incluyendo las contenidas en acuerdos multilaterales ambientales (MEAs)
2. Medidas ambientales con efectos sobre el comercio	La relación entre las reglas del sistema multilateral de libre comercio y las políticas y medidas ambientales que inciden significativamente en el comercio.
3. Cargos, impuestos y estándares de productos (empaque, etiquetado y otros)	La relación entre las reglas del sistema multilateral de comercio y i) cargos e impuestos con fines ambientales; ii) requisitos ambientales respecto de productos, incluyendo estándares, regulaciones técnicas, empaquetado, etiquetado y reciclaje.
4. Transparencia de medidas ambientales	Provisiones en el sistema de libre comercio referidas a la transparencia de medidas comerciales usadas con fines ambientales y medidas y requisitos ambientales con efectos significativos sobre el comercio.
5. Resolución de conflictos	La relación entre los mecanismos de resolución de conflictos del sistema multilateral de comercio y los contenidos en los acuerdos multilaterales ambientales.
6. Acceso a mercados y a beneficios ambientales como resultado de la liberalización comercial	Análisis del efecto de medidas ambientales sobre el acceso a mercados, especialmente para los países en desarrollo, y a los beneficios ambientales de la remoción de barreras comerciales.
7. Exportación de bienes prohibidos internamente (DPGs)	Examen del comercio exportador de bienes cuya comercialización se encuentra prohibida en el país productor.
8. Acuerdo sobre aspectos de los derechos de propiedad intelectual relacionados con el comercio (TRIPs)	Incluye aspectos relacionados con transferencia de tecnología, recursos genéticos y biotecnología, protección de derechos tradicionales, patentes de plantas, y el control de tecnologías ambientalmente riesgosas.
9. Comercio de servicios	Examen de la interacción entre el comercio de servicios y la protección del medio ambiente.
10. Relaciones con organizaciones no gubernamentales	Definición de mecanismos apropiados para establecer con las organizaciones no gubernamentales la relación a la que se refieren el artículo V de la OMC y la documentación sobre transparencia.

Fuente: K.P. Ewing y R.G. Tarasofky, "The Trade and Environment Agenda. Survey of Major Issues and Proposal: from Marrakesh to Singapore", *Environmental Policy and Law Paper*, Nº 33, Gland, Suiza, Unión Mundial para la Naturaleza (UICN)/Consejo Internacional sobre el Derecho del Medio Ambiente, 1997.

2. AVANCES INSTITUTIONALES VINCULADOS A LA GESTIÓN AMBIENTAL

La creciente conciencia respecto de los aspectos ambientales del desarrollo ha ido penetrando gradualmente en las políticas públicas y en las prácticas económicas y sociales de la región. Esto se ha reflejado en la creación de instituciones y la puesta en práctica de estrategias y políticas gubernamentales para la protección del medio ambiente, así como en la difusión de conceptos sobre el desarrollo sostenible en el sistema educativo, la cultura, los medios de comunicación, las demandas sociales y las prácticas empresariales. A pesar de estos avances, gran parte de los sectores productivos, y no pocas áreas económicas de los gobiernos, todavía perciben los principios de protección ambiental y de desarrollo sostenible como un freno al desarrollo. Asimismo, el desarrollo sostenible ha sido considerado como sinónimo de gestión ambiental, con escasas repercusiones sobre la institucionalidad económica y financiera.

Los ajustes derivados de la crisis económica que golpeó a la región en los años ochenta y las frecuentes turbulencias de la coyuntura macroeconómica en los noventa, incidieron negativamente en las instituciones ambientales, de por sí débiles y de reciente creación. La necesidad de reducir el gasto público limitó la capacidad para realizar estudios de impacto ambiental y auditorías ambientales, así como para dar seguimiento a los estudios de preinversión que anticipaban consecuencias ambientales importantes. En la práctica, la capacidad pública para detener el creciente deterioro ambiental de ecosistemas críticos y para controlar la contaminación resultó seriamente limitada.

a) Iniciativas regionales y subregionales

En respuesta al nuevo escenario internacional, los países de la región han fortalecido o establecido una serie de importantes procesos y mecanismos regionales y subregionales de cooperación. En algunos casos, esquemas ya existentes se extendieron a temas ambientales. Tal fue el caso del Tratado de Cooperación Amazónica suscrito en 1978, en cuyo marco se creó la Comisión Especial del Medio Ambiente de la Amazonía en 1989. En otras instancias, el eje articulador de la cooperación supranacional fue el binomio medio ambiente y desarrollo sostenible. Por último, en la mayoría de los tratados comerciales y de integración se incorporó el tema del medio ambiente en la estructura institucional y, en ciertas situaciones, también en las obligaciones derivadas de los acuerdos.

En Centroamérica y el Caribe existen varias iniciativas subregionales de cooperación en materia ambiental, una de las cuales es el Programa de Acción para el desarrollo sostenible de los pequeños Estados insulares en desarrollo del Caribe, aprobado en Barbados en 1994. De la misma manera, la Alianza para el Desarrollo Sostenible de Centroamérica (Alides), creada en 1994, agrupa a los países del istmo y fortalece

su integración sobre bases comunes de desarrollo sostenible. La Comisión Centroamericana de Ambiente y Desarrollo, instituida en 1989, adquirió relevancia como
Foro Subregional de Ministros de Medio Ambiente o autoridades equivalentes. En su
seno se ha propuesto una serie de acuerdos subregionales sobre biodiversidad, residuos peligrosos, bosques y otros temas, respecto de los cuales se adoptaron, por primera vez, posiciones comunes, y que dieron origen a una cartera de proyectos ambientales y a una estrategia financiera exitosa. Una de las iniciativas más interesantes
es la del Corredor Biológico Mesoamericano[2], caso en el que la cooperación regional
en torno de un objetivo ambiental, como lo es la conservación de la biodiversidad,
permitió la integración de la planificación biorregional[3] en apoyo del proceso de
reconstrucción y transformación de Centroamérica y el sur de México, reforzando
también otras iniciativas regionales de cooperación en materia de energía y turismo.

También se han realizado actividades con miras a poner en marcha los acuerdos
alcanzados en Rio de Janeiro. Entre ellas se cuenta la constitución del Foro de Ministros de Medio Ambiente de América Latina y el Caribe, que agrupa a más de 30
ministros, jefes de organismos y comisiones ambientales de la región. Este Foro se
reúne cada dos años para deliberar sobre problemas regionales concretos e intercambiar ideas acerca de planteamientos que se presentarán en instancias globales, así
como de acuerdos de cooperación regional. Las reuniones sostenidas en La Habana
(1995), Buenos Aires (1996), Lima (1998) y Barbados (2000), al igual que la Conferencia sobre Gestión Ambiental llevada a cabo en Washington (1998), forman parte
del proceso de consolidación del Foro como un mecanismo efectivo para establecer
posiciones regionales.

En las negociaciones relacionadas con la Convención marco de las Naciones Unidas sobre el cambio climático y el Protocolo de Kyoto, se identificó la necesidad de
fortalecer las posiciones regionales e intercambiar información sobre experiencias
exitosas de eficiencia energética que contribuyan a la reducción de las emisiones de
carbono. Por otra parte, países como Brasil y Costa Rica han desempeñado un papel
protagónico en el diseño y la negociación del mecanismo de desarrollo limpio, propuesto en el Protocolo de Kyoto, que representa el primer paso hacia un mercado
global de emisiones de carbono.

---

2. Mesoamérica, también denominada América Media, se define como la región que comprende los cinco Estados
    sureños de México, Belice y los seis países del Istmo Centroamericano (Guatemala, Honduras, El Salvador,
    Nicaragua, Costa Rica y Panamá). Posee una gran diversidad geológica, geográfica, climática y biótica, que
    representa aproximadamente 7% de la biodiversidad del planeta. El programa del Corredor Biológico
    Mesoamericano fue aprobado en 1997 durante la XIX Cumbre de Presidentes Centroamericanos y cuenta con
    apoyo financiero del GEF.
3. Una biorregión es un área definida por la interrelación entre sistemas ecológicos y comunidades humanas en un
    territorio determinado. Representa el espacio geográfico y social necesario tanto para garantizar la reproduc-
    ción de la naturaleza, como para permitir la incorporación de este patrimonio en las actividades humanas con el
    fin de promover la mejoría de la calidad de vida de las generaciones actuales y futuras.

Algunos países se están preparando para participar equitativamente en las negociaciones globales. Así, por ejemplo, varios de ellos han concluido sus comunicaciones nacionales referidas a la convención sobre el cambio climático, en las que se incluyen inventarios de gases de efecto de invernadero y estudios sobre las opciones para mitigar y adaptarse al fenómeno. Son destacables, en este sentido, los informes nacionales de Argentina y México, así como la experiencia de ordenamiento energético llevada a cabo en Brasil, en la ciudad de Rio de Janeiro, con la participación de varios sectores.

Pese a que, históricamente, los acuerdos comerciales y de integración suscritos en la región contenían pocas cláusulas –o ninguna– respecto de la protección del medio ambiente, los países enfrentan crecientes presiones para que se incorporen en ellos componentes ambientales, como resultado de su creciente inserción en los mercados internacionales y sus vínculos con bloques comerciales altamente exigentes en esta materia.

El tratamiento explícito que recibió el tema ambiental en el Tratado de Libre Comercio de América del Norte (TLC) y, en menor medida, en el Mercosur y la Comunidad Andina, son señales que presagian cambios de rumbo con respecto al pasado. La incorporación de condiciones ambientales en estos tratados de comercio probablemente será un importante punto de referencia para futuras negociaciones. Lo más probable es que, por las necesidades de compatibilización, los países se vean compelidos a adoptar normativas más avanzadas y que, incluso, sean beneficiados por la transnacionalización de las cuestiones ambientales y las presiones ciudadanas al respecto.

Pese a que el tratado del Mercosur se firmó en el año preparatorio de la Cumbre de la Tierra (Rio de Janeiro, 1992), se le otorgó escasa consideración al tema ambiental. En agosto de 1994 se logró un primer avance al aprobarse las Directrices Básicas en Materia de Política Ambiental, en las que se proponen metas para ser incorporadas en la política y la legislación ambientales de los Estados miembros. Un año después, los ministros coincidieron en la necesidad de crear el subgrupo de trabajo sobre medio ambiente, cuya tarea sería formular y proponer estrategias y directrices para garantizar la protección y la integridad ambientales. En la Comunidad Andina, cuyos antecedentes se remontan a 1969, el tema recién fue incorporado en 1998, con la creación del Comité Andino de Autoridades Ambientales, que tiene como misión asesorar y apoyar a la Secretaría General en la política comunitaria sobre la materia.

El TLC, firmado por los gobiernos de Estados Unidos, Canadá y México, entró en vigor el 1º de enero de 1994. Posteriormente se incluyeron dos acuerdos de cooperación complementarios: uno laboral y el otro ambiental. Este último recibió una consideración sin precedentes en el ámbito de los tratados comerciales. En efecto, tanto en el texto principal como en el acuerdo paralelo se incluyeron, por primera vez, provisiones explícitas respecto del medio ambiente, por lo que este último ha sido considerado el tratado ambiental más verde suscrito hasta ahora. Como tal, marca un hito, y quizás un quiebre de tendencia, en la historia de los tratados comerciales. Es importante destacar que ni en el Tratado ni en el Acuerdo se imponen estándares ambientales propios, sino que se deja a las autoridades de cada país el derecho de fijar los niveles de protección ambiental que consideren más adecuados y de promover el mejoramiento del medio ambiente en consonancia con sus posibilidades. Siguiendo un esquema similar, en 1997 entró en vigor el Acuerdo de Cooperación Ambiental que acompaña el Tratado de Libre Comercio entre Canadá y Chile.

No obstante, esta tendencia a incluir temas ambientales en los acuerdos de comercio ha encontrado una fuerte resistencia en las negociaciones para el establecimiento del Área de Libre Comercio de las Américas (ALCA). En las negociaciones del compromiso al respecto, adoptado en la Cumbre de las Américas (Miami, 1994), hasta ahora los temas ambientales fueron excluidos, debido a la presión de los países latinoamericanos[4], que temen su posible utilización con fines proteccionistas por parte de Estados Unidos y Canadá. Separados de las negociaciones comerciales, los acuerdos sobre temas ambientales quedaron plasmados en el Plan de Acción para el Desarrollo Sostenible de las Américas, aprobado en Santa Cruz de la Sierra en 1996.

b) Políticas ambientales nacionales

A partir de la Conferencia de Rio se fortalecieron dos estrategias básicas de gestión ambiental. La primera privilegia la formulación y ejecución de políticas desde un espacio propio, mientras que la segunda apunta a insertar las políticas ambientales en otras políticas sectoriales. La mayoría de los países adoptó la primera estrategia y estableció ministerios de medio ambiente especializados, que tratan en forma integrada los temas de la contaminación ambiental, la gestión de recursos naturales e hídricos y el desarrollo sostenible. Otros países, que optaron por la segunda estrategia, crearon consejos o comisiones intersectoriales de medio ambiente. En el Cuadro 7.2 pueden observarse los cambios introducidos a los marcos regulatorios e institucionales en materia de medio ambiente de varios países de la región entre los años ochenta y noventa.

Las convenciones globales acordadas en 1992 también han dado lugar a una serie de cambios institucionales importantes, así como al establecimiento de mecanismos de cooperación novedosos. Por ejemplo, en la mayoría de los países se crearon –o se está en vías de hacerlo–, entidades específicas, como comisiones, institutos y progra-

---

4. En la Declaración de la XI Cumbre de Jefes de Estado y de Gobierno del Grupo de Rio (Asunción, 1997), junto con reafirmar el compromiso sobre el establecimiento del ALCA, se expresa que (...) la relación del comercio con el medio ambiente debe ser tratada exclusivamente (...) en el Comité de Comercio y Medio Ambiente de la Organización Mundial del Comercio (OMC).

Cuadro 7.2
AMÉRICA LATINA Y EL CARIBE (ALGUNOS PAÍSES): MARCOS REGULATORIOS E INSTITUCIONALES EN MATERIA AMBIENTAL
(Comparación entre décadas)

País	Década de 1980	Década de 1990
	Máxima autoridad y estructura legal en materia de medio ambiente	Máxima autoridad y estructura legal en materia de medio ambiente
Argentina	Subsecretaría de Política Ambiental (nivel secundario en ministerio); a finales de década, Comisión Especial; baja efectividad Leyes sectoriales, principalmente respecto de recursos naturales; reglamentaciones específicas; escasos estándares	Secretaría de Recursos Naturales y Desarrollo Sustentable (Secretaría de Estado); Consejo Federal Ambiental; órganos específicos en cada provincia Algunas leyes sectoriales; leyes sobre desregulación con componente ambiental; reforma de la Constitución; escasos estándares y evaluaciones de impacto ambiental (EIA)
Bolivia	Comisión Asesora de la Presidencia; Subsecretaría de Recursos Naturales (en Ministerio de Asuntos Campesinos y Agricultura) Algunas leyes sectoriales de muy débil aplicación; limitados estándares	Viceministerio de Medio Ambiente, Recursos Naturales y Desarrollo Forestal (en ministerio); Consejo de Desarrollo Sostenible; descentralización Ley marco y leyes sectoriales complementarias; reglamentos y estándares adecuados; evaluación sectorial de impacto ambiental
Brasil	Secretaría Especial de Medio Ambiente (SEMA) (secretaría de Estado); Consejo Nacional para el Medio Ambiente (Conama), órgano coordinador; Instituto Brasileño del Medio Ambiente y los Recursos Naturales Renovables (Ibama), órgano ejecutor Ley Política Ambiental Nacional; reforma de la Constitución; evaluación de impacto ambiental general; hay mayoría de estándares	Ministerio del Medio Ambiente, Recursos Hídricos y la Amazonia Legal; Consejo Nacional de Recursos Naturales y Comisión Interministerial de Desarrollo Sostenible Ley Política Ambiental Nacional vigente; nuevas leyes sectoriales modernizadas; hay mayoría de estándares y reglamentos
Chile	Autoridad sectorialmente dispersa; existe la Comisión Nacional de Energía (Conade), coordinadora, de muy débil y escasa actuación Constitución Política; Códigos de Aguas y Minero; leyes sanitarias; algunos estándares	Comisión Nacional del Medio Ambiente (Conama), cuerpo colegiado coordinador que preside Consejo de Ministros; órganos descentralizados por regiones Ley Marco; reglamentos específicos; nuevas leyes sectoriales; adecuados estándares; sistema nacional de evaluación de impacto ambiental
Colombia	Autoridad ambiental dispersa en varias instituciones; Instituto Nacional de los Recursos Naturales Renovables y del Ambiente (Inderena), órgano coordinador; inicio de proceso de descentralización Código sobre Recursos Naturales Renovables; leyes sectoriales con reglamentaciones, mayormente de carácter sanitario	Ministerio de Medio Ambiente; Sistema Nacional Ambiental (SINA) y Consejo Nacional Ambiental; proceso de descentralización Código sobre Recursos Naturales vigente; reforma de la Constitución; Ley Marco y leyes sectoriales nuevas; estándares y reglamentos adecuados

Cuadro 7.2 (Cont.)
AMÉRICA LATINA Y EL CARIBE (ALGUNOS PAÍSES): MARCOS REGULATORIOS
E INSTITUCIONALES EN MATERIA AMBIENTAL
(Comparación entre décadas)

País	Década de 1980	Década de 1990
	Máxima autoridad y estructura legal en materia de medio ambiente	Máxima autoridad y estructura legal en materia de medio ambiente
Costa Rica	Ministerio de Recursos Naturales, Energía y Minas; Ministerio de Salud (autoridad dispersa). Sistema Nacional de Medio Ambiente (Sisnama) y Comisión Nacional del Medio Ambiente (Conama) Leyes sectoriales, con énfasis en protección sanitaria y límites de explotación de recursos naturales; pocos estándares;	Ministerio de Ambiente, Energía y Minas; Consejo de Desarrollo Sostenible; descentralización de la gestión ambiental Reforma de la Constitución; Ley marco; algunas nuevas leyes sectoriales; estándares y reglamentos mejorados; evaluación de impacto ambiental limitada
Jamaica	Dispersión sectorial: autoridad en dos viceministerios (Recursos Naturales y Salud); órgano ejecutivo a nivel de departamento en ministerios Leyes sectoriales antiguas; escasos estándares;	Viceministerio específico y organismo a nivel ejecutivo con función coordinadora ante dependencias sectoriales y autoridades locales Ley Marco y otras legislaciones sectoriales nuevas; sistema de permisos y licencias ambientales; limitados estándares
México	Secretaría de Desarrollo Urbano y Ecología (Sedue), a nivel de ministerio, con Subsecretaría (o Viceministerio) de Ecología Ley Marco Federal Ambiental, más leyes sectoriales; reforma de la Constitución; evaluación de impacto ambiental y estándares y reglamentos mínimos	Secretaría de Medio Ambiente, Recursos Naturales y Pesca (a nivel de ministerio) y Consejo Nacional de Desarrollo Sustentable Ley Marco Federal Ambiental reformada, leyes sectoriales modernizadas; hay mayoría de estándares y mínimos reglamentos
Perú	Direcciones Ministeriales de Salud y de Agricultura; otras sectoriales; Oficina Nacional de Evaluación de Recursos Naturales (Onern), a nivel del Poder Ejecutivo Leyes sectoriales no integrales; Constitución política; reglamentaciones sectoriales; escasos estándares	Consejo Nacional del Ambiente (Conam), órgano coordinador limitado, presidido por Consejo de Ministros del Poder Ejecutivo; competencias ambientales por áreas Modificación del Código de Recursos Naturales; leyes de desregulación con componente ambiental; reforma de la Constitución; estándares y evaluación de impacto ambiental mínimos

Fuente: Guillermo Acuña, *Marcos regulatorios e institucionales ambientales de América Latina en el contexto del proceso de reformas macroeconómicas: 1980-1990*, serie Medio ambiente y desarrollo, N° 20 (LC/L.1311-P), Santiago de Chile, Comisión Económica para América Latina y el Caribe (Cepal), 1999. Publicación de las Naciones Unidas, N° de venta:S.99.II.G.26.

mas nacionales sobre biodiversidad. Asimismo, se inició la realización de evaluaciones, como los informes nacionales en los que se presentan los inventarios de gases de efecto de invernadero, en cumplimiento de la convención sobre el cambio climático.

También hubo avances importantes en materia de legislación ambiental, tales como la promulgación de leyes generales de medio ambiente y la puesta en práctica de una serie de instrumentos y normas técnicas de planificación (ordenamiento territorial y evaluaciones de impacto ambiental), control de la contaminación e ingeniería ambiental, conservación de áreas protegidas y restauración ecológica. El propósito de la mayoría de estas leyes, reglamentos y normas ha sido fortalecer las políticas ambientales de comando y control.

Por otra parte, las decisiones políticas en los ámbitos macroeconómico y sectorial configuran políticas ambientales implícitas[5]. Todavía no existen conclusiones definitivas respecto de los efectos que ejercerán las nuevas orientaciones económicas sobre el medio ambiente, aunque en un gran número de países aumentó el peso relativo de los sectores cuya producción se vincula al uso de recursos naturales. Cuando en este contexto se consideran conjuntamente las políticas económicas sectoriales, agropecuarias, de energía y de desarrollo industrial y urbano, se constata la existencia de importantes contradicciones respecto del medio ambiente, lo que hace necesario revisar y analizar en profundidad las políticas e instrumentos de gestión ambiental. En cuanto a las políticas para fomentar la ocupación del territorio, que en algunas zonas han sido una de las principales causas de la deforestación, se aprecia que actualmente se usan menos que en el pasado.

En su mayor parte, las decisiones de los agentes que afectan al medio ambiente no responden a señales originadas en el marco regulatorio ambiental, sino principalmente a medidas de las autoridades económicas. En este sentido, el grueso de las políticas ambientales explícitas existentes en la región son de carácter reactivo y su propósito es disminuir los efectos adversos generados por la producción y el consumo. Casi todos los organismos públicos ambientales actúan para solucionar problemas urgentes ocasionados por los efectos contaminantes de la expansión urbana e industrial, la deforestación, la erosión de los suelos, el deterioro de los recursos del mar y la polución que origina la actividad minera (Gligo, 1997). Las políticas ambientales de carácter preventivo, cuyos instrumentos principales son el ordenamiento territorial y las evaluaciones de impacto ambiental, han recibido menos atención.

---

5. Entre las políticas ambientales implícitas de índole macroeconómica se incluyen las políticas comerciales y de fomento de las exportaciones, las políticas fiscales y las relativas a la inversión extranjera. El manejo de las tasas de interés, por su influencia en las preferencias intertemporales de los agentes, también tiene una gran influencia sobre el medio ambiente. Las políticas sectoriales que ejercen un mayor impacto ambiental son las de desarrollo industrial, las energéticas, las agrícolas y forestales, las de desarrollo urbano y las de infraestructura y transporte.

Según se verá más adelante, el análisis de la situación ambiental permite concluir que no se ha podido detener eficazmente la contaminación y el deterioro ecológicos, a pesar de los nuevos marcos constitucionales y legislativos y de los esquemas institucionales de alto nivel. Si bien en los países de la región ha habido importantes avances en materia de legislación ambiental, su grado de aplicación y efectivo cumplimiento es, en general, muy bajo. La conducta de los principales agentes responsables de la degradación ambiental no ha cambiado tanto como se preveía en la legislación y es poco frecuente la aplicación efectiva de multas por conductas ilegales. La sociedad percibe la existencia de grandes enclaves de impunidad, hecho que socava la valoración de las leyes y normas como instrumentos adecuados para la gestión ambiental y hace que las instituciones responsables del control y la gestión pierdan credibilidad[6]. La evaluación de algunas experiencias pone de manifiesto el papel central que desempeña para el desarrollo ambiental la consolidación de una institucionalidad fuerte, capaz de responder a los retos de las políticas económicas y sociales. Frecuentemente, las autoridades ambientales se ven obligadas a negociar con las instancias económicas en condiciones de evidente desventaja.

Asimismo, los análisis comparativos sobre gestión ambiental se han centrado en las instancias del poder ejecutivo y poco se ha dicho sobre el papel de los poderes legislativo y judicial. En la mayoría de los países se han creado en los parlamentos comisiones de medio ambiente especializadas, hecho que contribuyó a impulsar el debate legislativo en torno de estos temas. Sin embargo, hace falta examinar y fortalecer las capacidades del poder legislativo para que responda mejor a las demandas ciudadanas. También vale destacar el creciente papel que está adquiriendo el poder judicial en la protección de derechos difusos y en el diseño y la aplicación de procedimientos para la solución de delitos ambientales. Esto apunta a la conveniencia de evaluar el papel que pudiera caber a las procuradurías y defensorías del pueblo como mecanismos para promover la justicia ambiental.

c) Procesos de carácter local

Como resultado de la descentralización, se ha transferido a los gobiernos locales competencias en materia ambiental, pero en muchos países hay una ausencia preocupante de políticas dirigidas a las áreas urbanas (véase el capítulo 9). Los gobiernos municipales tienen responsabilidades que incluyen la aplicación de normas de con-

---

6. Una encuesta realizada en 1998 por International Environmental Monitor y Environics International, sobre la aplicación de las normativas ambientales mostró que los entrevistados, en porcentajes muy altos, consideraban que en la actualidad la imposición de leyes y regulaciones ambientales no era lo suficientemente rigurosa. Así opinó un 87% en Argentina, un 86% en Colombia, un 78% en Venezuela, un 74% en Chile, un 71% en México, un 67% en Uruguay y un 61% en Brasil.

trol ambiental, la sanción de infracciones y la respuesta ante emergencias ambientales, además de la coordinación de programas y proyectos destinados a mejorar la situación ambiental en sus territorios. La importancia del nivel local y del cambio en el patrón de desarrollo se reconoce no sólo en el plano nacional, sino también en acuerdos internacionales, como el Programa 21.

Si bien existen autoridades locales que han tratado de promover la aplicación concertada de la normativa ambiental, pocos son los resultados obtenidos hasta la fecha. Esta situación se explica por varias razones. En primer lugar, el tema ambiental no tiene prioridad en la agenda de los gobiernos locales. Además, para generar efectos visibles, el desarrollo ambiental requiere de acciones a mediano y largo plazos, lo que se contrapone con la duración de los períodos de gobierno. Por último, entre las autoridades municipales existe poca articulación horizontal.

En el ámbito local, los problemas ambientales urbanos tienen especial relevancia. La ocupación de laderas y barrancos, áreas desertificadas y cauces de ríos es un ejemplo. Cuando ocurren fenómenos climatológicos de gran envergadura u otros desastres naturales, quedan en evidencia los grados de incompatibilidad entre el medio ambiente natural y el construido.

Los problemas ambientales urbanos se relacionan también con la satisfacción de las necesidades básicas para elevar la calidad de vida de la población. En muchos países de la región la provisión de infraestructura sanitaria ha mejorado con respecto al déficit existente y a las nuevas demandas (véase el capítulo 5). Evidentemente, persisten numerosos problemas relacionados con la forma de responder a las nuevas necesidades, la eficiencia de la gestión de las empresas, los costos de los servicios, la estructura de precios y las consecuencias ambientales de las técnicas utilizadas. Respecto del tema pendiente de la dotación, cobertura y mantenimiento de las redes de infraestructura, las ciudades han logrado mejoras. Por el contrario, otros problemas ambientales urbanos, como la congestión y la contaminación, han empeorado.

La respuesta de la comunidad internacional a los problemas urbanos está contenida en el Programa de Hábitat, aprobado en la Conferencia de las Naciones Unidas sobre los Asentamientos Humanos (Estambul, 1996), que pone el énfasis en la sostenibilidad de los asentamientos humanos en un mundo en vías de urbanización. También se recoge, en particular, en el capitulo 7 del Programa 21, cuando se hace referencia al enfoque facilitador. En el Programa de Hábitat se promueve la interrelación del sector público, el privado y la comunidad local para mejorar la calidad económica, social y ambiental de las condiciones de vida y de trabajo en los asentamientos humanos, en particular en el caso de la población en situación de pobreza.

3. OTROS ACTORES

La preparación de la Conferencia de Rio fortaleció el diálogo interno acerca de los diversos temas del desarrollo sostenible con vistas a las negociaciones referidas al Programa 21, las convenciones sobre diversidad biológica y cambio climático y, posteriormente, a la Conferencia de las Naciones Unidas sobre la Desertificación. El notable interés mostrado por científicos y organizaciones públicas, privadas y sociales llevó a niveles de participación sin precedentes. Surgieron importantes instituciones, como los consejos nacionales de desarrollo sostenible, con estructuras que abrieron el proceso de toma de decisiones a los sectores privado y social, así como a las organizaciones ciudadanas y académicas.

a) Iniciativas de los sectores productivos

En los últimos años se amplió la participación de grandes corporaciones y grupos empresariales en el debate acerca de los temas emergentes del desarrollo sostenible que se abrió en los planos nacional, regional y mundial. Las iniciativas globales de la Cámara de Comercio Internacional, a fines de los años ochenta, y del Consejo Empresarial Mundial por el Desarrollo Sostenible, a comienzos de los noventa, influeron en el discurso y la acción de las grandes corporaciones de América Latina y el Caribe, que empezaron a incorporar políticas de gestión ambiental en sus programas empresariales.

Básicamente, estas corporaciones crearon el Consejo Empresarial para el Desarrollo Sostenible de América Latina como reacción a la Conferencia de Rio y con el objetivo de organizar su participación en el debate ambiental. Este capítulo latinoamericano de la red global, que terminó de consolidarse en 1997, representa en la actualidad a más de 300 compañías de la región y ha dado origen, a su vez, a consejos nacionales y subnacionales (véase el Cuadro 7.3). Realiza actividades que van desde la participación en estudios, análisis y solución de problemas relacionados con el desarrollo sostenible, hasta la promoción de la educación y capacitación del sector empresarial. En ocasiones ha adoptado posiciones que difieren de las del sector público respecto de la aprobación de nuevas regulaciones. Sin embargo, puede señalarse que la actitud del empresariado ha tendido a ser positiva, ya que no sólo se organizó para participar en el debate, sino que también inició un importante proceso de recambio tecnológico con el fin de mejorar su desempeño ambiental. Un ejemplo es su activa participación en el establecimiento de Centros Nacionales de Producción Limpia, en los cuales se conjugan los intereses del sector privado y los de las instancias públicas a las que compete el desarrollo de la ciencia y la tecnología.

Las iniciativas voluntarias del sector privado para mejorar su desempeño ambiental están cobrando progresiva importancia en todo el mundo. En la Unión Europea, por ejemplo, los acuerdos voluntarios entre agentes privados y organismos reguladores constituyen el eslabón principal de la estrategia de gestión ambiental. La industria privada comenzó a aplicar políticas sobre la materia en respuesta al condicionamiento de la demanda y el creciente poder discriminatorio de los consumidores sobre la base de criterios ambientales. Ante esta evolución del mercado, el logro de una reputación de empresa ambientalmente responsable se ha convertido en un activo tan importante como otras ventajas competitivas, en particular para las firmas latinoamericanas que exportan a los mercados de Estados Unidos y la Unión Europea.

Cuadro 7.3

ORGANIZACIONES QUE FORMAN PARTE DEL CONSEJO EMPRESARIAL PARA EL DESARROLLO SOSTENIBLE DE AMÉRICA LATINA (CEDSAL)

País	Organización
Argentina	• Consejo Empresario Argentino para el Desarrollo Sostenible (Ceads)
Brasil	• Conselho Empresarial Brasileiro para o Desenvolvimento Sustentável (Cebds)
Costa Rica	• Consejo Empresarial Costarricense para el Desarrollo Sostenible (Cemcodes)
Colombia	• Corporación Promoción de la Pequeña Empresa Ecoeficiente Latinoamericana (Propel)
	• Corporación de Desarrollo (Codesarrollo)
El Salvador	• Consejo Empresarial Salvadoreño para el Desarrollo Sostenible (Cedes)
Honduras	• Consejo Empresarial Hondureño para el Desarrollo Sostenible (Cehdeso)
México	• Centro de Estudios del Sector Privado para el Desarrollo Sustentable (Cespedes)
	• Consejo Empresarial para el Desarrollo Sostenible del Golfo de México (CedesS-GdeM)
	• Iniciativa de Gestión del Medio Ambiente Mundial (GEMI)
Perú	• Perú 2021
Venezuela	• Consejo Empresarial Venezolano para el Desarrollo Sostenible (Cevedes) Regional
	• Programa de Liderazgo Empresarial para el Desarrollo Sostenible (Pleds)

Fuente: Consejo Empresarial para el Desarrollo Sostenible de América Latina, 2000.

Otro factor importante ha sido el creciente interés de los medios de comunicación y de la sociedad civil organizada en exponer los casos de comportamiento ambiental irresponsable, tanto en la industria pública como en la privada. Esta actitud ha determinado que la imagen y los incentivos, por la vía de la transparencia de información sobre el desempeño ambiental, se conviertan en poderosos factores condicionantes del comportamiento de las grandes empresas latinoamericanas y transnacionales. Esta dinámica no operó en igual forma en el caso de la pequeña y mediana industria, por no tener ésta la misma visibilidad; así, el único factor que ha impulsado el mejoramiento de su desempeño ambiental ha sido la presión del marco regulatorio.

Cuadro 7.4
AMÉRICA LATINA Y EL CARIBE: CERTIFICACIÓN AMBIENTAL
EN EL SECTOR EMPRESARIAL

ISO 14001 (número de empresas certificadas hasta diciembre de 1999)	Brasil (146), Argentina (81), México (60), Colombia (7), Chile (5), Barbados (3), Costa Rica (3), Uruguay (2), Guatemala (1), Perú (1), Ecuador (1), Honduras (1), Venezuela (1)
Bosques certificados por el Forest Stewardship Council (FSC) (superficie en hectáreas hasta marzo de 2000)	Brasil (665.558), Bolivia (660.133), México (162.054), Guatemala (100.026), Belice (95.800), Costa Rica (40.153), Honduras (19.876), Panamá (23)

Fuente: ISO World, "The number of ISO14001/EMAS registration of the world" (http://www.ecology. or.jp/isoworld/english/analy14k.htm), 2000; Forest Stewardship Council, "Lista de bosques certificados" (http://www.fscoax.org/html/5-3-3_esp.html), 2000.

La certificación ISO 14000 es uno de los mecanismos que utilizan las empresas para demostrar su responsabilidad ambiental. Estos estándares se refieren a la forma en que debe organizarse el sistema de gestión de la empresa para tratar los aspectos ambientales y los impactos que generen sus operaciones mediante la eliminación de aquellos procesos que puedan afectar negativamente al medio ambiente. Se prevé que en muchas regiones e industrias esta certificación va a ser un requisito necesario para hacer negocios. Los datos disponibles sobre América Latina y el Caribe muestran un incremento muy significativo del número de empresas certificadas: de 15 en 1996 a 311 en 1999. Según se aprecia en el Cuadro 7.4, Argentina y Brasil son los países de la región que cuentan con mayor número de empresas certificadas.

Otro mecanismo es la certificación ambiental de productos. Un ejemplo es la creación, en 1993, del Forest Stewardship Council, con el objetivo de fomentar el aprovechamiento sostenible de los bosques. La madera y los productos derivados de los bosques con esta certificación pueden portar esa marca registrada, lo que permite al consumidor constatar que el producto que está comprando proviene de un bosque manejado de acuerdo con los principios y criterios ambientales y sociales acordados internacionalmente. En el mismo Cuadro 7.4 se presentan los datos sobre certificación de bosques en América Latina y el Caribe. De manera similar, el Marine Stewardship Council, creado en 1997, tiene por finalidad impulsar el aprovechamiento sostenible de los recursos marinos. Participan en estos consejos empresas, organizaciones ambientales y de consumidores, sindicatos y las comunidades científica y académica.

b) Participación de la sociedad civil

El proceso de democratización ha creado mayores espacios para la participación de actores civiles en la búsqueda de soluciones a las demandas ambientales de la ciudadanía. Los procesos de cambio experimentados permiten que tales demandas se expresen no sólo como reivindicaciones de derechos, sino como un esfuerzo conjunto de todos los actores de la sociedad, públicos y privados, para encontrar soluciones a problemas comunes, aunque respondan a lógicas diferentes.

En el sector público son cada vez más los gobiernos que están poniendo en práctica nuevas formas de participación, en los planos local y nacional, para que los ciudadanos tomen parte en los procedimientos de evaluación de impactos ambientales, conozcan los mecanismos de adopción de decisiones y participen en ellos, sobre todo cuando se trate de decisiones que puedan afectar a sus propias comunidades. La cultura política constituye un elemento fundamental para llevar adelante políticas ambientales. En el ámbito local, esta cultura generalmente está marcada por la virtual inexistencia de mecanismos de participación ciudadana y la falta de instrumentos que permitan articular los intereses de todos los actores. El pacto social predominante descansa en acuerdos tácitos que, a menudo, no definen claramente el papel y las responsabilidades de cada uno de los actores para lograr el desarrollo sostenible.

La importancia que está recibiendo la participación de la sociedad civil en las cuestiones ambientales se refleja en el TLC, en el cual se dedica una parte considerable al proceso de formulación de consultas y resolución de disputas. Cualquier persona, grupo social u organización puede dirigirse al Secretariado para informar sobre la falta de aplicación del derecho ambiental por parte de alguno de los tres países miembros.

Por último, el Foro de Ministros de Medio Ambiente de América Latina y el Caribe promovió otro ejercicio de apertura de espacios para la sociedad civil al establecer la necesidad de estimular, facilitar e institucionalizar la participación ciudadana en la gestión ambiental regional, nacional y local, así como de lograr un reconocimiento más explícito de los derechos y responsabilidades de cada sector de la sociedad. El proceso de formación de una ciudadanía ambientalmente responsable requiere también de estrategias para mejorar la comprensión de las dimensiones ambientales en todos los niveles educativos, complementadas con procesos de capacitación dirigidos al conjunto de los sectores sociales.

4. INSTRUMENTOS DE POLÍTICA AMBIENTAL

Una categorización ya tradicional de los instrumentos de manejo ambiental distingue entre los de regulación directa e indirecta[7]. Los primeros incluyen el ordenamiento

---

7. La clasificación de los instrumentos de política ambiental es un tema controvertido. En gran parte de la literatura sobre la materia se distingue entre los instrumentos de "incentivo económico (o de mercado)" y los instrumentos de "comando y control", entendiéndose normalmente que estos últimos son todos aquellos no incluidos entre los primeros. Hay autores que rechazan este planteamiento dicotómico y la expresión "comando y control" como denominación común de todos los instrumentos que no consisten en incentivos económicos, por lo que proponen otra clasificación (Russel y Powell, 1997). Por otra parte, cabe analizar los instrumentos incluidos tradicionalmente en el grupo de "comando y control" desde una perspectiva económica, ya que en la medida en que afectan a las decisiones y la conducta de los agentes, generan costos y beneficios ambientales y pecuniarios que deben ser tomados en consideración. Este planteamiento se ha traducido en intentos de medir la razón costo-efectividad de los instrumentos específicos empleados, independientemente de sus características (Giner de los Ríos, 1997).

territorial, el dictado de normas sobre conservación y uso de recursos (por ejemplo, sobre eficiencia energética), la evaluación de impactos ambientales y el consiguiente sistema de otorgamiento de licencias ambientales. Los de regulación indirecta pueden subdividirse en instrumentos fiscales y financieros, derechos de propiedad y uso, y cuotas o derechos negociables. Los instrumentos fiscales y financieros pueden aplicarse para reducir subsidios que den lugar a efectos ambientales nocivos y asignarlos a actividades de impacto positivo, pagar explícitamente los servicios ecológicos, establecer cargos por aprovechamiento o derechos de uso de recursos naturales y encarecer actividades nocivas, financiar fondos de inversión en activos y servicios ambientalmente favorables y en investigación y adopción de tecnologías limpias.

En sus diferentes marcos legales e institucionales, todos los países de la región utilizan instrumentos de regulación directa. Sin embargo, existe poca información sobre la forma en que se concretan en la práctica las leyes, reglamentos y decisiones judiciales. En los últimos años ha aumentado significativamente el número de disposiciones legales que permiten regular de manera directa diversas cuestiones, como la conservación de la biodiversidad, el tratamiento de residuos tanto sólidos como peligrosos, la conservación de los recursos pesqueros, la calidad del aire y agua, y la utilización de pesticidas, entre otros. En algunos países también existen sistemas que sirven para definir responsabilidades y compensaciones en casos de daño ambiental.

La elaboración de cuentas ambientales, incluida la valoración periódica del patrimonio natural y, en general, la producción de información estadística sobre el estado del medio ambiente, son instrumentos necesarios en cualquier estrategia. Sin embargo, en la mayoría de los países de la región se está todavía lejos de contar con los sistemas de información requeridos para la toma de decisiones, la evaluación de las políticas públicas, el seguimiento del estado del medio ambiente y la provisión permanente de información adecuada a la ciudadanía. No se cuenta tampoco con indicadores que permitan conocer la evolución del estado del medio ambiente sobre bases comparativas (PNUD/Pnuma/BID, 1998).

Si bien la reducción de los subsidios a los servicios públicos registrada en los dos últimos decenios ha tenido efectos ambientales positivos, éstos han sido indirectos y, por ende, generalmente de magnitud reducida. Para ampliarlos podría ser conveniente inducir a las empresas a realizar esfuerzos proactivos por mejorar continuamente su desempeño ambiental e invertir en la preservación de aquellos compartimentos ambientales que les sirven como insumos o de vertederos para sus procesos productivos. Por ejemplo, se podría estimular a las empresas energéticas hidroeléctricas para que invirtieran en las fuentes de agua o, en el caso de las termoeléctricas, en producción limpia. En algunos países se ha logrado inducir a las empresas a adoptar estos comportamientos mediante incentivos de reputación. Por ejemplo, la autoridad ambiental divulga a través de los medios públicos información objetiva sobre el desempeño ambiental (*ranking*) de los diversos agentes regulados, lo cual los impulsa a esforzarse por mejorar esa calificación y así proteger la imagen corporativa ante el mercado. Además, como acontece en los países industrializados, es necesario complementar los esfuerzos privados con programas que apunten a promover la innovación y la adopción de tecnologías de producción más limpia, especialmente en segmentos que cuentan con limitados recursos técnicos, como las Pymes. Generalmente, estos programas comprenden actividades de extensión, información tecnológica, proyectos piloto de demostración, asesorías y facilidades financieras destinadas específicamente a inversiones en tecnologías de producción limpia. Igualmente, para inducir un proceso de mejoría del desempeño ambiental el nivel de las normas técnicas debe elevarse gradualmente, haciéndolas cada vez más estrictas, con vistas a aumentar la eficiencia energética y optimizar otros parámetros ambientales. También habría que crear mecanismos de concertación con el sector privado a fin de establecer metas graduales para dicho incremento de eficiencia y acordar inversiones públicas, o conjuntas con el sector privado, en nuevas tecnologías.

La creación de mercados para servicios ambientales es un instrumento potencial de gran interés, pero su uso requiere un adecuado sustento institucional. En varios países se han implementado iniciativas de este tipo: en 1996, mediante una legislación pionera, en Costa Rica se reconocieron algunos servicios ambientales prestados por los bosques[8] y se estableció un mecanismo para pagar por ellos a sus propietarios. En otros países, como Colombia y Guatemala, se han realizado experiencias de fijación de tarifas por el uso de agua de cuencas hidrográficas, que deben ser pagadas por los beneficiarios aguas abajo; los fondos se utilizan para financiar actividades de conservación en la cuenca alta. Se crea así un mercado para un servicio ambiental (provisión sostenida de agua en la cuenca), cuya estabilidad y continuidad se garantizan al compensar el costo de oportunidad de los propietarios del suelo en las cuencas altas, a la vez que se previene que dichas áreas sean dedicadas a otros usos económicos.

En el ámbito internacional[9], la primera iniciativa seria de creación de mercados para servicios ambientales globales se dio en el marco del Protocolo de Kyoto (Convención Marco de las Naciones Unidas sobre el Cambio Climático), concretamente a través del llamado Mecanismo para un Desarrollo Limpio (MDL). El objetivo de esta

8. En la Ley 7575 se define los servicios ambientales como "los que brindan el bosque y plantaciones forestales y que inciden directamente en la protección y el mejoramiento del medio ambiente", entre los que se consideran los siguientes: i) protección del agua para uso urbano, rural o hidroeléctrico; ii) mitigación de gases de efecto invernadero; iii) protección de la biodiversidad para conservarla y posibilitar su uso sostenible, científico y farmacéutico; iv) protección de ecosistemas, formas de vida y bellezas escénicas naturales con fines turísticos y científicos.

9. Desde el punto de vista de las emisiones de dióxido de carbono, la región cuenta con importantes ventajas comparativas, puesto que en la energía primaria para la generación de electricidad predominan fuentes bastante limpias (las hídricas y el gas natural representan un 81%), y se dispone de abundantes recursos forestales. Además, la región tiene una de las tasas de emisión más bajas del planeta, estimada en 4,28% en 1990 por el Grupo Intergubernamental de Expertos sobre Cambios Climáticos (IPCC) (BID, 1998).

iniciativa es posibilitar la creación de un mercado de certificados transables por reducciones netas de emisiones de gases de efecto de invernadero entre los países industrializados que han suscrito la Convención comprometiéndose a reducir sus emisiones, y los países en desarrollo, que no están sujetos a esos compromisos, pero donde pueden ejecutarse proyectos para reducir las emisiones globales a un menor costo. En la región, Brasil y Costa Rica han desempeñado un papel pionero en las negociaciones internacionales para conceptualizar este mecanismo en el marco de la Convención. Igualmente, varios otros países (como Colombia y Costa Rica), están esforzándose a nivel institucional para convertirse en activos proveedores de certificados transables internacionalmente, en la confianza de que se logrará consolidar este mercado a corto plazo. Si bien las negociaciones de la reglamentación multilateral del MDL todavía no terminan, estas experiencias nacionales ya han contribuido al desarrollo de un mercado incipiente de proyectos para la reducción neta de gases de efecto de invernadero en algunos países de la región. Mayoritariamente, la demanda inicial de tales proyectos ha provenido de las grandes multinacionales de la energía, que han adoptado, como estrategia de negocios, la decisión de adelantarse a los avances de la agenda internacional en materia de cambio climático y desarrollar sus capacidades en este nuevo mercado.

El establecimiento de áreas protegidas para la conservación de la biodiversidad es otro instrumento muy generalizado en el ordenamiento del territorio en la región. Otros ejemplos son los planes aplicados en Chile para regular el desarrollo económico de las comunas y en Costa Rica para el control del desarrollo costero. Varios otros países (Argentina, Brasil, Chile, Colombia, Costa Rica y Perú) cuentan con instrumentos de política ambiental de carácter preventivo, como los sistemas de evaluación de impacto ambiental y las licencias ambientales. Bajo este esquema, ciertas inversiones (principalmente proyectos de infraestructura y actividades productivas) requieren la aprobación previa de la autoridad ambiental, que puede rechazar el proyecto o establecer exigencias previas a su autorización.

En los últimos años, la necesidad de impulsar políticas ambientales eficaces condujo a usar preferentemente instrumentos de regulación indirecta o económicos. A ello ha contribuido, sin duda, el desprestigio en que cayeron las normas de regulación directa, desvirtuadas por la falta de un control efectivo. La eficacia de las regulaciones indirectas depende, sin embargo, de la eficiencia con que funcionen los mercados y ésta, a su vez, del grado de desarrollo institucional alcanzado.

Respecto del primer punto, después de analizar varios casos presentados por el Banco Mundial en su Informe sobre el Desarrollo Mundial en 1992, se concluyó que en el mejoramiento de las condiciones ambientales las reformas de los sistemas de precios son menos efectivas que el cambio técnico (Taylor, 1992). Esto significa que la reducción de los subsidios a la energía, los fertilizantes y el uso del agua propuestos en dicho informe no conducirían a una respuesta ambiental significativa, aunque podrían permitir incrementos importantes de la inversión pública en el medio ambiente como resultado del ahorro de recursos fiscales. Por otra parte, si se considera que los esfuerzos por controlar las emisiones en respuesta a los cambios de precios es relativamente débil, los controles cuantitativos podrían ser más eficaces que una sofisticada manipulación del mercado, especialmente en etapas tempranas de la regulación ambiental (Taylor, 1992).

Por otra parte, Russell y Powell (1997) consideran que la capacidad institucional es un elemento decisivo en el momento de seleccionar el instrumento. Según estos autores, introducir y administrar un sistema de manejo ambiental basado en instrumentos de incentivo económico nunca será más fácil que aplicar una solución de carácter regulador. De hecho, en la mayoría de los casos será considerablemente más difícil. Los instrumentos escogidos deben ajustarse al grado de desarrollo institucional del país en cuestión y aquéllos que cuentan con instituciones menos avanzadas, tanto de gobierno como de mercado, deberían comenzar por centrar su atención en instrumentos de regulación directa, tales como la especificación de la tecnología que debe emplearse.

Debido a limitaciones de diversa índole, ambos tipos de instrumentos son más bien complementarios que sustitutivos, como lo demuestra la práctica en los países que han logrado mayores éxitos en materia de regulación ambiental. La región cuenta con poca experiencia en la utilización de estos instrumentos para la gestión del medio ambiente, lo que ofrece un amplio espacio para ensayar su aplicación, especialmente en aquellos países con mayor desarrollo institucional. Prueba de ello es la experiencia innovadora de Costa Rica en sus actividades forestales y de conservación. La capacidad que los países logren desarrollar irá cobrando importancia a medida que se consoliden los espacios y las reglas internacionales para las actividades de implementación conjunta y la comercialización de créditos por emisiones en el marco de la Convención sobre el cambio climático. En un seminario reciente organizado por la Cepal y el PNUD, se analizaron las lecciones acumuladas en experiencias de aplicación de instrumentos económicos con objetivos ambientales realizadas en varios países de la región (véase el Cuadro 7.5).

Las lecciones derivadas de este estudio apuntan a la conveniencia de idear un modelo que integre los múltiples incentivos que actúan sobre los agentes regulados y también capture la complejidad de las relaciones en materia de contaminación y calidad ambiental en un entorno como el predominante en América Latina y el Caribe. En efecto, el papel de la entidad reguladora no puede limitarse al diseño, seguimiento y fiscalización de regulaciones e instrumentos óptimos cuya aplicación práctica enfrenta serias limitaciones. Debe resaltarse más bien su papel catalizador, por lo menos en dos dimensiones: primero, en relación con las autoridades fiscales y los gobiernos locales para poner en marcha regulaciones directas e incentivos económicos eficaces. Segundo, con respecto a la movilización de la opinión pública mediante el

Cuadro 7.5
AMÉRICA LATINA Y EL CARIBE (ALGUNOS PAÍSES): UTILIZACIÓN DE
INSTRUMENTOS ECONÓMICOS CON OBJETIVOS AMBIENTALES

País	Instrumentos analizados con vistas a su implementación
Subregión del Caribe	• Sistema de depósito-reembolso para botellas de consumo masivo (Barbados) • Aplicación de tarifa ambiental a bienes durables importados (Barbados) • Tarifas diferenciadas por recolección de desechos sólidos (Barbados) • Exoneración fiscal para calentadores solares de agua (Barbados) • Cargos a usuarios por volumen de agua extraída (Jamaica) • Incentivos fiscales para construcción de tanques de almacenamiento de aguas lluvias y equipo importado para ahorrar agua en hoteles (Barbados)
Brasil	• Compensación financiera por explotación de petróleo • Pagos por derechos de uso de agua • Aplicación de tarifas por efluentes industriales • Impuesto sobre Circulación de Mercaderías y Servicios (ICMS) y criterios ambientales de su transferencia a municipios • Reconomiento y premios por mejoras en el desempeño ambiental de la industria (iniciativa no gubernamental)
Chile	• Sistema de compensación por emisiones de material particulado en la Región Metropolitana • Tarificación diferenciada de residuos sólidos domiciliarios • Cuotas de pesca individuales transferibles • Etiquetaje ecológico respecto del ozono y la agricultura orgánica
Colombia	• Tasa retributiva por contaminación hídrica aplicada a nivel de cuencas por las Corporaciones Autónomas Regionales (CAR)
Guatemala	• Permisos de uso de agua transables • Esquemas de certificación (agricultura orgánica y ecoturismo) • Incentivos (subsidios) a la reforestación • Financiamiento de proyectos de producción limpia a tasas preferenciales • Fondo nacional para proyectos ambientales • Tarifas únicas por servicios municipales de agua, energía, ornato y recolección de desechos sólidos
México	• Arancel cero y depreciación acelerada para equipo de control y prevención de contaminación • Aplicación de sobreprecio a gasolinas • Derechos por uso o aprovechamiento de bienes públicos: flora, fauna, caza deportiva • Derechos por descarga de aguas residuales industriales • Sistemas de depósito-reembolso para baterías, neumáticos y lubricantes usados • Financiamiento concesional y subsidios a proyectos de plantación y manejo de bosques en áreas forestalmente devastadas
Venezuela	• Sistemas de depósito-reembolso para botellas de consumo masivo • Exoneración de impuestos corporativos por inversiones en control y prevención de contaminación • Impuesto a la deforestación • Sistema de tarifas por desechos industriales basadas en volumen generado en el área metropolitana de Caracas

Fuente: Proyecto Cepal/PNUD ""Aplicación de instrumentos de política económica para la gestión ambiental y el desarrollo sustentable en países seleccionados de América Latina y el Caribe", 1999.

suministro de información objetiva y transparente sobre el desempeño ambiental de los agentes regulados.

La complementariedad entre las estrategias regulatorias tradicionales y aquéllas basadas en incentivos económicos hace necesario que las autoridades ambientales articulen nuevos espacios de acción pública, en especial para asegurar la coherencia de la estructura de incentivos entre las políticas sectoriales y la política ambiental. Esta articulación exige crear consensos, fortalecer las autoridades ambientales y ganar el apoyo de la opinión pública y de las comunidades afectadas por los instrumentos de gestión ambiental. En este sentido, destaca la creciente importancia de la difusión pública de información acerca de los índices de desempeño ambiental de las empresas, los programas de cumplimiento voluntario y otros que incorporan en la fiscalización ambiental la participación ciudadana e incentivos basados en la reputación de los agentes.

5. Algunas consideraciones sobre la evolución ambiental de la región

La existencia de grandes vacíos de información hace difícil evaluar la evolución de América Latina y el Caribe desde el punto de vista ambiental. Esto se debe, en parte, a la debilidad de los sistemas de información en muchos países y, también, a la propia naturaleza de los indicadores. Algunos de ellos carecen de significación a nivel nacional, debido a que ciertos problemas ambientales (pérdida de biodiversidad, calentamiento global y disminución de la capa de ozono), traspasan las fronteras de los países. Otros, por el contrario (contaminación del aire en las ciudades y de los cuerpos de agua por emisiones industriales o domésticas), son específicos de lugares muy concretos. Además, la medición misma de varias situaciones ambientales (degradación de la tierra y pérdida de biodiversidad, por ejemplo), es metodológicamente controvertida. A estas dificultades se suma la falta de datos confiables para comparar la evolución de los problemas ambientales.

La mayor parte de la información disponible indica que el deterioro del medio ambiente de la región ha continuado en los últimos años. Todo parece denotar que los esfuerzos por invertir las tendencias adversas sólo han servido para atenuar las pendientes negativas de determinados procesos de deterioro, sin que se haya logrado modificar sus signos (Gligo, 1997).

a) Patrimonio natural

Una parte importante del producto de los países de la región, y un porcentaje aún mayor de sus exportaciones, dependen del mantenimiento de la capacidad de los diferentes ecosistemas para producir bienes (tales como productos agropecuarios,

Cuadro 7.6
AMÉRICA LATINA Y EL CARIBE: EVALUACIÓN DEL ESTADO DE CONSERVACIÓN DE LAS ECORREGIONES TERRESTRES

Tipo principal de ecosistema	Tipo principal de hábitat	Tamaño total (km2)	Porcentaje de América Latina y el Caribe	Número de ecorregiones	Estado de conservación de las ecorregiones
Bosques tropicales de hoja ancha	Bosques húmedos tropicales de hoja ancha	8.214.285	38.0	55	6 crítico 15 en peligro 19 vulnerable 11 relat. estable 4 relat. intacto
	Bosques secos tropicales de hoja ancha	1.043.449	4.8	31	11 crítico 17 en peligro 2 vulnerable 1 relat. estable
Bosques de coníferas y bosques templados de hoja ancha	Bosques templados	332.305	1.5	3	1 en peligro 2 vulnerable
	Bosques tropicales y subtropicales de coníferas	770.894	3.6	16	3 crítico 3 en peligro 5 vulnerable 4 relat. estable 1 relat. intacto
Pastizales / sabanas / matorrales	Pastizales, sabanas y matorrales	7.058.529	32.7	16	2 crítico 2 en peligro 6 vulnerable 4 relat. estable 2 sin clasificar
	Pastizales inundables	285.530	1.3	13	3 crítico 4 en peligro 3 vulnerable 2 relat. estable 1 relat. intacto
	Pastizales montanos	1.416.682	6.6	12	9 vulnerable 3 relat. estable
Formaciones xéricas	Matorrales mediterráneos	168.746	0.8	2	1 crítico 1 en peligro
	Desiertos y matorrales xéricos	2.276.136	10.5	27	3 crítico 7 en peligro 9 vulnerable 2 relat. estable 2 relat. intacto 4 sin clasificar
	Restingas	34.975	0.2	3	2 críticos 1 en peligro
Manglares	Manglares	40.623	0.2		
			Total	178	31 crítico 51 en peligro 55 vulnerable 27 relat. estable 8 relat. intacto 6 sin clasificar

Fuente: Banco Mundial y Fondo Mundial para la Naturaleza, 1995.

forestales y pesqueros, agua potable y de riego, hidroelectricidad y otros), y servicios (por ejemplo, proporcionar recreación y paisajes, que son la base de la industria turística). Sin embargo, un 46% de las ecorregiones terrestres de América Latina y el Caribe se encuentra en estado crítico, o en peligro, y un 31% en estado de vulnerabilidad, según se aprecia en el Cuadro 7.6.

Desde el punto de vista de la conservación de la biodiversidad, en el Gráfico 7.1 se muestra que en la mayoría de los países de la región se han ampliado las superficies consideradas como áreas protegidas. Sin embargo, al analizar este esfuerzo generalizado, sin duda positivo, es necesario incorporar otros elementos complementarios relacionados con la gestión de dichas áreas. La protección de la riqueza biológica implica elaborar planes para el manejo de las áreas protegidas, asignar recursos para su ejecución (por ejemplo, vigilancia) y fortalecer la capacidad para hacer cumplir lo establecido en la legislación. En este plano existen grandes diferencias entre países, derivadas de su grado de desarrollo relativo y la eficacia de su sistema institucional[10]. También debe destacarse que la conservación de la biodiversidad ha sido la tarea a la que la comunidad internacional ha dado mayor apoyo financiero y técnico.

Debido a los múltiples servicios ambientales que prestan los bosques, la deforestación continúa siendo el principal problema que enfrenta la región en este ámbito. Se considera que este proceso es la causa principal de pérdida de biodiversidad, dado el gran número de especies que los bosques albergan. Asimismo, la pérdida de suelo causada por la erosión obedece en su mayor parte a la eliminación de superficies boscosas, y como éstas tienen un importante papel en la regulación de los ciclos hidrológicos y en la protección de los recursos hídricos, su tala reduce la disponibilidad de agua y constituye un factor clave en el agravamiento de los daños que causan algunos desastres naturales. Por último, otro servicio ambiental relevante que prestan los bosques es la fijación del carbono[11].

En el Gráfico 7.2 se presentan las tasas anuales de pérdida de bosque natural en los países de la región durante los períodos 1980-1990 y 1990-1995[12]. Aproximadamente en la mitad de los casos se registran tasas que decrecen o se mantienen, mien-

---

10. En 1997 las áreas protegidas por funcionarios de campo en los países de América Central eran las siguientes, en hectáreas: 309 en El Salvador; 2.053 en Costa Rica; 7.965 en Panamá; 10.803 en Honduras; 16.431 en Guatemala; 21.094 en Nicaragua y 35.764 en Belice (CCAD, 1998).

11. Las principales fuentes de emisiones de gases de efecto de invernadero son tres: i) la combustión de combustibles fósiles; ii) los procesos industriales, y iii) los cambios en el uso de la tierra (aumento de las emisiones por deforestación y reducción por reforestación). En la región en su conjunto (al igual que en el mundo), la principal contribución a las emisiones proviene de la primera fuente. Sin embargo, también es la región que más contribuye a las emisiones mundiales por cambio en el uso de la tierra (48,3%) (Pnuma, 1999), y en varios países sobre los que se dispone de información (como Bolivia, Brasil y Perú), la deforestación es la primera causa de las emisiones.

12. En la mayoría de los países las tasas no varían significativamente si se considera la totalidad de los bosques (es decir, naturales más plantaciones), excepto en los casos de Chile, Cuba y Haití.

tras que en la otra mitad van en ascenso. Las causas de la reducción de la superficie de bosque natural son su conversión en tierras de cultivo o de pastoreo, la construcción de infraestructura, la explotación maderera y la utilización de leña. En la región, la causa principal es la expansión de la frontera agropecuaria, aunque hay diferencias entre países.

Gráfico 7.1
AMÉRICA LATINA Y EL CARIBE: PORCENTAJE DE LA SUPERFICIE
NACIONAL CATALOGADO COMO ÁREA PROTEGIDA EN 1989 Y 1997

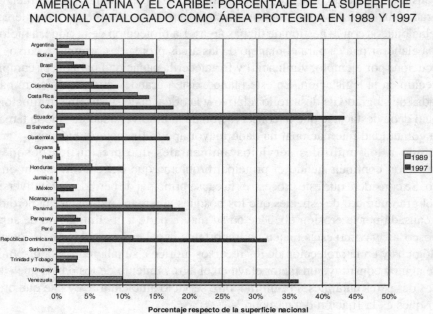

Fuente: Instituto de los Recursos Mundiales, "World Resources 1998-99: A Guide to the Global Environment" (http://publisher.elpress.com), 1999.

Explicar las variaciones de las tasas de deforestación en los períodos considerados es una tarea compleja. En los últimos años, algunos cambios de política han contribuido a moderar los procesos de deforestación. En primer lugar figura la reducción del apoyo prestado por el Estado (infraestructura, subsidios y titulación de tierra) a la expansión de la frontera agropecuaria. En el mismo sentido han actuado los esfuerzos por proteger determinadas áreas, como se señaló. Por el contrario, las reformas económicas de apertura y desregulación han inducido una reasignación de recursos en función de las ventajas comparativas y estimulado la producción y exportación de materias primas y de bienes industriales con uso intensivo de recursos naturales[13]. Por último, aun sin la intervención del Estado, comunidades de zonas rurales continúan llevando a cabo procesos de colonización impulsados por las condiciones de pobreza imperantes.

Otros indicadores de degradación de la tierra y explotación de recursos marinos son también de signo negativo. En la región, más de 300 millones de hectáreas, es decir, un 16% de su superficie, están afectadas por procesos de degradación (Pnuma, 1999). En la mayoría de los casos se trata de erosión del suelo por deforestación y sobrepastoreo y, en menor medida, por degradación química. La producción de pescado en América del Sur aumentó en 45% entre 1986 y 1996 (FAO, 1999). Más de 80% de las reservas comercializables de pescado en el Atlántico suroeste y 40% en el Pacífico sudeste están sobreexplotadas o agotadas.

Gráfico 7.2
AMÉRICA LATINA Y EL CARIBE: TASAS ANUALES DE PÉRDIDA DE BOSQUE NATURAL EN LOS PERÍODOS 1980-1990 Y 1990-1995

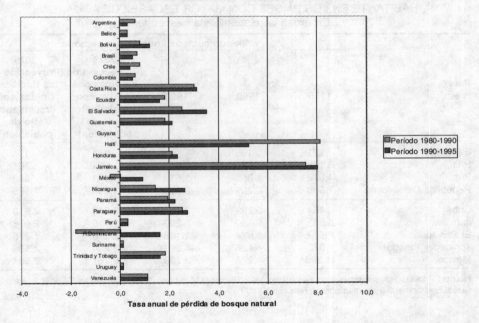

Fuente: Instituto de los Recursos Mundiales, "World Resources 1998-99: A Guide to the Global Environment" (http://publisher.elpress.com), 1999.

---

13. Por ejemplo, la producción total de madera (para usos industriales o como combustible) aumentó 20% en América Central y el Caribe y 27% en América del Sur entre 1983-1985 y 1993-1995. Este incremento es aún más notable en algunos países (Chile, 103%; Bolivia, 92%; Venezuela, 74%, Perú, 45%). La producción de soya en América del Sur registró un incremento de 63% entre 1989 y 1998 (FAO, 1999) y ha sido la principal causa de la expansión de la frontera agrícola en el norte de Argentina, el este de Paraguay y la zona central de Brasil.

La mayoría de los países de la región cuenta con agua abundante, según el criterio de la cantidad anual de recursos hídricos renovables[14]. Se considera que en un país hay escasez cuando el volumen anual por persona de agua de origen renovable está por debajo de 1.000 m³, ya que este tope constituye una limitación severa para el desarrollo económico y la protección del medio ambiente. Los países con una disponibilidad inferior a 2.000 m³ *per cápita* se encuentran en una situación de seria escasez, con problemas mayores en años de sequía. De acuerdo con este indicador, Haití y Perú son los países de la región que actualmente enfrentan mayores problemas. El Salvador y República Dominicana también se integrarían a este grupo en el 2025 si se mantienen los ritmos de uso actuales, y dependiendo de la tasa de crecimiento de la población (véase el Cuadro 7.7).

Cuadro 7.7
AMÉRICA LATINA Y EL CARIBE: RECURSOS HÍDRICOS RENOVABLES ANUALES POR HABITANTE EN LOS PAÍSES CON MAYOR ESCASEZ DE AGUA, 1998
(En orden de disponibilidad ascendente)

País	Metros cúbicos anuales por persona				
	1955	1990	1998	2025 (Proyección de las Naciones Unidas con crecimiento bajo de población)	2025 (Proyección de las Naciones Unidas con crecimiento alto de población)
Barbados	221	195	...	181	154
Haití	3.136	1.696	1.460	981	761
Perú	4.612	1.856	1.613	1.171	983
República Dominicana	7.306	2.789	2.430	1.844	1.585
Cuba	5.454	3.299	3.104	2.942	2.619
Jamaica	5.383	3.430	3.269	2.710	2.078
El Salvador	8.583	3.674	3.128	2.118	1.776
Trinidad y Tobago	7.073	4.126	3.869	3.204	2.586
México	11.396	4.226	3.729	2.767	2.301

Fuente: Population Action International e Instituto de los Recursos Mundiales, "World Resources 1998-99: A Guide to the Global Environment" (http://publisher.elpress.com), 1999.

Según datos del Banco Mundial, entre 1980 y 1996 el consumo de energía y el de electricidad aumentaron en la región a tasas anuales de 2,4% y 5,1%, respectivamente. Durante dicho período, en la producción eléctrica la participación relativa de los

---

14. En los países con abundantes recursos hídricos, su distribución desigual en el tiempo y en el espacio, así como los problemas causados por la contaminación, producen situaciones de escasez o de exceso (inundaciones) a escala tanto regional como local.

derivados del petróleo como fuente de energía primaria disminuyó significativamente, en tanto que aumentó la importancia de la hidroelectricidad. Considerando la baja contribución del carbón y la importancia creciente del gas natural, el subsector eléctrico latinoamericano es el más "limpio" del mundo en términos de emisiones globales de gases de efecto de invernadero (BID, 1998).

Los importantes cambios experimentados por el subsector de la energía, en el marco de las reformas económicas emprendidas en la región, dieron lugar a un aumento de la competencia y de la participación del sector privado, que se ha traducido en mayor crecimiento y eficiencia. Sin embargo, existen grandes desafíos pendientes en cuanto a equidad social y medio ambiente (Sánchez y Altomonte, 1997). En las áreas urbanas, los problemas ambientales más importantes relacionados con el uso de la energía son la contaminación del aire y la contribución al calentamiento global, ambos derivados de las emisiones del subsector del transporte. Éste consume 31% de la energía y 55% del petróleo en la región y es responsable de 36% de las emisiones de gases de efecto de invernadero (BID, 1998). En las zonas rurales, los problemas ambientales vinculados a la energía atañen a su producción y transporte. En este plano resalta la degradación ambiental originada por la extracción de petróleo en la Amazonia y en otros ecosistemas frágiles, así como los conflictos en torno de varias iniciativas de producción hidroeléctrica y de tendido de líneas eléctricas y gasoductos[15]. Por otra parte, en muchas zonas rurales la utilización de biomasa como combustible para la cocción de alimentos, además de presionar los recursos forestales, produce contaminación dentro de las viviendas, con efectos nocivos para la salud, especialmente de mujeres y niños.

En el ámbito de la producción industrial, las ramas manufactureras basadas en recursos naturales y productoras de bienes industriales intermedios altamente estandarizados, han logrado mejorar su desempeño relativo durante los últimos años. Estas ramas, según la clasificación del Banco Mundial (Low y Yeats, 1992), forman parte de las consideradas como "ambientalmente sensibles". En el Gráfico 7.3 se aprecia la variación de las emisiones industriales de contaminantes orgánicos registradas en varios países entre 1980 y 1996. En casi todos los casos aumenta la emisión diaria por trabajador, lo que indica que han ganado ponderación ramas industriales más contaminantes en comparación con el período anterior[16].

---

15. En la actualidad, muchos de los conflictos ambientales existentes en la región se relacionan con la energía: producción (presa de Yaciretá entre Argentina y Paraguay y Ralco en Chile; extracción de petróleo en territorio de la etnia U'wa del noreste de Colombia y en el departamento del Petén en Guatemala), procesamiento (refinería en la Bahía de Trujillo en Honduras) y transporte (tendido eléctrico en la Gran Sabana de Venezuela; gasoducto San Miguel-Cuiaba entre Bolivia y Brasil y ampliación de oleoducto en Ecuador).

16. La contaminación del agua por materia orgánica se mide en términos de demanda bioquímica de oxígeno (DBO). Con respecto a los datos del gráfico, debe tenerse en cuenta que la contaminación del agua depende de las condiciones locales y que las cifras son por trabajador, debido a lo cual en algunos casos las emisiones totales son menores en 1996 que en 1980.

Gráfico 7.3
AMÉRICA LATINA Y EL CARIBE Y PAÍSES DESARROLLADOS:
EMISIONES INDUSTRIALES DE CONTAMINANTES
ORGÁNICOS, 1980 Y 1996

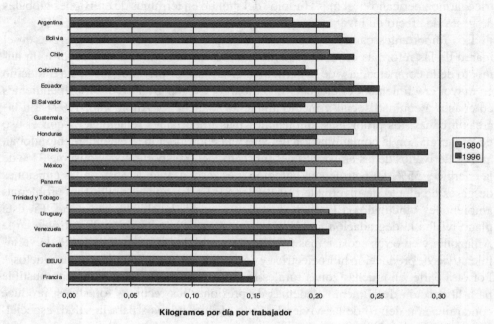

Kilogramos por día por trabajador

Fuente: Banco Mundial, 1999 World Development Indicators, versión en CD-ROM, 1999.

b) El medio ambiente urbano

Entre los rasgos que han caracterizado el panorama urbano de América Latina y el
Caribe se debe mencionar el temprano e intenso proceso de urbanización, que ha
situado a la región entre las más urbanizadas del planeta. Como fenómeno mundial,
las ciudades están creciendo porque como proveen mayores beneficios económicos y
sociales que las zonas rurales, se constituyen en el ambiente natural para el crecimiento económico en el marco de la globalización.

Esta situación ha acarreado un cambio de las formas de gestión y planificación del
uso del suelo en las ciudades, que ahora apuntan a garantizar la funcionalidad urbana
como plataforma para el progresivo aumento de la competitividad y la productividad.
Sin embargo, paralelamente a los mejoramientos de la funcionalidad y el ambiente
para la actividad productiva, se observan severos deterioros de las condiciones de
habitabilidad, especialmente entre la población de menores recursos. De hecho, las
externalidades y deseconomías del proceso de crecimiento urbano se han incrementado

en el último decenio, fenómeno que se manifiesta en la aparición y consolidación de problemas ambientales de diversos tipos, como la contaminación atmosférica e hídrica, la congestión y la ineficiencia energética. En este sentido, mientras en la mayoría de los países se han logrado progresos en cuanto a cobertura sanitaria, especialmente en las áreas urbanas, aún son pocas las ciudades de la región en las que se tratan las aguas servidas[17].

La creciente población urbana y el incremento de la actividad económica han dado lugar a una intensificación de los problemas de contaminación atmosférica. Ciudad de México, São Paulo, Santiago de Chile y otras ciudades sufren de severa polución del aire, con graves efectos sobre la salud de los ciudadanos y la economía. En diversos estudios se muestra que las concentraciones de material particulado, dióxido de azufre, nitrógeno y plomo registradas en varias ciudades de la región se correlacionan con incrementos de las tasas de mortalidad y morbilidad por enfermedades respiratorias (OMS, 1999).

El problema de los residuos urbanos ha adquirido especial importancia para la gestión de las ciudades, por sus efectos sobre la calidad de vida y la productividad en los centros poblados. Con la urbanización y los nuevos patrones productivos y de consumo asociados al crecimiento económico, el volumen de los residuos aumentó en forma drástica. Según cálculos de la Organización Panamericana de la Salud, en 1995 se generaban en la región 275.000 toneladas diarias de residuos sólidos urbanos, con los consiguientes problemas administrativos, logísticos, financieros e institucionales que entraña su recolección y disposición, no sólo en los grandes centros urbanos, sino también en asentamientos menores (Zepeda, 1995). Por otra parte, como la acelerada expansión urbana y los altos costos de la tierra dificultan la localización cercana de sitios para la disposición final de los residuos, en algunos países se han establecido estaciones de transferencia. Hay avances en materia de rellenos sanitarios, pero se concentran en un grupo de ciudades de mayor desarrollo, mientras que en los centros urbanos intermedios y menores persisten formas precarias de disposición de basuras, como los vertederos a cielo abierto. Los residuos industriales también generan fuertes impactos para el medio ambiente de muchas ciudades de la región.

---

17. Según datos del Instituto de los Recursos Mundiales (1999), sólo en algunas ciudades de Brasil (Brasilia, Curitiba y Recife) más de un 50% de las aguas servidas recibía algún tipo de tratamiento.

Capítulo 8
DESEMPEÑO ECONÓMICO Y SOCIAL DEL CARIBE

En los años noventa prosiguieron las importantes reformas económicas y sociales iniciadas en el Caribe en la década de 1980. En general, éstas apuntaron a una mayor apertura de las economías para aprovechar las oportunidades existentes y responder a los desafíos planteados por la creciente liberalización de la economía mundial. Además, se intensificaron las actividades destinadas a crear un área económica y un mercado únicos de la Comunidad del Caribe (Caricom), que ahora abarca también a Suriname y Haití, y cuyas relaciones comerciales y económicas se extendieron a República Dominicana y otros países latinoamericanos, sobre todo Venezuela y Colombia.

Asimismo, se realizaron reformas macroeconómicas, con el objeto de corregir los desequilibrios externos e internos, heredados de decenios anteriores. En el período, se observó una reanudación del crecimiento económico en Trinidad y Tobago y Guyana, que habían sufrido una contracción económica en los años ochenta. En otros países el crecimiento económico continuó en forma ininterrumpida, aunque a un ritmo inferior, como ocurrió con los países que integran la Organización de Estados del Caribe Oriental (OECO). Sin embargo, estos avances siguieron siendo frágiles, debido a la estructura de las economías y a su falta de diversificación. Además, los mismos pueden anularse repentinamente debido a cataclismos naturales o a un descenso de las entradas en divisas por concepto de exportaciones de sus principales productos básicos, como sucede con el banano en la OECO. A pesar del progreso logrado en ciertos casos, aún no se alcanza el objetivo largamente deseado de la diversificación económica.

En el decenio se siguió otorgando atención primordial a temas relacionados con la equidad social, especialmente el incremento del empleo, la ampliación del acceso a la salud y la educación y la mitigación de la pobreza, sobre todo en los países caribeños afectados por un lento crecimiento o inestabilidad política. También se desplegaron esfuerzos en aras de una mayor equidad de género en la subregión, mediante la aplicación de políticas y programas destinados a mejorar la condición social y económica de las mujeres. La migración y el crecimiento de la población siguieron modificando las características demográficas del Caribe. Por su parte, la aprobación en 1994 del Programa de Acción para el Desarrollo Sostenible de los Pequeños Estados Insulares en Desarrollo subrayó la necesidad de proteger el frágil medio ambiente de la subregión, en el contexto de políticas de desarrollo sostenible.

1. COMERCIO E INVERSIÓN EXTRANJERA DIRECTA

a) Preferencias y políticas comerciales

Los países del Caribe han sido objeto de trato preferencial en numerosos acuerdos, incluidos el Convenio de Lomé, la Iniciativa para la Cuenca del Caribe y el Programa de cooperación comercial, industrial y en materia de inversiones entre Canadá y la Comunidad del Caribe (Caribcan). De acuerdo con las disposiciones del cuarto Convenio de Lomé, la Unión Europea da acceso libre de impuestos a su mercado a todos los productos provenientes de los Estados de África, el Caribe y el Pacífico y también otorga un trato especial al banano, el ron y el azúcar. Recientemente, los jefes de Estado y de gobierno de la Unión Europea y de los 77 Estados de África, el Caribe y el Pacífico firmaron un Acuerdo de Asociación que sustituye al cuarto Convenio de Lomé (Cotonou, Benin, junio de 2000). En el nuevo Acuerdo se estipula un período de transición (2000-2008), en el que se mantendrán las preferencias actuales y, posteriormente, se iniciará un período de liberalización, que durará al menos 12 años, para establecer nuevas relaciones comerciales, de conformidad con los arreglos de la Organización Mundial del Comercio (OMC). Asimismo, se prevén fondos europeos para el desarrollo por un monto de 23.400 millones de euros a lo largo de los primeros siete años de operación del Acuerdo para financiar distintas iniciativas en los ámbitos económico y social.

Por otra parte, en virtud de la Iniciativa para la Cuenca del Caribe, la mayoría de los productos básicos de los países caribeños tiene acceso libre de impuestos al mercado de los Estados Unidos, con la excepción de las prendas de vestir, el calzado y el petróleo. A los países del Caribe también les caben disposiciones aduaneras especiales de los Estados Unidos, en el caso de productos fabricados en la subregión con componentes de ese país. Asimismo, los Estados Unidos aplican cuotas de importación de azúcar exenta de impuestos a algunos países del Caribe, entre otros Barbados, Guyana, Jamaica, Saint Kitts y Nevis y Trinidad y Tobago. En el marco del Caribcan, Canadá otorga acceso libre de impuestos a todas las exportaciones del Caribe, con la excepción de textiles, prendas de vestir, calzado, algunos artículos de cuero, aceites lubricantes y metanol.

Las preferencias acordadas a las exportaciones de azúcar y banano han tenido efectos positivos para las economías de la subregión, ya que permitieron mantener el nivel de empleo y expandir el ingreso y las utilidades. Si bien las respectivas industrias han podido sobrevivir gracias a este apoyo, no parece haberse elevado su eficiencia ni su productividad, ya que estos bienes básicos se producen a un alto costo. A la vez, se ha mantenido la dependencia de los subsidios proporcionados por los regímenes de trato comercial preferencial.

En cambio, las preferencias otorgadas en virtud de los códigos aduaneros 806 y 807 de los Estados Unidos han sido un importante estímulo para la creación de numerosas zonas de procesamiento de exportaciones, sobre todo en Jamaica, y el desarrollo de algunas industrias manufactureras en la subregión. Sin embargo, en la medida en que el éxito de estas zonas ha respondido fundamentalmente a las preferencias concedidas, es posible que su buen desempeño sea insostenible a largo plazo. De hecho, ya hay indicios de que el acceso al mercado estadounidense en condiciones privilegiadas otorgado a México, en el marco del TLC, ha limitado las ventajas de que gozaban las exportaciones caribeñas tanto en virtud de la Iniciativa para la Cuenca del Caribe como de los códigos aduaneros.

En la década de 1990, las políticas comerciales del Caribe se vieron muy influenciadas por la aplicación del programa de creación de un área económica y un mercado únicos de la Caricom, así como por las medidas adoptadas para establecer vínculos entre la Comunidad del Caribe y otras agrupaciones de la subregión y de América Latina. El arancel externo común de la Caricom, reforzado por numerosas barreras no arancelarias, ejerció una función marcadamente protectora hasta fines de los años ochenta. Los aranceles se caracterizaban por una gran dispersión, puesto que se aplicaban 16 tipos arancelarios, que fluctuaban de 0% a 70%, aunque la mayoría (alrededor del 96%) ascendía como máximo al 45%. Además de los aranceles, las importaciones que ingresaban a los países miembros de la Caricom estaban sujetas a variadas normas, entre otras la aplicación de derechos de timbre, recargos aduaneros y gravámenes al consumo, casi siempre superiores a los aplicados a los productos nacionales.

En los años noventa, el régimen comercial de la Caricom fue sometido a numerosas revisiones. La estructura arancelaria se simplificó notablemente y se redujeron los tipos arancelarios a un rango de 0% a 45% en 1991. En 1993 se introdujo una modificación muy importante, a consecuencia de la cual se adoptaron cuatro partidas, que se preveía reducir progresivamente en un plazo de cinco años, iniciando la transición hacia una mayor apertura de las economías caribeñas. Una vez que entre plenamente en vigor, el arancel externo común de la Caricom fluctuará entre el 0% y el 20%, con la excepción de los productos agrícolas, a los que se seguirá aplicando un arancel del 40%. No obstante, debido a diversos contratiempos surgidos en la instrumentación de las reformas arancelarias, éstas todavía no están plenamente vigentes en todos los países.

A partir de 1997, la Caricom redactó una serie de protocolos de enmienda del Tratado de Chaguaramas, que dio origen a la Comunidad. La aplicación de algunos de ellos propiciará una mayor apertura de los países al comercio y a las inversiones de otros miembros de la Comunidad. El Protocolo II, en cuya aplicación se ha avanzado más, permitirá a los ciudadanos de los países miembros de la Caricom establecer empresas, prestar servicios y movilizar capital sin restricciones dentro de la subregión. La mayor integración de los mercados de factores, que probablemente traerá aparejada la aplicación de este protocolo, facilitará una mejor asignación de recursos en el Caribe y reforzará la capacidad de los países para absorber choques externos y responder a los mismos con mayor eficacia. Otros protocolos de importantes consecuencias para el comercio y las inversiones son el Protocolo III sobre política industrial, el Protocolo IV sobre política comercial, el Protocolo V sobre política agrícola, el Protocolo VIII sobre solución de controversias y el Protocolo IX sobre normas de competencia. Todos ellos pueden aportar a la política comercial de la Comunidad e influir positivamente en sus políticas externas.

Además de los esfuerzos realizados con miras a crear una economía y un mercado únicos, la Caricom ha venido aplicando políticas destinadas a profundizar su integración con el resto de la subregión del Caribe y de América Latina. En 1993 Suriname se convirtió en miembro de pleno derecho y en 1997 Haití fue aceptado provisionalmente, aunque en la práctica recibe trato de miembro ordinario. La Comunidad también ha suscrito acuerdos de libre comercio con Venezuela y Colombia y está en tratativas para suscribir otro con la República Dominicana. Todos los países de la Caricom, con la excepción de las Bahamas, son miembros de la OMC y están participando en las negociaciones del Área de Libre Comercio de las Américas. En vista de su limitada capacidad en materia financiera y de recursos humanos, estos países caribeños establecieron un mecanismo subregional con el objeto de coordinar y articular su posición en las negociaciones internacionales.

b) Desempeño comercial

La relativa estabilidad económica de la subregión en los años noventa, junto con la recuperación del crecimiento de las economías de mayor tamaño y la circulación más libre de bienes en el área de la Caricom, han contribuido a un incremento de sus exportaciones. Según se aprecia en el Cuadro 8.1, éstas aumentaron un 42% en la década de 1990, ascendiendo a 5.807 millones de dólares en promedio para el trienio 1997-1999, aunque vale señalar que este monto es todavía ligeramente inferior al alcanzado en 1980 (5.927 millones de dólares).

El destino de las exportaciones registró escasas variaciones en los años noventa, en comparación con el decenio anterior, con la excepción del porcentaje de ventas externas entre países miembros de la Comunidad. Dicha cifra aumentó del 12,3% al 17,5% del total de las exportaciones entre 1990 y 1997-1999, reflejando el mayor crecimiento y liberalización comercial al interior de la Comunidad. La proporción de exportaciones entre los países de la Caricom se acercó al porcentaje de las ventas externas a los países de la Unión Europea en 1997-1999 y a poco más de la mitad de las destinadas a los Estados Unidos, país que sigue siendo el principal importador de productos caribeños.

En los años noventa, las exportaciones siguieron caracterizándose por el predominio del petróleo, la bauxita y los productos agrícolas, entre otros el azúcar, el banano, el cacao y el café. Las entradas procedentes del azúcar y la bauxita sufrieron una reducción en el decenio, que responde a los bajos precios de estos productos, a lo que se sumó, en el caso del azúcar, el daño provocado por sucesivos desastres naturales. Las ganancias aportadas por este producto disminuyeron de 4.443 millones de dólares en 1986 a una cuarta parte en los años noventa. Algo similar ocurrió con las ganancias percibidas por Jamaica y Guyana por la venta de bauxita, que disminuyeron de un promedio de 227.2 millones de dólares en 1980 a un promedio de 146.2 millones de dólares en el último decenio. En cambio, la exportación de banano aumentó de 84.7 millones de dólares en los años ochenta a 156.9 millones de dólares como promedio en el período comprendido entre 1990 y 1999[1].

Los productos manufacturados representaron una proporción relativamente baja de las exportaciones de los países caribeños a fines de los años ochenta, pero aumentaron progresivamente durante la década de 1990. Los principales productos fueron los artículos domésticos y electrónicos ensamblados en la subregión, prendas de vestir, alimentos procesados y productos derivados del petróleo. Las exportaciones del sector manufacturero se orientaron fundamentalmente al mercado regional protegido o al mercado de los Estados Unidos, en el que reciben trato preferencial. Sin embargo, la fabricación de textiles y prendas de vestir ha ido perdiendo importancia en algunos países, entre otros Jamaica, desde la adopción del TLC.

La exportación de servicios turísticos se ha convertido en importante fuente de divisas para el Caribe. El turismo ha aportado una elevada proporción de divisas en Antigua y Barbuda, Bahamas, Barbados, Jamaica, Santa Lucía y San Vicente y las Granadinas. En todos estos países, con la excepción de Jamaica, los ingresos percibidos por este concepto superaron con creces a los de las exportaciones de bienes. La construcción, la agricultura, el sector manufacturero y la producción artesanal se han visto beneficiados por la expansión del turismo en las islas. La construcción de hoteles y departamentos y el empleo de alimentos de la zona y de productos manufacturados (muebles, jabón y otros) han tenido una influencia positiva en el conjunto de la actividad económica. No obstante, los vínculos entre el turismo y los demás sectores de la economía pueden ser aún mayores. Actualmente son más estrechos en Barbados y Jamaica que en los países más pequeños de la OECO[2].

---

1. Cepal, sobre la base de datos provenientes de los países.
2. En Charles y Marshall (1999) se presenta un detallado análisis de los vínculos entre turismo y agricultura en el Caribe.

Cuadro 8.1

CARICOM: VALOR Y DISTRIBUCIÓN DE LAS EXPORTACIONES, POR DESTINOS PRINCIPALES, Y DE LAS IMPORTACIONES, POR FUENTES PRINCIPALES
(En millones de dólares y porcentajes)

	Exportaciones					
	1980		1990[a]		1997-1999[a]	
	Valor	Porcen-taje	Valor	Porcen-taje	Valor	Porcen-taje
Total de la Caricom	5.927	100,0	4.088	100,0	5.807	100,0
Comunidad y Mercado Común del Caribe	**566**	**9,5**	**503**	**12,3**	**1.019**	**17,5**
– Mercado Común del Caribe	529	8,9	498	12,2	991	17,1
– Bahamas	37	0,6	5	0,1	28	0,5
Otros países del Caribe	496	8,4	317	7,8	463	8,0
Canadá	106	1,8	175	4,3	391	6,7
Estados Unidos	2.887	48,7	1.662	40,7	1.903	32,8
Asociación Latinoamericana de Integración	113	1,9	116	2,8	247	4,2
Mercado Común Centroamericano	89	1,5	18	0,5	121	2,1
Unión Europea	977	16,5	841	20,6	1.239	21,3
– Reino Unido	427	7,2	536	13,1	570	9,8
– Otros	550	9,3	305	7,5	669	11,5
Asociación Europea de Libre Comercio	141	2,4	154	3,8	88	1,5
Algunos países asiáticos [d]	23	0,4	48	1,2	48	0,8
– Japón	21	0,4	36	0,9	36	0,6
– Otros	2	0,0	12	0,3	12	0,2
Resto del mundo	**529**	**8,9**	**253**	**6,2**	**288**	**5,0**

	Exportaciones					
	1980		1990[a]		1997-1999[a]	
	Valor	Porcen-taje	Valor	Porcen-taje	Valor	Porcen-taje
Total de la Caricom	5.906	100,0	5.065	100,0	8.596	100
Comunidad y Mercado Común del Caribe	**520**	**8,8**	**466**	**9,2**	**874**	**10,2**
– Mercado Común del Caribe	518	8,8	466	9,2	857	10,0
– Bahamas	2	0,0	0	0,0	16	0,2
Otros países del Caribe	315	5,3	177	3,5	249	2,9
Canadá	274	4,6	273	5,4	245	2,8
Estados Unidos	1.641	27,8	2.087	41,2	3.938	45,8
Asociación Latinoamericana de Integración	328	5,6	569	11,2	776	9,0
Mercado Común Centroamericano	50	0,8	35	0,7	83	1,0
Unión Europea	934	15,8	783	15,5	1.289	15,0
– Reino Unido	656	11,1	434	8,6	473	5,5
– Otros	278	4,7	349	6,9	815	9,5
Asociación Europea de Libre Comercio	72	1,2	87	1,7	61	0,7
Algunos países asiáticos[d]	391	6,6	390	7,7	668	7,8
– Japón	291	4,9	232	4,6	218	2,5
– Otros	100	1,7	158	3,1	162	1,9
Resto del mundo	**1.381**	**23,4**	**198**	**3,9**	**415**	**4,8**

Fuente: Cepal, sobre la base de información proporcionada por la Secretaría de la Caricom y estudio de países: The Economist Intelligence Unit, "Trinidad and Tobago, Guyana and Suriname country report", junio de 2000; The Economist Intelligence Unit, "Jamaica, Belize, Organisation of Eastern Caribbean States (OECS)", abril de 2000.
a Con excepción de Antigua y Barbuda, sobre el cual no se dispone de datos. b Con excepción de Montserrat, sobre el cual no se dispone de datos. c Con excepción de Antigua y Barbuda, Granada, Montserrat y San Vicente y las Granadinas, sobre los cuales no se dispone de datos. d   Incluye China, India, Japón, la provincia china de Taiwan, la Región Administrativa Especial de Hong Kong, la República de Corea, Singapur y Tailandia.

A fines de los años noventa, las exportaciones caribeñas seguían caracterizándose por su excesiva concentración y por su vulnerabilidad frente a las fluctuaciones de precios y las variaciones de las políticas comerciales de los principales países de destino. Las exportaciones de Trinidad y Tobago siguieron concentradas en el petróleo y los productos petroquímicos. Algo similar ocurría con el azúcar y el banano de los países miembros de la OECO y Belice. Los principales rubros de exportación de Guyana siguieron siendo el arroz, el azúcar y la bauxita, mientras Barbados continuó dependiente de los servicios turísticos. Aparte de la bauxita, las exportaciones de Jamaica siguieron centradas en el turismo y las actividades de ensamble.

Cuadro 8.2
Caricom: FLUJOS NETOS DE INVERSIÓN EXTRANJERA DIRECTA, 1980-1998
(En millones de dólares)

	1980	1990	1995	1996	1997	1998
Caricom	317	667	870	1034	2 074	2 497
Países más desarrollados	216	303	530	643	1 311	1 156
– Barbados	3	11	12	22	18	32
– Guyana	1	8	74	81	90	45
– Jamaica	28	175	147	184	203	350
– Trinidad y Tobago	185	109	296	356	1 000	730
Países menos desarrollados	53	214	211	167	221	226
– Belice	0	17	21	17	12	12
OECO	53	197	190	150	209	214
– Antigua y Barbuda	20	61	31	19	28	20
– Dominica	0	13	54	18	21	20
– Granada	0	13	20	19	35	41
– Montserrat	0	10	3	0	3	3
– Saint Kitts y Nevis	1	49	20	35	20	32
– Santa Lucía	31	45	30	17	47	51
– San Vicente y las Granadinas	1	8	31	43	55	47
Otros países del Caribe	49	149	129	224	542	1 116
– Anguila	0	11	18	33	21	21
– Aruba	0	131	-6	84	196	82
– Bahamas	4	...	107	88	210	852
– Antillas Neerlandesas	35	8	10	11	103	151
– Suriname	10	...	...	7	12	10

Fuente: Cepal, sobre la base de información proporcionada por el Fondo Monetario Internacional y el Banco Central del Caribe Oriental.

Las importaciones de la Caricom aumentaron cerca de un 70% en la década de 1990. En promedio ascendieron a casi 8.600 millones de dólares anuales durante el trienio 1997-1999, cifra que refleja un aumento cercano al doble del incremento de las exportaciones en valores absolutos. Las importaciones de productos provenientes de otros países de la Caricom aumentaron poco más de 1% y representaron un 10,2%

en el trienio 1997-1999. El origen de las importaciones presenta un patrón similar al de las exportaciones. En efecto, el 45,8% de los productos importados por la Caricom en 1997-1999 provino de los Estados Unidos y un 15,0% de la Unión Europea. Otra característica destacada es la creciente importancia de las importaciones de productos asiáticos, que representaban el 6,6% en 1980 y ascendieron al 7,7% en los años noventa.

Por otra parte, los flujos de inversión extranjera directa (IED) han influido cada vez más en el desarrollo económico de muchos países caribeños y han incrementado los reducidos montos de ahorro interno. La IED en la subregión aumentó de 667 millones de dólares en 1990 a 2.497 millones en 1998, según se aprecia en el Cuadro 8.2. En el bienio 1997-1998, la mayoría de estas inversiones se concentró en tres países (37,8% en Trinidad y Tobago, 23,4% en Bahamas y 12,1% en Jamaica). Destacaron especialmente los flujos destinados a la industria petrolera, en actividades de exploración, producción y plantas de refinación emprendidas por empresas transnacionales en Trinidad y Tobago[3]. La IED también ejerció influencia, aunque menor, en los países de la OECO, que atrajeron cerca del 8% del total recibido por los países caribeños.

2. Reformas y desempeño macroeconómicos

a) Reformas económicas

En respuesta a los desequilibrios externo e interno y al deterioro de las condiciones económicas y sociales en el Caribe, en los años noventa muchos países de la subregión iniciaron una serie de reformas. Guyana, Jamaica y Trinidad y Tobago[4] se vieron obligados a realizar programas de ajuste estructural a consecuencia de las políticas de expansión del sector público aplicadas en las décadas de 1970 y 1980, que produjeron un creciente déficit fiscal y de la balanza de pagos, como también un incremento de la deuda externa. En general, las reformas buscaron dar un mayor reconocimiento a la función de los precios. Las políticas cambiarias fueron un componente integral de los programas, apuntando a una progresiva eliminación de los controles. Después de una serie de devaluaciones, Guyana, Jamaica y Trinidad y Tobago dejaron de defender su moneda, adoptando tipos de cambio flotantes, pero regulados. Las monedas nacionales sufrieron numerosas presiones a lo largo de los años noventa y las autoridades monetarias recurrieron a la contracción del crédito y a operaciones en el mercado abierto para evitar nuevas devaluaciones.

---

3. Durante 1999 Amoco, en asociación con British Gas, Repsol, National Gas Company (NGC) y Cabot efectuaron una inversión de 1.000 millones de dólares en la instalación de una de las plantas de gas natural líquido más grandes del continente (Cepal, 2000b).

4. El primer programa de ajuste estructural de Jamaica suscrito con el Fondo Monetario Internacional data de 1977 y el primero de Trinidad y Tobago de 1988.

Los tres países mencionados, junto con Barbados, cuya economía sufrió una fuerte contracción a comienzos del decenio, también realizaron reformas fiscales con el fin de reducir gastos e incrementar los ingresos. Para la consecución del primer objetivo se recurrió en un comienzo a la disminución de las inversiones de capital, pero en una etapa posterior se optó por la congelación de los sueldos de los funcionarios, la reducción de personal y la disminución de las transferencias a las empresas públicas, incluidas las proveedoras de servicios. En Guyana, Jamaica, y Trinidad y Tobago también se procedió a la privatización de empresas estatales.

Como consecuencia de estas políticas, el gasto en sueldos y salarios disminuyó como proporción del gasto público. En Barbados, Jamaica y Trinidad y Tobago bajó de 42%, 40% y 41% del total respectivo en 1983, a 41%, 36% y 39% en 1997. En cambio, el gasto social de estos países en las áreas de salud y educación se mantuvo en un nivel alto en términos generales. En el caso de Barbados, la mitad del gasto corriente del gobierno se destinó al gasto social como promedio a lo largo de los años noventa. Como porcentaje del PIB, ello representó un aumento de 13% a 15% entre los años ochenta y noventa. Por el contrario, el gasto social en Trinidad y Tobago mostró una tendencia decreciente en los últimos años[5].

Por el lado de los ingresos públicos, se tomaron medidas para modificar el sistema tributario, buscando ampliar las bases y aplicando nuevos impuestos al consumo, y para mejorar la eficiencia de la administración tributaria. La principal característica de la reforma del sistema tributario fue la sustitución del impuesto a las ventas y otros impuestos específicos por el impuesto al valor agregado (IVA). Este impuesto, con una tasa del 15%, entró en vigor en Trinidad y Tobago (1990) y en Barbados (1997). En Jamaica se adoptó un impuesto al consumo general del 10% en 1991, que sustituyó a los ocho impuestos indirectos vigentes hasta entonces.

Las reformas económicas también incluyeron medidas más estrictas de política monetaria, específicamente la reducción del crédito público y la supresión del control de las tasas de interés, además de la eliminación gradual de los subsidios a dichas tasas. En el ámbito comercial, como ya se mencionó, se modificaron los aranceles y se suspendieron las restricciones cuantitativas. También se adoptaron medidas de fomento de las exportaciones, que incluyeron la eliminación de las licencias de exportación, la simplificación de los trámites y la adopción de un sistema de concesión de rebajas a los exportadores. Las reformas se tradujeron asimismo en la adopción de políticas destinadas a facilitar las inversiones extranjeras directas en los países, especialmente mediante la concesión de incentivos fiscales.

---

5. El gasto en salud representó en promedio el 4,1% del PIB en Barbados, el 2,6% en Trinidad y Tobago y el 3% en Jamaica en el período comprendido entre 1990 y 1995. El gasto de Barbados en educación ascendió en promedio al 7,2% del PIB, mientras en Jamaica y Trinidad y Tobago representó el 8,2% y el 4,5% del PIB, respectivamente. Véase Cepal/CDCC (1999).

Los países que integran la OECO han logrado evitar en gran medida los desequilibrios macroeconómicos que afectaron a los demás países de la región desde los años ochenta, gracias a la aplicación de políticas prudentes a lo largo del decenio y a las condiciones favorables existentes para sus productos básicos de exportación, sobre todo el banano y el azúcar, al mercado europeo protegido. En los años noventa estos países crecieron a tasas positivas, pero menores que las de la década de 1980 (que habían superado el 5% por año). Los países de la OECO también han logrado mantener un tipo de cambio fijo, lo que obedece esencialmente a la relativa solidez fiscal y de la balanza de pagos, y a la decisión de su banco central común, el Banco Central del Caribe Oriental, de establecer un mecanismo de caja de conversión para el manejo monetario. El Banco mantiene una relación estrecha entre el circulante y las reservas en divisas y aplica estrictamente las disposiciones sobre limitación del financiamiento del déficit fiscal.

El sistema tributario de los países de la OECO sigue dependiendo en gran medida de los impuestos indirectos, sobre todo de los aplicados al comercio internacional, que en la mayoría de los países representaron más del 50% del total de ingresos. En algunos de sus países miembros, entre otros Antigua y Barbuda y Saint Kitts y Nevis, no existe un impuesto sobre la renta personal. En vista de la tendencia a la mayor liberalización del comercio, en la década de 1990 los países iniciaron un programa de reformas tributarias con el fin de reducir su dependencia de los impuestos sobre el comercio internacional.

b) Desempeño macroeconómico

En la década de 1990, el desempeño económico de los países caribeños fue bastante heterogéneo. Las economías de Guyana y Trinidad y Tobago y, en menor medida, Suriname, que habían sufrido una contracción en los años ochenta, registraron una recuperación. El crecimiento de Jamaica siguió siendo muy lento y, de hecho, en los últimos años el país experimentó una recesión. Por su parte, Barbados redujo sensiblemente su crecimiento, mientras que Belice mantuvo su expansión. Los países de la OECO redujeron su crecimiento en comparación con el decenio anterior, en particular Monserrat, que registró tasas negativas en el período. Este último ha sido también el caso de las Antillas Neerlandesas. El déficit fiscal, la tasa de inflación y la carga de la deuda externa fueron moderados en general en la subregión, con la excepción de Guyana, Jamaica y Suriname.

Guyana sufrió una grave contracción económica en los años ochenta debido a la baja del precio de la bauxita y al aumento del precio del petróleo, como también a las numerosas distorsiones que presentaba la economía. El crecimiento del país se reanudó en la década de 1990. En efecto, la economía creció a un promedio del 4,8% en el período 1990-1999, la tasa más alta de toda la subregión. El programa de recuperación económica aplicado en el país a fines de los años ochenta y el bajo nivel de actividad inicial explican la marcada recuperación de la economía. La mejor gestión macroeconómica y las medidas destinadas a perfeccionar el funcionamiento del mercado han contribuido a un incremento del producto, sobre todo en el sector agrícola (azúcar y arroz). El déficit fiscal y la tasa de inflación se redujeron de 50% y 64% en 1987 a 12,3% y 8,7%, respectivamente, en 1999. Pese a esto, Guyana sigue soportando una pesada carga de la deuda, derivada de las políticas expansionistas de los años setenta financiadas con recursos externos. La deuda externa representaba casi el doble del PIB en 1999 y el país sigue teniendo problemas relacionados con su servicio, a pesar de haberse visto beneficiado por la condonación de una parte, en el marco de la Iniciativa para la reducción de la deuda de los países pobres muy endeudados.

Cuadro 8.3
Caricom: SITUACIÓN MACROECONÓMICA DE LOS PAÍSES
(En porcentajes)

	Crecimiento del PIB		Tasa de inflación 1999	Deuda externa (porcentaje del PIB) 1999	Tasa de desempleo 1999	Déficit fiscal (porcentaje del PIB) años noventa[a]
	1980-1989	1990-1999				
Países más desarrollados	**-0,2**	**2,2**	**5,3**	...	...	**-3,9**
Barbados	3,0	0,3	3,0	24,3	12,3[a]	-2,2
Guyana	-1,4	4,8	8,7	199,1	11,0[c]	-12,3
Jamaica	0,8	1,4	6,0	59,3	15,5[a]	-0,8
Trinidad y Tobago	-3,0	2,4	3,4	24,7[a]	13,1	-0,4
Países menos desarrollados	**5,4**	**2,3**	**2,8**	...	...	**-2,8**
Belice	4,4	4,6	-1,2	58,5	14,3[a]	-3,8
OECO	**5,5**	**2,0**	**2,4**	...	...	**-2,7**
Antigua y Barbuda	7,4	3,2	1,6	68,9	7,0[c]	-2,4
Dominica	5,5	2,6	1,5	45,8	10,0[c]	-4,1
Granada	4,7	3,8	-0,8	32,7[a]	16,0[c]	-3,6
Montserrat	5,8	-5,6	5,0	89,9[a]	...	-1,8
Saint Kitts y Nevis	5,2	4,0	0,4	47,0[a]	12,0[c]	-3,5
Santa Lucía	4,0	2,5	6,2	26,1[a]	16,0[c]	-1,0
San Vicente y las Granadinas	5,9	3,6	3,0	36,8[a]	20,0[c]	-2,4
Otros países del Caribe	...	...	...	...	...	...
Anguila	...	4,7	1,5	11,3[a]	...	-0,5
Aruba	...	4,8	2,8	...	...	-0,8
Bahamas	4,5	3,5[d]	6,0	8,1	15,0[c]	-2,1
Antillas Neerlandesas	...	-0,5	0,8	...	14,2[b]	10,4
Suriname	-3,1	0,7	98,8	...	10,0[b]	...
Caricom	**3,1**	**2,4**	**8,6**	...	...	**-2,0**

Fuente: Cepal, sobre la base de cifras nacionales y los siguientes estudios: The Economist Intelligence Unit, "Trinidad and Tobago, Guyana and Suriname country report", junio de 2000; The Economist Intelligence Unit, "Jamaica, Belize, Organisation of Eastern Caribbean States (OECS)", abril de 2000; The Economist Intelligence Unit, "Bahamas, Barbados, Bermuda, British Virgin Islands, Netherlands Antilles, Aruba, Turks and Caicos Islands, Cayman Islands country reports", junio de 2000.
 a Datos de 1998.   b Datos de 1997.   c Datos de 1996.   d Promedio de 1995-1999.

Después de una contracción que se prolongó por varios años, provocada sobre todo por el brusco descenso de los precios del petróleo y por los desequilibrios macroeconómicos que esto produjo, la economía de Trinidad y Tobago logró recuperarse en los años noventa, período en el que creció a un promedio de 2,4% entre 1990 y 1999. A partir de 1988, el país comenzó a aplicar un estricto y amplio programa de ajuste, que hizo posible una notable disminución de los déficit fiscal y de balanza de pagos y el surgimiento de condiciones económicas más favorables a la inversión y producción. La reanudación del crecimiento en el sector de petróleo y gas, así como la recuperación de la industria manufacturera y sus efectos positivos sobre otros sectores de la economía (construcción, sector bancario, seguros y sector inmobiliario) fueron los principales factores que contribuyeron a agilizar la expansión de la economía nacional.

Jamaica y Suriname registraron un crecimiento del 1,4% y 0,7%, respectivamente, en el período comprendido entre 1990 y 1999. Después de una dinámica recuperación a fines de los años ochenta y comienzos de los noventa, la economía de Jamaica comenzó a desacelerarse y ha experimentado una contracción a partir de 1996. Esta última obedeció a una combinación de desequilibrios macroeconómicos derivados del aumento de los gastos públicos financiados por el Banco Central, el servicio de una cuantiosa deuda y la sequía que afectó al sector agrícola. El déficit fiscal se mantuvo en promedio durante los años noventa en 0,8% del PIB. El financiamiento de la restructuración del sector financiero para socorrer a las tambaleantes instituciones bancarias[6] contribuyó al agravamiento del déficit a mediados del decenio. La inflación, que disminuyó considerablemente a comienzos de los años noventa, se mantenía en un 6% en 1999. La deuda externa descendió del 137,7% al 59,3% del PIB entre 1987 y 1999, aunque sigue siendo alta y su servicio aún representa una pesada carga. Después de sufrir una contracción a comienzos de la década de 1990, la economía de Suriname se recuperó en 1995 y comenzó a crecer nuevamente gracias a la aplicación de un programa de reforma económica. La inestabilidad política del país y la pesada carga de la deuda dificultan el manejo macroeconómico y pueden poner en peligro su frágil recuperación.

La economía de Barbados se vio afectada por una desaceleración en los años noventa, puesto que su crecimiento promedio en el período 1990-1999 fue muy bajo (0,3%), mientras había crecido a una tasa promedio del 3% en el decenio anterior. La economía sufrió una fuerte contracción en 1990-1992, trienio en que el PIB se redujo

---

6. En 1995, siete bancos comerciales del país atravesaron por problemas: National Commercial Bank, Mutual Security Bank, Citizens Bank, Workers Bank, Century National Bank, Island Victoria Bank y Trafalgar Commercial Bank. Los dos primeros se fusionaron, y la nueva institución siguió teniendo problemas, por lo que el gobierno debió salir en su ayuda con el aporte de un gran volumen de fondos. Century National Bank se disolvió y Citizens Bank, Workers Bank, Island Victoria Bank y Trafalgar Commercial Bank se fusionaron en una sola entidad llamada Union Bank of Jamaica.

3,1%, 4,1% y 6,2%, respectivamente. Esta contracción obedeció en especial a la debilidad de la economía mundial y a la pérdida de competitividad de los principales rubros de exportación (turismo y productos agrícolas y manufacturados), debido al alza del costo de producción en el país. La aplicación de un programa de estabilización económica en 1991 y el entorno externo más favorable contribuyeron a la reanudación del crecimiento a partir de 1993. Barbados ha mantenido un tipo de cambio fijo, sobre todo mediante políticas de ingresos y precios, con el objetivo de mitigar la constante presión a la baja del valor de la moneda nacional. Por su parte, Belice mantuvo una expansión de 4,6% promedio anual en el período 1990-1999, sobre la base del crecimiento de su agricultura de exportación, de la explotación de recursos pesqueros y del turismo (especialmente del ecoturismo). En conjunto estos sectores contribuyen con un 34% al PIB y un 66% a las exportaciones totales desde 1995.

En los años noventa, el crecimiento de los países de la OECO fue moderado, con la excepción de Montserrat, que registró tasas negativas. En comparación con los años ochenta, el crecimiento se desaceleró levemente, pese a lo cual alcanzó un promedio del 2,4% en el período 1990-1999. Este menor crecimiento económico se debió en particular al daño sufrido por la producción agrícola, la infraestructura física y el turismo a causa de algunos desastres naturales. En general, estos países evitaron ampliar su déficit fiscal incluso durante la desaceleración de los años noventa. Sus políticas fiscales prudentes también contribuyeron a mitigar las presiones inflacionarias. La actividad económica de Montserrat se redujo notablemente después de la erupción volcánica ocurrida en 1995, que infligió enormes daños en su infraestructura económica y social y provocó un éxodo masivo de la población[7].

El crecimiento de las Antillas Neerlandesas mostró una marcada desaceleración en la segunda mitad del decenio, lo que respondió sobre todo a las políticas fiscales y monetarias contractivas adoptadas con el objeto de restringir los crecientes déficit fiscal y de la balanza de pagos. La disminución de la demanda agregada provocó un incremento del desempleo del 12,8% en 1994 al 14,2% en 1997.

El desempleo se mantuvo en niveles relativamente altos en los países del Caribe a lo largo de todo el decenio. En 1999 ascendía como mínimo al 10% en toda la subregión, con la excepción de Antigua y Barbuda. Es posible que estas altas tasas se debieran al crecimiento moderado y fluctuante de los países en la década de 1990, como también a las rigideces del mercado de trabajo. La incidencia del desempleo varía de un grupo a otro, y suele ser mayor en los casos de las mujeres y los jóvenes.

---

7. Muchos de los que se quedaron en el país han tenido que instalarse en refugios y el sector de turismo, uno de los principales propulsores del crecimiento económico, quedó prácticamente destruido. En 1999 los isleños comenzaron a recuperar poco a poco la confianza y el gobierno, en colaboración con el Reino Unido, prosiguió con las actividades de reconstrucción. Se estima que en agosto de 1998 un 14% de los emigrantes había regresado al país, cuya población ascendía a 4.008 (Greene, 1999).

A pesar de las muy altas tasas de desempleo, los países del Caribe siguieron viéndose afectados por la escasez de trabajadores altamente capacitados en áreas técnicas y en administración (BID, 1998b).

c) Ahorro, inversión y cuenta corriente

Como figura en el Cuadro 8.4, la evolución de los componentes y el resultado de la cuenta de ahorro e inversión han sido heterogéneos en los países de la Caricom. El coeficiente promedio de inversión subió de 23% a 30,6% en Jamaica y se incrementó dos tercios en Guyana, pasando del 27.3% en los años ochenta al 43,3% en los noventa. En cambio, en Barbados y Trinidad y Tobago este coeficiente se redujo alrededor de cuatro y cinco puntos porcentuales respectivamente en el último decenio. En los países miembros de la OECO su promedio se mantuvo elevado (33,2% en 1981-1989 y 36,3% en 1990-1998).

Prácticamente en todos los países caribeños, excepto Barbados y Trinidad y Tobago, el coeficiente de inversión siguió superando al del ahorro interno por un amplio margen[8]. Esto se ha traducido en un déficit crónico en la cuenta corriente, que exige el financiamiento de un alto porcentaje de las inversiones internas con recursos externos. Las remesas desde Canadá, Estados Unidos, Unión Europea y otros países, que suelen representar una elevada proporción del ahorro externo, influyeron considerablemente en la situación de la balanza de pagos y en el desarrollo general de los países caribeños. En la subregión, Jamaica y los integrantes de la OECO, con la excepción de Antigua y Barbuda, son los principales receptores de remesas. Jamaica, por ejemplo, recibió 306 millones de dólares por este concepto en 1996. Las remesas alcanzaron entre 6% y 9% del PIB en los países de la OECO y, a mediados de los años noventa, equivalían al 100% de las exportaciones de mercancías en Montserrat y Anguila, al 20% en Jamaica y al 9% en Guyana (Cepal/CDCC, 1999).

En los países más desarrollados, el déficit en cuenta corriente mostró una mejora, puesto que se redujo de un promedio de 4,9% en los años ochenta a un 3% en la siguiente década. Trinidad y Tobago registró un excedente en cuenta corriente estimado en 6,9% del PIB en los años noventa, pero a expensas de la inversión. El déficit en cuenta corriente por lo general ha sido superior en los países de la OECO, en los que ascendió a un promedio del 26,6% y 17,4% del PIB en las décadas de 1980 y 1990, respectivamente.

---

8. Debido a la falta de series cronológicas, se utilizan el PIB y el ahorro interno en lugar del PNB y el ahorro nacional. La diferencia entre ahorro interno bruto y ahorro nacional bruto es el ingreso factorial neto proveniente del exterior. En el caso de algunos países caribeños en los que se reciben remesas de ciudadanos que viven en el extranjero, el ahorro nacional bruto puede ser superior al ahorro interno bruto.

Cuadro 8.4
CARICOM: INVERSIÓN, AHORRO Y CUENTA CORRIENTE
(En promedios anuales)

	Inversión interna como porcentaje del PIB (A)	Ahorro interno como porcentaje del PIB (B)	Balance en cuenta corriente como porcentaje del PIB (B-A)
1981-1989			
Caricom	**28.8**	**14.5**	**-14.3**
Países más desarrollados	22.9	18.0	-4.9
Barbados	18.9	19.4	0.5
Guyana	27.3	14.6	-12.7
Jamaica	23.0	16.1	-6.9
Trinidad y Tobago	22.3	21.8	-0.5
Países menos desarrollados	**32.2**	**8.0**	**-24.2**
Belice	26.2	16.3	-9.9
OECO	**33.2**	**6.6**	**-26.6**
Antigua y Barbuda	...	...	...
Dominica	30.7	6.5	-24.2
Granada	37.3	6.1	-31.2
Montserrat	39.9	-5.4	-45.3
Saint Kitts y Nevis	37.4	9.9	-27.5
Santa Lucía	24.3	10.7	-13.6
San Vicente y las Granadinas	29.4	11.7	-17.7
1990-1998			
CARICOM	**32.3**	**20.5**	**-11.8**
Países más desarrollados	**26.7**	**23.7**	**-3.0**
Barbados	15.1	16.5	1.4
Guyana	43.3	31.3	-12.0
Jamaica	30.6	22.3	-8.3
Trinidad y Tobago	17.7	24.6	6.9
Países menos desarrollados	**35.0**	**19.1**	**-15.9**
Belice	26.4	20.6	-5.8
OECO	**36.3**	**18.9**	**-17.4**
Antigua y Barbuda	36.6	31.8	-4.8
Dominica	35.1	5.3	-29.8
Granada	36.0	15.4	-20.6
Montserrat	44.9	18.4	-26.5
Saint Kitts y Nevis	44.7	24.5	-20.2
Santa Lucía	25.1	16.9	-8.2
San Vicente y las Granadinas	31.5	19.7	-11.8

Fuente: Cepal, Selected statistical indicators of Caribbean countries, vol. 2 (LC/CAR/G.544), Puerto España, Sede Subregional de la Cepal para el Caribe, 2 de diciembre de 1998; y Fondo Monetario Internacional (FMI), *Estadísticas financieras internacionales*, Washington, D.C., abril de 2000.
Nota: En los casos de Barbados y Guyana, los porcentajes corresponden al período 1990-1997 y en el de Montserrat, al período 1990-1996.

Cuando se examina la relación de las tasas de crecimiento económico con los coeficientes de inversión para los años ochenta y los noventa, se constatan importantes diferencias entre el grupo de países más desarrollados y los miembros de la OECO. En el primer caso, el mayor esfuerzo de inversión (incremento de casi cuatro puntos porcentuales del producto) se tradujo en un leve crecimiento (de un promedio de –0,2% a 2,2%), mientras que en la OECO ocurrió lo contrario. A pesar de las mayores tasas de inversión (incremento de tres puntos porcentuales del producto), el crecimiento económico fue menor (de un promedio de 5,5% a 2,0%). Es interesante observar que los países de la OECO han alcanzado niveles de formación bruta de capital fijo comparables a los del sudeste asiático y que los países de Caribe en su conjunto tienen tasas de inversión superiores a las de América Latina, pero ello no se ha traducido en tasas elevadas de crecimiento en la década de 1990, reflejando probablemente problemas de menor eficiencia de las inversiones en el Caribe[9].

3. ESTRUCTURA PRODUCTIVA

La estructura productiva de los países del Caribe no registró mayores cambios en los años noventa, según se indica en el Cuadro 8.5. En términos generales, se observó una relativa pérdida de importancia de la agricultura y un mayor desarrollo de los sectores manufacturero y de servicios, aunque la evolución subregional fue bastante heterogénea. De hecho, en algunos países aumentó la contribución de la agricultura al PIB. En Guyana el producto agrícola mostró un marcado incremento a raíz de las reformas económicas, sobre todo la suspensión de los controles de precios y de las restricciones cambiarias, como también de la liberalización del comercio y del tipo de cambio. La contribución del sector agrícola al producto total subió del 29,9% en 1987 al 34,7% en 1998. El sector también siguió representando una alta proporción del PIB en Belice y Dominica. En cambio, en Barbados, Trinidad y Tobago y algunos países de la OECO su participación disminuyó a menos del 5%.

El sostenido descenso de la producción de los principales cultivos agrícolas, iniciado hace años, siguió acentuándose en los años noventa. La producción de azúcar en Barbados, Jamaica, Trinidad y Tobago y los países productores de la OECO disminuyó de 1.100.000 toneladas en 1970 a 427.100 toneladas en 1995 y a 392.500 toneladas en 1999. Una contracción similar se observó en los casos del cacao y el café en los países productores de Jamaica, Trinidad y Tabago y algunos países de la OECO. La producción de cacao cayó de 11.700 toneladas en 1970 a 6.250 toneladas en 1995 y a 2.080 toneladas en 1999, mientras que la producción de café descendió de 4.100

---

9. La relación marginal capital-producto, calculada a fines de los años ochenta como inversión bruta dividida por la tasa de crecimiento exponencial del PIB real, era muy alta y fluctuaba entre 7.4 y 9.4. Véase Caricom (1988).

toneladas en 1970 a 1.350 toneladas en 1995 y a 890 toneladas en 1999[10]. Aunque la producción de banano mostró ciertas fluctuaciones, en los dos últimos decenios se mantuvo. Es posible que el peligro de eliminación del trato preferencial otorgado al banano en el mercado europeo afecte negativamente la producción de este producto básico en el futuro inmediato. Otros factores que han contribuido al descenso de la producción agrícola son la baja de los precios, el mal manejo de los productos una vez cosechados y el uso inadecuado de la tierra y el agua que induce a un deterioro de los suelos. Por lo general, la tecnología aplicada en la agricultura se ha concentrado exclusivamente en la producción, en lugar de abarcar también el procesamiento.

Después de la recesión de fines de los años ochenta, la industria manufacturera se recuperó levemente durante la década de 1990. Sin embargo, la contribución de este sector al producto siguió siendo inferior al 10%, tanto en Barbados y Trinidad y Tobago como en todos los países de la OECO. El sector manufacturero del Caribe, orientado fundamentalmente al mercado subregional protegido y al mercado de los Estados Unidos, en el caso de las zonas de libre comercio, no ha alcanzado el nivel de eficiencia necesario para competir adecuadamente en los mercados internacionales. Sigue estando integrado en su mayor parte por plantas de ensamble en las que se producen prendas de vestir y artículos electrónicos para su posterior exportación a los Estados Unidos, plantas en las que se realizan actividades de montaje, como ocurre con los artefactos destinados a los mercados locales, y plantas procesadoras de productos agrícolas, orientadas principalmente al mercado de la Caricom.

La baja productividad de este sector en la subregión del Caribe ha llevado a los países a ejecutar numerosos programas con el propósito de elevar su eficiencia. Varios de ellos han establecido sistemas especiales de apoyo a la pequeña y mediana industria, la mayoría de los cuales tiene por objeto fomentar el espíritu empresarial y ofrecer capacitación. Algunas de estas iniciativas son los programas de capacitación de jóvenes y de cooperación en materia de empleo ejecutados en Trinidad y Tobago y las instituciones para el desarrollo de las pequeñas empresas creadas en algunos países de la OECO. Estos programas de apoyo suelen tener ciertas deficiencias en cuanto a su aplicación, sobre todo en lo que respecta a la prestación de asistencia técnica y obtención de financiamiento. Además, la falta de capacitación administrativa y técnica básica sigue siendo uno de los principales obstáculos que dificultan el desarrollo de este segmento de empresas en el Caribe.

En los años noventa el sector de servicios mantuvo sus tradicionalmente elevadas tasas de participación en el producto. El turismo siguió haciendo una destacada contribución al crecimiento económico de Barbados, Jamaica y varios países de la OECO.

---

10. Cepal, de acuerdo con información extraída de la base de datos estadísticos de la Organización de las Naciones Unidas para la Agricultura y la Alimentación (2000).

Cuadro 8.5
CARICOM: ESTRUCTURA DE LA ECONOMÍA DE LOS PAÍSES
(En porcentajes del PIB)

	Agricultura				Industria			
	1977	1987	1997	1998	1977	1987	1997	1998
Barbados	10,3	6,9	4,0	-	20,4	18,7	12,7	-
Guyana	20,7	29,9	35,4	34,7	35,7	30,1	33,7	32,5
Jamaica	8,4	7,7	8,0	8,0	37,0	39,9	35,1	33,7
Trinidad y Tobago	3,5	2,6	2,2	2,0	59,1	41,5	44,6	44,0
Belice	-	22,7	19,0	19,3	-	27,6	22,1	21,7
Antigua y Barbuda	1,1	4,5	4,1	4,0	15,3	20,3	18,2	18,9
Dominica	37,6	29,8	20,9	20,2	14,6	14,8	21,5	22,5
Granada	27,1	18,7	8,1	8,4	14,2	18,9	20,7	22,2
Montserrat								
Saint Kitts y Nevis	18,9	10,6	5,1	4,6	28,9	24,8	24,6	24,3
Santa Lucía	-	13,2	8,6	8,1	-	17,6	19,6	18,9
San Vicente y las Granadinas	17,5	17,0	10,1	10,9	22,4	24,7	26,6	26,9
Bahamas	-	2,1	-	-	-	14,5	-	-
Suriname	8,4	11,2	-	-	42,4	25,1	-	-

	Manufactura				Servicios			
	1977	1987	1997	1998	1977	1987	1997	1998
Barbados	11,6	8,9	5,2	-	69,3	74,4	83,3	-
Guyana	12,1	13,9	11,4	11,1	43,6	39,9	30,8	32,8
Jamaica	18,4	20,9	16,3	15,1	54,6	52,4	56,9	58,4
Trinidad y Tobago	13,8	7,8	7,8	3,0	37,3	55,9	53,2	54,1
Belice	-	18,6	13,3	12,6	-	49,6	58,9	59,0
Antigua y Barbuda	4,3	3,6	2,2	2,3	73,8	75,2	77,7	77,1
Dominica	5,0	6,5	7,5	8,8	47,8	55,4	57,7	57,3
Granada	3,1	5,9	6,7	7,1	58,7	62,4	71,2	69,4
Montserrat								
Saint Kitts y Nevis	18,1	14,5	10,1	9,7	52,2	64,6	70,3	71,1
Santa Lucía	-	8,5	6,6	6,9	-	69,2	71,8	72,9
San Vicente y las Granadinas	7,1	10,3	7,9	6,9	60,1	58,3	63,3	62,2
Bahamas	-	-	-	-	-	83,4	-	-
Suriname	18,4	11,5	-	-	49,2	63,7	-	-

Fuente: Banco Mundial, *World Bank Development Indicators, 1998*, Washington, D.C., 1998.

Este hecho estimuló a otros países a desarrollar sus potencialidades turísticas, como es el caso de Trinidad y Tobago. Una de las novedades recientes más importantes es el surgimiento de nuevas modalidades, como el ecoturismo, que no ponen en peligro el frágil ecosistema de las islas.

Varios países de la subregión han fomentado también otros subsectores de los servicios, como son la informática y los servicios financieros extraterritoriales, con diversos resultados. Barbados y Jamaica lograron desarrollar un sector de servicios de informática y de comunicaciones relativamente dinámico, pero su expansión en Jamaica parece haberse detenido en el último decenio. Los servicios de telecomunicaciones relativamente eficientes y de bajo costo, la disponibilidad de mano de obra barata y la favorable legislación sobre inversión extranjera son algunos de los factores que contribuyeron al desarrollo de estas actividades. Los países de la OECO, sobre todo Saint Kitts y Nevis, Santa Lucía y San Vicente y las Granadinas, cuentan con un sector de informática de reducidas proporciones, que está muy limitado por la falta de personal calificado y por el alto costo de las telecomunicaciones. La mayoría de las empresas de informática que funcionan en el Caribe tienden a especializarse en servicios sencillos de registro de datos. Sin embargo, algunas de Barbados y Jamaica han comenzado a ofrecer servicios con mayor valor agregado, entre otros de programación, de centros de llamado y de diseño y manejo de páginas electrónicas. En cuanto al sector de servicios financieros extraterritoriales, en Antigua y Barbuda, Barbados y Saint Kitts y Nevis se han creado pequeños centros financieros, que se encuentran en proceso de expansión. Estos casos se han sumado a otros más antiguos en la subregión, como son los de Antillas Neerlandesas, Islas Caimán e Islas Vírgenes Británicas. El crecimiento futuro de esta rama de actividad dependerá de la capacidad de los países de aplicar normas estrictas sobre regulación y supervisión prudenciales, de acuerdo con la tendencia mundial al fortalecimiento de los sistemas regulatorios.

En el campo científico y tecnológico se han formulado numerosas políticas para reforzar los servicios de investigación y desarrollo y lograr un mayor desarrollo tecnológico, con pocos resultados hasta ahora. En los últimos años varios países de la subregión han creado oficinas de normas y estándares, la mayoría de las cuales aún no cuenta con el personal ni los recursos necesarios y, en algunos países, ni siquiera con el respaldo legislativo que les permita funcionar adecuadamente. Tampoco se ha logrado avanzar en la creación de entidades nacionales encargadas de dirigir y financiar las actividades de ciencia y tecnología, como las que sí existen en muchos países latinoamericanos.

4. Cambios en la estructura social

La estructura social de los países caribeños ha sufrido una profunda transformación, provocada sobre todo por el crecimiento y envejecimiento de la población, la migración, la urbanización y los efectos cada vez más negativos de la epidemia del SIDA. El crecimiento de la población ha sido lento en los últimos 20 años, como consecuencia del sostenido descenso de la tasa de fecundidad y una emigración bastante elevada. La disminución generalizada de la fecundidad en el Caribe se debe sobre todo al mayor nivel de educación de las mujeres y a la constante ejecución de programas de planificación familiar, pero es menos pronunciada entre las adolescentes que en otros grupos etarios. En 1994, 15% de los nacimientos correspondieron a madres adolescentes y en algunos países (Guyana y Jamaica, entre otros) este porcentaje superó el 20%[11].

A su vez, la combinación del descenso de la natalidad y de la mortalidad se ha traducido en un lento pero sostenido envejecimiento de la población. La tasa bruta de natalidad disminuyó de 3,2% en 1975-1980 a 2,3% en 1990-1998. Otro tanto ocurrió con la tasa bruta de mortalidad, que bajó de 1,0% en el primer período a 0,8% en 1990-1998 (véase el Gráfico 8.1).

Como figura en el Cuadro 8.6, el porcentaje de personas mayores de 60 años aumentó de 7,9% de la población de la subregión en 1970 a 9,8% en 2000, sobre todo debido a las mejores condiciones de salud, la emigración de los jóvenes y el regreso de un número cada vez mayor de jubilados. En promedio, las mujeres viven de cuatro a seis años más que los hombres.

La migración, tanto dentro de la subregión como fuera de ella, ha seguido influyendo en el perfil demográfico del Caribe. La mayoría de los trabajadores calificados que emigran se dirigen a Canadá, Estados Unidos y Reino Unido. El número de emigrantes a los Estados Unidos se mantuvo por encima de los 750.000 en las décadas de 1970 y 1980. Se estima que 3.5 millones de emigrantes de origen caribeño vivían en ese país a comienzos de los años noventa y que aumentarían a 4.1 millones hacia fines del decenio. La migración dentro del Caribe se produce por lo general de los países con menor crecimiento a los de mayor crecimiento, dado que su principal objetivo es la búsqueda de trabajo. Un ejemplo extremo de este fenómeno es el caso de Montserrat, en el que la migración provocada por una erupción volcánica redujo la población de 10.630 habitantes en 1991 a sólo 4.000 en 1998. Otro factor que ha influido en el perfil demográfico de los países del Caribe son los dramáticos efectos de la epidemia del SIDA. Según las estimaciones del Centro de Epidemiología del Caribe, ésta ha sido la causa del 60% al 80% de las muertes en el grupo de edad de 25 a 34 años, con un elevado costo económico y social para los países caribeños.

La transformación de la estructura productiva del Caribe, caracterizada por el retroceso de la agricultura y el crecimiento de los sectores manufacturero y de servicios, se ha traducido en una mayor migración de las zonas rurales a las urbanas en

---

11. Cepal, sobre la base de cifras nacionales.

busca de mejores posibilidades de empleo. En promedio, la tasa de urbanización aumentó del 38% al 44% en el período comprendido entre 1975 y 1995. Trinidad y Tobago presenta la mayor concentración en zonas urbanas (65%). El tamaño de los hogares también ha ido disminuyendo y los hogares encabezados por mujeres aún constituyen una alta proporción del total, entre un 22,3% en Belice y un 43,9% en Barbados[12].

Gráfico 8.1
Caricom: TASAS BRUTAS DE NATALIDAD Y MORTALIDAD

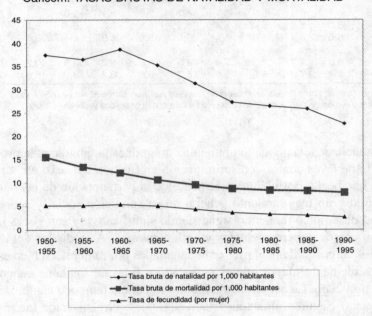

Fuente: Naciones Unidas, *World Population Prospects: The 1998 Revision. Comprehensive Tables*, vol. 1 (ST/ESA/SER.A/ 180), Nueva York, División de Población, Departamento de Asuntos Económicos y Sociales, 1999.

En los años noventa se lograron importantes progresos hacia una mayor equidad de género. Un indicador de ello es el cambio registrado en la matrícula escolar de ambos sexos (véase el Gráfico 8.2). A diferencia de lo que sucedía previamente, las mujeres representan por lo menos la mitad del total de estudiantes en todos los niveles de la educación. De hecho, actualmente hay más mujeres que hombres en los niveles secundario y terciario.

---

12. Cepal, sobre la base de cifras nacionales.

Cuadro 8.6
ALGUNOS PAÍSES DEL CARIBE: POBLACIÓN DE 60 AÑOS Y MÁS, 1950-2000
(En porcentajes de la población total)

Indicador	Cifras estimadas										
	1950	1955	1960	1965	1970	1975	1980	1985	1990	1995	2000
Subregión	6,9	7,0	7,2	7,5	7,9	8,1	8,6	8,7	9,1	9,3	9,8
Barbados	8,5	9,5	10,0	11,1	12,2	13,6	14,1	14,8	15,3	14,4	13,7
Guyana	6,7	5,8	5,2	5,4	5,3	5,5	5,7	5,7	5,9	6,1	6,3
Jamaica	5,8	6,3	6,6	8,1	8,5	8,5	9,3	9,4	10,0	9,5	9,3
Trinidad y Tobago	6,1	6,1	5,9	5,7	6,7	7,6	8,1	8,0	8,7	8,9	9,6
Belice	6,0	6,2	6,4	6,4	6,5	6,8	6,3	6,1	6,2	6,1	6,0
Bahamas	6,6	6,4	5,8	5,4	5,5	5,9	6,3	6,4	6,6	7,1	7,9
Antillas Neerlandesas	8,8	7,7	7,3	7,4	8,0	8,6	9,3	9,9	10,2	10,5	11,3
Suriname	8,4	7,2	6,2	6,0	5,7	5,8	6,3	6,3	6,8	7,5	8,1

Fuente: Naciones Unidas, *World Population Prospects: The 1998 Revision. Comprehensive Tables*, vol. 1, (ST/ESA/SER.A/ 180), Nueva York, División de Población, Departamento de Asuntos Económicos y Sociales, 1999.

La existencia de una población femenina más educada, junto con la promulgación y aplicación de leyes contra la discriminación en función del sexo en la mayoría de los países, han hecho posible un incremento de la participación de las mujeres en la fuerza laboral y un mejoramiento general de su condición social y económica. Sin embargo, el desempleo femenino sigue siendo significativo y son pocas las mujeres que ocupan cargos gubernamentales y parlamentarios. A mediados del decenio, un 14,3% de los cargos parlamentarios eran detentados por mujeres. Si bien este porcentaje es sensiblemente mayor que el registrado a fines de los años ochenta (6,6%), todavía es muy bajo. La participación laboral femenina tampoco cambió mayormente en el decenio. Según estimaciones realizadas por la Organización Internacional del Trabajo, en 1996 las mujeres, que representaban un 44% de la fuerza laboral, sólo ocupaban el 41% de los empleos (OIT, 1997). Por lo general, el empleo de las mujeres se concentra en cargos técnicos, comerciales y de prestación de servicios. Según datos recientes, las mujeres que trabajan por cuenta propia representan el 25% del total de trabajadores independientes en el Caribe.

Aunque los indicadores sociales de los países caribeños han sido generalmente mejores que los de la mayoría de los países latinoamericanos, es posible que la acentuada contracción de varias economías del Caribe y su posterior restructuración y ajuste hayan reducido esa diferencia. Además, el actual modelo de crecimiento podría haber agravado la pobreza en algunos países, aunque ésta varía notablemente de uno a otro, según se aprecia en el Cuadro 8.7. Se estima que el 43,2% de la población de Guyana, el 34,6% de Belice y el 34,2% de Jamaica vive por debajo de la línea de pobreza, mientras que en Barbados sólo un 8% de la población se encuentra en esa situación. La mayoría de los países han adoptado planes de erradicación de la pobreza, que incluyen programas de creación de empleo y capacitación.

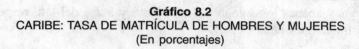

Gráfico 8.2
CARIBE: TASA DE MATRÍCULA DE HOMBRES Y MUJERES
(En porcentajes)

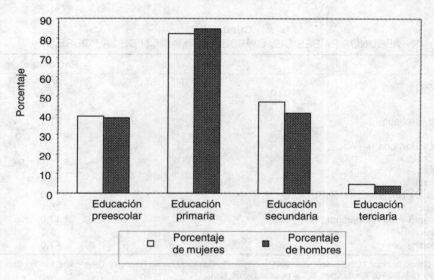

Fuente: Organización de las Naciones Unidas para la Educación, la Ciencia y la Cultura (Unesco), *Informe mundial sobre la cultura, 1998*, París, 1998.

Las características de los sistemas de seguridad social varían de un país a otro, pero tienen en común el hecho de ser financiados por el Estado. El sistema de Barbados es el único que incluye un seguro de desempleo. Los demás ofrecen generalmente seguro médico, transferencias a indigentes y pensiones para los jubilados. La cobertura de las personas mayores sigue siendo inadecuada en algunos países del Caribe, entre otros Belice y Granada, en los que apenas el 10% y el 5% de las personas mayores reciben prestaciones del seguro social. Los planes privados de pensiones son cada vez más comunes, pero todavía se encuentran en una etapa inicial de desarrollo y, por lo general, sólo benefician a las personas de mayores ingresos. Los seguros médicos privados también siguen siendo escasos. En 1997, un promedio de 115 de cada 1.000 personas estaban cubiertas por este tipo de seguro. El gasto público en salud y educación suele ser más alto en los países del Caribe que en otros países en desarrollo del continente. Por ejemplo, el gasto público promedio en salud en la primera mitad del decenio, expresado como porcentaje del PIB, ascendió a 4,1%, 3,0% y 2,6% en Barbados, Jamaica y Trinidad y Tobago, mientras en Brasil y Chile fue 2,3% y 2,5%, respectivamente. A su vez, el gasto en educación en Belice, Jamaica y Santa Lucía alcanzó a mediados del decenio 7,2%, 7,5% y 9,8%, mientras que Chile, Costa Rica y Uruguay apenas le asignaron 3,1%, 5,8% y 3,2% del PIB, respectivamente, según las estimaciones de la Cepal.

Cuadro 8.7
ALGUNOS PAÍSES DEL CARIBE: ESTIMACIÓN DE LA POBREZA

País	Porcentaje
Barbados	8,0
Guyana	43,2
Jamaica	34,2
Trinidad y Tobago	21,2
Belice	34,6
Antigua y Barbuda	12,0
Dominica	33,0
Granada	20,0
Montserrat	...
Saint Kitts y Nevis	15,0
Santa Lucía	25,1
San Vicente y las Granadinas	17,0
Bahamas	5,0
Suriname	47,0

Fuente: Banco Mundial, "Caribbean Countries Poverty Reduction and Human Resource Development in the Caribbean", Report No 15342-LAC, Washington, D.C., 14 de mayo de 1996.

5. MEDIO AMBIENTE Y DESARROLLO SOSTENIBLE

Como es sabido, la mayoría de los países de la subregión del Caribe son islas, tienen ecosistemas frágiles y son muy vulnerables al deterioro ambiental. La transformación del turismo en pilar de la economía de muchos países caribeños y la concentración de hoteles e instalaciones turísticas a lo largo de las playas han alterado los ecosistemas costeros y agravado la contaminación y destrucción de los ecosistemas marinos. Otro aspecto del deterioro ambiental es el avance de la deforestación, ya que la cubierta forestal se ha reducido del 20,4% de la superficie en 1990 a 18,7% a mediados del decenio. La tasa promedio de deforestación fue 1,7% en el período, con amplias variaciones que van desde 7,2% en Jamaica a valores muy bajos en Belice, Guyana y Suriname (véase el Cuadro 8.8).

La marcada dependencia de los ingresos aportados por el turismo y el temor de perder esta importante fuente de divisas han llevado a los gobiernos de los países caribeños a formular y aplicar programas para poner fin al deterioro del medio ambiente. Entre otras medidas, estos programas incluyen redes de alcantarillado, el manejo de las zonas costeras y planes para áreas marinas y terrestres protegidas. En el último decenio algunos países (Jamaica y Trinidad y Tobago, entre otros) también reforzaron su capacidad de gestión ambiental mediante el establecimiento de instituciones especializadas. En cambio, en otros países la gestión sigue fragmentada, a cargo de numerosos ministerios y otras instituciones. El sistema de manejo ambiental consiste esencialmente en la adopción de regulaciones y suele verse dificultado por la existencia de varios impuestos y subsidios con efectos negativos. Por otra parte, la creciente participación de las comunidades en la conservación de los recursos naturales es un adelanto digno de mencionarse. Algunos ejemplos son la protección de la población de tortugas en Trinidad y Tobago, el manejo de los parques nacionales en Jamaica y de las áreas marinas en Santa Lucía.

Cuadro 8.8
ESTADOS INSULARES DEL CARIBE: TASA ANUAL DE DEFORESTACIÓN, 1990-1995

País	Tasa anual
Jamaica	7,2
Trinidad y Tobago	1,5
Santa Lucía	3,6
Bahamas	2,6
Estados insulares del Caribe	1,7
Centroamérica y México	3,0
Países tropicales de Suramérica	0,6
Total mundial	**0,3**

Fuente: Cepal, a partir de información proveniente de la base de datos de la FAO "Faostat Forestry".

La adopción del Programa de Acción de los pequeños Estados insulares ha sido una importante contribución a la búsqueda de un desarrollo sostenible en el Caribe. En este programa se definen una serie de principios y estrategias de desarrollo para proteger el frágil medio ambiente, dentro de una estrategia global de desarrollo. El daño provocado año a año por los huracanes y las tormentas tropicales a la infraestructura económica y social es otro motivo de preocupación de los países de la subregión, algunos de los cuales se vieron afectados por siete huracanes en el último decenio. Los pequeños Estados insulares del Caribe consideran que el Programa de Acción es un instrumento que les ofrece un marco de referencia general para la ejecución de actividades que favorezcan el desarrollo sostenible, en las que se preste particular atención al medio ambiente. Sin embargo, por contener recomendaciones sólo de carácter general, no brinda a las autoridades las herramientas específicas necesarias para convertirlo en un instrumento más práctico y eficaz.

Los países de la subregión consideran que, en la aplicación del Programa de Acción, se debe dar la más alta prioridad a los recursos costeros y marinos, a los desastres naturales y ambientales y al turismo. A su vez, la escasez de fondos, tanto en el plano nacional como regional, es el obstáculo más citado en relación con la aplicación de dicho Programa. Las insuficiencias más graves en el plano nacional son los limitados recursos humanos, la falta de capacitación y la ausencia de un enfoque integrado para abordar los problemas.

Uno de los aportes de efecto duradero del proceso de aplicación del Programa de Acción es la comprensión de diversos aspectos del desarrollo sostenible. Esto se pone de manifiesto en la clara identificación de problemas y proyectos ambientales y socioeconómicos para toda la región. Además, en respuesta a las necesidades planteadas en el Programa de Acción, los gobiernos y la sociedad civil han comenzado a movilizarse para establecer novedosas relaciones de colaboración, de una intensidad y un alcance sin precedentes. La contribución de la sociedad civil y del sector privado a la determinación y consecución de los objetivos del Programa respecto del manejo conjunto de los recursos naturales, la adopción de normas y la formulación de políticas y planes de acción sobre el medio ambiente ha sido reconocida y fomentada.

Otra área en la que se han logrado algunos progresos es en el reconocimiento de la importancia del fortalecimiento institucional, ya sea mediante la promulgación de leyes sobre el medio ambiente, el desarrollo de mayores capacidades institucionales, las evaluaciones de impacto ambiental y la adopción y ejecución de planes de acción. Además, los gobiernos han desplegado grandes esfuerzos en el plano internacional en favor de la ratificación de convenios internacionales como el Convenio sobre la Diversidad Biológica y la Convención Marco de las Naciones Unidas sobre el Cambio Climático. A mediados de 1997, el primero ya había sido ratificado por todos los pequeños Estados insulares en desarrollo del Caribe.

En el plano regional, la expresión más concreta de los esfuerzos de los países del Caribe por comprender la naturaleza de los problemas que plantea la aplicación del Programa de Acción es el modelo concebido para coordinar el proceso y, en términos generales, contribuir a su ejecución[13]. Es importante señalar que, tal como lo han expresado varios gobiernos, muchas de las actividades contempladas en el Programa habían sido iniciadas antes de su adopción y se han venido ejecutando en el contexto de los planes nacionales de desarrollo sostenible. De todas maneras, estas activida-

---

13. La estructura está constituida por una Secretaría mixta provisional (integrada por las secretarías de la Cepal y la Caricom), la Mesa Directiva de los pequeños Estados insulares en desarrollo, el Grupo de colaboración interinstitucional (conformado por varias organizaciones regionales o con oficinas en la región) y un programa de trabajo conjunto, basado en los capítulos en que se divide el Programa y adoptado formalmente en la misma reunión ministerial. En el marco de la Secretaría mixta provisional, la Cepal actúa como secretaría operacional o técnica, mientras que la Caricom se encarga de las actividades de difusión política necesarias.

des se han visto influenciadas por el Programa de Acción que las ha focalizado y les ha dado un nuevo impulso, contribuyendo a la aplicación de un enfoque más integral en su ejecución y a la formulación de nuevos proyectos y programas. La reciente ampliación del Programa a las áreas económica y social abre nuevas perspectivas para la acción práctica.

Capítulo 9
LA RESTRUCTURACIÓN DE LOS ESPACIOS NACIONALES

Durante los años noventa la geografía económica, social y política de los países de la región experimentó significativas mutaciones. La población ocupó nuevos espacios y se desplazó intensamente entre áreas ya pobladas, tanto urbanas como rurales, modificando sus patrones de distribución en los territorios nacionales. La actividad económica hizo crisis en algunas zonas, mientras mostró dinamismo en otras, registrándose una amplia relocalización de los procesos productivos en el territorio. La toma de decisiones pública, tradicionalmente centralizada y concentrada en las ciudades capitales, tendió a difundirse hacia entidades político-administrativas subnacionales. A su vez, las innovaciones en transporte y en comunicaciones, con la pertinente inversión en infraestructura, redujeron la fricción de la distancia. En suma, los países de América Latina y el Caribe sufrieron importantes procesos de restructuración territorial.

Entre los factores que ejercieron mayor impacto en esta restructuración se encuentra, en primer lugar, la globalización, con sus múltiples y variadas dimensiones. Gracias a la apertura de las economías al exterior, los mercados nacionales se transformaron en puntos de inflexión de una cadena de flujos de capital, bienes y servicios cada vez más desarraigados de sus bases territoriales. Al amparo de estas condiciones se gestó una nueva geografía en la que coexisten, sin solución de continuidad, territorios que lograron una inserción competitiva en la economía mundial (zonas ganadoras) y otros que se mantuvieron al margen de ella (zonas perdedoras). La presencia en las ciudades de grandes conglomerados comerciales y financieros y en los espacios rurales de complejos agroindustriales, mineros y turísticos vinculados a la inversión y la demanda externas son expresiones visibles de este impacto de la globalización en el territorio.

En segundo lugar, el mayor intercambio comercial entre los países de la región también incidió en la restructuración territorial. Algunos resultados de estos esfuerzos de integración son el mejoramiento sistemático de la infraestructura de transporte y comunicaciones en zonas fronterizas, la realización conjunta de megaproyectos energéticos, la formación de circuitos ecoturísticos multinacionales y el dictado de normas comunes sobre comercio de bienes y servicios. La progresiva superación de los diferendos limítrofes retroalimentó el comercio, dio origen a la creación de proyectos productivos o de protección ecológica y facilitó la movilidad de las personas.

En tercer lugar, y en el contexto antes esbozado, se formularon y ejecutaron políticas públicas en respuesta al desafío estratégico impuesto por la necesidad de establecer y promover un ordenamiento del territorio funcional al modelo de crecimiento y desarrollo. Al mismo tiempo, dicho ordenamiento tuvo que enfrentar los conflictos derivados de las nuevas pautas de estructuración territorial, en particular los relacionados con el futuro incierto de las zonas perdedoras y los choques de intereses dentro de las zonas ganadoras.

Una fuerza endógena muy importante fue, en cuarto lugar, la mayor capacidad de intervención de los actores sociales que operan a escala subnacional, asociada, a su vez, a una creciente descentralización estatal. En este contexto, el liderazgo local, la identidad cultural territorial y las capacidades de acción y negociación de los actores contribuyeron decisivamente a aumentar los beneficios de la restructuración en algunas zonas y atenuar sus impactos negativos en otras.

1. DISTRIBUCIÓN Y MOVILIDAD TERRITORIAL DE LA POBLACIÓN

La persistencia de tendencias centrífugas en el poblamiento de la región no ha impedido que el tradicional patrón de concentración mantenga vigencia, ya que más de las dos terceras partes de los habitantes de América Latina y el Caribe se agrupan en menos de un quinto de la superficie regional. Más importante aún, la urbanización siguió avanzando en la década de 1990, aunque a un ritmo más lento que en las previas, cuando la tasa de crecimiento de la población urbana superaba el 3% medio anual, según se aprecia en el Gráfico 9.1. En virtud de lo anterior, la región continuó teniendo la más alta proporción de población urbana del mundo en desarrollo, al alcanzar un 73,4%, más del doble que la de África (34,9%) y la de Asia (34,7%). Asimismo, la concentración urbana en la región se sitúa sólo un punto porcentual por debajo de la correspondiente a los países desarrollados (74,5%).

Esta tendencia permite colegir que los ajustes y cambios económicos y sociales experimentados por la región desde los años ochenta no alteraron los factores estructurales que favorecían la concentración en ciudades. Por el contrario, existen actualmente en las ciudades nuevos factores de localización que contribuyen a la competitividad internacional, como los servicios avanzados de producción, el capital humano y el conocimiento, además de una variada oferta de servicios públicos y privados.

Cuadro 9.1
AMÉRICA LATINA: 52 CIUDADES DE 1.000.000 DE HABITANTES O MÁS 1950-2000

Año	1950	1960	1970	1980	1990	2000
Número de ciudades	52	52	52	52	52	52
Población (en miles de personas)	28.747	47.708	74.068	105.837	133.584	166.952
Porcentaje de la población total	17,3	22,0	26,1	29,5	30,5	32,4
Porcentaje de la población urbana	41,7	44,6	45,5	45,5	42,9	43,0
Tasa de crecimiento[a]		5,1	4,4	3,6	2,3	2,2

Fuente: Cálculos de la División de Población - Centro Latinoamericano y Caribeño de Demografía (Celade); Naciones Unidas, *World Urbanization Prospects: The 1996 Revision. Estimates and Projections of Urban and Rural Populations and of Urban Agglomerations* (ST/ESA/SER.A/170), Nueva York, 1998. Publicación de las Naciones Unidas, N° de venta: E.98.XIII.6.
a Tasa de crecimiento medio anual en el decenio correspondiente.

En estas grandes ciudades, algunas de ellas consideradas "ciudades globales", en virtud de su dimensión demográfica y de su importancia económica, se consolidaron dos tendencias. Una es que se siguieron registrando índices de crecimiento bajos en el contexto urbano, lo que se explica por una transición demográfica avanzada y una migración neta reducida o negativa[3]. La otra es que se profundizó la tendencia a vertebrar un territorio cada vez más extendido, integrando social y económicamente núcleos urbanos con los que tienen solución de continuidad geográfica (Rodríguez y Villa, 1997).

Este último fenómeno no sólo se debe a la incorporación de nuevos territorios al casco urbano del pasado, o a la ampliación de la red vial para permitir los movimientos, sino que también incluye el desplazamiento de la industria desde la ciudad central a su periferia y la generación de subcentros con dinámica social y laboral relativamente autónomas. Así, se acrecentaron las complejidades de la gestión en las áreas metropolitanas, cuya configuración revela la operación de las fuerzas de mercado y de procesos de asentamiento no regulados. Esto ocurrió sobre todo en aquellas zonas que carecen de instancias de gobierno metropolitano, o de mecanismos de coordinación entre autoridades locales. Como ya se planteó, esta modalidad de expansión no les permitió recuperar el dinamismo demoGráfico de antaño, de hecho irrepetible por los bajos niveles de fecundidad y la sostenida caída del aporte migratorio[4].

---

3. La transición demográfica, fenómeno que ha tenido alcance nacional en la mayoría de los países, se examina en el capítulo 6.
4. Más aún, algunas áreas metropolitanas todavía parecen no retomar su poder de atracción, tal como lo revela el hecho de que la Zona Metropolitana de la Ciudad de México perdió, en el quinquenio 1992-1997, unos 150.000 efectivos en su intercambio con las otras cuatro macrorregiones definidas en el país (Conapo, 1999). En todo caso, la disminución por migración fue mucho más abultada en el período 1985-1990, lo que explica el aumento del ritmo de crecimiento de la Ciudad de México de un 0,7% medio anual en los años ochenta a un 1,5% medio anual entre 1990 y 1995.

Cuadro 9.2
AMÉRICA LATINA: CIUDADES DE 5 000 000 DE
HABITANTES O MÁS 1950-2000

Año	1950	1960	1970	1980	1990	2000
Número de ciudades	1	4	4	4	6	7
Población (en miles de personas)	5.042	12.199	32.588	45.046	62.110	77.992
Porcentaje de la población total	3,0	5,6	11,5	12,5	14,2	15,2
Porcentaje de la población urbana	7,3	11,4	20,0	19,3	20,0	20,1

Fuente: Cálculos de la División de Población - Centro Latinoamericano y Caribeño de Demografía (Celade); Naciones Unidas, *World Urbanization Prospects: The 1996 Revision. Estimates and Projections of Urban and Rural Populations and of Urban Agglomerations* (ST/ESA/SER.A/170), Nueva York, 1998. Publicación de las Naciones Unidas, N° de venta: E.98.XIII.6.

Aunque la información disponible no permite precisar cuál es la tendencia dominante en la región, existen razones para preocuparse por la segmentación socio-espacial en las ciudades. Las restricciones de acceso redundan en la ocupación de áreas que cumplen funciones de regulación de torrentes y de estabilización de laderas, aumentando la vulnerabilidad de los asentamientos frente a los desastres naturales[5] y, por otro lado, en el uso con propósitos habitacionales de antiguos terrenos industriales o de eliminación final de residuos. Además, la segmentación socio-espacial promueve la reproducción de la pobreza y el encapsulamiento de la riqueza, mantiene o profundiza las desigualdades socioeconómicas y atenta contra el ejercicio de una ciudadanía genuinamente democrática.

El segmento de ciudades intermedias mantuvo un dinamismo demoGráfico sobresaliente aunque, como ocurrió con el resto del conjunto urbano, su velocidad de crecimiento fue menor que la de decenios anteriores (Jordán y Simioni, 1998). En los años noventa, varias de ellas tendieron a reproducir algunos de los problemas de las grandes ciudades. Esto indica que la condición de ciudad intermedia no asegura por sí sola un futuro promisorio y que su viabilidad depende de los fundamentos económicos que la sustentan[6], incluyendo su grado de integración al escenario global, el tipo de articulación con el sistema urbano nacional y regional y el aprovechamiento de ventajas comparativas[7].

En suma, el sistema urbano de la región mostró la capacidad de las grandes ciudades para remontar los golpes socioeconómicos sufridos en la década de 1980, pero manteniendo problemas severos. Asimismo, se acentuó la tendencia de las metrópo-

---

5. Así lo ilustran los recientes efectos devastadores de fenómenos climáticos (como El Niño y La Niña, los huracanes registrados en Centroamérica y el Caribe) y telúricos en varias ciudades de la región.

6. A estos factores debe añadirse la calidad de la gestión y el establecimiento de acuerdos entre los actores más relevantes.

7. En materia de producción, oferta de servicios, disponibilidad de infraestructura, generación de conocimiento e información o condiciones de vida.

lis a superar sus límites y radios de acción tradicionales, conformando enormes zonas ampliadas de interacción urbana. También se ratificó la importancia del segmento de ciudades intermedias como soporte del crecimiento urbano. Esto entraña un conjunto de desafíos para dichas localidades que deben, por una parte, evitar reproducir los problemas ya verificados en las ciudades grandes y, por otra, competir con estas últimas en la tarea de ser los motores y soportes de la actividad productiva (Cepal, 1998e).

Gráfico 9.2
AMÉRICA LATINA: POBLACIÓN TOTAL, URBANA Y RURAL.
PERÍODO 1970-2000
(En millones de habitantes)

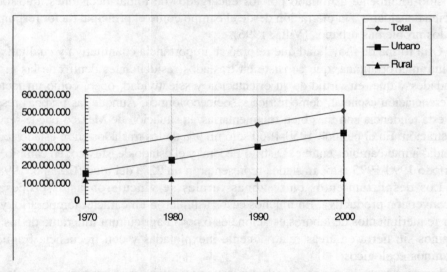

Fuente: División de Población - Centro Latinoamericano y Caribeño de Demografía (Celade); Proyecto Distribución Espacial y Urbanización de la Población en América Latina y el Caribe (Depualc) (1999).

La población rural, a su vez, virtualmente se estancó, según se aprecia en los gráficos 9.1 y 9.2. Dado que la liberalización comercial beneficia al sector moderno de exportación pero excluye paulatinamente a los sectores poco capitalizados y ubicados en tierras marginales (Dirven, 1997, p. 5), el futuro de la capacidad de retención demográfica de los campos latinoamericanos y caribeños no parece tan promisorio como lo sugiere el sesgo agrícola y primario de las exportaciones regionales. En la agricultura moderna normalmente no se observa un uso intensivo o de mano de obra y, cuando así ocurre, su carácter estacional desincentiva el asentamiento permanente en el campo. Por lo demás, la fuerza de trabajo que requieren estas explotaciones modernas suele buscarse fuera del ámbito campesino, por razones de calificación o de conocimientos especializados. La persistencia de una población rural altamente dispersa dificulta la conformación de villorrios que permitan a la población rural acceder a servicios sociales, obstaculiza su vinculación con el sector público y el mundo urbano y contribuye a su emigración.

b) La modificación de los patrones migratorios

La consolidación del predominio urbano ha ido modificando los patrones migratorios. Así, se generalizó la pérdida de importancia de la corriente rural urbana y, como contrapartida, se acentuó el peso de la migración entre zonas urbanas. Este hecho no ha sido totalmente asimilado por los encargados de tomar decisiones, que todavía suelen considerar a la migración desde el campo como el principal factor responsable de los problemas urbanos (Villa, 1996).

Otra forma de movilidad que reforzó su importancia cuantitativa y cualitativa fue la intrametropolitana, que consiste en traslados residenciales dentro de las grandes ciudades y que, en virtud de su orientación y selectividad, opera como un factor de diferenciación espacial, demográfica y socioeconómica. Aunque las pruebas respecto de esta tendencia son más bien fragmentarias, la situación de México puede servir de ilustración. En el período 1950-1960 sólo un 9% de los traslados entre estados correspondió a intercambios entre el Distrito Federal y el estado de México; en cambio, en el período 1990-1995 estos traslados representaron un 22% del total (Conapo, 1998)[8].

Los desplazamientos entre zonas rurales se vincularon a los procesos de reconversión productiva. En muchos casos asumieron un carácter temporario, ya sea por requerimientos de labores estacionales o por la agricultura itinerante de los campesinos sin tierra en áreas relativamente inexplotadas y con frecuencia frágiles en términos ecológicos[9].

Sin embargo, la ocupación de los espacios interiores sigue siendo destacable. Durante la década de 1990 continuó este proceso en la región, especialmente en las cuencas del Amazonas y del Orinoco. A diferencia de lo ocurrido antes, dicha ocupación no obedeció a los programas oficiales de colonización, sino más bien a las atractivas perspectivas derivadas de la explotación de recursos naturales, fuentes de energía y construcción de infraestructura.

---

8. Cabe recordar que en su gran mayoría corresponden a desplazamientos intrametropolitanos, pues en el Estado de México se localizan los municipios conurbados de la Zona Metropolitana de la Ciudad de México. Estimaciones basadas en encuestas muestran que a principios de la década un 19% de la migración interestatal en México correspondía a desplazamientos dentro del Área Metropolitana de la Ciudad de México (Conapo, 1997).
9. Buena parte de esta movilidad es cotidiana o temporal, como lo refleja el hecho de que en 1995 un 20% de la población económicamente activa (PEA) agrícola, alrededor de 8 millones de personas, residía en zonas urbanas (Dirven, 1997).

La creciente importancia del intercambio de bienes y servicios entre países de la región contribuyó, por otra parte, a que varias zonas de frontera se consolidaran. El vigoroso crecimiento demoGráfico de una vasta zona del este paraguayo (cuyo ejemplo más notable es el departamento de Alto Paraná, que incrementó su peso dentro de la población nacional más de diez veces entre 1950 y mediados de los años noventa [Jordán y Simioni, 1998]) ilustra el poderoso efecto de atracción de las externalidades de frontera, en este caso con Brasil, y de la explotación de los recursos naturales y energéticos.

Las entidades federativas mexicanas de Baja California y Quintana Roo exhiben la conjunción de fuerzas que promovieron la redistribución espacial de la población durante este decenio. La primera entidad destaca dentro de los estados que conforman la larga frontera entre México y los Estados Unidos[10] por contar con un subsistema de ciudades adyacente al borde internacional[11] y estructuralmente ligado a la economía del país vecino. El dinamismo económico y la generación de empleos estimulados por esta vinculación y por medidas públicas (Alegría y otros, 1997) parecen haber sido los principales factores de atracción para los migrantes recibidos de otras entidades federativas de México, que han pasado a constituir la mitad de la población residente en el estado (Conapo, 1997). Por su parte, las tasas de migración hacia Quintana Roo han sido todavía más altas que las de Baja California[12], pero en este caso la atracción se ha debido básicamente a la explotación de sus potenciales turísticos.

Por el contrario, el crecimiento del intercambio comercial no ha tenido repercusiones significativas sobre las actividades tradicionalmente importantes de las áreas de frontera entre Colombia y Venezuela. En efecto, en estas zonas no se registraron cambios destacables, a pesar de que el intercambio comercial entre ambos países es uno de los ejes dinámicos del comercio intralatinoamericano y que se trazaron múltiples planes y agendas de trabajo en los dos últimos decenios.

---

10. Por cierto, la frontera norte de México es un caso llamativo. Desde hace varias décadas, en particular desde 1965, fue potenciada mediante incentivos y medidas gubernamentales, las que parecen haber funcionado en gran medida por el aprovechamiento de su cercanía a los Estados Unidos y la existencia de mano de obra más barata que en aquel país (González, 1999; Alegría y otros, 1997; Gilbert, 1974). El surgimiento de una franja de ciudades en esta frontera ha actuado como contrapeso de la tradicional concentración demográfica y de los flujos de inmigración en la zona central (Valle de México más el estado de Morelos). Esta última tendencia está ratificada por los datos más recientes; mientras en el quinquenio 1965-1970 la zona central registró un saldo migratorio positivo cuatro veces mayor que el de la frontera norte (y, de hecho, el intercambio entre ambas favoreció a la zona central), en el período 1992-1997, la única macrorregión con saldo migratorio positivo fue la frontera norte (Conapo, 1999). Cabe destacar que el atractivo migratorio se mantiene pese a la diversificación, hacia municipios y Estados no fronterizos, de la localización de los establecimientos productivos amparados por el régimen fiscal conocido como Industria Maquiladora de Exportación (IME) (Cepal, 1996a), tradicional sostén productivo de la región.

11. Cuyos núcleos articuladores son Tijuana, Mexicali y Ensenada.

12. De hecho a mediados de los años noventa se estimaba que un 60% de la población de dicho estado era oriundo de otra entidad federativa del país (Conapo, 1997).

2. LA DESCENTRALIZACIÓN Y SU FINANCIAMIENTO

Desde los años ochenta, pero en particular durante los noventa, la descentralización ha pasado a ocupar un papel fundamental en las políticas públicas de la región. Dos razones explican este hecho. Según la primera, de orden político, se visualiza a la descentralización como una forma de acercar el gobierno a los ciudadanos y, de esta manera, es parte de los esfuerzos de democratización en marcha. La posibilidad de promover una efectiva participación ciudadana a nivel local es uno de los argumentos que justifican un traspaso de responsabilidades a los gobiernos regionales y locales. La segunda razón es de orden económico. En el marco de los procesos de restructuración del Estado, la descentralización aparece como una forma de incrementar la eficiencia en la provisión de servicios, especialmente de los sociales, en cuya prestación no existen grandes economías de escala. La mayor flexibilidad de la gestión y el mayor acceso a información sobre las preferencias y las necesidades de la población a nivel local refuerzan los argumentos en favor de la eficiencia de la prestación descentralizada de servicios.

La creciente importancia adquirida por las reformas descentralizadoras, que se expresaron tanto en reformas constitucionales como en normas legales, se tradujo en cambios significativos de la estructura del sector público. La descentralización promovió un Estado más cercano a la comunidad y revalorizó a los niveles territoriales de gobierno y administración como instancias de resolución de problemas y de generación de oportunidades para el desarrollo. En tal sentido, se avanzó en el fortalecimiento de los gobiernos y administraciones municipales y regionales para el ejercicio de sus funciones como gestores y proveedores de servicios básicos y ejecutores o asignadores del gasto público en el territorio.

En general, todos los procesos de descentralización se inscriben en el proceso más amplio de la reforma del Estado y no de la simple gestión pública. Esto exige modificaciones sustantivas de la administración y del gobierno, de la sociedad civil y de los partidos políticos como mecanismos tradicionales de articulación de intereses. Estas condiciones dificultan el avance y la evaluación aislada del proceso, que sólo adquiere sentido en el contexto más amplio de la matriz histórica de relaciones entre los componentes señalados.

Por lo tanto, estos cambios suponen modificaciones en la cultura política, que asume diversas expresiones según la matriz política preexistente y con las particularidades propias de los Estados unitarios o federales. Estas expresiones presentan diferencias tanto en la escala subnacional privilegiada por el proceso regional o estadual, provincial y municipal o local, como en la figura de la entidad territorial, un órgano de gobierno y administración que ejerce jurisdicción sobre un recorte territorial o la concepción del territorio como entidad descentralizada. Cabe mencionar que, salvo en algunos países de régimen federal, la tendencia del proceso ha sido marcadamente municipalista, con un reciente interés por las esferas intermedias. Por este motivo, su expresión política fundamental ha sido el aumento del número de países latinoamericanos con elección directa de alcaldes, que pasó de 3 en 1980 a 17 en 1997, según se detalla en el Gráfico 9.3. No obstante, con posterioridad se observan igualmente avances en la elección directa de mandatarios para los niveles intermedios –departamentos, estados o provincias– en varios países de la región.

Gráfico 9.3
DIMENSIÓN POLÍTICA: LA ELECCIÓN DIRECTA DE ALCALDES, UN BUEN INDICADOR DEL AVANCE DEL PROCESO DESCENTRALIZADOR

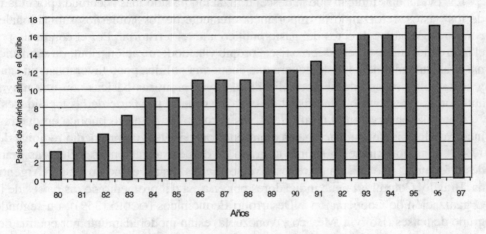

Fuente: Banco Interamericano de Desarrollo (BID), *La ciudad en el siglo XXI*. Experiencias exitosas en gestión del desarrollo urbano, Washington, D.C., 1998.

Cabe agregar que este proceso ha estado acompañado de nuevos mecanismos para promover una mayor participación ciudadana en los asuntos locales por medio de cabildos y consultas ciudadanas. Estos procedimientos privilegiaron una gestión orientada a la rendición de cuentas, al control ciudadano y al ejercicio de una planificación que contribuya al fortalecimiento del capital social, a la generación de confianza en los actores involucrados y a la construcción de gobernabilidad. El creciente protagonismo de los actores locales, mucho más complejo que antes, está íntimamente ligado con tales procesos de redistribución del poder político y de la administración pública entre las entidades territoriales. Esta tendencia revalorizó los territorios subnacionales, las divisiones político- administrativas de toda escala, las ciudades de distinto tamaño y los territorios étnicos, que dejaron de ser meros receptores de los impactos de la restructuración territorial y pasaron a convertirse en entes activos de los procesos económicos y políticos a escala nacional e internacional.

Desde un punto de vista económico, con el avance del proceso descentralizador cobró importancia la dimensión territorial, además de la sectorial, en la prestación de servicios, la responsabilidad financiera y de control social del gasto, los procesos de formulación de políticas públicas y la concertación entre los distintos actores del ámbito territorial. En este sentido y aunque sean prácticas muy recientes, los gobiernos locales y regionales más dinámicos han venido asumiendo también creciente responsabilidad en el fomento económico del territorio. Con este fin, cumplen un papel de facilitadores y promotores de alianzas con el sector privado, para gestionar y consolidar iniciativas que inciden en la competitividad de las empresas y el dinamismo de la economía local.

Las evidencias indican que la descentralización ha sido más acentuada por el lado de los gastos, reforzando la importancia creciente de los gobiernos subnacionales como responsables directos del gasto público a nivel territorial. Por el contrario, por el lado de los ingresos, el esfuerzo fiscal propio y la modernización tributaria subnacional avanzan lentamente. Esto genera una economía política poco favorable a un sano y sostenible proceso de descentralización, cuyas premisas básicas son una mayor autonomía y responsabilidad fiscal de carácter general por parte de las localidades.

Como se observa en el Gráfico 9.4, los porcentajes de gasto público en que han incurrido los niveles subnacionales representaron, en 1995, un promedio regional del 17,4%. Esta aproximación simple al grado de descentralización no refleja las grandes diferencias que existen entre los diversos países. Es así como un grupo (Argentina, Brasil y Colombia) tiene indicadores por encima del promedio de los países de la Organización de Cooperación y Desarrollo Económicos (OCDE) (35%); un segundo grupo de países (Bolivia, México y Venezuela) están moderadamente por encima del promedio latinoamericano; un tercer grupo presenta una proporción de gasto territorial que se ubica por debajo del promedio regional pero superior al 10% (Chile y Perú, entre otros) y, finalmente, hay un grupo de países con un gasto territorial inferior al 10%, conformado por Paraguay y la mayoría de los países del Istmo Centroamericano y del Caribe. No obstante, por efecto de las reformas descentralizadoras que se han llevado a cabo, se estima que a fines del decenio el promedio regional se ubicó en el orden del 20% del gasto público. Si bien este porcentaje es notablemente superior al de mediados de los años ochenta (12%), sigue siendo sustancialmente inferior al promedio que acusan los países de la OCDE.

Por el contrario, dado que en los municipios de la región se utilizan poco los tributos de base local, los grados de autonomía fiscal efectiva y de responsabilidad de los gobiernos y administraciones municipales frente a sus comunidades son menores que los supuestos en los proyectos de descentralización. Este hecho se refleja, además, en la fragilidad de las finanzas locales. Las restricciones se vinculan con la dificultad para asignar mayores y mejores bases imponibles a escala territorial y con la existencia de un marco legal restrictivo, que deja escaso margen de actuación en

Gráfico 9.4
IMPORTANCIA DEL GASTO TERRITORIAL EN PAÍSES DE AMÉRICA LATINA
(En porcentajes)

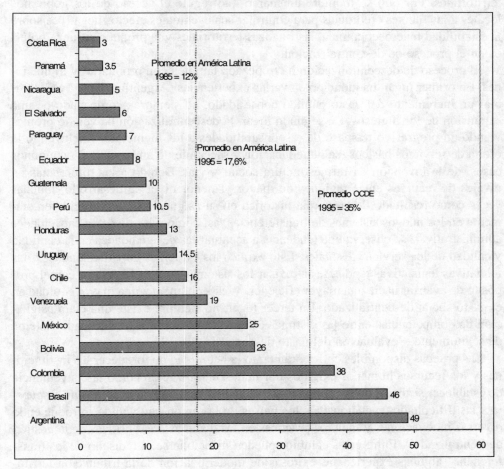

Fuente: Gabriel E. Aghón y Herbert Edling (comps.), Descentralización fiscal en América Latina: nuevos desafíos y agenda de trabajo (LC/L.1051), Santiago de Chile, Comisión Económica para América Latina y el Caribe (Cepal), 1997; Banco Interamericano de Desarrollo (BID), *La ciudad en el siglo XXI. Experiencias exitosas en gestión del desarrollo urbano*, Washington, D.C., 1998.

este frente a los gobiernos locales. Por este motivo, el fortalecimiento tributario a escala territorial es, sin duda, uno de los principales retos que encaran los países de la región para que el proceso de descentralización sea sostenible. Por otra parte, si bien el uso del crédito a escala territorial amplió las posibilidades de financiamiento de la inversión pública, también incorporó mayor riesgo en la estructura de las finanzas territoriales. Por ello se requiere un marco que regule el acceso de los gobiernos locales a las fuentes crediticias para controlar sus eventuales efectos negativos sobre la estabilidad macroeconómica, las finanzas territoriales y la propia confianza política en el proceso de descentralización.

El proceso de descentralización ha tropezado también con problemas y limitaciones. En primer lugar, ha inducido en varias experiencias (Argentina, Brasil y Colombia) un incremento del gasto público consolidado, no siempre acompañado de una expansión de los ingresos. En segundo lugar, la descentralización ha venido promoviendo un progresivo traspaso de responsabilidades a los municipios, incluyendo la oferta de servicios básicos (salud, educación y saneamiento ambiental) y, en algunos casos, de la inversión en infraestructura social y vial. Debido a las diferencias en niveles de recursos entre regiones de mayor y menor nivel de desarrollo, muchas veces como resultado de la inercia histórica en su asignación, no corregida enteramente en los nuevos sistemas de transferencias, así como a las dispares capacidades administrativas, se observa una tendencia a acentuar las desigualdades en la cantidad y calidad de los servicios estatales. Esto explica los esfuerzos gubernamentales y las iniciativas legislativas tendientes a revisar los sistemas de transferencias, con el propósito de avanzar hacia una mayor eficiencia y, especialmente, una mayor equidad en el gasto social descentralizado. En tercer lugar, no siempre existe una clara asignación de competencias entre las distintas esferas de gobierno y un adecuado sistema de seguimiento y evaluación del gasto descentralizado.

Las pruebas disponibles corroboran tanto la necesidad de fortalecer las instituciones y los recursos humanos exigidos por la descentralización como la conveniencia de establecer sistemas de seguimiento y evaluación de dicho proceso. Como respuesta a las dificultades mencionadas, los países de la región han venido introduciendo diversas innovaciones y mejores prácticas en las distintas áreas críticas de la gestión descentralizada[13]. Entre estos cambios pueden mencionarse el rediseño de las transferencias, algunas experiencias exitosas de modernización de la tributación territorial y de establecimiento de reglas para el acceso al crédito, la gestión descentralizada de servicios sociales, los esquemas de mayor participación ciudadana y de control social del gasto y las alianzas entre los sectores público y privado, que se presentan en el Recuadro 9.1. La difusión y el aprendizaje en torno de estas innovaciones pue-

---

13. Un mayor detalle de estos aspectos se encuentra en Cepal/GTZ (1997).

Recuadro 9.1
Avances e innovaciones de descentralización:
algunos casos exitosos

Los países de la región vienen adoptando distintas prácticas para enfrentar las dificultades de la transición hacia una gestión más descentralizada. Entre ellas cabe señalar las siguientes:

Fortalecimiento de la tributación territorial. El caso del impuesto inmobiliario. De la experiencia de ciudades como Santafé de Bogotá (Colombia), La Paz (Bolivia) y Quito (Ecuador) se observa que existen opciones interesantes, como la adopción del autoavalúo como base imponible de dicho tributo, complementado con una mayor autonomía local, una administración tributaria eficiente y una mayor transparencia en la aplicación final de los ingresos recaudados.

Rediseño de las transferencias. En algunos países de la región se vienen realizando esfuerzos de revisión de estos sistemas, tendientes a incorporar criterios que tienen en cuenta aspectos como la distribución del ingreso y pobreza a nivel territorial, el esfuerzo físico local, la eficacia administrativa y los costos de los servicios. Este es uno de los aspectos de mayor relevancia en la agenda gubernamental de los próximos años.

Nuevas fuentes de financiamiento y mayor vinculación del sector privado. La creciente utilización del pago de contribuciones por mejoras en algunas ciudades grandes y medianas de Argentina, Colombia, Ecuador, México y Perú, entre otras, viene alentando una mayor responsabilidad fiscal de la comunidad, al reforzar la vinculación entre las inversiones públicas locales y sus respectivos costos y potenciales beneficiarios. Asimismo, se viene propiciando la movilización de capitales privados para el financiamiento de obras de innegable impacto territorial, a través de instrumentos como los contratos de concesiones, donde la legislación vigente abre posibilidades para su aprovechamiento en los distintos niveles de gobierno.

Control y regulación del endeudamiento territorial. A pesar de las restricciones existentes en el acceso subnacional a los mercados de capitales, la emisión local de bonos empieza a despertar interés, especialmente en ciudades medianas y en áreas metropolitanas de la región. De igual manera, y dada la controversia que genera el endeudamiento, se viene adelantando un manejo más responsable del mismo, con miras a minimizar sus posibles efectos macroeconómicos. Quizás el caso más sobresaliente de avance en el tema es la reciente ley de endeudamiento subnacional en Colombia, que regula el acceso al crédito a partir de un sistema de semáforos, de acuerdo con criterios de solvencia de las respectivas entidades territoriales.

Participación y control social del gasto. En el plano presupuestario local, cabe mencionar los ejemplos exitosos de participación ciudadana en varias ciudades de Brasil, especialmente el caso de Porto Alegre, y de algunas localidades de Argentina, Chile y Colombia, en las que se ha realzado la transparencia y la responsabilidad política de las comunidades y las autoridades en la priorización de inversiones y la ejecución y seguimiento del gasto público descentralizado.

Gestión descentralizada de servicios sociales. En relación con la prestación de servicios sociales de educación y salud, se observan algunas experiencias exitosas, como los esquemas mixtos de cooperación público-privada, así como el fortalecimiento del asociativismo municipal y nuevas prácticas de fiscalización y participación de la comunidad, todas ellas tendientes a mejorar la calidad del servicio ofrecido localmente y a reducir los costos para las respectivas localidades.

Promoción del desarrollo económico local: Alianzas entre los sectores público y privado. Entre los casos destacables en esta materia se encuentra el esfuerzo combinado entre el sector público y privado a nivel local para la creación de centros de formación empresarial, apoyo a innovaciones tecnológicas y una promoción de las potencialidades económicas de los niveles territoriales, en particular en países como Argentina, Brasil y Colombia, entre otros.

Fuente: Gabriel E. Aghón y Gerold Krause-Junk, Descentralización fiscal en América Latina. Balance y principales desafíos (LC/L.948), Santiago de Chile, Comisión Económica para América Latina y el Caribe (Cepal), 1996.

den contribuir a la profundización y a un avance más decidido de los procesos de descentralización en los países de América Latina y el Caribe.

Aunque el camino que resta por recorrer es largo, el proceso de descentralización entraña una apuesta por un desarrollo a escala territorial que sea integral, más democrático y equitativo y en aras de una mayor potenciación del desarrollo económico de las regiones y localidades a fin de superar los sesgos de concentración en las grandes ciudades y sus regiones circundantes.

3. LA HETEROGENEIDAD TERRITORIAL

El territorio latinoamericano y caribeño se ha caracterizado históricamente por una marcada concentración en las áreas metropolitanas y la existencia de regiones marginales y de otras con sectores económicos declinantes (carbón, estaño, industria textil, café, por ejemplo). Las marginales eran regiones física, económica, social y políticamente desintegradas del resto del territorio nacional. Esta situación se expresaba en insuficiencias generalizadas de infraestructura de transporte y comunicaciones, bajos ritmos o falta de crecimiento económico, serios problemas de propiedad y tenencia de la tierra, inadecuadas técnicas de uso y manejo de los recursos naturales, precarios sistemas de acopio y comercialización y notables carencias en su población campesina, colonos o etnias originarias. Por su parte, las regiones declinantes mostraban agotamiento u obsolescencia de su base económica, emigración y capital físico inadecuado para la lógica de reconversión productiva implícita en el modelo de industrialización impulsado por el Estado. Debido a la naturaleza estructural de sus problemas, este último tipo de regiones recibió una considerable atención del sector público en casi todos los países de la región.

Los intentos por explicar las disparidades regionales hacían referencia, por una parte, a la lógica de reproducción del capital privado, que buscaba maximizar la rentabilidad en aquellos territorios con procesos vigorosos de crecimiento económico y, por otra, a la modalidad de asignación de los recursos del sector público, que apuntaba a minimizar los costos de oportunidad del capital, favoreciendo a las regiones que presentaban condiciones para un rápido despegue. La interpretación más generalizada destacaba la vigencia de un círculo vicioso de concentración de población y de actividades económicas en las regiones metropolitanas y de creciente deterioro de las regiones marginales y de aquéllas con sectores declinantes.

Las políticas públicas que buscaron la desconcentración territorial por distintas vías produjeron sólo modestos resultados, ya que en su diseño y ejecución no se consideraron suficientemente los encadenamientos sectoriales y mucho menos los territoriales vía el sistema urbano-regional. Incluso, en casos exitosos, estas políticas tendieron a castigar a los grupos de menores ingresos de las regiones ricas y a beneficiar a los sectores de mayores ingresos de las regiones pobres.

a) Las disparidades regionales

Según el paradigma prevaleciente en los años ochenta, en el largo plazo se debía verificar una tendencia a la reducción de las disparidades en los ingresos territoriales *per cápita*. Se argumentaba que la libre movilidad interna de los factores, junto con los procesos de apertura externa, favorecerían la integración de territorios que habían quedado al margen del proceso de industrialización. La evidencia empírica disponible para algunos países confirma una leve tendencia hacia la reducción de las disparidades en el producto *per cápita* de las divisiones político-administrativas en el período comprendido entre 1970 y fines de los años ochenta. Esta tendencia es más perceptible en los casos de Brasil, Chile y Colombia y menos clara en las experiencias de México y Perú. En ambos grupos de países, sin embargo, dicha tendencia se interrumpe, e incluso cambia de dirección (Colombia), a lo largo de los años noventa, según se aprecia en el Gráfico 9.5[14].

Gráfico 9.5
ÍNDICE DE DISPARIDADES REGIONALES
(Producto *per cápita*)

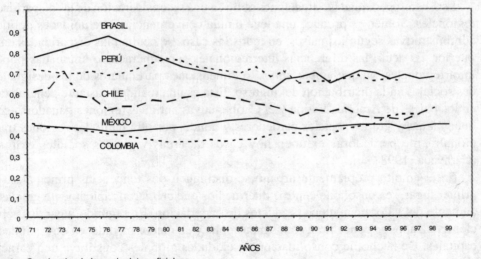

Fuente: Cepal, sobre la base de datos oficiales.

---

14. El índice de disparidades regionales (IDR) utilizado es la denominada convergencia sigma (Cuadrado y García, 1995). Un valor cero del índice corresponde al caso de igualdad plena en el producto *per cápita* de las regiones y un valor unitario correspondería a una situación de disparidad extrema. El índice se define como la raíz cuadrada de la suma de los cuadrados de las diferencias entre el producto *per cápita* de cada jurisdicción y la media nacional, dividida por el número de jurisdicciones.

Un análisis más detallado revela que la convergencia hasta 1990 se produce por dos razones principales. En primer lugar, por la pérdida de dinamismo de las concentraciones metropolitanas, que en las etapas de recesión disminuyen a una tasa mayor que la del promedio nacional. Segundo, por la dinamización de algunos territorios, que debido a su especialización productiva en nuevos bienes y servicios se insertan exitosamente en los procesos de globalización. En cualquier caso, la relación entre la convergencia regional hasta 1990 y los procesos de apertura y liberalización de las economías es cuestionable ya que, con la excepción de Chile, dichos procesos sólo se iniciaron en firme en los países mencionados a mediados de los años ochenta o a comienzos de los noventa.

Después de 1990, cuando aquellos procesos se generalizaron, las concentraciones metropolitanas recuperaron su ritmo de crecimiento económico y, en general, se verificó un aumento de la primacía metropolitana en la generación del producto nacional. Estas concentraciones actualmente coexisten con territorios interiores globalizados, merced a la ampliación de su base económica de exportación centrada en recursos naturales, con territorios fronterizos dinamizados por los procesos de integración regional y con territorios marginales o excluidos de los mercados internacionales e incluso nacionales.

Esta heterogeneidad de situaciones obliga a una reconsideración de las disparidades regionales. Si bien se produce una leve o nula convergencia entre unidades político-administrativas según los países, en todos los casos se ocultan las disparidades en su interior. Es decir, las diferencias interregionales son superadas o ampliadas por las intrarregionales, ya que ambas son sólo dimensiones particulares de las desigualdades sociales en la distribución del ingreso. Ésta es una realidad bastante generalizada en los países de América Latina y el Caribe, cuyas antiguas regiones ganadoras contienen áreas y grupos sociales perdedores y donde, por otra parte, las regiones tradicionalmente perdedoras exhiben hoy casos de áreas y grupos sociales exitosos (Caravaca, 1998).

En el ámbito propiamente urbano se distinguen dos tendencias principales. En primer lugar, se consolidan centros intermedios que crecieron rápidamente gracias al aumento del valor de algunos productos de exportación. En segundo lugar, los servicios avanzados se concentran en las metrópolis y en menor medida, en otras ciudades capitales. De hecho, la consolidación de ciudades globales constituye una característica fundamental del proceso urbano en la región. El papel de estas ciudades en el flujo de capital financiero, sumado a la presencia en ellas de capital conocimiento y recursos humanos calificados, fortaleció su papel como centros de negocios de la región y, por ende, su capacidad para vincularse en los circuitos de la economía global.

b) La reorientación de la planificación y la gestión territorial

La operación de los procesos que impulsaron la restructuración territorial tornó poco eficaces a los antiguos modelos de planificación de escala nacional diseñados desde arriba hacia abajo. En su remplazo comenzó a revalorizarse una nueva modalidad más estratégica, selectiva, orientadora en el largo plazo y articuladora de intereses entre el sector público y el sector privado (Cepal/Ilpes, 1999). La planificación regional y urbana de los años noventa estuvo signada por esa búsqueda de concertación entre los agentes públicos y los privados, en aras de fortalecer la competitividad en los diversos territorios, de buscar mayores niveles de equidad social y de manejar situaciones de crisis. Asimismo, la gestión a escala subnacional se consolidó como una herramienta imprescindible para el uso eficiente de los recursos, la atención de las necesidades de la población y la apertura de procesos de participación.

Esta es una clara manifestación de que la dimensión territorial constituye un componente significativo de las desigualdades sociales, tanto por sí misma como por su fuerte asociación con otros factores que son determinantes en la distribución primaria del ingreso. En efecto, algunos análisis (Martin, 1986) muestran una evidente asociación entre jurisdicciones político-administrativas, residencia rural/urbana, nivel educativo, categoría ocupacional y sector de actividad económica. Así, en distintos países se perfilan grupos sociales que articulan combinaciones particulares en cada una de estas dimensiones y que exigen, en consecuencia, políticas con componentes muy específicos para abordar los problemas de pobreza y desigualdad social en la dimensión territorial.

Especial mención a este respecto merecen el fomento productivo y el desarrollo de sistemas locales de empresas para generar incrementos de productividad, la capacitación de mano de obra para realizar procesos específicos y los sistemas de innovación para promover la competitividad, que atienden no sólo a la lógica sectorial sino también a la dimensión territorial (Cepal/Ilpes, 1998). Otro indicio de cambio es el rescate del valor de la intervención pública selectiva para promover sistemas urbanos mejor articulados, reducir la dispersión rural y hacer más competitivas, ordenadas y gratas las ciudades, incluyendo a las metrópolis.

Pese a los signos alentadores de estos cambios, quedan numerosos vacíos que requieren intervención pública. Si bien no caben medidas coercitivas ni un regreso a las políticas voluntaristas previas a los años ochenta, la mayor parte de los países de la región carece de una imagen objetivo a largo plazo sobre el uso y ocupación del territorio. Para articular una estructura territorial congruente con un genuino proceso de transformación productiva con equidad, que garantice la democracia y la sustentabilidad social y ambiental, es preciso que las políticas pertinentes tengan un carácter integrado y multidimensional. En este sentido, la planificación territorial puede entenderse como una suerte de matriz, cuyos vectores representan campos específicos de intervención. Estos vectores corresponden a las políticas de ordenamiento territorial, de descentralización, de fomento al crecimiento y de desarrollo socioeconómico de las unidades espaciales. El conjunto debe asegurar la consistencia nacional, para que la descentralización territorial se ajuste a una solución que no derive en un patrón desordenado y entrañe el riesgo de una vuelta atrás.

La reducción del ámbito de acción de los gobiernos nacionales, en virtud del cambio del papel del Estado derivado de la globalización e integración regional, y las mayores responsabilidades que la descentralización asigna a los gobiernos y administraciones subnacionales, exigen una nueva concepción del territorio. Más que como una entidad agregada y homogénea, cuya única función es la de servir de escenario para la aglomeración, la distribución y la interacción de la población y de sus actividades, el territorio debe entenderse en su diversidad de contenidos económicos, ambientales y socioculturales, en torno de los cuales se movilizan distintos actores, en un juego de consensos y conflictos, que deben articularse en un proyecto común de desarrollo.

Esta edición se terminó de imprimir en enero de 2001.
Publicado por ALFOMEGA S.A.
Transversal 24 No. 40-44, Bogotá, Colombia.
La impresión y encuadernación se realizaron en
Panamericana Formas e Impresos S.A.